MATTHIAS CLAUDIUS HAUSBUCH

Matthias Claudius
Hausbuch

Heiteres und Besinnliches in Gedichten, Fabeln, Liedern und Rätseln

Mit über 390 Illustrationen und Vignetten von
E. Bouchardon, F. Boucher, Hugo Bürkner,
Quentin-Pierre Chedel, Daniel Chodowiecki,
Pierre-Philippe Choffard, Charles-Nicolas Cochin,
Louis Crépy, Charles-Dominique Eisen, Honoré Fragonard,
Antoine-Cosme Giraud, Francisco Goya, Hubert-François Gravelot,
Jean-Baptiste Greuze, J.-G. Huquier, Jean-Barthelemy Le Bouteux,
Johann Heinrich Lips, Clément-Pierre Marillier, Adolph Menzel,
J. C. C. Meyn, Nicolas-André Monsiau, Ernest Morace,
Jean-Michel Moreau Le Jeune, Louis-Joseph Mosquelier, Franz Pocci,
Johann Martin Preisler, Simon-François Ravenet, Ludwig Richter,
R. Schellenberg, G. Fr. Schmoll, Julius Schnorr von Carolsfeld,
F. Schröder, P. van Schuppen, Anton Wachsmann
und vielen anderen Künstlern

Gondrom

Herausgegeben und mit einem Anhang versehen
von Marianne Bernhard

Der Schutzumschlag zeigt die Chromolithographie »Mondschein«
von Hermann Mevius.
Die Reproduktion erfolgt mit freundlicher Genehmigung
des Archives für Kunst und Geschichte, Berlin.

1. Auflage

ISBN 3-8112-0289-8
Satz: Meister-Satz, Hof/Saale
Schutzumschlag: Grafik-Design-Studio Lothar Mielau, Wiesbaden
Druck und Verarbeitung: Richterdruck, Würzburg
Printed in Germany

O Natur,
habe Dank!

Mailied

O wie schön, wie schön ist der Mai!
Gras und Blumen wachsen,
Bäume haben Blätter,
Sanfte Winde wehen,
Stiere gehn und weiden,
Junge Lämmer blöken,
O wie schön, wie schön ist der Mai.

Seht her diese Wiese!
Tausend grüne Spitzen,
Und an allen Spitzen
Hangen Tropfen Tau.
Wie die Schlüsselblumen
Hier beisammen stehen!
Wie die Blätter rauschen!
Und dort fern am Hügel
Singt die Nachtigall.
Rund umher ist Freude,
Freude dort am Hügel,
Und im Tale Freude,
Freude in Gebüschen
Freude auf den Bäumen,
Alles lebt und fühlet,
O wie schön, wie schön ist der Mai!

Wenn doch Daphne käme! –
Wehet sanft, ihr Winde,
Duftet süß, ihr Blumen!
Ich will jetzt die schönsten
Ganz behutsam pflücken,
Nicht den Blüten schaden,
Nicht den Tau verschütten,
Und beim Morgengruße
Ihr die Blumen geben
Und dann stehn und sehen,
Wie sie Kränze flechtet,
Wie sie unter ihnen

A. Watteau Inv. Huquier Sculp.

Den bescheidnen wählet,
Um die Stirn' ihn windet
Und dann freundlich blicket
Unterm Blumenkranze.

Wenn doch Daphne käme! –
– – Und an allen Spitzen
Hangen Tropfen Tau,
Und die Stiere weiden,
Und die Blumen wachsen,
Und die Blätter rauschen,
Und die Lämmer blöken,
Und dort fern am Hügel
Singt die Nachtigall.

Ein Brief an den Mond

Stille glänzende Freundin,

Ich habe Sie lange heimlich geliebt; als ich noch Knabe war, pflegt' ich schon in den Wald zu laufen und halbverstohlen hinter 'n Bäumen nach Ihnen umzublicken, wenn Sie mit bloßer Brust oder im Negligé einer zerrissenen Nachtwolke vorübergingen. Einst abends fragte ich, was Sie immer so unruhig am Himmel wären, und warum Sie nicht bei uns blieben. »Sie hatte, ach!« hub meine Mutter an und setzte mich freundlich auf ihren Schoß, »sie hatte einen kleinen lieben Knaben, der hieß Endymion, den hat sie verloren und sucht ihn nun allenthalben und kann den Knaben nicht wieder finden« – und mir trat eine Träne ins Auge. O, Madam! mir ist seitdem oft eine ins Auge getreten. – –

Sie scheinen ein weiches schwermütiges Herz zu haben. Der Himmel über Ihnen ist Tag und Nacht voll Jubel und Freudengeschrei, daß seine Schwellen davon erbeben, aber ich habe Sie nie in der fröhlichen Gesellschaft des Himmels gesehn. Sie gehen immer, allein und traurig, um unsre Erde herum, wie ein Mädchen um das Begräbnis ihres Geliebten, als wenn das Rauschen von erstickten Seufzern des Elendes und der Laut vom Händeringen und das Geräusch der Verwesung Ihnen süßer wären als der Päan des Orions und das hohe Allegro von der Harfe des Siebengestirns.

Watteau pinx et Inven!
Boucher Sculp

Sanftes sympathetisches Mädchen! Erlauben Sie, daß ich meinen Gramschleier einen Augenblick vom Gesicht tue, Ihre Hand zu küssen; erlauben Sie, daß ich Sie zur Vertrauten meiner wehmütigen Kummerempfindung und melancholischen Schwärmereien mache und in Ihren keuschen Schoß weine. Und Jupiter breite ein dünnes Rosengewölk über die Szene! der Leser aber denke sich dies Gemälde, von etlichen Liebesgöttern gehalten, als ein *Cul de Lampe* unter dem Vorbericht dieses sonderbaren Briefwechsels.

Im Mai

Tausend Blumen um mich her,
Wie sie lachend stehn!
Adam hat nicht lachender
Sie am Phrat gesehn.
Hier, die schöne grüne Flur,
Hier der Wald und der Waldgesang!
O Natur, Natur,
Habe Dank!

Der menschliche Körper voll Nerven und Adern, in deren *Centro* die menschliche Seele sitzt wie eine Spinne im *Centro* ihres Gewebes, ist einer Harfe zu vergleichen, und die Dinge in der Welt um ihn den Fingern, die auf der Harfe spielen. Alle Harfensaiten beben und geben einen Ton, wenn sie berührt werden. Einige Harfen aber sind von einem so glücklichen Bau, daß sie gleich unterm Finger des Künstlers sprechen, und ihre Saiten sind so innig zum Beben aufgelegt, daß sich der Ton von der Saite losreißt und ein leichtes ätherisches Wesen für sich ausmacht, das in der Luft umherwallt und die Herzen mit süßer Schwermut anfüllt. Und dies leichte ätherische Wesen, das so frei für sich in der Luft umherwallt, wenn die Saite schon aufgehört hat zu beben, und das die Herzen mit süßer Schwermut anfüllt, kann nicht anders als mit dem Namen *Genie* getauft werden, und der Mann, dem es sich auf 'n Kopf setzt wie die Eule auf 'n Helm der Minerva, ist ein Mann, der Genie hat; und der geneigte Leser wird nun hoffentlich besser als ich wissen, was Genie ist. Das Genie, fahren die oberwähnten Papiere fort, das bis so weit eine bloße Gabe der Natur ist, erhält nun eine verschiedne Richtung, nach dem der ganze individuelle Zustand, in dem der Mensch sich befindet und befunden hat, verschieden ist. Da tun Wiege und Amme und Fibel und Wohnung und Sprache und Schlafmütze und Religion und Gelehrsamkeit etc. das ihrige, es zu erdrücken oder in Gang zu helfen.

Ein Lied um Regen

Der Erste

Regen, komm herab!
Unsre Saaten stehn und trauern,
Und die Blumen welken.

Der Zweite

Regen, komm herab!
Unsre Bäume stehn und trauern!
Und das Laub verdorret.

Der Erste

Und das Vieh im Felde schmachtet
Und brüllt auf zum Himmel.

Der Zweite

Und der Wurm im Grase schmachtet,
Schmachtet und will sterben.

Beide

Laß doch nicht die Blumen welken!
Nicht das Laub verdorren!
O, laß doch den Wurm nicht sterben!
Regen, komm herab!

Im Junius

Aber die Lenzgestalt der Natur ist doch wunderschön; wenn der Dornstrauch blüht und die Erde mit Gras und Blumen pranget! So 'n heller Dezembertag ist auch wohl schön und dankenswert, wenn Berg und Tal in Schnee gekleidet sind und uns Boten in der Morgenstunde der Bart bereift; aber die Lenzgestalt der Natur ist doch wunderschön! Und der Wald hat Blätter, und der Vogel singt, und die Saat schießt Ähren, und dort hängt die Wolke mit dem Bogen vom Himmel, und der fruchtbare Regen rauscht herab –

Wach auf mein Herz und singe
Dem Schöpfer aller Dinge –

's ist, als ob Er vorüber wandle, und die Natur habe Sein Kommen von ferne gefühlt und stehe bescheiden am Weg in ihrem Feierkleid und frohlocke!

Serenata,
im Walde zu singen

Solo

Wenn hier nur kahler Boden wär',
Wo itzt die Bäume stehn,
Das wäre doch, bei meiner Ehr'!
Ihr Herr'n, nicht halb so schön.

Denn wäre um uns her kein Baum
Und über uns kein Zweig,
Denn wäre hier ein kahler Raum,
Und ich marschierte gleich.

So bin ich wie ein Fisch im Meer
Und bleibe gerne hier.
Vivant die Bäume um uns her!
Der Zweig hier über mir!

A due voci

Und zählen kann ein Mensch sie nicht,
Sind ihrer gar zu viel;
Und jeder macht es grün und dicht,
Und jeder macht es kühl.

A tre voci

Und jeder steht so stolz und kühn
Und streckt sich hoch hinan,
Dünkt sich, die Stelle sei für ihn,
Und tut sehr wohl daran.

Recitativo

Es pflegen wohl die reichen Leut'
Auch Wald zu machen gern;

Fugato

Da pflanzen denn, die Läng' und Breit',
Die klug- und weisen Herr'n
In eine lange Reihe hin
Gar künstlich Baum und Strauch;
Und meinen denn in ihrem Sinn,
Sie hätten's wirklich auch.

Recitativo

Noch kömmt ihr Gärtner Lobesan,
Den sie zu ha'n geruhn,
Und schneidet mit der Schere dran,
Wie Schneidermeister tun.

Tutti

Jedoch ihr Wald ist Schneiderscherz,
Trägt nur der Schere Spur,
Und nicht das große volle Herz
Von Mutterlieb Natur!

Tuttissimi

Und nicht das große volle Herz
Von Mutterlieb Natur!
Ist purer, purer Schneiderscherz,
Trägt nur der Schere Spur!

Choral

Hoch sitzt im Sopha der Baron,
Der Schweizer an der Tür,
Die Fürsten sitzen auf dem Thron,
Und wir, wir sitzen hier,

Auf bloßer Erde, feucht und kalt!
Und wir, wir sitzen hier,
Und freun uns über diesen Wald
Und danken Gott dafür.

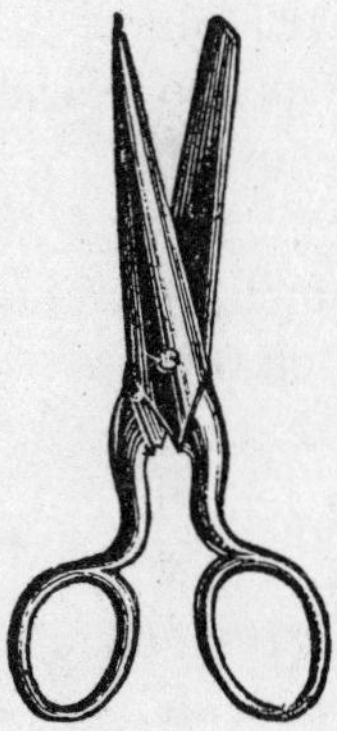

Abendlied eines Bauersmanns

Das schöne große Taggestirne
Vollendet seinen Lauf;
Komm, wisch den Schweiß mir von der Stirne,
Lieb Weib, und denn tisch auf!

Kannst hier nur auf der Erde decken,
Hier unterm Apfelbaum;
Da pflegt es abends gut zu schmecken
Und ist am besten Raum.

Und rufe flugs die kleinen Gäste,
Denn hör, mich hungert's sehr;
Bring auch den kleinsten aus dem Neste,
Wenn er nicht schläft, mit her.

Dem König bringt man viel zu Tische;
Er, wie die Rede geht,
Hat alle Tage Fleisch und Fische
Und Panzen und Pastet;

Und ist ein eigner Mann erlesen,
Von andrer Arbeit frei,
Der ordert ihm sein Tafelwesen
Und präsidiert dabei.

Gott laß ihm alles wohl gedeihen!
Er hat auch viel zu tun
Und muß sich Tag und Nacht kasteien,
Daß wir in Frieden ruhn.

Und haben wir nicht Herrenfutter,
So haben wir doch Brot
Und schöne, frische reine Butter
Und Milch, was denn für Not?

Das ist genug für Bauersleute,
Wir danken Gott dafür,

Und halten offne Tafel heute
Vor allen Sternen hier.

Es präsidiert bei unserm Mahle
Der Mond, so silberrein!
Und guckt von oben in die Schale
Und tut den Segen h'nein.

Nun Kinder esset, eßt mit Freuden,
Und Gott gesegn' es euch!
Sieh, Mond! ich bin wohl zu beneiden,
Bin glücklich und bin reich!

Der Frühling. Am ersten Maimorgen.

Der Gr. A. L. – g.

Heute will ich fröhlich, fröhlich sein,
Keine Weis' und keine Sitte hören;
Will mich wälzen und für Freude schrein,
Und der König soll mir das nicht wehren;

Denn er kommt mit seiner Freuden Schar
Heute aus der Morgenröte Hallen,
Einen Blumenkranz um Brust und Haar
Und auf seiner Schulter Nachtigallen;

Und sein Antlitz ist ihm rot und weiß,
Und er träuft von Tau und Duft und Segen –
Ha! mein Thyrsus sei ein Knospenreis,
Und so tauml' ich meinem Freund entgegen.

Es wäre sehr naiv von der Natur, wenn sie so jedwedem Menschen seine Kundschaft an die Nase gehängt hätte, und wenn irgendeiner die Kundschaften lesen könnte, mit dem möchte der Henker in Gesellschaft gehen. Darum schämen sich auch einige Leute wohl so, schlagen die Augen nieder und mögen einen nicht grade ansehen.

... Was der liebe Gott anfangs alles für Weltkräfte erschaffen und wie er sie gegeneinander geordnet hat, das ist alles vor unsern Augen verborgen, und ich wäre sehr geneigt, die ganze sichtbare Welt als eine Glocke anzusehen, die wir davon läuten hören, ohne recht zu wissen, in welchem Turm sie ist. Die Natur hat, wie in den Apotheken, ihre *simplicia* und *composita* in verschiedene Büchsen getan, und die äußere Form der Büchse ist das Schild, was sie darüber ausgehängt hat.

Ein Lied vom Reifen

d. d. den 7. Dez. 1780. Wandsbeck

Sirach Kap. 43. V. 21. Er schüttet den Reifen auf die Erde wie Salz.

Seht meine lieben Bäume an,
Wie sie so herrlich stehn,
Auf allen Zweigen angetan
Mit Reifen wunderschön!

Von unten an bis oben 'naus
Auf allen Zweigelein
Hängt's weiß und zierlich, zart und kraus,
Und kann nicht schöner sein;

Und alle Bäume rund umher
All' alle weit und breit
Stehn da, geschmückt mit gleicher Ehr',
In gleicher Herrlichkeit.

Und sie beäugeln und besehn
Kann jeder Bauersmann,
Kann hin und her darunter gehn,
Und freuen sich daran.

Auch holt er Weib und Kinderlein
Vom kleinen Feuerherd,
Und marsch mit in den Wald hinein!
Und das ist wohl was wert.

Einfältiger Naturgenuß
Ohn' Alfanz drum und dran
Ist lieblich wie ein Liebeskuß
Von einem frommen Mann.

Ihr Städter habt viel schönes Ding,
Viel Schönes überall,

Kredit und Geld und golden Ring
Und Bank und Börsensaal;

Doch Erle, Eiche, Weid' und Ficht'
Im Reifen nah und fern –
So gut wird's Euch nun einmal nicht,
Ihr lieben reichen Herrn!

Das hat Natur, nach ihrer Art,
Gar eignen Gang zu gehn,
Uns Bauersleuten aufgespart,
Die anders nichts verstehn.

Viel schön, viel schön ist unser Wald!
Dort Nebel überall,
Hier eine weiße Baumgestalt
Im vollen Sonnenstrahl,

Lichthell, still, edel, rein und frei
Und über alles fein! –
O aller Menschen Seele sei
So lichthell und so rein!

Wir sehn das an und denken noch
Einfältiglich dabei:
Woher der Reif, und wie er doch
Zustande kommen sei?

Denn gestern abend Zweiglein rein!
Kein Reifen in der Tat! –
Muß einer doch gewesen sein,
Der ihn gestreuet hat.

Ein Engel Gottes geht bei Nacht,
Streut heimlich hier und dort,
Und wenn der Bauersmann erwacht,
Ist er schon wieder fort.

Du Engel, der so gütig ist,
Wir sagen Dank und Preis.
O mach uns doch zum heil'gen Christ
Die Bäume wieder weiß!

Denn, Lieber! siehe an die Sonne, wie sie so herrlich und so hell scheint! und kannst du eine Faustvoll Strahlen mit den Wurzeln herausreißen und sehen, wie sie hervorwachsen? Kannst du den Mond mit der Hand fassen und seinen Saft in deinen Becher drücken? und siehe! er leuchtet in aller Welt und feuchtet die Erde und das Meer, und die Flut kommt die Elbe heraufgebraust, ob wir ihn sehen oder nicht. Ist uns aber in der materiellen Natur noch vieles verborgen, für die wir den Gebrauch von drei Sinnen haben.

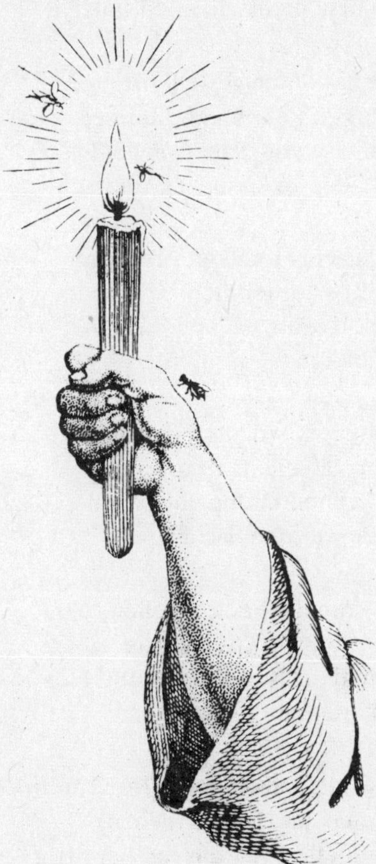

Wer die See gesehen hat, der weiß, was das für ein Anblick ist. Wasser scheint lebendiger fürs Auge als das feste Land, es bringt dem Menschen so viel Gutes und ist für ihn so unentbehrlich; ob's daher kommt, daß ein so großer Vorrat davon sich so sonderlich ansieht, aber wahr ist es, der Anblick der offenen See ist sonderlich.

Ein Lied

hinterm Ofen zu singen

Der Winter ist ein rechter Mann,
Kernfest und auf die Dauer;
Sein Fleisch fühlt sich wie Eisen an
Und scheut nicht süß noch sauer.

War je ein Mann gesund, ist er's;
Er krankt und kränkelt nimmer,
Weiß nichts von Nachtschweiß noch Vapeurs
Und schläft im kalten Zimmer.

Er zieht sein Hemd im Freien an
Und läßt's vorher nicht wärmen;
Und spottet über Fluß im Zahn
Und Kolik in Gedärmen.

Aus Blumen und aus Vogelsang
Weiß er sich nichts zu machen,
Haßt warmen Drang und warmen Klang
Und alle warmen Sachen.

Doch wenn die Füchse bellen sehr,
Wenn's Holz im Ofen knittert,
Und um den Ofen Knecht und Herr
Die Hände reibt und zittert;

Wenn Stein und Bein vor Frost zerbricht,
Und Teich' und Seen krachen;
Das klingt ihm gut, das haßt er nicht,
Denn will er sich tot lachen. –

Sein Schloß von Eis liegt ganz hinaus
Beim Nordpol an dem Strande;
Doch hat er auch ein Sommerhaus
Im lieben Schweizerlande.

Da ist er denn bald dort, bald hier,
Gut Regiment zu führen.
Und wenn er durchzieht, stehen wir
Und sehn ihn an und frieren.

Die Natur hier bei uns auf Erden ist in beständiger Bewegung, und ihre Gebärde ist heute nicht wie gestern und ehegestern. Alles wandelt und wogt. . . Weil die Natur, wie man spricht, keinen Sprung tut, so muß sie freilich durch allerhand Verwandlungen zum Ziel gehen und läßt auf dem Wege dahin verschiedene Gestalten sehen; aber wenn die Spezies, die sie im Sinne hat, vollendet ist, geht sie nicht darüber hinaus und bleibt, wenn sie nicht gestört wird, nicht diesseits stehen. Ist die Spezies vollendet, so macht sie Feierabend und sorgt nun für ihre Erhaltung; und wenn sie die Individua derselben nicht erhalten kann, so substituiert sie auf die wundervolle Art und Weise immer andre Individua, um so der Spezies eine Art von Ewigkeit zu verschaffen. . .

Sonach wären die Spezies vielmehr als Modelle anzusehen, die der Natur im Anfang von höherer Hand aufgegeben sind, sie unverändert durchzuführen. Sie läßt es auch an ihr nicht fehlen und exekutiert diese Modelle immerhin mit dem größten Fleiß und der größten Genauigkeit. Ja, sie ist auf die unverletzte Erhaltung derselben so eifersüchtig, daß sie den Versuchen, sie zu ändern und zu wirren, ihren Segen versagt; denn es ist bekannt, daß die Maulesel und überhaupt alle Bastarde nicht weiter generieren können.

Wenn die Resultate von den verschiedenen Bewegungen der gebärenden Natur immer einerlei und dieselben sind, so sind es natürlich die Bewegungen selbst auch. Und, mit einem Wort, in der ganzen Natur, so herrlich und bewundernswürdig ihre Operationen sind, ist alles *unbeweglich* und niet- und nagelfest. Alles in ihr ist einem Gesetz der Notwendigkeit unterworfen, davon sie nicht abgeht und ohne eine fremde Hand nicht abgehen kann.

Der Mensch allein macht eine Ausnahme. Der ist *beweglich*! Und das gestehen ihm auch die zu, die eben nicht geneigt sind, ihn unsterblich sein zu lassen. . .

Schon auswendig übt der Mensch eine Art von Herrschaft über die Natur aus, und er scheint auch vor allen sichtbaren Geschöpfen dazu berufen zu sein. Er läßt nichts unversucht, so klein er ist, und ihm ist nichts unmöglich. Er umschifft die ganze Welt, mißt Himmel und Erde, bändigt alle Tiere und Pflanzen, Feld und Wald, Berg und Tal, Bach und Strom und die Wogen des Meeres. Er macht in verschiedenen Operationen, z. E. den Einimpfungen und andern, die Natur mehr tun, als sie allein kann und allein je getan hätte, und disponiert also über ihr Gesetz. Es ist denn nicht allein etwas anders im Menschen als sonst in der ganzen Natur; sondern dies *anders* ist auch *mehr* als die Natur und *über* dieselbe. . .

Was gewöhnlich zu sehen ist und was auch ein jedweder sehen kann, ist: daß wir in unserm Inwendigen aus zwei Kräften bestehen, die uneins sind und sich einander bestreiten – die eine hohe Natur, die von Unsterblichkeit und dem Unendlichen, von einer höchsten Vollkommenheit, Weisheit, Güte, Gerechtigkeit, Ideen und Ahnungen hat und Lust hat, nach dieser Regel einherzugehen, die aufwärts strebt, Wahrheit sucht und alles ergründen will – aber unter dem Einfluß einer andern, die sie überall hindert und ihr überall im Wege ist, die ihr Licht und Luft dunkelt und färbt, die ungestüm und unbändig ist, sich nicht sagen läßt und auf dem Bauche kriechen und Staub essen will.

Der Funke wird von der Asche gedrückt! – Der Mond ist im Schatten der Erde!

Der glückliche Bauer

Vivat der Bauer, Vivat hoch!
Ihr seht es mir nicht an;
Ich habe nichts und bin wohl doch
Ein großer reicher Mann.

Früh morgens, wenn der Tau noch fällt,
Geh' ich vergnügt im Sinn
Gleich mit dem Nebel 'naus aufs Feld
Und pflüge durch ihn hin;

Und sehe, wie er wogt und zieht,
Rund um mich nah und fern,
Und sing' dazu mein Morgenlied
Und denk' an Gott, den Herrn;

Die Krähen warten schon auf mich
Und folgen mir getreu,
Und alle Vögel regen sich
Und tun den ersten Schrei;

Indessen steigt die Sonn' herauf,
Und scheinet hell daher –
Ist so was auch für Geld zu kauf,
Und hat der König mehr?

Und wenn die junge Saat aufgeht;
Wenn sie nun Ähren schießt;
Wenn so ein Feld in Hocken steht;
Wenn das Gras gemähet ist etc.

O wer das nicht gesehen hat,
Der hat des nicht Verstand.
Man trifft Gott gleichsam auf der Tat –
Mit Segen in der Hand;

Und sieht's vor Augen: wie er frisch
Die volle Hand ausstreckt,

Und wie er seinen großen Tisch
Für alle Wesen deckt.

Er deckt ihn freilich, Er allein!
Doch hilft der Mensch und soll
Arbeiten und nicht müßig sein.
Und das bekömmt ihm wohl.

Denn, nach dem Sprichwort, Müßiggang
Ist ein beschwerlich Ding
Und schier des Teufels Ruhebank
Für vornehm und gering.

Mir macht der Böse keine Not;
Ich dresch' ihn schief und krumm
Und pflüg' und hau' und grab' ihn tot
Und mäh' ihn um und um.

Und wird's mir auch bisweilen schwer;
Mag's doch! Was schadet das?
Ein guter Schlaf stellt alles her,
Und morgen bin ich baß;

Und fange wieder fröhlich an
Für Frau und Kind. Für sie
So lang ich mich noch rühren kann,
Verdrießt mich keine Müh'.

Ich habe viel, das mein gehört,
Viel Gutes hin und her. –
Du droben! hast es mir beschert;
Beschere mir noch mehr.

Gib, daß mein Sohn dir auch vertrau',
Weil du so gnädig bist;
Lieb ihn und gib ihm eine Frau,
Wie seine Mutter ist.

In der
großen Gotteswelt
ist alles
Mann und Weib
Freundschaft und Liebe

An eine Quelle
1760

Du kleine, grünumwachs'ne Quelle,
An der ich Daphne jüngst gesehn!
Dein Wasser war so still! so helle!
Und Daphnes Bild darin, so schön!
O, wenn sie sich noch 'mal am Ufer sehen läßt,
So halte du ihr schönes Bild doch fest;
Ich schleiche heimlich denn mit nassen Augen hin,
Dem Bilde meine Not zu klagen;
Denn, wenn ich bei ihr selber bin,
Denn, ach! denn kann ich ihr nichts sagen.

Der verzweifelnde Damon

Herr Damon, der in seinem Herzen
Die Flammen heißer Liebeskerzen
Für Wilhelminens Reiz empfand,
Beschloß, weil er für seine Triebe
Nicht die geringste Gegenliebe
Bei dem verehrten Kinde fand,
Aus Liebe sich nun zu erhenken.
Wer wollte so barbarisch denken?

Wenn ich, voll treuer Zärtlichkeit,
Ein schön unschuldig Kind verehrte,
Und sie mein Wünschen nicht erhörte,
Dann klagte ich dem Mond mein Leid,
Dann flehte ich das Schicksal an:
O gib mir einen bessern Mann!
Und weinete und hielt's für meine Pflicht,
Nicht mehr an ihre Gunst zu denken.

Jedoch, so dachte Damon nicht,
Er wollte sich durchaus erhenken.
Die Mutter riet ihm ab, sein Vater warnte ihn,
Umsonst, er suchte zu entfliehn,
Trug einen Strick und seine Glut vor seiner Göttin Fenster hin
Und rief: Grausame, die ich mir erlesen,
Da Dich mein Leid nicht rühren kann,
Sieh doch mein Ende nur mit an,
Du Mittelpunkt von meinem Wesen!

An Deiner Tür – hier soll mein Ende sein,
Ich hab den Strick schon mitgenommen.
Gut, fing das Mädchen an zu schrein,
Gut, schlag nur erst den Nagel ein,
Ich will sogleich ans Fenster kommen.

Die Faunen

Jüngst fand ich Chloen schlummernd im Gebüsche. Mit dem linken Arm verbarg sie den halben jungen Busen, und den rechten hatte sie nachlässig ins Gras vor sich hingestreckt, die Hand voll tauigter Blumen. Ich bog mich nieder, den schönen Arm zu küssen, der vielleicht für mich die Blumen hielt; ich hob ihn auf, streute Rosenblätter unter und legte ihn sanft wieder hin. Da hörte ich ein Geräusch hinter mir, und siehe, eine Menge Faunen, die hintereinander herstolperten. Ich sprang auf und bat; so bat ich:

Ihr lieben Faunen! stampfet nicht,
Mein Mädchen schläft hier im Gebüsche,
O kommt nur her und sehet ihr Gesicht.
Da kamen sie und sahen ihr Gesicht
Und schlichen leise durchs Gebüsche.

Das unschuldige Mädchen

Meine Mutter sagt' mir:
»Deine Lippen gab dir
Zum Sprechen, Tochter, die Natur,
Und zum Sprechen brauch' sie nur.«
Warum sind sie so rot?

O, ich konnte ja auch mit weißen Lippen sprechen,
Und warum gebot
Meine Mutter: nur zum Sprechen?
Wer zeigt mir armem Mädchen an,
Was mein Mund mehr als sprechen kann?

Phidile

Ich war erst sechzehn Sommer alt,
Unschuldig und nichts weiter,
Und kannte nichts als unsern Wald,
Als Blumen, Gras und Kräuter.

Da kam ein fremder Jüngling her;
Ich hatt' ihn nicht verschrieben,
Und wußte nicht wohin noch her;
Der kam und sprach von Lieben.

Er hatte schönes langes Haar
Um seinen Nacken wehen;
Und einen Nacken, als das war,
Hab' ich noch nie gesehen.

Sein Auge, himmelblau und klar!
Schien freundlich was zu flehen;
So blau und freundlich, als das war,
Hab' ich noch keins gesehen.

Und sein Gesicht, wie Milch und Blut!
Ich hab's nie so gesehen;
Auch, was er sagte, war sehr gut,
Nur konnt' ich's nicht verstehen.

Er ging mir allenthalben nach,
Und drückte mir die Hände
Und sagte immer O und Ach,
Und küßte sie behende.

Ich sah ihn einmal freundlich an
Und fragte, was er meinte;
Da fiel der junge schöne Mann
Mir um den Hals und weinte.

Das hatte niemand noch getan;
Doch war's mir nicht zuwider,

Und meine beiden Augen sahn
In meinen Busen nieder.

Ich sagt' ihm nicht ein einzig Wort,
Als ob ich's übel nähme,
Kein einzig's, und – er flohe fort;
Wenn er doch wieder käme!

– Wenn Sie diesen Winter nichts andres zu tun hatten, sollten Sie herkommen und sich dem Schrittschuhwesen einige Zeit widmen, so wären Sie auch so ein recht angenehmer Herr, und ich bringe Sie zurück, wohin Sie wollen.

Bode legt zu Neujahr 1771 eine Zeitung in Wandsbeck an, und ich werde sie schreiben helfen. Sie soll wie die meisten Zeitungen einen politischen und einen gelehrten Artikel haben. Ich habe hin und her gedacht, wie man den letzten neu und etwas Eigenes habend einrichten könnte – eine Art von Fortsetzung von Bacons Zeitung *de augmentis scientiarum* schickt sich nicht, dünkt mich, in dem einen Augenblick für solches Blatt und in dem andern schickte es sich wohl, aber es will mir nicht einleuchten, wie man eigentlich das Ding angreifen soll – ein naiver launigter Ton in der Rezension wäre freilich ganz gut, aber kein Mensch kann ja nicht alle Rezensionen machen, und wer darf anderer Leute Arbeit ändern? und so ferner, kurz, es schwebt mir manchmal so etwas vor Augen, aber ich kann es nicht recht gewahr werden. – Helfen Sie mir den Wechselbalg zur Welt bringen oder schwängern Sie mich, wenn alles bei mir vielleicht nur Geschwulst und aufgedunsenes Wesen sein sollte. Ich habe schon diesen und jenen um Rat gefragt, und ich bitte Sie recht sehr um Ihre Projekte, wie ich denn noch allerlei zu bitten habe, wie folget.

An Herder, 1770

Ein Mädchenbusen vor einem Jünglingsmund, der Küsse witterte, schnell weggerückt – so Herder aus Hamburg. Sie müssen es sich diesmal gefallen lassen, das erste zu sein, mein Gleichnis bringt es nicht anders mit sich, und am Ende ist dann ein Busen eine gemeinnützigere Sache als ein Mund, und es schlummern auch mehr Grazien daran.

An Gerstenberg, 25. Mai 1770

An die Nachtigall

Er liegt und schäft an meinem Herzen,
Mein guter Schutzgeist sang ihn ein;
Und ich kann fröhlich sein und scherzen,
Kann jeder Blum' und jedes Blatts mich freu'n.
Nachtigall, Nachtigall, ach!
Sing mir den Amor nicht wach!

Als Daphne krank war

Endymion. Fremder Mann! Weißt du keine Grabstätte für mich?

Der Fremde. Jüngling, deine Seele liebt!
Sanfter Jüngling! Aber sei nicht betrübt!
Sieh! der Frühling kommt nun wieder
Und die Nachtigall,
Und die Blumen kommen wieder
Und der Widerhall,
Und wir singen Frühlingslieder,
Und denn fallen in den Schall
Tausend weiße Blüten nieder.
Jüngling! Sieh, der Frühling kommt nun wieder
Und die Nachtigall.

Endymion. Fremder Mann! Weißt du keine Grabstätte für mich?

Fritze an Franz

Ich habe Lenchen heut geküßt,
Mama hat's nicht gesehn;
Denn, lieber Franz, wenn die da ist,
Darf so was nicht geschehn.

Sie sagt, ich bleib vom Küssen tot,
Ich glaub' es aber nicht;
Wie wär denn Lenchens Mund so rot?
So freundlich ihr Gesicht?

Drum lief ich schnell zu Lenchen hin
Und küßte ihren Mund;
Das schmeckt gut, Franz! – und ich bin
Bis dato noch gesund

Und werd' es sicher wieder tun,
Sobald es möglich ist.
Und sterb ich dann davon – je nun!
So hab ich doch geküßt.

Charlotte und Mutter

M. Charlotte, sag' ich, bleibe da,
Sonst werd' ich strafen müssen.
C. Wieso? Fritz tut mir nichts, Mama.
Er will mich nur küssen.
M. Das soll er nicht, Närrin, bleibe da.
C. Warum nicht, Mama?

»Er schuf sie ein Männlein und Fräulein«

1. B. M. 1 V. 17.

Ich hab' immer gedacht, daß der Spruch nicht umsonst in der Bibel stehe, und ich denk' es noch. Er soll wohl unter andern zu verstehen geben, wenn so 'n Fräulein uns mit ihren Taubenaugen überlistet, daß wir uns des *ceteris paribus* nicht schämen dürfen, denn Gott hat das Fräulein mit den Taubenaugen erschaffen. Ihn jammerte des Menschen, daß er so im Schweiß seines Angesichts dahinging, bis er wieder zur Erde würde, davon er genommen war, und gedachte ihm wohl zu tun – da wandelten die zarten Lispel vom Himmel herab, da schlug die Liebe die Flügel, und seine Engel tanzten zum Klang des ersten Flügelschlags. Aber der Feind kam auch hier bei der Nacht und säte giftige häßliche Drachen und Ungeheuer mit Pumphosen und goldenen Klauen. Die kamen und verheerten die schönen Jünglinge und Mädchen im Lande, und die heilige Liebe des Fräuleins floh und verbarg sich in den Felsklüften und auf den Scheidebergen, und selig ist, wer sie findet!

Was mich in der Vermutung bestärkt, ist das Sonderbare und Unbegreifliche bei der Liebe. Da steht man und zittert und verstummt, und das Herz fängt einem an zu schlagen und die Wange zu glühen, und man weiß nicht wie und warum. Und grade da, wo die Philosophie scheitert und die Vernunft sich hinter den Ohren kratzen muß, wo man ein Sausen hört, aber nicht weiß, woher es kommt und wohin es fährt, grade da vermute ich Gottes Finger.

Ein Hochzeitscarmen

An Herrn –

Mein guter Vater liebte mich
Und trug mich oft auf seinen Armen,
Einst sprach er: »Sohn, das bitt' ich Dich,
Stiehl nicht und mach kein Hochzeitscarmen.«

Ich konnte freilich dies Gebot
Vom Hochzeitscarmen nicht entfalten
Und hatte manchmal meine Not,
Doch hab' ich's noch bis heut gehalten.

Nur heute strömt ein Lied daher
Der jungen Braut und ihrem Gatten.
Er ist mein Freund und ist's zu sehr –
Vergib mir, meines Vaters Schatten!

Vergib, daß ich nicht widerstand,
Ich habe lange genug gerungen –
O hätt'st Du meinen Freund gekannt!
Du hättest selber mitgesungen.

Und seine junge Braut ist schön –
Ich habe lange gnug gerungen –
O hätt'st Du seine Braut gesehn,
Du hättest selber mitgesungen.

Mein liebster Herder,

Ich und mein Bauermädchen feiern heute den Tag Ihrer »Liebe im höhern Chor«. Vermutlich hätten wir's schon lange tun sollen; weil wir aber keine nähere Nachricht erhalten, so haben wir's auf heute angesetzt. –

Daß es Dir wohl gedeihe! –
Daß es Dir wohl gedeihe!! –
Daß es Dir wohl gedeihe!!! –
Daß es Dir wohl gedeihe!!!! –
Daß es Dir wohl ergehe! ! ! !
!!!!!!!!!!!!!!!!!!!!!!!!!!!!!!!!!!!!!!!

Nun ist es Morgen und die Sonne kommt schön herauf wie ein Jüngling aus dem Brautgemach, und die Braut schlummert noch und träumt zarten Traum. – So träumen wir auch zarten Traum mit wachenden Augen von Dir und Deinem Mädchen und wollen nun gleich in den Wald gehen und auf einen alten Stein Blumen der Venus Erycina hinlegen. Und wer besser weiß, was Glück die Liebe geben kann, und wer Euch dies Glück herrlicher gönnt, – den wollen wir sehen. Ich wollte mehr schreiben, aber itzt schmeckt mir alles, was ich sonst noch mehr schreiben wollte, wie Heuschrecken und wild Honig. Also jusqu'ici.

An Herder, 1773

Ich habe Ihren Gruß an mein Bauermädchen bestellt, und sie hat einen tiefen Knix gemacht, und ich sollte wieder einen Gruß bestellen, wenn es sich schickte. Sie ist ein gutes Mädchen und nach Herder sein'm gibt es auch kein's, das besser wäre. Die gütigen unverdienten Äußerungen in Ihrem Brief – ja das sind gütige unverdiente Äußerungen, das versteht sich, und weiter weiß ich auch nichts darauf zu sagen.

Was Sie von »bald an einem Orte Hütten haben« schreiben, ist lieblicher Regenbogen in der Ferne, – aber ihn haschen – ei mag es, ist's doch lieblich in der Ferne und wer hat's uns denn gesagt, daß wir immer mit der Nase dran stoßen sollen. Wo ich und mein Bauermädchen wohnen, ist es sehr schön und jenseits des Waldes liegt eine Hütte.

An Karoline Herder, 24. September 1773

Gott grüße Sie da in Ihrem Wochenbett, Frau Mutter Herder, und den schwarzäugigen Knaben in Ihrem Arm! und er soll wachsen und groß werden und nicht weit vom Stamm fallen.

Mein Bauermädchen hat die gute Nachricht zuerst erfahren, ich war grade nicht zu Hause, als der Brief kam, und da hatte sie Ahnungen bei dem Brief gehabt und ihn lange hinten und vorne besehen und endlich durch die Rippen hineingeguckt und ein halbes Wort gelesen; sie hatte auch allein schon angefangen, sich zu freuen, ich aber verwies ihr das und öffnete den Brief und, als wir nun alles gelesen hatten, setzten wir uns zusammen hin und freuten uns aus allen Kräften, wie die Kinder und wie man sich in der Ernte freut. Wie gern wir nun in Bückeburg wären und Vater und Mutter und Knaben mit unsern Augen sehen, das wissen wir wohl und sonst niemand, ist auch 'n Leid davon zu sprechen und hat man dabei so 'n Sodbrennen im Herzen.

An Karoline Herder, September 1774

Für eine Hütte für Euch Hirten will ich sorgen, aber bei mir könnt Ihr nicht essen; ich und mein Bauermädchen essen und trinken gar schäferhaft, und da kann kein Mensch mitessen. Überdem hieße das sich selbst viele kleine Freuden verderben, ich meine, wenn Ihr Euren eigenen Haushalt habt und uns dann von Zeit zu Zeit, so oft es Euch nämlich gefällig ist, zu Gast bittet oder wir Euch. Dazu müßt Ihr in Eurem Hause ein altes Weiblein haben, das Eure Betten macht, Euer Teewasser kocht, Eure Schuhe bürstet, Stuben auskehrt pp. und eben das alte Weiblein kann Euch Milch und Semmel und Klöße und Pfannkuchen machen. So ist's besser, und so müßt Ihr's halten. Die Gelegenheit, die ich bis itzt für Euch ausgesehen habe, ist so weit recht gut, nur daß die Tür die Quere im Hause steht und Ihr seitwärts Euch hineindrängen müßt. So ein Haushalt nun kann für Euch beide jährlich 3 bis 4 hundert Taler kosten, und der Almanach allein, ohne alle Übersetzungen, muß jährlich dreimal so viel tragen. Aber nun ein Wort zum Guten. Ihr wißt, daß ich der Musik sehr gut bin, und daß sie dem Menschen wohl tut. Übt Euch also bis Ostern ein wenig fleißig im Violinspielen, damit Ihr Ostern des Dinges zur Leibes Nahrung und Notdurft mächtig seid. Mein Bauermädchen studiert itzo den Baß oder Violoncell, und so wollen wir diesen Sommer und weiterhin, so oft wir darüber einig werden können, Konzert halten. Die laute Lache über den, der hier Ostern kommt und nicht spielen kann, und die Eichel über den andern!

An Voß, 20. Dezember 1774

Aber kommen Sie denn nicht einmal nach Hamburg? 18 Meilen lassen sich doch abfahren, und geht dazu immer so schön sanft durch den Sand. Ich dächte, Sie täten einmal Ernst dazu und zeigten Frau Herdern die große, berühmte Stadt, und denn holten wir Sie aus Hamburg nach Wandsbeck und ließen Sie nicht wieder los, bis Sie Gewalt brauchten und uns Arm und Beine abschlügen. Bewegen Sie diese Worte in Ihrem Herzen, mein Lieber, und kommen Sie. Ihr sollt uns willkommen sein, wie die heiligen Engel aus'm Himmel. Wollen auch zusammen nach Lübeck fahren und Gerstenberg besuchen und in Travemünde Dörsch essen und dabei in die See hinaussehen.

An Herder, 6. Mai 1775

Wir danken gar herzlich, daß Sie uns das Geld und Ihren Herrn Bruder hergeschickt haben. Der Bruder ist wohl nur 15 Minuten hier gewesen, aber er hat uns kurz und gut viel Freude gemacht. Wenn doch seine Schwester und ihr Gemahl auch den Einfall hätten, nach Hamburg zu kommen, würden vielen Leuten eine angenehme Erscheinung sein, und für den kleinen mutigen Knaben ist so eine Reise recht gesund. Die Fratzengesichter kommen noch nicht. Wir haben gestern abend noch gezeichnet und gezirkelt, können aber die Nase nicht still halten, und der Finger hat gar kein menschliches Ansehen gehabt, und mögen wir damit nicht aufwarten. Sobald einer kommt, der das Abzeichnen versteht, sollen sie abgezeichnet und nach Bückeburg übermacht werden. Die kleine Gevatterin ist in Besserung, doch ist ihr der Magen so hoch, und wir salben ihn alltäglich mit Öl und Kampfer, ob wir 'n zurecht bringen möchten. Wir grüßen mit dem Gruße der Freundschaft und empfehlen uns in das gute Andenken der lieben Frau Gevatterin mit dem kleinen mutigen Knaben.

An Karoline Herder, 20. Mai 1775

Ich sehe es täglich mehr ein, daß niemand gut ist als der einige Gott, und daß der nur eigentlich Freund oder braver Kerl ist, der uns hilft, unsere Narrheit loszuwerden. Wenn ich also eine Zange hätte, damit die Eitelkeit und andre Narrheit samt den Wurzeln ausgezogen werden könnten, so würde ich erst meine eigne ausziehen und dann Euch die Zange präsentieren, aber nicht vor dem Publico und unterm Tisch, sondern geradezu und insgeheim.

An Herder, Mai 1775

Das muß ich noch sagen, Euch desto herzlicher zu versöhnen, daß ich, nicht um Rezensions im Büchel zu haben, sondern deswegen die Anzeige von Hamann und Euch eingerückt habe, weil ich dachte, Ihr hättet einen Platz in meinem Herzen und so müßtet Ihr auch einen im Büchel haben. Seid also wieder gut!

An Herder, Juni 1775

Mein großer runder Tisch samt kauderwelschem Lusthause empfehlen sich Ihnen. Wenn ich ausziehe, werden beide wohl verbrannt werden, denn ich verbrenne gern, was ich habe, meine Freunde ausgenommen. . .

Leben Sie wohl und wißt, daß alles Quark ist, außer einem fröhlichen Herzen, das seiner bei aller Gelegenheit mächtig ist. Addies

An Miller, 22. August 1775

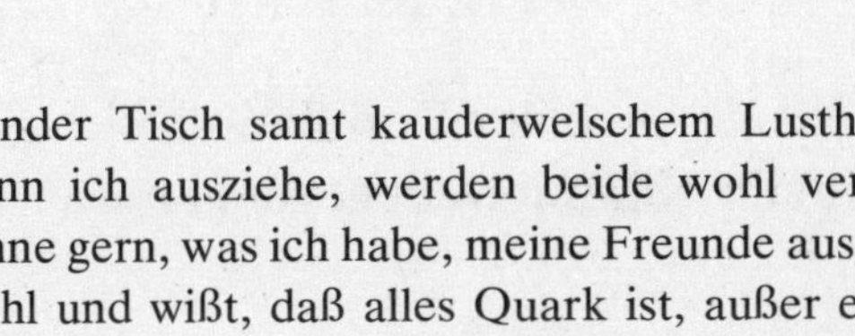

Habt Ihr nicht selbst gesagt, ich sollte in meiner Manier schreiben? Ich mag auch von keiner Distinktion zwischen Schriftsteller und Menschen Proben ablegen, und meine Schriftstellerei ist Realität bei mir, oder sollt es wenigstens sein, sonst hol's der Teufel.

Gleich gut alles, ich habe den mißlungenen Brief zerrissen und mit Füßen getreten und einen andern geschrieben. Wenn der noch nicht recht ist, so tretet Ihr den mit Füßen, was braucht's noch Postgeld für den Salbaderwisch auszugeben? ...

Also mein lieber brummscher Herder, seid nur wieder gut, ich werde ums Fratzengesicht des Schriftstellers und großen Geistes Eure Freundschaft nicht aufs Spiel setzen, zumal obgesagtes Fratzengesicht mir gleichgültiger ist, als Ihr vielleicht denkt, und ich will meinen Speichel gern wieder hinterschlucken, wenn ich ihn nicht wieder zurück in die Speicheldrüsen zwingen kann, aus denen er nun einmal herausgetreten ist.

An Herder, 5. Dezember 1775

Phidile,

als sie nach der Kopulation allein in ihr Kämmerlein gegangen war

Ach, Gottes Segen über dir!
Weil du ihn mir gegeben,
Du schwarzer Mann! Mein Herz schlug mir
Nie so in meinem Leben.

Und meinem Wilhelm schlug es auch –
Als ihn der Pfarrer fragte
Und das nach hergebrachtem Brauch
Von Glück und Unglück sagte;

Da sah er her mit Ungestüm,
Als wollt' er mich umfangen;
Die hellen Tränen liefen ihm
Wohl über seine Wangen. –

Ja, Wilhelm, ich bin auch bereit,
Ich will dich nicht verlassen!
Von nun an bis in Ewigkeit
Will ich dich nicht verlassen.

Will immer um und bei dir sein,
Will Not und Tod nicht scheuen:
Mein trauter Wilhelm! du allein
Kannst meine Seel' erfreuen,

Und sollst allein! drauf ruf' ich Gott
Zum Zeugen hier hernieder.
Und nimmt mich oder dich der Tod,
So finden wir uns wieder!

Rheinweinlied

Bekränzt mit Laub den lieben vollen Becher,
Und trinkt ihn fröhlich leer.
In ganz Europia, Ihr Herren Zecher!
Ist solch ein Wein nicht mehr.

Er kommt nicht her aus Ungarn noch aus Polen,
Noch wo man Franzmänn'sch spricht;
Da mag Sankt Veit, der Ritter, Wein sich holen,
Wir holen ihn da nicht.

Ihn bringt das Vaterland aus seiner Fülle;
Wie wär' er sonst so gut!
Wie wär' er sonst so edel, wäre stille
Und doch voll Kraft und Mut!

Er wächst nicht überall im deutschen Reiche;
Und viele Berge, hört,
Sind, wie die weiland Kreter, faule Bäuche,
Und nicht der Stelle wert.

Thüringens Berge zum Exempel bringen
Gewächs, sieht aus wie Wein;
Ist's aber nicht. Man kann dabei nicht singen,
Dabei nicht fröhlich sein.

Im Erzgebirge dürft Ihr auch nicht suchen,
Wenn Ihr Wein finden wollt.
Das bringt nur Silbererz und Koboltkuchen
Und etwas Lausegold.

Der Blocksberg ist der lange Herr Philister,
Er macht nur Wind wie der;
Drum tanzen auch der Kuckuck und sein Küster
Auf ihm die Kreuz und Quer.

Am Rhein, am Rhein, da wachsen unsre Reben;
Gesegnet sei der Rhein!

Da wachsen sie am Ufer hin und geben
Uns diesen Labewein.

So trinkt ihn denn und laßt uns alle Wege
Uns freun und fröhlich sein!
Und wüßten wir wo jemand traurig läge,
Wir gäben ihm den Wein.

Ihr sollt auch heiraten, daß Euch die magere Gestalt verlasse. Ein gutes Weib nährt Leib und Seele, aber Ihr müßt Euren alten Adam im Zaum halten können, sonst zehrt sie doch auch...

Mein Bauermädchen grüßt Euch herzlich, und Ihr sollt uns bald in Wandsbeck besuchen. Es wird ja endlich kommen, daß wir wieder beisammen wohnen. Gott sei mit Euch und Dank ihm, daß ich nicht an der Pleuresie gestorben bin.

Leb wohl, leb wohl, alter Eichbaum, und schreib bald wieder, ich will aus Wandsbeck treulich nachholen, was ich bisher versäumt habe. Noch einmal Gott sei mit Euch und geleite Euch. Amen!

An Schönborn, 20. April 1777

Trinklied

Eine oder etliche Stimmen

1.

Auf und trinkt! Brüder trinkt!
Denn für gute Leute
Ist der gute Wein,
Und wir wollen heute
Frisch und fröhlich sein.
Auf und trinkt! Brüder trinkt!::
Stoßet an, und sprecht daneben:
»Alle Kranken sollen leben!«

Coro von Anfang

2.

Herrlich ist's hier und schön!
Doch des Lebens Schöne
Ist mit Not vereint,
Es wird manche Träne
Unterm Mond geweint.

Herrlich ist's hier und schön!::
»Allen Traurigen und Müden,
Gott geb' ihnen Freud' und Frieden!«

Coro von Anfang

3.

Auf und trinkt, Brüder trinkt!
Jeder Bruder lebe,
Sei ein guter Mann!
Fördre, tröste, gebe,
Helfe wo er kann.
Auf und trinkt! Brüder trinkt!::
Armer Mann, bang und beklommen!
Ruf uns nur, wir wollen kommen.

Coro von Anfang

4.

Seht, denn seht! Brüder seht!
Gott gibt uns ja gerne,
Ohne Maß und Ziel,
Sonne, Mond und Sterne,
Und was sonst noch viel.
Seht, denn seht! Brüder seht!
Armer Mann, bang' und beklommen!
Sollten wir denn auch nicht kommen?

Coro von Anfang

Coro

Armer Mann, armer Mann!
Bange und beklommen!
Wollen's gerne tun,
Wollen gerne kommen,
Ruf uns nur. Und nun
Auf und trinkt! Brüder, trinkt.

Als C. mit dem L. Hochzeit machte

Das Liseli sieht so freundlich aus,
Will heute Hochzeit machen;
Ein Engel Gottes soll ihr Haus
Und ihren Hof bewachen!

Soll ihren edlen Mann und sie
Ihr Lebelang bewachen,
Und 's gute fromme Liseli
Und ihn recht glücklich machen.

Und soll Euch liebe Kinderlein
Die Hüll' und Fülle geben:
Von Herzen zart und fromm und rein
Und hold und schön daneben!

Und Freund L– – – soll euch dort
Am Berge kopulieren;
Und ich will hier an meinem Ort
Trompet' und Pauke rühren.

Lied

Füllt noch einmal die Gläser voll
Und stoßet herzlich an:
Daß hoch das Fräulein leben soll!
Denn sie gehört zum Mann.

Gott hat dem Mann sie zugestellt,
Zu sein mit ihm Ein Leib,
Und in der großen Gotteswelt
Ist alles Mann und Weib.

Auch sind die Fräuleins sanft und gut,
Und freundlich ist ihr Blick;
Sie machen fröhlich Herz und Mut
Und sind des Lebens Glück.

Drum habt sie ehrlich lieb und wert!
Und füllt die Gläser voll
Und trinkt hier, wo uns keine hört,
Auf aller Fräuleins Wohl!

Gott grüß Euch samt und sonders! Und wir haben Euer Familien-Silhouette wohl erhalten, weiden uns auch täglich daran, wenn wir hinschauen, linker Hand an der Tür oder vielmehr neben der Tür zwischen Gevatter Hamann und Freund Jacobi, von dem ich Euch einmal geschrieben habe, daß er Euch gern möchte von Angesicht kennen lernen, und von dem ich Euch hiebei ein Buch schicke, das er geschrieben hat und darin er Euerer mit großer Ehr und Zier gedenkt. Das Buch ist hier in Hamburg gedruckt unter meiner Direktion, wie Ihr wohl an dem Druckfehlerverzeichnis abnehmen werdet, und er hat mir aufgetragen, es Euch zu schicken nebst einem freundlichen Gruß. Ihr werdet ihn aus dem Buch von einer Seite kennen lernen, und von einer andern hab ich Euch neulich schon gesagt, daß er trefflicher Gemütsart sei. Aber wieder auf Eure Silhouette zu kommen, so finden alle hohen und niederen Herrschaften, die hier zu unser Tür einziehen, ein sonderliches Behagen dran. Sagt, wie

macht Ihr's, daß, sonderlich die Kinder-Silhouetten, so scharf und ähnlich werden. Hierzulande sieht allemal eine Kinder-Silhouette grade so aus wie die andere. Wir haben mehrmals den Versuch gemacht, wollten Euch auch wieder mit unserm Familiengemälde präsentieren, aber es wurden solche Fratzengesichter, daß wir uns schämten und grämten, sie Euch *judicibus competentibus* vor Augen zu legen. Schicken Euch indes, Ihr Lieben, ein Stück von dem berühmten Hamburger Rauchfleisch. (Es wird in einem Leinentuch gebunden und in kaltem Wasser zum Feuer gesetzt und muß langsam, aber unaufhörlich kochen und unter Wasser bleiben, daher denn kochendes Wasser zur Hand sein muß, unaufhörlich ist zu verstehen, bis das Fleisch mürbe ist, welches der Augenschein am besten lehrt.) Eßt es gleich nach Empfang, denn es verliert von Tagen zu Tagen von seiner Leckerheit. Ich hätte Euch gern eine Bouteille extra guten Malaga dazu geschickt, aber ich wußte sie nicht zu Euch zu bringen und möchte Euch keine großen Kosten zumuten. Indes hab ich doch nicht umhin gekonnt, ein kleines Fläschchen auf gut Glück beizulegen, damit Ihr Euch den Magen zum Rauchfleisch eine halbe Stunde vor dem Essen schärfen sollt. Wir sind gesund, gottlob! gesund und haben Euren Geburtstag, versteht sich, im August mitgefeiert.

An Herder, 19. Oktober 1781

Von der Freundschaft

Ich habe Dir in der vorigen Lektion die Feindschaft erklärt, und wie man dazu gelangen könne, und wann ein ehrlicher Kerl sie nicht scheuen müsse. Heute von der Freundschaft. Von der spricht nun einer: sie sei überall; die andre: sie sei nirgends; und es steht dahin, wer von beiden am ärgsten gelogen hat.

Wenn Du Paul den Peter rühmen hörst; so, wirst du finden, rühmt Peter den Paul wieder, und das heißen sie denn Freunde. Und ist oft zwischen ihnen weiter nichts, als daß einer den andern kratzt, damit er ihn wieder kratze und sie sich so einander wechselweise zu Narren haben; denn wie Du siehst, ist hier, wie in vielen andern Fällen, ein jeder von ihnen nur sein eigner Freund und nicht des andern. Ich pflege solch Ding »Hollunder-Freundschaften« zu nennen. Wenn du einen jungen Hollunderzweig ansiehst, so sieht er fein stämmig und wohl gegründet aus; schneidest du ihn aber ab, so ist er inwendig hohl und ist so ein trocken schwammig Wesen darin.

So ganz rein geht's hier freilich selten ab, und etwas Menschliches pflegt sich wohl mit einzumischen, aber das erste Gesetz der Freundschaft soll doch sein: daß einer des andern Freund sei.

Und das zweite ist, daß Du's von Herzen seist und Gutes und Böses mit ihm teilest, wie's vorkommt. Die Delikatesse, da man den und jenen Gram allein behalten und seines Freundes schonen will, ist meistens Zärtelei; denn eben darum ist er Dein Freund, daß er mit untertrete und es Deinen Schultern leichter mache.

Drittens laß Du Deinen Freund nicht zweimal bitten. Aber, wenn's not ist und er helfen kann, so nimm Du auch kein Blatt vors Maul, sondern gehe und fordre frisch heraus, als ob's so sein müßte und gar nicht anders sein könnte.

Hat Dein Freund an sich, das nicht taugt; so mußt Du ihm das nicht verhalten und es nicht entschuldigen gegen ihn. Aber gegen den dritten Mann mußt Du es verhalten und entschuldigen. Mache nicht schnell jemand Deinen Freund, ist er's aber einmal, so muß er's gegen den dritten Mann mit allen seinen Fehlern sein. Etwas Sinnlichkeit und Parteilichkeit für den Freund scheint mit zur Freundschaft in dieser Welt zu gehören. Denn wolltest Du an ihm nur die wirklich ehr- und liebens-würdigen Eigenschaften ehren und lieben, wofür wärst Du denn sein Freund; das soll ja jeder wildfremde unparteiische Mann tun. Nein, Du mußt Deinen Freund mit allem, was an ihm ist, in Deinen Arm und in Deinen Schutz nehmen; das versteht sich von selbst, und daß aus einem Edlen kein Unedles werden müsse.

Es gibt eine körperliche Freundschaft. Nach der werden auch zwei Pferde, die eine Zeitlang beisammen stehen, Freunde und können eins des andern nicht entbehren. Es gibt auch sonst noch mancherlei Arten und Veranlassungen. Aber eigentliche Freundschaft kann nicht sein ohne Einigung; und wo die ist, da macht sie sich gern und von selbst. So sind Leute, die zusammen Schiffbruch leiden, und die an eine wüste Insel geworfen werden, Freunde. Nämlich das gleiche Gefühl der Not in ihnen allen, die gleiche Hoffnung und der eine Wunsch nach Hilfe einigte sie; und das bleibt oft ihr ganzes Leben hindurch. Einerlei Gefühl, einerlei Wunsch, einerlei Hoffnung einigt; und je inniger und edler dies Gefühl, dieser Wunsch und diese Hoffnung sind, desto inniger und edler ist auch die Freundschaft, die daraus wird.

Aber, denkst Du, auf diese Weise sollten ja alle Menschen auf Erden die innigsten Freunde sein? Freilich wohl! und es ist meine Schuld nicht, daß sie es nicht sind.

Postskript. Es gibt einige Freundschaften, die im Himmel beschlossen sind und auf Erden vollzogen werden.

Schönheit und Unschuld

Ein Sermon an die Mädchen

Eigentlich sollte Schönheit unschuldig, und Unschuld sollte schön sein, aber in der Welt sind es verschiedene Dinge; und weil ich diesen Sermon in der Welt halte, muß ich mich wohl bequemen.

Schönheit also ist Schönheit des Leibes, 'n Paar Taubenaugen, 'n Gesichtlein wie Milch und Blut und ein gewisser Zaubervogel Kolibri, der, wie die närrischen Poeten schreiben, an den Taubenaugen und an dem Gesichtlein sitzt und nistet wie die Schwalben an der Mauer. Unschuld hingegen wohnt im Gemüt und ist eine himmlische Gestalt, die mit Luthern Gott fürchtet und liebt, daß sie keusch und züchtig lebe in Gedanken, Worten und Werken, die kein Arg daraus hat, von sich und der Welt nichts weiß und sich auf nichts einläßt.

Der Kolibri findet gewaltig vielen Beifall, und die Mädchen wollen ihn alle gerne haben und laufen ihm nach. Aber, Ihr lieben Mädchen, aber – wir wollen's einmal überlegen.

Was ist Schönheit des Leibes? – 's ist doch nur Schönheit des Leibes, Glanz einer Zitternadel, darin kein edles Gemüt großen Wert setzen kann. Du hast sie Dir nicht gegeben, und Du magst sie Dir nicht erhalten, 'n paar Jahre weiter, und sie ist dahin. Zweitens schafft und nützt sie im Hause nicht viel. Du kannst mit einem Gesichtlein wie Milch und Blut keinen bessern Braten machen, kannst mit Taubenaugen Dein Kind nicht besser waschen und kämmen; und die Ehen werden doch nicht im Mond, sondern im Haus geführt. Auch ist Schönheit nicht 'nmal das, was eigentlich Liebe macht. Den Kopf kann sie wohl verdrehen, aber wahre herzliche Liebe ist an sie nicht gebunden. Sieh Deine Mutter an; sie ist nicht mehr schön, und doch liebt sie Dein Vater so herzlich und trägt sie in seinen Augen.

Also 'n Ding, das in sich keinen Wert hat, das nur kurz währt, das im Hause nicht sonderlich nützt und nicht eigentlich Liebe macht: so 'n Ding ist die Schönheit. Mehr ist sie nicht, und Ihr müßt mir nicht böse sein, Ihr schönen Mädchen, daß sie nicht mehr ist. – –

Ich möchte Euch darüber so gerne recht kapitelfest machen. Denn sie werden's Euch anders sagen, werden um Euch stehen und liebkosen und bewundern. Und das möchte Euch betören, hoch von der Schönheit zu halten und auf eine Scheinlampe hinter ihr und andre Maschinerien bedacht zu werden; und das wäre schade um Euch! Schönheit und Unschuld

sind wie die beiden Schalen einer Wage; so wie die eine in Eurem Gemüt steigt, fällt die andre. Und das wissen die Liebkoser zum Teil und erheben eben deswegen vor Euch die Schale mit der Schönheit so hoch, daß die andre mit der Unschuld allgemach sinke. Einige helfen wohl gar noch nach und suchen Euch Keuschheit und Zucht als Alfanz und Aberglauben vorzuspiegeln. Aber, flieht den Mann, der das tut! Und wenn er mit Gold und Perlen behangen wäre, er ist 'n Bösewicht. Ist eine giftige Klapperschlange! Die Natur zwar hat ihn mit der Klapper verschont, weil sie sich auf seine Gaben und auf seine Diskretion verließ; aber er war der Großmut nicht wert und sollte eine tragen, und ich täte sie ihm gern in seinen Haarbeutel, oder hing' ihm eine ans Ohr, daß er vor sich warne, wo er hinkömmt.

Unschuld des Herzens ist das Erbteil und der Schmuck des Weibes. Und wißt, Unschuld hat ihren eignen Engel, der hinter Euch hergeht und über Euch wacht, so lange Ihr unschuldig seid. Erzürnt ihn nicht! und glaubt für ganz gewiß, daß wenn er von Euch weichet, Euer Glück von Euch gewichen ist.

Mädchens, ich weiß, was Ihr wert seid! Und was Ihr dem Mann sein könnt, wenn Ihr's vorzieht und Euch entschließt, eines Mannes zu werden. Ihr seid ihm eine edle Gabe Gottes, und er lebt des noch eins so lange; er sei reich oder arm, so seid Ihr ihm ein Trost und macht ihn allezeit fröhlich. Ihr seid Bein von unsern Beinen und Fleisch von unserm Fleisch, und darum bewegt sich mein Herz in mir, wenn ich Euch ansehe und an Euch denke.

Nun, Ihr seid in der Welt und müßt durch, was auch Euer Beruf sei. Geht in Frieden und seht nicht viel umher.

Und der Engel der Unschuld begleite Euch!

Daß Sie noch immer gesund und frisch sind und Ihren Freunden noch immer ein Büchlein nach dem andern schicken und schenken, ist uns zwar sehr lieb, wir werden es Ihnen aber schwerlich nachmachen. Sie sind im Alter noch jung, und wir werden in unserer Jugend schon alt; und wie Sie vor unser einem schon ein berühmter Schriftsteller gewesen sind, so werden (Sie) nach unser einem noch einer bleiben und das müssen wir uns gefallen lassen und tun es auch gerne.

An Gleim, 28. Dezember 1792

Wie, lieber Alter, konnten Sie zu Argwohn kommen? Ich weiß nicht mehr, was ich geschrieben habe; aber was ich auch geschrieben haben mag, so ist kein Wort darunter anders als gut gemeint. Ich nenne Sie immer und bei aller Gelegenheit, hinter Ihrem Rücken, wenn von Leuten die Rede ist, die immer bei der Hand sind, jemand zu obligieren und zu dienen ohne Eigennutz, und ich habe 100mal gesagt, daß der alte Gleim in Halberstadt der diensteifrigsten Menschen einer sei und vielleicht in Deutschland am meisten Leuten Dienst und Gefälligkeiten erzeigt habe usw.

An Gleim, 25. April 1794

Die Liebe

Die Liebe hemmt nichts; sie kennt nicht Tür noch Riegel
Und dringt durch alles sich;
Sie ist ohn' Anbeginn, schlug ewig ihre Flügel,
Und schlägt sie ewiglich.

Hochzeitlied

Stand ein junges Veilchen auf der Weiden,
Lieb und herzig, in sich, und bescheiden;
Und ein wackrer Jüngling über Land
Kam hin, da das Veilchen stand.

Und er sah das Veilchen auf der Weiden
Lieb und herzig, in sich, und bescheiden;
Sah es an mit Liebe und mit Lust,
Wünscht es sich an seine Brust.

Heute wird das Blümchen ihm gegeben,
Daß er's trag' an seiner Brust durchs Leben!
Und ein Kreis von edlen Menschen steht
Ernst und feiert mit Gebet.

Seid denn glücklich! Gott mit Euch, Ihr beide!
Seine »Sonn' am Himmel« schein' Euch Freude;
Und in Eurer Freud', in Eurem Schmerz
Seine »bessre« Euch ins Herz!

Watteau pinx.
L. Crepy filius Sculp.

. . . drücke ich fröhlich euch an mein Herz

Familie

Großmutter Müller, Großvater und Großmutter Claudius, Vater und Mutter Müller, Tanten Müllern um die Wiege.

Alle

Nun liebes Mädchen, schlummre ein,
O schlaf in süßer Ruh!
Wir wollen alle stille sein,
Wir sehn dir alle zu.

Großmutter Müller allein

Du liebe, kleine Enkelin,
Ich wein' mit Freuden hier,
Mein Herz auf Deine Wiege hin –
Ich fühl's, ich leb' in ihr.

Tutti

Nun liebes Mädchen et cet.

Großvater und Großmutter Claudius

Kind, einen Blick – denn schlafe du,
Denn wiegen wir dich ein
Und küssen dir die Augen zu,
Du wirst wohl schläfrig sein.

Tutti

Nun liebes Mädchen et cet.

Vater und Mutter

Sie ist doch Fleisch von unserm Fleisch,
O wecket sie nicht auf.

Du Wiege mache kein Geräusch,
Und wecke sie nicht auf!

Tutti

Nun liebes Mädchen et cet.

Die Tanten

O seht, wie ruhig schläft sie nun!
Wie wallt die kleine Brust!
In unserm Arme sollst du ruhn,
Im Arm, du unsre Lust.

Tutti

Nun liebes Mädchen, schlummre ein,
O schlaf in süßer Ruh et cet.

An Gerstenberg, 2. Oktober 1763

An meinen Vater

O Du, an den ich ohne Sünden
Nicht kalt und fühllos denken kann!
Du – hier kann ich es nur empfinden,
Du – o Du alter lieber Mann!

Mein Vater (siehe diese Zähre,
Sie fiel, als ich den Namen schrieb)
Ich habe Dich so lieb, o höre –
Ich habe Dich so herzlich lieb.

Durch Dich gab Gott mir hier mein Leben,
Durch Dich – verstumme mein Gedicht!
Gott wollte mir was Größres geben.
Er wollte gern und konnte nicht.

O Gott – wenn eine fromme Träne
Sanft über Deine Wange fließt – –

Für mich fließt sie – welch eine Szene!
Gottlob! daß Du mein Vater bist.

Und wenn ich Fürst und König wäre,
Was hülfe mir dies alles nun?
Ein redlich Herz ist vielmehr Ehre,
Ein Herz, das Lust hat wohlzutun!

Wie glücklich ist, wer's redlich meinet!
Und mitleids- und erbarmungsvoll
Sein schön Gefühl dem Himmel weinet:
Es gehe allen Dingen wohl!

Dem Frommen schaden keine Feinde,
Die Hand des Himmels hindert es.
Gott und die Welt sind seine Freunde
Und wirken seinem Wunsch gemäß. –

Ich schwöre Dir bei Deinen Trieben,
Der Himmel höre diesen Schwur!
Dein graues Haar nie zu betrüben.
Ich schwöre, hör du es, Natur!

Nie will ich etwas unternehmen,
Was wider Deinen Willen ist.
Und wär's mein Glück, nicht unternehmen,
Wenn's wider Deinen Willen ist,

Und Dir, mein Vater, zu gefallen,
So lang Du lebst, beschäftigt sein.
In allen Handlungen, in allen,
Such ich Dein Alter zu erfreun.

Und schließt sich einst in sanftem Schlummer
Dein Aug, von Freudentränen rot;
Klag ich dem Himmel meinen Kummer
Und jammre über Deinen Tod.

Und knie an Deinem Sarge nieder
Und weine auf Dein tot Gesicht

Und seufze: Ach, erwache wieder!
Mein Vater – ach, verlaß micht nicht!

Nein, ich kann Dich nicht sterben sehen,
Ich wäre noch, und Du nicht mehr!
Ich will es mir von Gott erflehen,
Ich geh zum Himmel vor Dir her.

Und sag's von Freuden eingenommen,
Dem freundschaftlichen Himmel an:
Mein Vater wird nun auch bald kommen,
Ein alter lieber frommer Mann.

Ein Wiegenlied, bei Mondschein zu singen

So schlafe nun, du Kleine!
Was weinest du?
Sanft ist im Mondenscheine
Und süß die Ruh'.

Auch kommt der Schlaf geschwinder
Und sonder Müh';
Der Mond freut sich der Kinder
Und liebet sie.

Er liebt zwar auch die Knaben,
Doch Mädchen mehr,
Gießt freundlich schöne Gaben
Von oben her

Auf sie aus, wenn sie saugen,
Recht wunderbar;
Schenkt ihnen blaue Augen
Und blondes Haar.

Alt ist er wie ein Rabe,
Sieht manches Land;

Mein Vater hat als Knabe
Ihn schon gekannt.

Und bald nach ihren Wochen
Hat Mutter 'mal
Mit ihm von mir gesprochen:
Sie saß im Tal.

In einer Abendstunde,
Den Busen bloß,

Ich lag mit offnem Munde
In ihrem Schoß.

Sie sah mich an, für Freude
Ein Tränchen lief,
Der Mond beschien uns beide,
Ich lag und schlief;

Da sprach sie: »Mond, o! scheine,
Ich hab' sie lieb,
Schein Glück für meine Kleine!«
Ihr Auge blieb

Noch lang am Monde kleben
Und flehte mehr.
Der Mond fing an zu beben,
Als hörte er.

Und denkt nun immer wieder
An diesen Blick,
Und scheint von hoch hernieder
Mir lauter Glück.

Er schien mir unterm Kranze
Ins Brautgesicht,
Und bei dem Ehrentanze;
Du warst noch nicht.

Ein dito

Seht doch das kalte Nachtgesicht
Dort hoch am Himmel hangen!
Einst war es glatt und hatte nicht
Die Runzeln auf den Wangen.

Ja Kind, von diesen Runzeln wär'
Nun freilich viel zu sagen;

Am Weihnachtsabend kam Kunz her,
Der Henker mußt' ihn plagen,

Kam her und stahl. Wie ging's ihm nicht!
Er wird nicht wieder stehlen.
Hör' an, und laß dir die Geschicht'
Vom Kohl und Kunz erzählen.

Heinz hatt' ein Gärtchen, das war schön,
Da stieg des Abends Kunze
Hinein und, hast du nicht gesehn,
Bestahl den Nachbar Heinze.

Sonst schämt und grämt ein Dieb sich wohl,
Kunz aber nicht; er dachte:
Es fände morgen seinen Kohl
Der Nachbar nicht, und lachte.

Schnell aber war da eine Hand,
Die ihm vertrieb das Lachen,
Sie faßte ihn – husch! und er stand
Im Mond mit seinen Sachen,

Mit seinem Kohl, so wie er war,
Da half kein Schrei'n noch Flehen.
Man sieht ihn itzt auch hell und klar
Mit Kohl im Monde stehen.

Er überdenkt nun den Betrug,
Doch wird ihm wohl zuzeiten
Die Zeit und Weile lang genug,
Und wär' wohl gern bei Leuten.

All' Weihnachtabend rührt er sich
Und ruft aus voller Kehlen:
»Erbarme dich! erbarme dich!
Ich will nicht wieder stehlen.«

Ja, großen Dank! der arme Kunz!
Nun mag er lange wollen;

Er stehet da und warnet uns,
Daß wir nicht stehlen sollen;

Steht da und hat nicht Ruh noch Rast,
Und wird da ewig stehen.
Schlaf, wenn du ausgeschlafen hast,
Sollst du auch Kunze sehen.

Noch ein dito für belesene und empfindsame Personen

Meine Mutter hat Gänse,
Fünf blaue,
Sechs graue;
Sind das nicht Gänse?

Sonst tu ich Dir noch berichten, daß ich itzo, Gott sei tausendmal Dank! drei Kinder hab' und aufs andre halbe Dutzend losgehe. Du kannst nicht glauben, Andres, was ein Fest es für mich ist, wenn der Adebär ein neues Kind bringt und die Sach nun glücklich getan ist und ich's Kind im Arm habe. Kann sich keine Truthenne mehr freuen, wenn die Küchlein unter ihr aus den Eiern hüpfen. »Da bist du, liebes Kind«, sag' ich denn, »da bist du! sei uns willkommen! – es steht dir nicht an der Stirne geschrieben, was in dieser Welt über dich verhängt ist, und ich weiß nicht, wie es dir gehen wird, aber Gottlob daß du da bist! und für das Übrige mag der Vater im Himmel sorgen.« Denn herz' ich's, beseh's hinten und vorn und bring's der Mutter hin, die nicht mehr denket der Angst! und denn die alten Kinder auf die Erde gelegt, und in Gottes Namen oben darüber weg und über Tisch und Bänke. Leb wohl, Andres.

Fritze

Nun mag ich auch nicht länger leben,
Verhaßt ist mir des Tages Licht;
Denn sie hat Franze Kuchen gegeben,
Mir aber nicht.

Mein Bauermädchen hat schon einen kleinen Bauerjungen geboren, aber 2 Monat zu früh. Er hat nur einmal in ihrem Arm zum Mond bitterlich aufgeweint, dann ging er wieder heim. –

Ich habe Sie herzlich lieb, Sie Aloe in der Bückeburger Heide, und wünsche oft, daß Sie Ihr Wesen in Hamburg hätten. –

An Herder, 1772

Ich tue Ihnen melden, daß mein Bauermädchen vor circa 8 Wochen ein klein Kind weiblichen Geschlechts geboren hat, das nun vor mir in der Wiege liegt und Brust haben will, 's muß aber warten. Denn mein Bauermädchen schläft noch und mag sie nicht wecken.

An Gerstenberg, 8. April 1774

Als ich noch Knab' war mit den andern Knaben, war in unserm Dorf auch 'n Mädchen, hieß Rebekka. Sie hatt' ein Paar blaue Augen, und ihr Gesicht war weiß und rot, und alle wir Knaben buhlten um sie. Wie's manchmal trifft, daß 'n blindes Huhn auch 'n Korn findet, so ging's auch hier.

De gustibus non est disputandum, kurz und gut, sie drückte mir einmal unter vier Augen die Hand und sagte, daß ich's sei, und daß ich's immer bleiben solle. Ich kann nicht genug sagen, was mir da für'n Stein vom Herzen fiel, und wie mir nun Tag und Nacht so kurz und alles so leicht wurde. Mich verdroß keine Mühe, ich ließ fünf immer grade sein und war immer guten Muts; und wie mir war, wenn die andern von dem Mädchen

und ihrer Gunst disputierten und sich unter'nander zankten, wie mir denn war, und wie wenig ich Lust hatte mitzuzanken, das weiß ich wohl.

So will ich nur so viel sagen, 's sei recht albern, daß ich hier so 'n alt Schäferdönchen erzähle, das hier gar nicht hergehört; aber wenn einer beim Schnittermädchen des Himmels so stünde als ich bei der Rebekka, der würde gewiß nicht zänkisch und brumm'sch sein! Und manchmal kann's einem wirklich so vorkommen, als ob's mit den Herren Gelehrten und dem Kämmen und Waschen und der Audienz nicht so allerdings richtig sein möchte.

Die Mutter bei der Wiege

Schlaf, süßer Knabe, süß und mild!
Du deines Vaters Ebenbild!
Das bist du; zwar dein Vater spricht,
Du habest seine Nase nicht.

Nur eben itzo war er hier
Und sah dir ins Gesicht
Und sprach: Viel hat er zwar von mir,
Doch meine Nase nicht.

Mich dünkt es selbst, sie ist zu klein,
Doch muß es seine Nase sein;
Denn wenn's nicht seine Nase wär',
Wo hätt'st du denn die Nase her?

Schlaf, Knabe, was dein Vater spricht,
Spricht er wohl nur im Scherz;
Hab' immer seine Nase nicht,
Und habe nur sein Herz!

An ein neugebornes Kind,
das längst schon erwartet war

Nun, kleiner Bub', ist's endlich Zeit?
Doch warte nur, die Rute
Hat Dir Papa schon längst gedräut;
Wie wird Dir nun zumute?

Er nimmt sie, sieh! und kömmt zu fragen,
Wo Du so lange bliebst? Doch Knäblein, fasse Mut
Und laß ihm, wenn er grimmig tut,
Dein unschuldvolles Lächeln sagen:
»Was lange währt, Papa, wird gut;
Und nun – belieben Sie zu schlagen!«

Ein dito

Es hat sich gedreht und hat sich gedreht,
Eh's dazu kam, geboren zu werden;
Was wird wohl aus dem Kindlein werden?
– Ein Poet! –

Ich wünsche, daß Sie alle gesund seien. Wir sind's hier nicht so allerdings. Mein kleines Mädchen Caroline ist seit 14 Tagen ganz kaputt, ißt gar nichts und trinkt unaufhörlich. Ich weiß nicht, ob's von den Zähnen ist, bin aber recht besorgt ihretwegen, weil ich sie sehr liebhabe.

Mein Bauermädchen, das Gott gesegne, ist erträglich wohl und kriegt von vorne wieder so ein formidables Ansehen. Ich gerate daher fast auf den Gedanken, daß sie sich mit einem Mann gemein gemacht habe und daß Euer Edlen sich wieder auf einen Gevatterstand gefaßt machen können, wie ich denn nicht ermangeln werde, so lange ich lebe, Ew. Edlen im Gevatterstehen immer warm zu halten. Empfehlen uns Ihnen herzlich.

An Herder, 6. Mai 1774

Doch alles gut, nun alles gut, gut, gut! Das einzige muß ich Euch, Vater Großprahler, doch noch kund und zu wissen tun, daß mein Erstes auch ein Sohn gewesen ist, und daß ich eilender und nicht eilender Mensch im November weder einen Sohn noch eine Tochter zu hoffen habe und daß die Schwangerschaft meines Bauermädchens nur so ein Sohn gewesen sei. –

An Herder, 13. September 1774

Das Haus für die 20 Rtlr. besteht unten aus einer Stube und Kammer und kleinem Feuerherd zum Kochen und oben aus einer Stube und kleinem Vorplatz. Die Lage des Hauses ist sehr angenehm, auch ein kleiner Garten hinter dem Hause, der aber wie fast alle Gärten hier nicht abgesondert vom Nachbarsgarten ist. Das unbequeme bei dem Hause ist, daß die Türe, wie meine Zeichnung ausweist, die Quere steht. Wenn dazu ein

böser Nachbar in die andere Hälfte des Hauses käme, so wäre es so viel unbequemer. Es früge sich also, ob man nicht lieber die andre Hälfte dazu nehme. Sie ist noch zu haben und kostet auch 20 Rtlr. Ich muß darauf aber bald Antwort haben. Es wäre so viel nötiger, das ganze Haus zu nehmen, weil die Hälfte, die ich gemietet habe, erst Himmelfahrt ledig wird, die andre Hälfte aber itzo schon ledig ist und auf allen Fall gleich bezogen werden kann. Wenn Ihr etwa denkt, so hätte ich diese Hälfte mieten sollen, so dient zur Antwort, daß sie nicht vollends so gut und geräumig ist als die andre. Die Mobilien könnt Ihr selbst kaufen, wenn Ihr kommt, da läßt sich vielleicht auch noch dran ersparen.

An Voß, 31. Dezember 1774

Als er sein Weib und 's Kind an ihrer Brust schlafend fand

Das heiß' ich rechte Augenweide,
's Herz weidet sich zugleich.
Der alles segnet, segn' euch beide!
Euch liebes Schlafgesindel, euch!

Am Sonntagmittag wenigstens hoffe ich mit Gottes Hilfe schon mit Dir zu essen, nachdem ich eine halbe Stunde an Deinem Hals gelegen bin, liebes, gutes Mädchen. O ich will froh sein, wenn ich erst bei Dir bin und Euch alle gesund und wohl sehe, ich habe mich oft von Herzen nach Dir und Deinem Kuß gesehnt und sehne mich in diesem Augenblick danach, mein trautes, herrliches Weib. Gott segne und bewahre Dich und die beiden Muthen. Ich befinde mich Gottlob recht wohl und will eben eine Tasse Coffee trinken. Deine Gesundheit!

An Frau Rebecca, 1775

Befinde mich seit einiger Zeit gar nicht wohl und will den jungen Frühlingsgeist aus den neuen Kräutern saugen, daß es mir wohl tue. Mein Bauermädchen ist gottlob itzo gesund samt ihrem Kinde und geht, glaub ich, mit dem zweiten schwanger. Gott segne Sie und lieb Gemahl und Knaben!

An Karoline Herder, 25. April 1775

Ich hoffe, daß ich es noch vor Winter möglich machen will, Sie auf ein paar Tage zu sehen. Vor Frühling kann ich so nicht nach Darmstadt gehen, mein Bauermädchen soll im Oktober ein Kind gebären und im Winter läßt sich mit einem schwangeren Mädchen und jungem Kind nicht so weit reisen.

Diesen Winter denke ich noch in Wandsbeck zu bleiben; wir haben nur kleine Münde und Magen, wird sich ja so viel finden, daß sie voll werden. Vorerst macht Ihr Anerbieten, »uns mit Sack und Pack aufzunehmen« uns 4 Wochen satt.

An Herder, 2. August 1775

Ihm, dem Herrn Resident und der Frau Residentin zu wissen, daß mein Bauermädchen mit diesem Morgen um 10 Uhr ein Fräulein geboren hat und daß sie sich samt dem Fräulein, Gott sei tausendmal Dank, recht wohl befindet. Juchhey!

An Gerstenberg, 13. November 1775

Mein Bauermädchen hat mir ein zwotes Kind geboren, das aber auch nur ein Mädchen ist; man muß vorlieb nehmen, sonst ist's aber eine herrliche Art Mädchen, die meine Frau gebiert.

An Miller, 2. Februar 1776

Aber warum Eure Karolina lauter Knaben und meine Rebecca lauter Mädchen an die Welt bringt, begreif ich nicht. Ihr mögt denn besondere Schwänke haben, davon unser einer nichts weiß. Ich hätte gern einen Knaben, wenn mir Gott einen geben wollte.

An Herder, 3. September 1776

Gibt es ’was Schöners und Herzlichers in der Natur als ’n Vater in einem großen Schwarm von Kindern und neben sich das Weib, das sie ihm alle geboren hat?

Mein liebes gutes Bauermädchen hat wieder einen runden Leib, 2 Mädchen gehen schon auf Gottes Erdboden herum und ein Knabe liegt darin und dabei bleibt's noch nicht, wenn man dem Bauermädchen so nahe ist, und fast noch mehr Freude habe ich an den Kindern, wenn sie erst da sind und gehen und sprechen können.

An Schönborn, 20. April 1777

Brief an Andres wegen den Geburtstägen im August 1777

Mein lieber Andres,

Wir haben einen recht lustigen Tag gehabt. Du weißt wohl, ich habe vieles nicht, aber 'n Geburtstag hab' ich doch, und der ist gefeiert worden. Mein Vetter stellte vier Gevattern und Freunden, die alle im August geboren sind, zu Ehren 'n Fest an, und da war er so gratiös, meinen Geburtstag mit einzuschließen. »Denn«, sagte er, »Ihr seid doch mein lieber Vetter.« Wir feierten also die fünf Geburtstäge. Merk aber, wie wir ihm täten.

Des Morgens vor Sonnenaufgang las ich 'n Kapitel in der Bibel, legte drauf meine rote Weste an, die ich in Japan bei der Audienz anhatte, und sah darin die Sonne aufgehen und weckte denn alle Leut' im Hause. Eine Stunde drauf feuert' ich 'n Pistolenschuß los. Ich habe die Pistole noch von meinen Reisen mitbracht, und sie knallt gut, wenn sie recht geladen ist, diesmal war aber durch 'n Versehn das meiste auf die Pfanne gekommen. Nachdem nun solchermaßen dem Publico war kund getan worden was den Tag werden sollte, waren wir einige Stunden ganz stille, den Effekt davon abzuwarten; doch wuschen wir uns während der Zeit alle im klaren Bach das Gesicht, damit es recht fröhlich aussehe, und gingen 'n kleines am Bach auf und nieder.

Um sieben Uhr wurde 'n Signal gegeben, daß das Frühstück parat sei, und wir züngelten 'n wenig, und nach dem Frühstück ging's Glückwünschen an. Die fünf Geburtstagsleute waren H-am-l, -r in W-, -y in -g, -n in -i und ich. Die beiden letzten, als nämlich -n und ich, waren gegenwärtig, die drei ersten aber nicht. Wir beide empfingen also von der ganzen Gesellschaft einen Glückwunsch und Handschlag; die Abwesenden aber wurden mit Kreide auf den Tisch gemalt, und 'n jeder von der Gesellschaft machte 'n Strich zu ihren Füßen. Weiter wurden nun allerhand Gespräche von Geburtstägen geführt, und wie Personen bei dieser

Gelegenheit in *Excessu* oder in *Defectu pecciren,* Geschichten erzählt, Fragen aufgegeben, z. Ex. warum 'n Geburtstag nur alle Jahr einmal kömmt u.s.w.

Um zwölf Uhr wurde zur Tafel geblasen, und weil grade keine Trompeten und Pauken zur Hand waren, mußte ich's auf'm Triangel tun. Die

Tafel war von acht Couverts und drei Gängen. Zuerst Reisbrei in einer großen Schale mitten auf dem Tisch und nach kurzer Weile auch auf acht Teller rund um die Schale; denn kam Butter und Kalbfleisch; und zuletzt Kuchen. Du siehst draus, daß wir hoch schmausten; zugleich kannst Du aber daraus sehen, daß der Luxus seit Abrahams Zeit um ein Drittel gestiegen ist. Mein Vetter spendierte auch einige Flaschen guten Wein, die denn gewaltig wirkten und vor Gesundheiten, die aus dem Munde herauskamen, kaum hineinkommen konnten, und die Pistole brummte immer drein und zerarbeitete sich recht.

Es ist mir lieb, daß Deinem Jost die Knollen am Halse wieder vergangen sind. 's ist im ganzen menschlichen Leben so, Andres. Es werfen sich von Zeit zu Zeit Knollen auf; ich hab' aber bemerkt, daß sie meistens auch wieder vergehen, wenn man nur Geduld hat. Und denn so kommt 'nmal so 'n Geburtstag oder sonst etwas und macht einen auf lange Zeit alle Knollen vergessen.

Nach der Tafel wurde von jung und alt eine große Promenade in den Wald vorgenommen. Die Schapoos machten bei der Gelegenheit allerhand Sprünge wie die Ziegenböcke, und die Weibsleute kramten mit Blumen.

Hätt's bald vergessen, Dir zu melden. Ich habe mir seitdem eine Kanone angeschafft, die gar vortreffliche Dienste tut und viel Metall in der Stimme hat. Wenn Du nun Geburtstag, Kindtaufe oder sonst was zu kanonieren hast, lieber Andres, 's sei, was es wolle; so schreib's mir nur, soll so gut besorgt werden, als wenn's meine eigne Sache wäre.

Um fünf Uhr kamen wir wieder nach Hause, und wurde gleich Ordre gegeben, daß die Oper angehen sollte. Sie war von meinem Vetter und führte den Titel: Ahasverus und Mardochai. Es war eigentlich eine Wandoper, die so mit einem Stock an der Wand vorgestellt wird, und erhielt allgemeinen Beifall.

Nach der Oper wurden Bäume gepflanzt, damit die Kinder und Kindeskinder sich dabei dieses Tags erinnerten und sich von den vier Gevattern und der Pistole und der Oper Ahasverus und Mardochai erzählten.

Abends war wieder *Grand Souper* von Kartoffeln und Kaltenhöfer Bier; und damit war's alle, wirst Du denken. Das dacht' ich auch; aber höre weiter. Es hatte schon den ganzen Tag gemunkelt, daß 'n Feuerwerk abgebrannt werden sollte; nun wurde es aber *hautement* deklariert, und die ganze Gesellschaft begab sich in Prozession hinten in meines Vetters Garten neben dem *Echafaud,* das Feuerwerk anzusehen. Es bestand aus einem Petermännchen von anderthalb Zoll und reussierte ungemein. Weil so 'n Ding gar zu herrlich anzusehen ist, hab' ich mir von meinem Vetter das Rezept ausgebeten, und will's Dir hier kommunizieren. »Man nimmt 2 Lot Pulver, reibt es klein und tut Brunnenwasser dazu *quantum satis;* denn wird's 'n Teig, und man formt es entweder kegelförmig wie 'n Kirchturm oder viereckigt wie die Pyramiden in Egypten waren, tut oben darauf einige Körner trockenes Pulver und zündet's an.« Du mußt aber alles Pulver, wenn Du noch welches hast, vorher auf die Seite tun, auch Dich überhaupt mit dem Pulver in acht nehmen, sonst kannst Du Dir die Nase verbrennen. Um 10 Uhr 8 Minuten ging das Feuerwerk an und währte bis 10 Uhr $8^{1}/_{3}$ Minute. – Du lachst, Andres? Hör, das Groß und Viel tut's nicht immer, und ich schwöre Dir, daß der Groß-Sultan, wenn er an seinem Geburtstag ein Feuerwerk von 20000 Löwentaler abbrennen läßt, nicht vergnügter sein kann, als wir bei dem Petermännchen von anderthalb Zoll waren. Der Mensch ist Gottlob so gebaut, daß er mit anderthalb Zoll recht glücklich sein kann, und wenn das die Leute nur recht wüßten, so würd' 'n groß Teil Ach und Weh weniger in der Welt sein. Da mischen sich aber gleich Eitelkeit und Stolz ein, und die hemmen allen Genuß, und das ist ein großes Unglück.

Um elf Uhr gingen wir zu Bett und schliefen flugs und fröhlich ein.

Wir sind Gottlob! recht glücklich nach Wandsbeck gekommen und haben uns hier gottlob sehr wohl, recht wohl. Für die 35 Dukaten danken wir gar sehr und wollen's damit halten, wie Ihr's gesagt habt.

Nur das einzige wünschte ich, daß die Herzogin, die der Sage nach den Sommer nach Darmstadt geht, sich nicht äußere, als ob ich das Reisegeld beansprucht hätte; denn ob ich's, gleich die Wahrheit zu sagen, erwartete, so hatte ich doch, da ich nichts getan habe, kein Recht es zu erwarten, viel weniger zu beanspruchen.

Herzlichen Gruß von uns an Euch alle und Gottes Segen!

Nächstens ein Längeres und Breiteres.

An Herder, 24. Mai 1777

Pag. 101 steh' ich mit Erlaubnis selbst und will eben einen Ehrensprung tun, und der geneigte Leser wird mir diese Hausschwachheit zugute halten. Ich denk überhaupt, man soll lieber in sich fröhlich als brummig sein; und ich bin sehr dafür, daß man in allen Stücken seine Freude daheim habe und nicht auswärts suche. Was kann man auch besseres tun als in sich fröhlich und vergnügt sein? Denn so lange die Stunde währt, darin man's ist, so lange währt sie; und hernach ist sie noch immer wie eine Schachtel, darin Rauchwerk gewesen ist.

Motetto,

als der erste Zahn durch war

Victoria! Victoria!
Der kleine weiße Zahn ist da.
Du Mutter! komm, und groß und klein
Im Hause! kommt, und kuckt hinein
Und seht den hellen weißen Schein.

Der Zahn soll Alexander heißen.
Du liebes Kind! Gott halt' ihn Dir gesund,
Und geb' Dir Zähne mehr in Deinen kleinen Mund,
Und immer was dafür zu beißen!

Ihr Rehbock ist hier richtig eingelaufen und nach Ihrer Instruktion behandelt worden. Es war der Rehbock ein groß Wunder hier im Hause und im Ort und der erste Rehbock, der sich hier bei uns hat sehen und betreten lassen.

Wir haben ein altes Wiegenlied, das wir unsern Kindern vorsingen, das sich anhebt:

Bukökgen von Halberstadt
bring min lewe Deren wad pp.

Seit der Zeit sind Sie der Bukökgen von Halberstadt und wir denken bei dem Liede allemal an Sie.

An Gleim, 9. April 1778

Anselmuccio

Ist gar ein holder Knabe, er,
Als ob er's Bild der Liebe wär'.
Sieht freundlich aus und weiß und rot,
Hat große Lust an Butterbrot,
Hat blaue Augen, gelbes Haar,
Und Schelm im Nacken immerdar,
Hat Arm' und Beine, rund und voll!
Und alles, wie man's haben soll.
Nur eines fehlt dir, lieber Knabe!
Eins nur: daß ich dich noch nicht habe.

Wir tun hiemit kund und zu wissen, daß Frau Rebecca gestern, mittags um 12 Uhr, glücklich und bald entbunden worden ist, wieder von einem Mädchen, das ziemlich groß und stark ist und wie die Großmutter väterlicherseits aussieht. Mutter und Kind befinden sich bis dato, Gott sei Dank, ungemein wohl, und wir sind recht fröhlich, hoffen dabei, daß Ihr's auch seid, brummen Euch auch an, daß Ihr's uns nicht sofort nachbarlich kund und zu wissen getan habt. Gott mit Euch. Frau Rebecca und ich und wir alle, das neugeborene Kind mit eingeschlossen, grüßen herzlich.

An Herder, 3. September 1779

Alles im Kasten war gut und wohlbehalten bis auf die Äpfel, die hatte der Frost erwischt; er kam gegen Abend an, als Frau Rebecca eben zu einer Nachbarin ging, wir, ich und die drei ältesten Mädchen, machten also den Kasten auf und kuckten hinein und sahen den Baumkuchen liegen, mochten aber nichts rühren, bis Frau Rebecca dabei wäre. Sobald sie aber zu Hause kam, ging's Auspacken an und wurde sehr viel gelacht und geschracht und zu Ihrem Lobe gesagt, bis die Kinder zu Bett gingen; sie waren alle einstimmig, daß der Buköken von Halberstadt ein »rechter Zucker Engel« sei und eigentlich in Wandsbeck wohnen sollte.

Nun wir danken Euch vielmal, Gott lasse Euch dafür alt werden und gesund sein.

An Gleim, 8. Januar 1780

Wir sind diesen Herbst etwas krankhaftig, aber den Winter gottlob gesund gewesen. Aber meine alte Mutter wird wohl bald heimgehen, doch sie geht gerne und spricht davon als einer Zuhausekunft, daß man nicht betrübt sein kann.

An Herder, 15. Februar 1780

Also Frau Rebecca befindet sich, nachdem sie 5 Kinder geboren und 4 gesäugt und mit dem 5ten umgeworfen hat, Gott sei Dank! recht wohl, sieht wohl und weiß aus wie ein Mädchen und ist köstlich und wohlriechend wie Zeder und Aloe und Zedern auf dem Libanon. Meine

älteste Jgfr. Tochter reicht mir schon bis an den Nabel und, wenn H. Gottfried itzt seinen Biß versuchen sollte, würde sie ihn hinschleudern als einen Frosch, daß er auch sagen würde Coax. Carolina die zwote ist 4 Zöll kleiner, aber schlanker und holdselig von Gebärden und Anna und Augusta so dick als lange und werden allem Ansehn nach selig durch Kinderzeugen werden, ich selbst bin auch nach meiner Art einige Zeit her recht gesund und wohlauf gewesen, habe auch seit der Darmstädter Pleuresie wieder einen Anstoß der Art gehabt, der aber vergleichungsweise ganz unbedeutend war. Die ökonomische Verfassung anlangend ist zu merken, daß es damit bis daher so passabel gut gehe und stehe.

An Herder, 19. April 1780

Hab Dank fürs Briefle! Will Dich dafür bezahlen, wenn ich heimkomme, gleich den Abend, wenn ich heimkomme.

Ich wollte morgen kommen, kann aber nicht fertig werden, aber übermorgen denke ich, da zu sein, wenn's eben dunkel geworden ist, Klock 7–8, damit die Leute die Erbschaftssachen nicht so angaffen. Hier geht hulter polter, über und drüber; bringe aber keine großen Sachen mit, aber allerhand Kleinigkeiten für einige 60 M. Gesund sind wir Gottlob alle und haben uns nicht gezankt. Das Begräbnis ist ehrbar und ordentlich vonstatten gegangen. Es war mir beim Hingehen, als wenn die Mutter wieder mit dem Vater vermählt werden sollte und wir sie zur Trauung führten.

Ich wollte, Du wärest hier, zu sehen, was wir nötig hätten oder nicht, ich habe so auf gut Glück und nach Gutdünken genommen, will hoffen, daß ich wenigstens etwas getroffen habe; das andere muß man dann wieder verkaufen.

An Frau Rebecca, 29. September 1780

Wir sind alle, groß und klein, gottlob gesund, unser sind nämlich itzo 1 Mann, 1 Frau und 4 Mädchen. NB die Frau ist schwanger wieder, mit einem Mädchen meint sie.

An Herder, 6. Dezember 1780

Die Bäume sind hier einige Tage so stark und schön bereift gewesen, als ich sie in meinem Leben noch nicht gesehen habe. Diesen Augenblick blickt die Sonne in 8–14 Tagen zum ersten Mal durch und wird mir meine schönen Bäume verderben.

Wir sind, groß und klein, gesund. Frau Rebecca grüßt viel. Mein Bruder

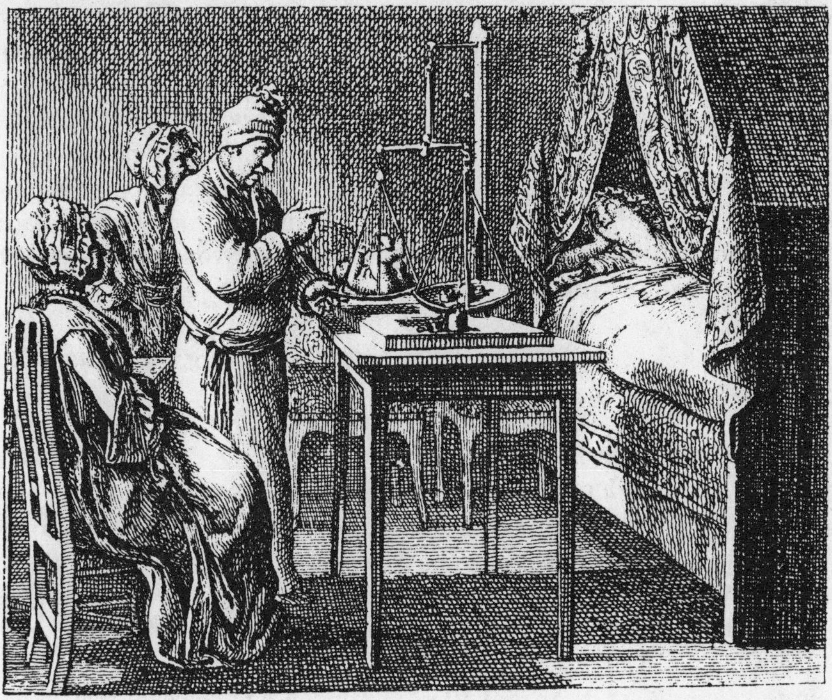

hat einen kleinen Sohn von seiner Frau erhalten, den einzigen in unserer ganzen Gesippschaft. Ich hab gemeint, ihm den Rang abzulaufen, hatte es auch einmal wirklich getan, aber der Knabe lebt nicht.

An Gleim, 8. Dezember 1780

Wir sind alle an Fieber und so etwas unpaß gewesen, aber itzo, Gott sei Dank, meist hergestellt, sind auch itzo in allem 7, nämlich 2 Eltern und 5 Kinder, alle Mädchen, ich gönne Ihnen auch ein Kind, wenn Ihnen der liebe Gott eins geben will.

An Miller, Dezember 1780

Noch bitte ich, daß Sie mir, so bald es sein kann, mit der dänischen Post 6 Bouteillen von den besten Sorten Rheinwein vom Lübeckischen Keller, unter andern 2 Bouteillen Steinwein schicken und dabei den Wein benamsen und den Preis schreiben. Ich pflege sonst dergleichen Geschäfte durch den sel. Struck betreiben zu lassen und würde sie am wenigsten bei dieser Gelegenheit damit beladen, wenn ich nicht glaubte, ich kriegte durch Sie aufrichtigen Wein und, wenn mir nicht daran gelegen wäre, aufrichtigen Zusatz. Es soll eine Sechswöchnerin davon trinken, die ich herzlich lieb habe und andere gute Leute.

An Gerstenberg, 16. Januar 1781

Diesen Morgen um 4 Uhr ging Frau Rebecca an ihre Arbeit und um 5 Uhr war alles lange vorbei und wir hatten Gott sei Dank! wieder ein großes dickes Mädchen. Das sind deren nun 5 und nach den Anzeigen der Kunst und dem Winken *ab ilice* wird das nächste wohl wieder ein Mädchen, das wären deren denn 6. Nun Gott sei gelobet! Mir ist's recht leicht nun. Die arme Frau Rebecca hat die letzten Wochen viel gelitten, das Kind konnte keinen Platz mehr in ihrem Leib finden und bewegte sich so gewaltsam. Itzo liegt sie im Bett wie eine Braut und grüßt Euch freundlich und wünscht Euch auch Erlösung.

Unsre alten Kinder haben von dem kalten Nordwind das Fieber 4 Wochen gehabt, sind aber itzo bis auf eins wieder hergestellt und wieder recht wohl.

An Herder, 16. Mai 1781

Noch habe ich Euch eine Neugkeit zu sagen, nämlich daß ich uns hier in Wandsbeck ein Haus gekauft habe. Unser bisheriges Miethäuschen wurde uns physisch zu eng und dazu fing's an einzufallen, da hab ich denn *hardiment* eins gekauft, das einen Platz hinter sich hat, eine Kuh zu weiden. Das Haus ist größer, als es uns nötig ist, aber es ist fast das einzige im Ort, wo eine Kuh statt haben kann, die uns sehr not ist. Wenn Ihr also nun einmal nach Hamburg kommt, und warum wolltet Ihr nicht hinkommen mit Frau Carolina, so sollt Ihr nach Standesgebühr bei Eurem Freund und Diener aufgenommen werden.

Nun lebt wohl, Gott sei mit Euch, Frau Rebecca und ich grüßen Euch alle herzlich.

Matthias Claudius

Gestern ist es hier so kalt gewesen, daß wir in der Tat die Kinder kaum am Ofen bergen konnten. Heut ist's schon gelinder, doch haben wir fast alle von oben bis unten rauhe Brust und Husten und Schnupfen.

An Herder, 2. Januar 1782

Bestohlen sind wir auch noch zu guter Letzt in diesem Hause; ein sehr behender Dieb schleicht sich, als wir alle in der Stube am Tisch sitzen, in die Küche und segelt mit einer kupfernen Teemaschine und andern Kleinigkeiten durchs Fenster wieder ab. Wir sind ihm eigentlich Dank schuldig, daß er uns für so wenig Schaden vorsichtig gemacht hat.

An Voß, 23. Januar 1782

Sonst habe ich noch zu melden, daß ich vor einigen Monaten, da unser bisheriges Haus zusammenfallen wollte, uns einen eigenen Herd gekauft habe, den wir auch seit 14 Tagen schon wirklich kultivieren und sehr probat finden. Gott erhalte uns gesund darin und gebe, daß wir darin bleiben können und nicht durch eine etwaige *cessione bonorum* oder dergleichen uns von ihm trennen müssen, denn wir können itzo eine Kuh halten, das uns eine große Hilfe ist.

Ich habe einen großen Platz hinter dem Hause, darauf ich mir von allen meinen Freunden einen Baum schenken lasse; wenn Sie darauf entrieren wollen, steht er Ihnen offen. Übrigens sind wir gesund und haben neulich unser jüngstes Mädchen entwöhnt, oder vielmehr sind noch daran.

An Gerstenberg, 6. März 1782

Ein Lied in die Haushaltung

Zu singen, wenn ein Wechselzahn soll ausgezogen werden

Die Mutter

Wir ziehn nun unsern Zahn heraus,
Sonst tut der Schelm uns Schaden.

Und sei nicht bange, kleine Maus!
Gleich hängt er hier am Faden.

Die Schwestern und Brüder und der Vater
Coro

Der Zahn, der Zahn, der muß heraus,
Sonst tut der Schelm nur Schaden.

Die Mutter

Ei seht, sie macht die Nase kraus
Und fürchtet meinen Faden.
Hilft nicht; der Zahn, der muß heraus,
Und denn kriegt Gustchen Fladen.

Coro

Der Zahn, der Zahn, der muß heraus,
Und denn kriegt Gustchen Fladen.

Die Mutter

So recht, so recht, Du liebe Maus!
Nun ist er fest, der Faden.
Und – nun ist auch der Zahn heraus,
Und soll Dir nicht mehr schaden.

Coro

Der Zahn, der Zahn, der ist heraus;
Da hängt er an dem Faden!

Das Kind,

als der Storch ein neues bringen sollte; für sich allein

Der Storch bringt nun ein Brüderlein –
Er kommt damit ins Fenster herein
Und beißt Mama ein Loch ins Bein,
Das ist so eine Art. – – –

Mama liegt wohl und fürchtet sich . . .
O lieber Storch, ich bitte Dich,
Beiß doch Mama nicht hart. –

He, he, da kommt Papa herein,
Nun wird er wohl gekommen sein! – –
Aber du weinest ja!
Hat er Dich auch gebissen, Papa?

Frau Rebecca

Wo war ich doch vor dreißig Jahr,
Als Deine Mutter Dich gebar?
Wär' ich doch dagewesen! –
Gelauert hätt' ich an der Tür
Auf dein Geschrei, und für und für
Gebetet und gelesen.

Und kam's Geschrei – nun marsch hinein,
»Du kleines liebes Mägdelein,
Mein Reis'gefährt willkommen!«
Und hätte Dich denn weich und warm
Zum ersten Mal in meinen Arm
Mit Leib und Seel' genommen.

Und hätte Dich denn weich und warm
Mit Leib und Seel' in meinen Arm
Zum ersten Mal genommen . . .
»Du frommes liebes Mägdelein,
Ich hab' Dich sonst noch nicht gesehn,
Willkommen, bis willkommen! –

Wie bist Du, lieber Reis'gefährt,
In Deinen Windeln mir so wert!
O werde nicht geringer!
Du, Mutter, lehr das Mägdlein wohl!
Und wenn ich wieder kommen soll,
So pfeif nur auf dem Finger.«

Neue Erfindung

Hab' eine neue Erfindung gemacht, Andres, und soll Dir hier so warm mitgeteilt werden.

Du weißt, daß in jeder gut eingerichteten Haushaltung kein Festtag ungefeiert gelassen wird, und daß ein Hausvater zulangt, wenn er auf eine gute Art und mit einigem Schein des Rechtes einen neuen an sich bringen kann. So haben wir beide, außer den respektiven Geburts- und Namenstagen, schon verschiedene andre Festtage an unsern Höfen eingeführt, als das Knospenfest, den Widderschein, den Maimorgen, den Grünzüngel, wenn die ersten jungen Erbsen und Bohnen gepflückt und zu Tisch gebracht werden sollen, und so weiter.

Nun ist wohl wahr, daß der Sommer und sonderlich das Frühjahr sehr schön sind. Gleich wenn der Winterschnee auftaut und man den bloßen Leib der Erde zum ersten Mal wieder sieht, fängt diese Viel-Schönheit an und geht denn immer mit größern Schritten fort, bis Blumen und Blätter aufgeblüht sind und der Mensch vor dem vollen Frühling steht, wie Gleim's Kind vor einem schönen Blumenkorb. Und gewiß lehrt uns der Frühling Gott und seine Güte sonderlich; denn, wie Freund Fritz sagt, was so zu Herzen geht, muß aus irgendeinem Herzen kommen. Und also sind die Frühlings- und Sommerfesttage gar sehr am rechten Ort, ich habe nichts dawider. Es ist mir aber doch immer schon vorgekommen, daß im Herbst und Winter auch was zu machen wäre, nur habe ich die Sache noch nie recht ins Klare bringen können.

Gestern aber, wie das mit den Erfindungen ist: man findet sie nicht, sondern sie finden uns, gestern als ich im Garten gehe und an nichts weniger denke, schießen mir mit einmal zwei neue Festtage aufs Herz, der Herbstling und der Eiszäpfel, beide gar erfreulich und nützlich zu feiern.

Der Herbstling ist nur kurz und wird mit Bratäpfeln gefeiert. Nämlich: wenn im Herbst der erste Schnee fällt, und darauf muß genau acht gegeben werden, nimmt man so viel Äpfel als Kinder und Personen im Hause sind und noch einige darüber, damit, wenn etwa ein Dritter dazu käme, keiner an seiner quota gekürzt werde, tut sie in den Ofen, wartet bis sie gebraten sind und ißt sie denn.

So simpel das Ding anzusehen ist, so gut nimmt sich's aus, wenn's recht gemacht wird. Daß dabei allerhand vernünftige Diskurse geführt, auch oft in den Ofen hineingeguckt werden muß ec., versteht sich von selbst.

Und so viel vom Herbstling.

Der Eiszäpfel will nun wieder ganz anders traktiert sein und hat seine ganz besondre Mücken. Mancher denkt wohl: wenn er Eiszapfen am Dach sieht, könne er nur gleich anfangen zu feiern; aber weit gefehlt, es wird mehr dazu erfordert. Der Eiszäpfel kann durchaus ohne einen Schneemann nicht gefeiert werden, und dazu muß erst Schnee sein und Tauwetter kommen, daß der Schneemann gemacht werden kann, und wenn er gemacht ist und vor dem Fenster steht, muß es wieder frieren, daß Eiszapfen am Dach werden, einer halben Elle lang, nicht länger und nicht kürzer usw. Das sind die Präliminar-Artikel und die *conditio sine qua non.*

Was sagst Du nun? Gelte, das ist ’n intrikates Fest! Es geht auch mancher Winter darüber hin, ohne daß eins zustande kommen kann. Wenn nun aber obige Umstände alle eingetreten sind und sonst kein merkliches Hindernis im Wege ist, so kannst Du denn zwischen drei und vier Uhr nachmittags das Fest angehen lassen, das NB. von Anfang bis zu Ende mit trockenem Munde gefeiert wird. Nach vier, wenn’s dunkel worden ist, wird eine Laterne in den hohlen Kopf des Schneemannes getan, daß das Licht durch die Augen und den Mund herausscheint – und denn geht groß und klein auf und ab im Zimmer und sieht aus dem Fenster unter den Eiszapfen hin nach dem Schneemann und denkt dabei an einen andern Schneemann, ein jeder, nach dem ihm der Schnabel gewachsen ist, und das ist der höchste Moment der Feier.

Lebe wohl, lieber Andres, und feire fleißig alle Festtage und heilige Abende, bis der rechte Heilige Abend anbricht.

Ich wollte Euch nicht eher schreiben, als mit dem neuen Büchel, muß aber doch Gewissens halber melden, daß Frau Rebecca den 8ten morgens um 6 Uhr nach einer sehr sauren Nacht, Gott sei Dank, glücklich von einem jungen Sohn, der sehr groß ist, entbunden worden und sich bis dato zu unsrer aller Freude ziemlich wohl befindet. Seid fröhlich mit uns fröhlichen! Das Gebären ist ein gefährlich Stück Arbeit und ich bedaure die armen Weiber von Herzen.

An Herder, 21. April 1783

Nur Frau Rebecca ist vom Säugen mager geworden, hat auch seit 14 Tagen bis 3 Wochen einen Husten gehabt, der mich besorgt gemacht hat. Ich hoffe aber, nun der Junge entwöhnt ist, daß sie wieder fett werden soll. Gott wird's geben!

An Herder, 13. Dezember 1783

Und nun, was machst Du, Rebecca? Wir haben Dich gestern abend hergewünscht, bist aber nicht gekommen. Bist Du noch mein liebes Weibel? Und denkst noch an mich? – Grüße dich herzlich von mir und grüße Caroline und grüße Christiane und grüße Anna und grüße Gustgen und grüße Trinette und grüße Johannes und sei guten Mutes, will ja wieder kommen zu Dir und freue mich darauf recht von Herzen...

Nun ich küsse und umarme und drücke dich fest an mein Herz, Rebecca. Gott sei mit Dir. Das Wetter ist wunderschön gewesen, und ich kann nicht genug sagen, was der Mond uns für Dienste getan hat. Gestern abend sind wir vor dem Tor in einem artigen Garten gewesen mit Weinalleen, da waren auch viele feine *dams* und *demoiselles,* aber Du warst nicht unter ihnen.

Nun leb wohl, leb wohl und spendiere den lieben Mädchen von meinetwegen einen Coffee, addüs, lieb süß Herzel.

An Frau Rebecca, 8. September 1784

Wenn ich die Welt und das Leben, wie es darin geführt wird, ansehe; so gehen mir alle Kinder und sonderlich meine eigne, die da hinein und da

durch sollen, im Kopf herum, und ich möchte sie wohl gegen das Verderben einbalsamieren und feuerfest machen können. Wahrlich die Leute haben nicht Unrecht, die darüber im Ernst nachsinnen und in sich zu Rat gehen.

Alle Sonnabend ist hier bei uns General- und große Wäsche, wo allen Kindern mit einem in Seifenwasser getränkten wollenen Lappen der Hals und die Gesichter gewaschen werden. Es fallen bei der Gelegenheit allemal Sprünge und sonderbare Gebärden vor und sonderlich grimassiert der Hans unter dem Wollenlappen entsetzlich und will nicht still stehen.

Ich muß Dir dies erzählen, weil es mir so lebendig bei Deinem Brief, darin Du mir mit einem Seifenlappen die Augen auswäschest, eingefallen ist. Ich habe auch Grimassen gemacht wie Hans, habe aber doch gehalten wie ein ehrlicher Kerl, und Du sollst noch Freude an meinem Gesicht erleben. Ich will Dir aber nichts davon zeigen, bis Du es durch die Bogen, die noch kommen sollen, auch wirst gebügelt haben.

An Jacobi, 6. Dezember 1791

Wir haben saure 14 Tage gehabt. Unser kleiner Blatterknabe ist hart daran gewesen. Er fiel beim Eruptionsfieber in *convulsions* innerlich und äußerlich und lag so 4–5 Stunden, und die arme Mutter Rebecca wollte vor Schmerz vergehen. 24 Stunden nachher kamen die Blattern zum Vorschein, viel und dicht über den ganzen Leib, so daß ihm seine Äuglein zugenagelt worden und er uns während der Eiterung noch manche Sorge machte. Nun ist alles, hoffe ich, überstanden, und die Schorfe, die er von seinem weiland gehabten Ausschlag noch in sich gehabt haben soll, wird nun, sagen die Ärzte, abgetan sein und Frau Rebecca, die in mehreren Tagen nicht gegessen noch geschlafen hat, nimmt nun, wie

Paulus nach dem Ungewitter, wieder Speise zu sich und stärkt sich. Sie grüßt Dich herzlich und die Tanten.

An Jacobi, 19. Dezember 1791

Unser Küchlein ist zwar noch nicht völlig heil, aber übrigens völlig hergestellt, und er treibt seine alten Geschäfte als Stubenreuter und Fuhrmann wieder. Frau Rebecca's Gesicht, das sich oben und unten und in allen Teilen verlängt hatte, arrondiert sich allgemach wieder und ich, der ich mich wie eine Schildkröte in mein Häuschen zurückgezogen hatte, fange wieder an, Fuß und Nase auszustrecken.

An Jacobi, 16. Januar 1792

Wir haben Ihren schönen Hirschbraten erhalten und auf Ihre Gesundheit verzehrt, und wir danken Ihnen für Ihr Andenken viel freundlich. Frau Rebecca läßt Ihnen sagen, daß sie vor c. 1/2 Jahr wieder einen frischen gesunden Knaben zur Welt gebracht hat, so daß außer ihr 3 Knaben und 6 Mädchen sind ohne Vater und Mutter, die, trotz der betrübten kriegerischen Zeiten und dem entsetzlichen stürmischen Wetter Gottlob! alle ziemlich wohlauf und gesund leben und weben.

An Gleim, 28. Dezember 1792

So viel auch hier in Bad Pyrmont zu besehen ist, so verlangt doch die Mama und mich von Herzen zu Hause. $^{1}/_{3}$ der Zeit ist Gottlob vorbei, die $^{2}/_{3}$ werden ja auch alle werden. Wie geht es mit Johannes seinem Violoncello und mit dem Latein? Mama hat dieser Tage Zwirnstrümpfe für Euch 4 Großen gekauft und will nun noch für die Kleinen kaufen. Grüßt mir den Fritz und Ernst und sorgt für sie, auch grüße Rebecca und Trinette und Gustgen und Christiane und Caroline und meinen Hans und sei Du freundlich mit ihnen, und Gott gebe, daß wir Euch alle gesund und wohl wiederfinden...

Seid artig und fromm, ich bitte Euch, und schreibt dann auch, daß Ihr es seid. Den Brief mit den 94 Tlr. laß Caroline aufheben, wenn das Geld im Brief ist; ist aber der Brief allein und ohne Geld, so kann sie ihn überschicken. Sorget, daß die Fürstin die 12 Bouteillen Wein erhalte, die ihr schon berechnet sind, und grüßt sie, wenn sie kommt, von uns herzlich und 1000mal auch die Marianne. Lieber Ernst, Mama grüßt Dich, ich auch, lieber Fritz, Mama grüßt Dich, ich auch, lieber Fritz und so nach der Reihe, Ihr lieben Kinder! Gott bewahre Euch und segne Euch.

An die Tochter Anna, 26. August 1793

Wenn wir auch vollends ausgeschlafen haben, geht's über die Elbe usw. zu Euch, Ihr lieben Kinder.

Den Wandsbecker Turm haben wir schon von weitem vom Berg vor Harburg gesehen und Euch Guten Abend gewünscht. Jungfer Caroline, halte sie also zu 5 Uhr circa einen guten Coffee parat und zum Abend einen Braten. Und Jungfer Christiane, halte Sie ihren Ernst wohl geschmückt und parat und, Jungfer Anne, Sie Ihren Fritz. Guste, Trinette, Johannes und Rebecca werden sich wohl selbst parat halten.

An die Kinder, 9. September 1793

An Frau Rebeccas Geburtstag, den 26. Oktober 1794

Auf und nach Mozarts Musik zum Veilchen.

Ihr Leute, groß und klein, ihr wißt,
Daß heute unser Festtag ist
Und daß wir feiern müssen.
So fangt nur gleich frühmorgens an
Und bis die Stern am Himmel stahn,
Und singt und springt und springt und singt!

Denkt heute niemand an Gefahr,
Und ob wir über hundert Jahr
Den Tag noch feiern werden.
Wir haben ihn ja heute noch,
Gott sei gelobt! so braucht ihn doch,
Und macht uns heut das Herz nicht krank und schwer.

Denn freilich! alles Ding vergeht,
Auch unser Festtag nicht besteht,
Er wird uns endlich fehlen.
Doch nicht so bald – fleht, fleht und hofft,
Er soll noch wiederkommen oft,
Soll oft noch wiederkommen!!!

Meine Frau hat vor 3 Wochen wieder einen kleinen Knaben geboren. Der ist nun der 10te lebende und Gott wolle sich seiner und aller seiner Brüder und Schwestern annehmen.

An Schenck, 20. Januar 1795

Wir haben dieser Tage eine erwachsene, sehr geliebte Tochter an einem bösartigen Fieber verloren und sind sehr gebeugt. –

An Kleuker, 15. Juli 1796

Mama und ich grüßen und küssen Euch noch einmal. Ihr seid unser Reichtum und unsere Freude.

Mama grüßt Euch alle nach der Reihe herzlich und ich desgleichen. Caroline, Mama hat 12 Pfund Johannisbeeren zum Einkochen bei der Heitmann bestellt, wenn unser dummer Streich uns gelingt, so koche 24 Pfund ein und 12 Pfund Kirschen.

Nun gute Nacht Ihr alle mit Namen, grüßt Euch alle von uns.

Ich habe Gottes Engel über Euch herbei gebeten, verjagt den nicht selbst.

adde C.C.A.A.T.H.R.F. Ätsch.

An die Kinder, 1. August 1796

An Frau Rebecca,

bei der silbernen Hochzeit, den 15. März 1797

Ich habe Dich geliebet, und ich will Dich lieben,
So lang' Du goldner Engel bist;
In diesem wüsten Lande hier, und drüben
Im Lande, wo es besser ist.

Ich will nicht von Dir sagen, will nicht von Dir singen;
Was soll uns Loblied und Gedicht?
Doch muß ich heut' der Wahrheit Zeugnis bringen,
Denn unerkenntlich bin ich nicht.

Ich danke Dir mein Wohl, mein Glück in diesem Leben.
Ich war wohl klug, daß ich Dich fand;
Doch ich fand nicht. GOTT hat Dich mir gegeben;
So segnet keine andre Hand.

Sein Tun ist je und je großmütig und verborgen;
Und darum hoff' ich, fromm und blind,
Er werde auch für unsre Kinder sorgen,
Die unser Schatz und Reichtum sind.

Und werde sie regieren, werde für sie wachen,
Sie an sich halten Tag und Nacht,
Daß sie wert werden und auch glücklich machen,
Wie ihre Mutter glücklich macht.

Uns hat gewogt die Freude, wie es wogt und flutet
Im Meer, so weit und breit und hoch! –
Doch manchmal auch hat uns das Herz geblutet,
Geblutet . . . ach, und blutet noch.

Es gibt in dieser Welt nicht lauter gute Tage,
Wir kommen hier zu leiden her;
Und jeder Mensch hat seine eigne Plage,
Und noch sein heimlich *Créve-coeur*.

Heut' aber schlag' ich aus dem Sinn mir alles Trübe,
Vergesse allen meinen Schmerz;
Und drücke fröhlich Dich, mit voller Liebe,
Vor Gottes Antlitz an mein Herz.

Caroline hat Ihre Briefe aus Braunschweig und Leipzig gern erhalten und gelesen und dankt Ihnen verbindlich dafür. Sie würde auch gerne antworten, sie macht sich aber, da der Eltern Einwilligung noch nicht gegeben ist, ein halbes Gewissen daraus, ihrem Herzen freien Lauf zu lassen und so will sie lieber gar nicht schreiben und die Antwort bis auf Ihre Rückkunft aufheben. Ich kann nicht anders, als ihr das sehr gut heißen, und ich denke, es werde Ihnen im Grunde auch nicht unlieb sein, daß sie so strenge und skrupulös in Erfüllung ihrer Pflichten ist und sich um ihretwillen etwas abschlagen kann, was sie gerne täte. Viel Unheil und Unangenehmes in dieser Welt kommt daher, daß man das nicht kann und nicht tut. Sie grüßt Sie übrigens herzlich und wünschet Sie gesund und wohl zurück.

Leben Sie wohl, lieber Herr Perthes, Ihre Sache ist in guten Händen.

An den künftigen Schwiegersohn Perthes, 14. Mai 1797

Ich plauderte noch gerne etwas länger mit Ihnen, aber ich feiere heute meine silberne Hochzeit, und da gibt es allerhand zu tun. Meine Frau Rebecca ist von den vielen Kindern schwach und brüchig geworden, sonst aber noch die alte liebenswürdige Rebecca. Sie grüßt Sie und Ihre Frau herzlich, und Ihr sollt einmal herkommen. Wir haben vorigen Sommer eine Tochter von 20 Jahren verloren und können diesen Verlust noch nicht verschmerzen. Sie war uns sehr lieb, und wir freuen uns darauf, sie wiederzusehen.

An Miller, 15. Mai 1797

Unsere Carolina, das Patchen der Frau Carolina, ist mit dem Buchhändler Perthes in Hamburg versprochen und soll bald Hochzeit machen, und das mußtet Ihr doch wissen. Er, der Perthes, ist ein junger, gutmütiger und gewandter Mann, und wir haben, menschlichem Ansehen nach, alles Gute zu erwarten. Sprecht auch Euren Segen dazu.

Meine Frau Rebecca, die Euch herzlich grüßt, ist immer noch brüchig und erschöpft. Ich brächte oder schickte sie gerne dies Jahr wieder nach Pyrmont, wo sie sich voriges Jahr so sichtbar erholte, aber es gibt dies Jahr ohnedies genug auszugeben, und ich werde es müssen bleiben lassen.

An Herder, 4. Juli 1797

Mama bessert fort und erbietet sich, recht vergnügt zu sein. Dein neues Projekt gefällt uns allen sehr wohl, bis auf daß Ihr Sonntagmittag nicht hier essen wollt. Wenn das denn aber nicht geschehen kann, so müssen wir, Deines Ausruhens halber, in den sauren Apfel beißen. Also wir erwarten Euch, so bald es sein kann. Es soll für alles gesorgt und alles zurecht getrommelt und heute abend ein wahrer Polterabend werden; ich insbesondere gelobe und verspreche, daß ich vor Mitternacht nicht müde werden will, und wenn die lahmen Augenlider so nicht stehen wollen, sollen sie genagelt werden. Mama grüßt, ich grüße, Rebecca grüßt. Guten Morgen, liebe Caroline, und viel Glück und Gottes Segen zu Deinem Hochzeitstag.

An die Tochter Caroline, Juli 1797

Frau Rebecca mit den Kindern

an einem Mai-Morgen

Kommt Kinder, wischt die Augen aus,
Es gibt hier was zu sehen;
Und ruft den Vater auch heraus . . .
Die Sonne will aufgehen! –

Wie ist sie doch in ihrem Lauf
So unverzagt und munter!
Geht alle Morgen richtig auf
Und alle Abend unter!

Geht immer und scheint weit und breit
In Schweden und in Schwaben,
Dann kalt, dann warm, zu seiner Zeit,
Wie wir es nötig haben.

Von ohngefähr kann das nicht sein,
Das könnt Ihr wohl gedenken;
Der Wagen da geht nicht allein,
Ihr müßt ihn ziehn und lenken.

So hat die Sonne nicht Verstand,
Weiß nicht, was sich gebühret;
Drum muß wer sein, der an der Hand
Als wie ein Lamm sie führet.

Und der hat Gutes nur im Sinn,
Das kann man bald verstehen:
Er schüttet seine Wohltat hin
Und lässet sich nicht sehen;

Und hilft und segnet für und für,
Gibt jedem seine Freude,
Gibt uns den Garten vor der Tür
Und unsrer Kuh die Weide;

Und hält Euch Morgenbrot bereit
Und laßt Euch Blumen pflücken
Und stehet, wenn und wo Ihr seid,
Euch heimlich hinterm Rücken,

Sieht alles, was Ihr tut und denkt,
Hält Euch in seiner Pflege,
Weiß, was Euch freut und was Euch kränkt,
Und liebt Euch alle Wege.

Das Sternenheer hoch in der Höh',
Die Sonne, die dort glänzet,
Das Morgenrot, der Silbersee
Mit Busch und Wald umkränzet,

Dies Veilchen, dieser Blütenbaum,
Der seine Arm' ausstrecket,
Sind, Kinder! »seines Kleides Saum«,
Der ihn vor uns bedecket;

Ein »Herold«, der uns weit und breit
Von ihm erzähl' und lehre;

Der »Spiegel seiner Herrlichkeit«;
Der »Tempel seiner Ehre«,

Ein mannigfaltig groß Gebäu,
Durch Meisterhand vereinet,
Wo seine Lieb' und seine Treu'
Uns durch die Fenster scheinet.

Er selbst wohnt unerkannt darin
Und ist schwer zu ergründen.
Seid fromm und sucht von Herzen ihn,
Ob Ihr ihn möchtet finden.

Seht, meine Kinder wachsen heran, und ich weiß nicht: ob ich sie soll vernünftig oder unvernünftig werden lassen.

Verstehen Ew. Hochedelgeborn wohl, wie das zu verstehen ist. Eigentlich unvernünftig will ich sie nicht haben, das kann der Herr Vetter auch wohl denken. Warum sollte ich sie unvernünftig haben wollen? So toll werde ich ja nicht sein, das können Ew. Hochedelgeborn wohl denken. Aber, ob es vielleicht mehr als eine Vernunft gibt, ich kann in die heurige mich nicht finden. Sie nennen Dinge vernünftig, die ich unvernünftig, und Dinge unvernünftig, die ich vernünftig finde. Da bin ich nun zwischen Tür und Angel und weiß nicht: ob ich eine unvernünftige Vernunft oder eine vernünftige Unvernunft vorziehen soll. Als zum Exempel, da haben sie das bekannte Ding von der permanenten Aufklärung und daß von nun an alles mit Vernunftgründen getrieben und gezwungen werden soll. Das Ding scheint mir gar artig und bequem, und ich habe es so gerne begreifen wollen; aber ich kann es nicht begreifen. Das kann ich wohl begreifen, daß Vernunftgründe da hingehören, wo sie hingehören; aber das kann ich nicht begreifen, daß sie da hingehören, wo sie nicht hingehören, und ich komme immer darauf zurück: wo sie nicht dienen, da gehören sie nicht hin, und wo sie nicht hingehören, was sollen sie da? – Lacht man doch über jenen Prediger, der am Ufer stand und den Fischen predigte.

Dem Herrn Vetter kann ich's wohl sagen, ich habe auch einmal unter der Hand mit dieser neuen Art und Kunst einen kleinen Versuch bei meinen Kindern gemacht. Aber das wäre mir fast übel bekommen, und die Jungens hätten mich bald zum Hause hinaus raisonniert. Flugs ergriff ich wieder die strikte Observanz und halte seitdem strenge auf Gehorsam; und das geht viel besser. Auch ist, dünkt mich, Gehorsam an sich etwas Löbliches und Liebliches, und man kann ein Kind, das aufs Wort gehorcht, und so ein *enfant raisonneur* nicht nebeneinander sehen, ohne das eine zu lieben und dem andern die Rute zu gönnen.

Es gibt freilich gute Gründe für alles, was ein Kind tun muß; aber selten kann das Kind die verstehen, und oft darf es sie nicht wissen, wenn nicht mehr verdorben als gut gemacht werden soll.

Wie denn nun? Soll nun alles stehn und liegen bleiben; und, weil das Warum nicht an den Mann will, auch das Was an den Nagel gehängt werden?

Ich denke, man wehrt lieber der ersten Not und gewöhnt die Kinder einstweilen an das Was.

Das Warum ist ein heimlicher Schatz, der ihnen aufbewahrt bleibt, und der am besten vor der Hand mit Fidekommiß belegt wird, bis sie zu Verstand kommen. Dann mögen sie ihn finden und einsäckeln und uns im Grabe danken.

Nun guten Morgen, liebe alte Rebecca, übermorgen, will's Gott, sehe ich Dich wieder. Es ist doch närrisch, da wir am Ende gern beisammen sind, daß wir eine Meile weit auseinander sein müssen und ich in Altona für mich addieren muß und Du in Wandsbeck für Dich Würste machst. Spart nur eine Wurst bis Sonnabend für mich auf. Grüße die Gustgen und die Trinette und die Rebecca und den Fritz und den Ernst und den Franz und Dich selbst herzlich und aber herzlich von mir und noch einmal herzlich
Dein alter Liebhaber

An Frau Rebecca, 14. November 1798

Christiane

Es stand ein Sternlein am Himmel,
Ein Sternlein guter Art;
Das tät so lieblich scheinen,
So lieblich und so zart!

Ich wußte seine Stelle
Am Himmel, wo es stand;
Trat abends vor die Schwelle
Und suchte, bis ich's fand;

Und blieb denn lange stehen,
Hatt' große Freud' in mir,
Das Sternlein anzusehen,
Und dankte Gott dafür.

Das Sternlein ist verschwunden;
Ich suche hin und her,
Wo ich es sonst gefunden,
Und find' es nun nicht mehr.

Hier das verlangte Apfelkuchen-Rezept. Trinette hatte neulich eine Torte gebacken, die über alle Maßen geraten war und allgemeinen Beifall erhielt. Die Raupen haben dieses Jahr unseren Braunkohl rein abgefressen. Indes hatte er sich's nicht verdrießen lassen, wieder auszublättern. Da aber ist die Kuh aus dem Gitter gebrochen in der Nacht und hat allen Kohl mit Stumpf und Stiel gefressen und das Suppenkraut dazu, so daß wir nichts weiter zu hüten haben. Heckscher ist zurück, der Hofmeister hat Dich in Aachen besuchen wollen, aber nicht können, weil die Reise zu schnell gegangen ist.

An die Tochter Anna, 18. November 1798

Das Kistel war den Heiligen Abend morgens richtig bei Perthes eingetroffen und mit Carolinens und Perthes Weihnachtsgaben um 2 Uhr am Schweinemarkt dem Christian übergeben worden, um abends 6 Uhr an uns abgegeben zu werden. Hans war des Morgens mit Christian nach Hamburg gefahren, um die Weihnachtskuchen, die Mama für Caroline mitgebacken hatte, und die anderen Geschenke anzuliefern, und sollte wieder mit dem mehrbesagten Christian herausfahren, weil es des entsetzlichen Schnees und Sturmes und Kälte wegen lebensgefährlich zu gehen war. Als Hans kommt aufzusteigen, siehe, da hatte der Christian eine Fuhre nach Billwärder angenommen, und Hans mußte sich auf Petersens Schlitten embarkieren. Der Petersen war besoffen, wirft auch den Hans richtig in den Schnee um, der dann halbverfroren und halb außer sich und, nachdem wir uns bei der immer zunehmenden Schneejagd seinetwegen nicht wenig geängstet hatten, endlich ankommt und erzählt von seiner Fahrt und von Christian und den Sachen, die er bringen werde. Wir waren mit Weihnachten für die Kinder nur schlecht besponnen und wollten also Carolinens und Euren Succurs gerne abwarten. Als es aber $^3/_4$ auf 8 geworden war, wollten die Kinder nicht länger warten und vor Tische abgefunden sein. Wir mußten also in unserer Blöße auftreten. Nach 9 Uhr ging ich zu Bett und $^1/_2$11 Mama auch und fürchteten im Ernst für Christian und für unsere Sachen und wahrsagten, wo es wohl im Schnee stecken und was wohl in dem Kistel sein möchte. Die Kinder saßen noch und warteten, und da klopfte es an die Tür, und Christian, Christian erscholl aus allen Munden. Er war richtig da, und die Sachen wurden, wie Schneeklumpen gestaltet, abgebracht und uns Rapport darüber abgestattet. Ich und Mama standen den andern Morgen früh auf und packten Carolinens Korb auf dem großen Tisch rund um uns aus, und die Kinder wurden hereingerufen. Und als sie sich darüber satt erquickt hatten, ging's an den Vaalser Kasten, und wir packten und lasen und besahen bis gegen 12 Uhr und hatten einen sehr angenehmen Morgen. – Gott gebe Euch ein gesegnetes Fröhliches Jahr und sei mit Euch und mit Dir liebe Anna besonders.

An die Tochter Anna und den Schwiegersohn Max,
12. Dezember 1798

Liebe Anna, ich hätte Dich gerne wieder.

Franz grüßt. Wir haben ihm Deine Jacke und Hose machen lassen, und er sieht gar zu drollig darin aus. Wir haben keinen Storchschnabel; sonst hätte ich eine Silhouette von ihm beigehen lassen. Du behältst sie gut, so bald der Storchschnabel ins Haus kommt. In Deinem letzten Brief versprichst Du den nächsten Posttag wieder einen Brief, und es sind drei vergangen, ohne daß ein Brief gekommen ist. Will's Gott, ist Dein Übelbefinden nicht schuld daran und es kann mit der heutigen Post noch ein Brief kommen. Aber liebe Anna, solange du flauig bist, versprich lieber keinen Brief. Ich bin nun hundertmal und hundertmal besorgt gewesen; aber ich kann doch noch nicht klug werden und laß mich meine Schwachheit nicht entgelten.

An die Tochter Anna, 25. Januar 1799

Mir ist dieser Tage so gewesen, liebe Anna, als ob Du daran wärest, Deinen kleinen Leo zur Welt zu bringen. Gott wird geholfen haben, wenn es schon geschehen ist, oder wird helfen, wenn es noch geschehen soll. Ich befehle Dich in beiden Fällen in seine Hand und Treue, der man vor und nach immer nicht entbehren kann.

An die Tochter Anna, 19. April 1799

Ich soll Dir für Mama und mich zu Deinem Geburtstag gratulieren. Gebe Dir Gott viel Glück und Deinem kleinen Leo dazu! Es will mir nicht ein, daß das noch so lange währen soll, und er kommt gewiß zum Geburtstag. Er soll dabei auch nichts verlieren, und wir wollen ihm künftiges Jahr hier seinen eigenen Tag und seinen eigenen Kranz machen. Vorigen Dienstag haben wir der Agnese ihren gefeiert. Caroline kam Montag abend mit ihr heraus und Perthes den Dienstag mittag nach, und ging alles recht gut, nur das Wetter wollte nicht und war kalt und naß. Seit Mittwochen ist es aber nun wirklich hier Mai und ist dieser Monat also dies Jahr nur drei Tage lang gewesen. Mama ist ziemlich wohl und dankt für Deinen Brief...

Grüße den Fritz und die Luise vielmal von uns. Er ist doch schuld, daß Ihr Euren Hochzeitstag itzo schon habt feiern können. Auch die anderen alle nach der Reihe. Ich schickte Dir gerne Deinen Wochenwein, liebe Anna, aber ich kann wirklich nicht, und Post und Zollwesen verleiden mir auch das Schicken.

An die Tochter Anna, 30. Mai 1799

Leb wohl, liebe Anna, Mama grüßt Dich und Max herzlich. Wir haben itzo zwei Milch gebende Kühe, nämlich die alte Dame und unser Kalb, und haben viel und schöne Milch. Wir schickten Euch gern dann und wann ein Töpfchen Rahm zum Coffee und Tee. Aber er würde sauer werden.

Leb wohl, ich befehle Dich von Herzen in Gottes Hand.

An die Tochter Anna, 8. Juli 1799

Wir sind alle gesund und Mama immer noch erträglich wohl. Hier verdorrt alles und, wenn nicht bald Regen kommt, so weiß ich nicht, wie es gehen soll. Morgen binden wir unsere Kühe auf den Stall. Die Grasplätze sind gelb und trocken. Wir nehmen das Gebot, nach Harburg zu kommen, an. Gott geb, daß alles bis dahin, wenn es uns nutzt, nach unserem Wunsch gedeihe.

An die Tochter Caroline, 9. Juli 1799

Herze und drücke Dein Kind in meinem Namen einmal und halte Dich mäßig in allen Stücken und danke Gott, daß er Dir's gegeben hat, und nimm Dir vor, daß Du ihm auch danken willst, wenn er Dir's wieder nehmen sollte. Wir besuchten Dich gerne und sähen Dich und Deine Julie und Deinen vorsorgenden Max. Ich befehle Dich und Dein Kind Gott, liebe, liebe Anna.

Gottlob! Gottlob! meine liebe Anna, daß die Stunde der Angst vorüber ist. Er behüte Dich und Deine kleine Julie ferner und lohne Dich für das, was Du gelitten hast. Die Einladung zur Gevatterschaft macht mir viele Freude, und ich habe sie gerne angenommen, hätte sie auch gern in eigner Person verrichtet. Sonntagnachmittag soll hier der Tauftag ordentlich gefeiert werden. Der Geburtstag ist schon am Donnerstag gefeiert worden. Gott sei mit Dir, liebe Anna. Küsse mir mein liebes Enkelchen recht herzlich in meinem Namen und grüße den glücklichen Vater.

An die Tochter Anna, 23. August 1799

Du hast den Wunsch, deine jetzige Laufbahn als Kaufmann aufzugeben und zum Studium zurückzukehren. Gegen und bei einer solchen Veränderung ist nun aber manches zu bemerken und zu bedenken, das ich als Vater Dir sagen und zu bedenken geben muß.

1. Du weißt, daß es nicht meine Absicht gewesen ist, daß Du Kaufmann würdest, sondern es ist Dein eigner freier Wille und Entschluß gewesen, den Du nun wieder ändern willst. Ein solches Wanken in seiner Entschließung ist überhaupt etwas bedenklich und, da die Gründe Deiner vorigen Entschließung nicht gegründet und fest gewesen sein müssen, so können die Gründe Deiner itzigen es vielleicht auch nicht sein, und es veranlassen und bestimmen Dich vielleicht, ohne daß Du es selbst weißt, diese oder jene Unannehmlichkeiten Deiner itzigen Lage, die Du in der andern wohl und vielleicht zwiefach wiederfindest usw. Auch macht es

2. eine Art Übelstand vor den Leuten, wenn Du, nachdem Du einmal auf gute Art das väterliche Haus verlassen hast, auf den alten Fleck zurückkehrst.

3. Ich habe Dir schon immer gesagt, daß die Kosten Deines Studiums

mir schwer fallen würden und Dich deswegen oft angefordert, Dich so zu perfectionieren, daß Du auf der Universität durch Unterricht an andere Dir und mir zu Hilfe kommen könntest. Diese Schwierigkeiten der Kosten treten itzo wieder ein und zwar stärker als vorher, da Du durch das kaufmännische Intermezzo von dem Unterricht-geben-können weiter entfernt worden bist als vorher; und wenn Du nun auch ausstudiert hast, so bist Du darum noch nicht geborgen. Auf deinem itzigen Gange brauchst Du von uns gar nicht so viel und kannst, wenn Du fortfährst, Deine Sachen treu und fleißig zu tun, auf gewisse Weise als versorgt angesehen werden. Und dies alles ist

4. desto wichtiger auf den Fall, der doch nicht unmöglich ist, daß der liebe Gott mich bald von der Welt nehme.

5. ist die Güte Deiner Station ein Grund, sie nicht zu verlassen. Du hast es in allem Betracht so gut getroffen, wie es wenig treffen, hast einen sichern, braven Prinzipal, gute Leute auf dem Comtoir, freundliche Begegnung im Hause et cet. et cet.

6. ist die Sache, wenn sie einmal aufgegeben ist, nicht zu redressieren. Auch wird es mir

7. hart sein, Herrn Heise darüber den Antrag zu tun, da die Sache den Schein der Unerkenntlichkeit und Undankbarkeit für seine Vielgütigkeit und Freundschaft hat.

Indessen und bei dem allen, wenn Du wirklich an der Kaufmannschaft keine Freude und nicht genug hast und Dein Herz etwas Besseres und Edleres begehrt und sonderlich, wenn Du einen ernstlichen Trieb hättest, als Theologe Gutes in der Welt zu schaffen, als dazu itzo die rechte Zeit ist, so will ich Dich keineswegs zwingen, sondern gern die Hände bieten, soviel ich kann. Nun prüfe, überlege und bitte Gott, daß er Dich das Beste wählen läßt. Auf alle Fälle aber mußt Du Deines Ernstes sicher sein. Ich zweifle gar nicht, daß Du den Vorsatz habest, fleißig zu sein und Dich keine Mühe verdrießen zu lassen, aber man kann über die Beharrlichkeit nicht gewiß werden als durch Probe und Erfahrung, und es ist vernünftig und rätlich, daß Du diese Probe machst, ehe Du das Gute, das Du hast, aus den Händen gibst. Mache also die Probe an dem Latein, das für itzo eine Hauptsache für Dich ist, und versuche Dich darin in Deinen Freistunden. Ich will Dir die nötigen Bücher und Anleitung geben.

An den Sohn Johannes, 12. September 1799

Noch leben unsere beiden Kühe. Wir haben den Sommer viel Verdruß mit ihnen gehabt, aber schön Milch. Wie es den Winter werden wird, weiß ich noch nicht und, da das Heu 1000 Pfund 10 und das Stroh 100 Bund 9 Mark kosten, werden wir sie wohl abschaffen müssen. Treu lebt noch und befindet sich wohl. Die Bäume unten im Garten, sonderlich der eine Birnbaum, hängen voll Früchte und die Jungens kommen öfters durch die Hecke und holen sich. Auch hängen unsere türkischen Bohnen voll, und wir haben eine Tonne voll eingemacht und alle Tage gegessen, seit wir von Pyrmont zurück sind. Türkische Erbsen sind nicht so viele, doch auch etwas, aber Gurken gar nicht. Bringe uns doch allerlei Samen mit von *genus,* das wir hier nicht haben, aber auch von denen, die wir haben, wenn Du besonders gute Sorten hast.

An die Tochter Anna, 16. September 1799

Liebe Anna, Du dauerst uns unter und mit den fatalen Warteweibern pp., und wir finden Deine Bitte sehr natürlich. Die Rebecca würde Dir, wenn nicht gerade in der Küche, doch im ganzen bei Deiner Haushaltung und sonderlich beim Warten und Pflegen der kleinen Julie zu großem Trost, Stütze und Erleichterung gewesen sein. Aber sie soll Ostern konfirmiert werden und ich darf es nicht bis übers Jahr aufschieben. Wenn die Mädchen ein gewisses Alter erreicht haben, will der Eindruck dieser Sache nicht recht mehr an sie haften und es ist für ihr ganzes Leben wichtig, daß er recht hafte. Die Rebecca hat so, wenigstens äußerlich in diesem Fach, ein unteilnehmendes, kaltes und, ich möchte sagen, stupides Wesen, da sie sonst nicht stupide ist; und eben dieses Wesens wegen ist sie das vorige Jahr noch nicht konfirmiert worden, da wir sonst die Absicht hatten, sie zugleich mit Johannes konfirmiert werden zu lassen; und ich werde den ganzen Winter brauchen, um mehr Teilnahme und Wärme, wo möglich, in sie zu bringen usw. Ich werde wohl keiner Entschuldigung bedürfen, daß ich Dir also den verlangten Dienst nicht leisten kann . . .

Wechsle so lange Wärterinnen, bis Du eine, die gut ist, attrazierst, und leide dich so lange, so gut Du kannst. Das Schreien der kleinen Julie ist gewiß nicht anders als die Folge eines Verdrusses gewesen, den Du mit den Weibsbildern gehabt und den Du nicht hinlänglich hast verrauschen lassen, ehe das Kind wieder getrunken hat. Mama läßt noch sagen, daß Du, wenn Du einen Verdruß und Ärger gehabt hast, das Kind binnen

zwei Stunden nicht anlegen und Dich vorher etwas weniges ausmelken müssest.

An die Tochter Anna, 10. Oktober 1799

Die Silhouette von der kleinen Julie ist uns recht neu und lieb gewesen. Alle Stimmen sagen, daß sie der Mutter recht ähnlich sähe und vom Vater nur an der Stirn Ähnlichkeit habe, und ich sage das auch und habe das zuerst und gleich gesagt. Nun, Gott erhalte sie Dir, aber ich wiederhole, hänge Dein Herz nicht zu sehr an sie und habe sie lieber, als wäre sie Dir nicht für immer gegeben, sie wird darum nicht weniger bleiben.

An die Tochter Anna, 23. Dezember 1799

Der Kasten ist glücklich angelangt, glücklich angelangt ist der Kasten und hat einen gewaltigen Rumor veranlaßt, sowohl durch sich selbst und seinen Gehalt als dadurch, daß er hier so unerwartet war und uns über den Hals kam. Das Detail von Eindruck bei jedem und die einzelnen Drücke habt Ihr gut, ich arbeite nur heute en gros und berichte seine Ankunft und die Geschichte derselben.

Ich war also gestern nach Hamburg gegangen, ein und anderes Gewerbe zu bestellen und Heise zu besuchen, den ich seit Xber v. J. nicht gesehen hatte, und als ich bei Perthes kam, siehe da ein Kasten und der Brief, der vor Aufbruch desselben gelesen werden sollte. Mir lief das Wasser ins Maul nicht sowohl den Kasten aber den Brief zu öffnen, und ich wendete ihn um und wieder um. Aber die Vernunft siegte am Ende und ich fraß Mama und den Kindern, die doch ebensogut als ich dazu gehörten, nichts vor dem Maul weg als die Aufschrift und steckte den Brief ein. Caroline hätte auch wohl gern gesehen, daß ich gebrochen hätte; als ich es aber nicht tat, lobte und bewunderte sie meine Enthaltsamkeit.

An die Tochter Anna und den Schwiegersohn Max,
14. Februar 1800

Mama, die Euch alle drei herzlich grüßt, bittet Dich, da vorigen Herbst alle Sämereien hier verunglückt sind und sie das Frühjahr unverschämt teuer sind, wenn vielleicht bei Euch das Ding anders sein sollte, von allen Sorten Erbsen und Bohnen und Kohl und allen Sämereien, die hier gebräuchlich und hier nicht gebräuchlich und vielleicht bei Euch und Euren Nachbarn gebräuchlich sind, aufzutreiben und zusammenzupacken und im Mai mitzubringen, oder wenn er eher reist, dem Eduard und der

Lotte mitzugeben. Was mitgeben sagt Mama; sie, die überhaupt sonst und bisher auch in dieser Sache ziemlich ungläubig ist, fängt an, Glauben zu haben, und sieht es als gewiß an, daß wir Euch und Eure Julie im Mai sehen und haben werden. Sie läßt deswegen auch den Grasplatz linker Hand etwas größer machen, daß Platz zum Wälzen sei, und angelt allenthalben nach Erbsen und Bohnen, daß Ihr etwas zu essen findet. Es wird aber ziemlich spät Erbsen und Bohnen dies Jahr geben. Es friert noch heute diesen Tag hier Stein und Bein, und wie ich, so alt ich bin, den 10. März noch keinen Frost erlebt habe. Überhaupt ist der Winter schrecklich gewesen, und wir haben ein Fuder Torf à 8 Mark nach dem andern verbrannt, ohne daß wir die Stube hätten warm machen und die Fenster auftauen können.

An die Tochter Anna, 10. März 1800

Viel Glück zum Einzug ins neue Haus; Gott lasse Euch noch vergnügter darin sein als Ihr in dem verlassenen Vaalser gewesen seid und segne und bleibe Tag und Nacht bei Euch und mit Euch und Eurer Julie darin.

Hier ein Korb voll Erbsen und Bohnen, daß Ihr doch gleich zu beißen habt. Die Schollen sollten Steinbutte oder Kleisse sein, war aber nichts da als die kahlen Schollen. Sie liegen unten am Ende, wo die Häringe liegen. Von den Häringen, die sehr gut sind, schicke Du, liebe Anna, wenigstens zwei an die Gräfin Sophie nebst dem anliegenden Brief auf einem Teller mit Weinlaub, zwei an Frau Nicolovius, zwei an Dich und Max und Rebecca und die übrigen an den langen Papa und grüße dabei herzlich von uns. Notabene die Häringsschickung muß gleich nach Empfang dieses geschehen, weil sie jede Stunde verlieren. Auch die Schollen

müssen gleich gegessen werden. Die Kinder haben die Schachtel voll Kirschen von unserm Baum gepflückt für Rebecca, Dich und Max; wann »iß Kugg« sie aber mag, so könnt Ihr alle zusehen, wie sie gegessen werden, und es doch so annehmen, als hättet Ihr sie gegessen.

Hans hat neulich den Versuch mit dem Frosch noch gemacht. Weil er keine Silberplatte und Silber und Goldzange hatte, legte er die Nerven auf ein 12-Schillingstück und den Frosch auf Blei und machte die Verbindung mit einer Schere, also Eisen, und der Effekt war frappant, bei weitem sprangen die Nerven heftiger als bei Ihrem Experiment, welches vielleicht vom bessern Frosch herrührt. Ich schrieb es Ihnen aber, daß wenn Sie es noch nicht getan haben, Sie den Versuch einmal mit Geld machen, wenn vielleicht die Mischung von Silber und Kupfer Einfluß hätte.

An die Tochter Anna und den Schwiegersohn Max,
15. Juli 1800

Es hatte, liebe Caroline, mich den ganzen Morgen so etwas von Euch geahndet – das Wetter war zu unfreundlich, Ihr selbst könntet es nicht sein. Es ist denn der Johann mit dem Pommeranzenbaum und dem Coffeebrot gewesen.

Mama liegt wieder in ihrer gewöhnl. Krankheit zu Bett, das ist nicht eben gut, aber doch besser, als wenn sie so *sans rime* und *sans raison* liegen muß. Sie ist auch ganz erträglich wohl. Sie liest eben itzo das *Collegium* nach, wie der Pommeranzenbaum noch gerettet werden könne, und ich zweifle nicht, daß, wenn ihre eigene und des *Collegii* oder ihres Haus*lexici* Einsicht zusammenkommen, der Baum wieder gedeihe.

Wegen des Mehls hat Hans sich erkundigt; es kostet itzo $^1/_2$ Mark, und Du kannst haben, sagt Hans.

Nun, liebe Line, Dank für die vielen schönen Coffeebrötchen, sie haben allgemeinen Beifall gefunden und, weil ihrer so viele waren, keine Schlägerei veranlaßt. Wir haben lange studiert, uns zu revanchieren, haben aber nichts rausbringen können. Mama selbst, der ich ein solches Studium auch anem- und befohlen hatte, hat unverrichteter Sache wieder zu sich selbst und ihrem Kopfweh zurückkehren müssen.

An die Tochter Caroline, 22. März 1801

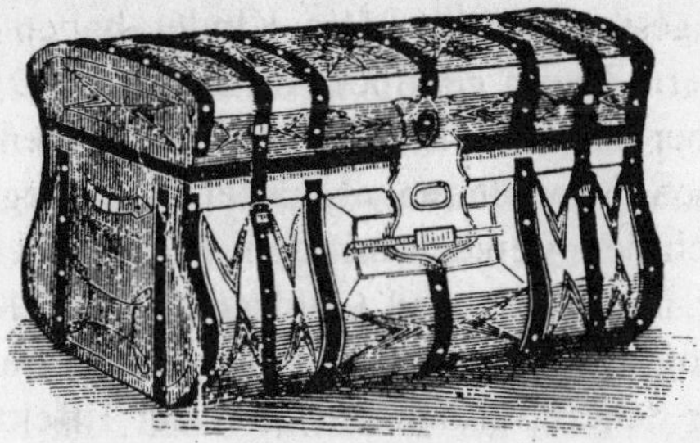

Der Hans wollte und sollte eigentlich antworten, aber er ist so in Hurry, daß nichts Gescheites aus ihm heraus will, – nicht nicht in ihm ist, aber nicht heraus will. – Ich muß also seine Stelle vertreten und danken in aller Kinder Namen. Sie schmecken noch den Coffee heute morgen und wetzen schon die Zähne auf die Schokolade von heute nachmittag. Sie sagen, sie seien beschämt über Deine viele Gütigkeit, und es kommt mir fast vor, daß diesmal etwas Wahres daran sei. Mama ist die Nacht zwar fast ohne Schlaf, aber auch ohne Schmerzen gewesen und befindet sich ziemlich wohl. Sie dachte heute den Koffer selbst zu packen, das geht aber nicht, und sie sieht nur still und unverwandt aus dem Bett zu, wie er gepackt wird. Deine Hühnersuppe hat eben ein Intermezzo gemacht, und sie ist das erste gewesen, das ihr seit der Krankheit geschmeckt hat. Dieses Huhn war trefflich jung und mürbe, aber das vorige hatte gewiß in seinen letzten Lebenstagen die Großmutter von diesem das erste Ei noch legen sehen.

An die Tochter Caroline, 15. Mai 1801

Vorigen Sonntag vor acht Tagen war Nikolastag; der bringt sonst wohl was, uns aber hat er was genommen, nämlich einen Waschkorb voll Wäsche, der eben gewaschen und gemangelt war, ist den Abend in unrechte Hände gekommen. Er stand in der großen Stube, die Tür war offen und Licht in der Leuchte auf der Diele und wir in der Kinderstube zwischen 8–9 Uhr bei Tische, da hatten sie ein Fenster zerschlagen und offen gemacht und so die Wäsche herausgeholt. Wir oder vielmehr das Mädchen kam darüber zu, als sie eben wieder zum Fenster hinaussprangen. Wir liefen wohl alle gleich heraus und allenthalben herum, aber umsonst, und Mama kam verdrießlich zurück. Verschieden weiße Kleider, Bettücher pp. und unser bestes Tischzeug ist zum Henker. Laßt Euch warnen und verlaßt Euch nicht auf den Riegel gegen die Haustür.

An die Tochter Anna, 15. Dezember 1801

Von Hans hatten wir auf seinen Weihnachtskasten keine Antwort und waren denn natürlich nicht sowohl des Kastens als seinetwegen in Sorgen. Gestern kommt endlich ein Brief, daß auf der Pforta die Masern ausgebrochen und schon 20 – 30 Schüler auf der Krankenstube krank liegen. Natürlich, ut supra, sind wir dadurch nicht aus der Sorge gekommen. Er war zwar noch ganz wohl und gesund und die Masern nicht bösartig, aber doch weiß man, da der Rektor gerade tot ist, keinen, auf den man sich in Ansehung seiner Wartung, wenn er, wie es wohl nicht anders sein kann, auch befällt, verlassen kann. Mama hätte wohl Lust, hinzureisen, aber ich will sie nicht reisen lassen und sie würde auch dort auf dem Krankenzimmer zwischen 20 – 30 Knaben übel dran sein. Ich denke an einen jungen Menschen unter den Schülern, den Hans als seinen treuen Freund rühmt, zu schreiben und muß das übrige Gott anheimgeben.

An die Tochter Anna, 2. Februar 1802

Noch muß ich eine Liste von den eingegangenen Präsenten zum Weihnachtsfest 1801 mitteilen:

Von Eutin ein Puterhahn, fränzösisch Dindon, der so schnell den Hals in den Magen herunterlief, als wenn er vier Füße gehabt hätte, da er, der Puterhahn, doch nur eigentlich zwei hatte.

Von Hamburg 1 Dutzend feine englische Weingläser, zwei Kränze und Galls Fragmente alter griechischer Poeten, das ich aber nicht behalten

will, weil ich vorher davon gesprochen und danach zu angeln geschienen hatte.

Von Madame Rudolphi eine Bouteille Alicantewein.

Von Frau Steicke ein schönes Rosenbukett und einen geräucherten Schweinskopf und eine Mettwurst.

Von den hiesigen Kindern Lack, Federn, neue Pfeife, Nadelkissen, Nähschraube, Pfeifenfedern, Tasche usw.

Es ist gut, daß nichts mehr geschenkt ist; wo sollte ich es registrieren!

An die Tochter Anna, Februar 1802

Deine Briefe sind auch ohne Sanderten oder Hechte und Barsche willkommen. Ich lobe Eure Kinder, daß sie so eine menschliche Natur haben, die sich auf die Viehnatur nicht einlassen will.

Mama ist wieder acht Tage nach alter Weise gewesen, itzo aber Gottlob wieder wohl, das heißt matt und pipig. Über Dein Klavier tröste Dich mit uns; das in der großen Stube steht seit Jahr und Tag ungebraucht, weil es nicht gebraucht werden kann, und das andere muß alle Augenblikke gestimmt werden, und da hält's circa sechs Stunden. Die Zeit guter Instrumente kommt noch.

An die Tochter Anna, 19. Februar 1802

Hierbei die Beschreibung des Feuerwerks, das am Abend Eures Hochzeitstages hier gegeben wurde. Da der Eintritt von $1^1/_2$ Mark uns zu groß war, haben wir es nicht gesehen, Euch aber so viel Glück gewünscht, als Wasserschlangen und Serpentiles und Chinesische Blumen und Luftschlangen zu sehen gewesen.

An die Tochter Caroline, 4. August 1802

Viel Glück, liebe Anna; Mama und ich freuen uns in Deinem Namen weidlich mit. Viel Glück! Ich hätte Dich herzlich gern noch einmal diesseits des Meeres an mein Herz gedrückt, aber ich begreife wohl, daß, wenn

Dein Begleiter kommt, von Erwarten die Rede nicht sein kann. Gehe denn hin zur guten Stunde und, der über Land und Meer zu gebieten hat, halte seine Hand über Dich und bringe Dich glücklich an Ort und Stelle.

Grüße Max herzlich und genießt Eure Liebe und seid glücklich im fremden Land und kein Unfall nahe sich Eurer Hütte und Euern Kindern darin.

An die Tochter Anna, 19. August 1802

Gestern sind drei bis vier englische Posten und so alle Eure Briefe auf einmal gekommen, und wir haben die unangenehmen und angenehmen Nachrichten von Bernhard zugleich erhalten. Wir haben aber, muß ich sagen, nichts Gutes erwartet, Caroline hat von Tod geträumt und Mama:

daß nicht allein Bernhard, sondern auch Du tot seist und der Max untröstlich, und hat das so lebhaft geträumt und im Schlaf so dabei geweint, daß sie Rückenschmerzen gekriegt hat. Nun hatte ich schon zu Bernhard keinen guten Mut, und diese Träume verbesserten das nicht. Gottlob, daß wir bis dahin falsch geahnt und geträumt haben. Aber auf allen Fall nimm Dich zusammen. Du weißt, daß ich über den Mathias und Christiane mich tief ins Herz hinein gegrämt habe, aber ich weiß nun, daß ich Unrecht getan habe und das man sich so nicht grämen soll. Die paar Tage, wo man getrennt ist, laufen bald hin. Das merke Dir auch, liebe Anna, und tröste Dich damit, wenn es noch schief gehen sollte. Auch das muß Dich trösten, daß Du in all dem Leid nicht hier bist und Max bei Dir hast. Also feste und gründe Dein Herz mehr und mehr.

An die Tochter Anna, 26. November 1802

Der heilige Christ ist hierzulande recht geschäftig gewesen. Caroline hat sich in einem großen Korb sehr freigebig geäußert. Den Schwestern Hauben und Tücher, Mama und mir verzinnte Eisentöpfe mit einem Huhn darin und noch viel anderes, das ich nicht alles zu Papier bringen kann. Die Heisen haben auch wieder eine Schachtel mit allerhand Halstüchern von dickem Zeug mit Pelzrand ankommen lassen, Christian einen Korb mit Dorschen und einen anderen mit drei wunderfetten und wunderweißen Enten und einer großen Wildkeule pp. Ich habe den Kindern, die seit einiger Zeit das Italienische sehr treiben, den *Metastasio* und *Torso* und ein gutes italienisches Lexikon gegeben. Hans hat einen kleinen Kasten mit Zitronen, Strümpfen, einem wunderschönen Stammbuch und Kuchen gekriegt usw. Wie gern ich Dir und Max und den Kleinen auch einen Kasten geschickt hätte, weiß Gott, wenn der verhexte Zöllner und Visitator nicht wäre. Nun, ich will einen Maikasten zurüsten, wenn ich kann.

An die Tochter Anna, 7. Januar 1803

Wir gratulieren zur überstandenen Angst und zum zwölften Platz unter den Herren Tertianern. Wir hoffen, daß Du Fleiß tun werdest, bald unter die Herren Sekundaner und so weiter zu kommen, und Mama und ich bit-

ten Dich darum. Unsere Kuh hat aus Mangel an Fütterung verkauft werden müssen und die andere wird's vielleicht auch noch werden müssen. Denn es wächst kein Gras, weil die Wurzeln im Winter erfroren sind. – Wir haben Johannes seinen Geburtstag gefeiert und ihm viel Glück und Gutes gewünscht und wollen den Deinigen feiern und Dir viel Glück und Gutes wünschen. Gott erfülle unsere Wünsche und gebe Euch, was er allein und kein Mensch Euch geben kann. Adde, Ihr lieben Knaben.

An den Sohn Fritz, 11. Mai 1803

In dieser angenehmen heiligen Christzeit, wo alle Väter und Kinder nach hergebrachter Sitte durch Geschenke und Gaben erfreuen und erfreut werden, komme ich zu Ew. K. H., mir auch einen heiligen Christ untertänig auszubitten.

Mein ältester Sohn Johannes hat nämlich seine Schuljahre auf der berühmten Fürstenschule zu Pforta in Sachsen, wo er eine Freistelle erhalten hatte, geendiget und soll nächsten Ostern die Universität beziehen. Nun gebe ich ihm wohl gerne die Kosten dazu her, aber ich kann sie nicht geben, denn seine acht Geschwister lassen bei den dermaligen dreifach höheren Preisen aller Lebensbedürfnisse nichts für ihn übrig. Meine untertänige Bitte wäre also: ob Ew. K. H. so gnädig sein wollten, während seiner Universitätsjahre Vaterstelle bei ihm zu vertreten oder, weil ich außer ihm noch drei Söhne habe, die studieren wollen, und ich also noch dreimal mit derselben Bitte würde wiederkommen müssen: ob Ew. K. H. geruhen wollten, die Wohltat durch meine Hände gehen zu lassen und mir bis solange meine jährliche Einnahme zu verbessern. Ich werde mein bestes tun, daß die Knaben solcher Wohltat nicht ganz unwert seien, darf auch dies von dem ältesten bis itzo hoffen und lege das Zeugnis des Vorstehers jener Schule über ihn im Original bei.

An den Kronprinzen von Dänemark, Dezember 1803

Einfältiger Hausvaterbericht

über die

christliche Religion

an

seine Kinder Caroline, Anne, Auguste, Trinette, Johannes, Rebecce, Fritz, Ernst und Franz

Nach der Heiligen Schrift

Lieben Kinder, »die Welt vergehet mit ihrer Lust. Wir fahren dahin wie ein Traum, und sind wie ein Schlaf: gleich wie ein Gras, das doch bald welk wird, das frühe blühet und bald welk wird und des Abends abgehauen wird und verdorret. Unser Leben währet siebenzig Jahre, und wenn's hoch kommt, so sind's achtzig«. Dann müssen wir sterben, müssen alles, was uns hier nahe und lieb ist, zurücklassen und allein weiter gehen. Und was es im Grabe mit uns sein wird, wissen wir nicht. Wir wissen so wenig, wo wir herkommen, als wo wir hingehen, noch was wir hier eigentlich sollen und sind; und wir haben nichts in Händen, darauf wir uns verlassen und damit wir uns trösten und unser Herz stillen könnten.

Aber Gott hat uns unser Herz gestillt durch eine Schrift, die er selbst frommen und heiligen Männern eingegeben hat, und die darum die heilige Schrift, die Offenbarung, oder die Bibel, das Buch aller Bücher, genannt wird.

In diesem Buch finden wir Nachrichten und Worte, die kein Mensch sagen kann, Aufschlüsse über unser Wesen und über unsern Zustand und den ganzen Rat Gottes von unsrer Seligkeit in dieser und jener Welt.

So hoch der Himmel ist über der Erde, ist dieser Rat über alles, was in eines Menschen Sinn kommen kann; und Ihr könnt diese Schrift nicht hoch und wert genug haben und halten. Doch ist sie, versteht sich, immer nicht die Sache, sondern nur die Nachricht von der Sache.

Die heilige Schrift fängt mit einem Stand der Unschuld an oder mit dem, was der Mensch im Anfang war, und lehrt uns, daß wir von Gott gemacht sind: gut und weise und heilig wie er; daß wir gemacht sind, über die Erde zu herrschen und sie vor dem Bösen zu bewahren, seines heiligen Geistes zu leben und ewig vor ihm aus- und einzugehen wie die lieben Kinder um den lieben Vater; sie lehrt uns, daß die Menschen sich selbst freiwillig von Gott, dem Urquell alles Guten und aller Seligkeit, getrennt und mit dem Bösen Gemeinschaft gemacht haben; daß ihnen bei dieser Trennung ihr Wesen geblieben, aber das Leben desselben, sein heiliger Geist, von ihnen gewichen sei, als der mit dem Bösen nicht Gemeinschaft haben kann.

»Und Gott sprach«, so erzählt die heilige Schrift, »lasset uns Menschen machen, ein Bild, das uns gleich sei; die da herrschen über die Fische im Meer und über die Vögel unter dem Himmel und über das Vieh und über die ganze Erde und über alles Gewürm, das auf Erden kreucht. Und Gott schuf den Menschen ihm zum Bilde, zum Bilde Gottes schuf er ihn; und er schuf sie ein Männlein und ein Fräulein.«

Und Gott pflanzte einen Garten gegen den Morgen, mit allerlei Bäumen lustig anzusehen und gut zu essen, und einen Strom, ihn zu wässern, der sich daselbst in vier Hauptströme teilte, und den Baum des Lebens mitten im Garten und den Baum des Erkenntnisses Gutes und Böses; und setzte den Menschen in den Garten, daß er ihn baute und bewahrte, und gebot dem Menschen und sprach: »Du sollst essen von allerlei Bäumen, aber von dem Baum des Erkenntnisses Gutes und Böses sollst du nicht essen; denn welches Tages du davon issest, wirst du des Todes sterben«.

Und die ersten Menschen ließen sich durch die Schlange verführen, den Baum des Erkenntnisses Gutes und Böses anzurühren und von seiner Frucht zu essen; und wurden, nachdem ihnen Gott Röcke von Fellen gemacht und angezogen hatte, aus dem Paradies von dem Baum des Lebens hinausgetrieben auf den um ihretwillen verfluchten Dorn- und Distel-Acker, im Schweiß ihres Angesichts ihr Brot zu essen, und sich darauf zu nähren mit Kummer ihr Leben lang.«

So gingen sie nun zwischen den Dornen und den Disteln mit Kummer und mit Scham und Reue, untröstlich über ihren Verlust und ohne Ende elend und unglückselig; und war für sie und alle ihre Kinder kein Rat, oder ihr Wesen mußte wieder durch den Geist Gottes belebt und mit Gott vereinigt werden. Das aber konnte nicht sein, sintemal Himmel und Erde sich nicht vereinigen können.

Aber Gott ist die Liebe, und die Liebe ruhet nicht; sie kann in ihren Wirkungen und in ihrem Wohltun gestört und gehindert werden; aber sie hört nicht auf zu lieben, wie die Sonne nicht aufhört zu scheinen. Gott hatte den Menschen geliebt, ehe der Welt Grund gelegt wurde, und er hatte ihn auch in seiner Not und in seinem Elend nicht aus den Augen verloren. Er hatte sich ihre Scham und Reue rühren lassen, sich erbarmt und ein Mittel versprochen.

Und dies Mittel war, daß das Leben, das da ewig ist und bei Gott war, erscheinen; daß das Wort, daß bei Gott und das Gott war, Fleisch werden sollte. Und das ist in Christo geschehen.

Diese hohe göttliche, all menschlich Wissen, Verstand und Hoffen übersteigende Veranstaltung ist gleich den ersten Menschen zu ihrem Trost verkündigt, und diese Verkündigung und Verheißung und die darauf gegründete Hoffnung und Erwartung der Herstellung des Herstellers als ein heiliges Geheimnis von Vater auf Sohn auf die Nachkommenschaft fortgepflanzt worden.

Vor der Sündflut und die ersten tausend Jahre nachher war dies Geheimnis bei den Hausvätern und Häuptern einzelner Familien von Gerechten und wurde dann, als die Welt voll Menschen war, einem ganzen Volk anvertraut.

Über die Art und Weise, wie jene Familienväter davon Gebrauch gemacht haben, und über ihren Gottesdienst ist uns in der Heiligen Schrift wenig Umständliches aufgezeichnet; nur daß von ihrer nähern Verbindung und ihrem nähern Umgang mit Gott und von weitern Eröffnungen, die einigen von ihnen, dem Noah und sonderlich dem Abraham, geschehen; und, gleich von Anfang an, von Altar und Opfer darin die Rede ist.

Ohne Zweifel aber werden sie, wie auch von einigen ausdrücklich erzählt wird, als Gerechte unter dem unschlachtigen Geschlecht und als Leute, die eines höhern und außerordentlichen Schutzes und Segens genossen, in der Welt geleuchtet und die Achtung und Aufmerksamkeit ihrer Zeitgenossen auf sich gezogen und sie nach der Erkenntnis ihres Gottes und Gottesdienstes lüstern und begierig gemacht haben. Und aus den Spuren, die man bei allen andern alten Völkern antrifft, zu urteilen, scheinen nicht alle, die sich in der Absicht an sich gewandt haben mögen, ganz unbefriedigt wieder weggegangen zu sein.

Indes konnte doch bei jenen Familienvätern das Exempel und der Eindruck nicht so auffallend und allgemein sein als bei dem ganzen Volk, wo es zum Schauspiel aller Völker der Erde wurde, als dessen großer Heerführer öffentlich und vor aller Welt Augen ein Wunder nach dem andern tat und durch den unerwarteten Auszug aus dem mächtigen Ägyptenlande allen Völkern umher Furcht und Schrecken einjagte; er auch auf die erhabene und majestätische Art das Gesetz von Gott empfing und nach Gottes Weisung einen öffentlichen Gottesdienst einrichtete, der zuerst im Kleinen in der Stiftshütte und hernach, fünfhundert Jahre später, im Großen in dem weltberühmten Tempel zu Jerusalem gefeiert wurde.

So herrlich dieser Gottesdienst in sich selbst war, so war er doch sonderlich figürlich und sollte mit seinen Reinigungen und Opfern etc. auf das wahrhaftige Opfer und die wahrhaftige Reinigung etc., die zukünftig waren, hindeuten und durch seine Figuren und äußere Zermonien, die Mose alle nach dem, was der Herr geboten, und nach den Bildern, die ihm auf dem Berg gezeigt waren, gemacht und eingerichtet hatte, als ein heiliger Fingerzeig und als die vollkommenste Weissagung von dem Erlöser und dem Erlösungswerk, den Sinn und Verstand der Menschen beschäftigen und gängeln und die Idee des großen Heils in ihren Herzen, bis die Verheißung, den Vätern geschehen, erfüllt würde, lebendig erhalten.

Mose hatte ihnen zwar den Segen und den Fluch, der mit der Beobachtung oder Nicht-Beobachtung dieses Gottesdienstes und der Wege des Herrn verbunden sei, nicht verhalten und bei seinem Abschied Himmel und Erde über sie zu Zeugen genommen: daß er ihnen Leben und Tod vorgelegt habe, damit sie das Leben wählten und sie und ihr Same leben möchten; aber was sind wir Menschen, sie erkannten diese Erweisung göttlicher Liebe und Barmherzigkeit und ihre hohe Erwählung; daß ihnen das lebendige Wort anvertraut war, und sie sein Eigentum vor allen Völkern und ihm ein priesterlich Königreich und ein heiliges Volk sein sollten, nicht wie sich's gebührte, und hingen sich, ungeachtet der Warnungen ihres treuen Mose und ungeachtet der reichen Fülle und der abgesonderten Lage des ihnen beschiedenen Landes, doch an die andern Völker und wurden gleich in den ersten fünfhundert Jahren nach ihrem Einzug ein weltlich Königreich und wandten ihr Herz mehr oder weniger von ihrem Gottesdienst zu den Torheiten und Weisen jener Völker und wurden mehr oder weniger hilflos und elend, bis zur Zeit ihres Tempels, den ihnen Salomo dreitausend Jahr nach Erschaffung der Welt und tausend Jahr vor Christi Zukunft zu Jerusalem erbaute und darin die Bundeslade samt der ganzen Stiftshütte aufbewahrte.

Aber auch dieser herrliche Tempel schaffte das nicht lange, wozu er erbaut war, und es ging die folgenden fünfhundert Jahre noch übler als vorher. Sie trennten sich untereinander, verachteten und verließen den Herrn ihren Gott und seine Wege und liefen den Greueln der Heiden nach; und erfuhren auf eine schreckliche Art, was das für Herzeleid bringt.

Gott hatte ihnen einen Samen übrigbleiben lassen, die das Geheimnis von dem Erretter heilig bewahrten, seinen Tag zu sehen wünschten und auf seine Erscheinung hofften; und durch einige von diesen ließ Gott während dieser Periode, die davon »die Zeit der Propheten« genannt wird, von Zeit zu Zeit das abtrünnige Volk nachdrücklich warnen und an den Erretter erinnern und von seiner Erscheinung weissagen. Und als auch diese Langmut vergebens war, stieß er ihren Tempel um und warf sie unter die Heiden nach Ninive und Babylon. Von Babylon kamen sie zwar durch Vermittelung des damaligen Weltherrschers, der einen von ihren Propheten hatte kennen lernen, nach Jerusalem zurück und bauten ihren Tempel wieder; aber das Böse hatte einmal die Überhand gewonnen, und das Gute war geflohen. Sie sanken die letzten fünfhundert Jahre tiefer und tiefer und blieb ihnen am Ende nichts übrig als ein selbstkluger blinder Stolz auf dürre Gebeine, aus denen der Geist gewichen war. Ihr Herz war ganz ins Äußere gewandt; sie suchten nur von außen und im Äußern Hülfe, und der Sinn für die rechte Hülfe und den rechten Helfer war verloren.

Endlich, als die Zeit erfüllt war, vor tausendachthundert Jahren, erschien das Leben hier bei uns auf Erden; das Wort wurde Fleisch und wohnte unter den Menschen, die damals lebten, und sie sahen seine Herrlichkeit, eine Herrlichkeit als des eingebornen Sohns vom Vater voller Gnade und Wahrheit.

Ihr Kinder, schlägt Euch nicht das Herz? . . . Man wünscht sich die zween Flügel der Seraphim des Jesaias, mit denen sie ihr Antlitz bedeckten, und kann doch zu gleicher Zeit nicht umhin, die Menschen selig zu preisen und zu beneiden, denen es von Gott beschieden war, seine Herrlichkeit zu sehen und Augenzeugen dieser hochheiligen Erscheinung zu sein.

Wir sind so glücklich, von seinem Wandel auf Erden in der heiligen Schrift von vier verschiedenen Leuten Nachrichten zu haben, die, wie Ihr wohl denken könnt, nicht allein für uns die wichtigsten, sondern auch die merkwürdigsten Nachrichten sind, die je durch Menschen gegeben worden und von Menschen gelesen werden können.

Er ist in menschlicher Gestalt umhergegangen und hat wohl getan und gesund gemacht alle, die vom Teufel überwältigt waren; er hat Blinde sehend, Taube hörend, Sprachlose redend, Aussätzige rein, Kranke gesund und Tote lebendig gemacht durch bloßes Anrühren, durch ein Wort und Blick etc.

Zwar waren diese Wunder und Wohltaten die Absicht seiner Zukunft nicht; aber er war natürlich lauter Liebe und Hilfe; es ging eine Kraft von ihm aus, die da heilte und jedermann half; und er wollte sie nicht zurückhalten, wo Hilfe nötig war. Auch sollten die Juden sehen, daß Gott nicht lüge und der ihren Vätern versprochene und von Mose gedeutete Erretter und Helfer gekommen sei.

Er war aber nicht zu solchem Dienst und allein für die Menschen, die damals lebten, in die Welt gekommen, sondern auch für uns, und für alle Menschen von dem ersten bis auf den letzten.

»Denn es ist ja gewißlich wahr und ein teures wertes Wort, daß Jesus Christus kommen ist in die Welt, die Sünder selig zu machen.«

Damit Ihr aber von diesem Seligmachen den wahren Begriff haben und den Seligmacher desto tiefer und inniger hoch achten und lieben könnt, müßt Ihr recht und eigentlich berichtet werden, was Sünder und Sünde sei; denn wenn Worte oft und viel ohne Sinn gebraucht werden, so kommen sie endlich in den Verdacht, daß sie auch keinen hätten.

Und so bin ich etwas umständlicher über die Sünde oder das natürliche Verderben des Menschen, oder über das, was wir ohne den Erretter sind.

Wie es in Hinsicht des Körperlichen um uns stehe, habt Ihr zum Teil gehört. Wir sind wie des Grases Blume, sind guten und bösen Eindrücken und Einflüssen preisgegeben und tragen den Keim des Todes und unzähliger Not und Gebrechen in und mit uns um, bis sie, früher oder später, ausbrechen und unserer körperlichen Existenz ein Ende machen. Und mit unserm unsterblichen Geist steht es noch übler. Zwei Kräfte hat ein Geist, erkennen und wollen; und die sind beide in uns so zerrüttet, daß sie fast unkenntlich sind.

Was erkannt werden kann, ist natürlich das Gebiet und Feld des Erkennens, und die Gegenstände in diesem Felde sind die unsichtbaren und ewigen, und die sichtbaren und zeitlichen Dinge.

Von jenen, die ohne Zweifel die hauptsächlichsten sind, erkennen wir nichts. Wir wissen wohl, wenn wir die sichtbaren vergänglichen Geschöpfe ansehen, daß ein unsichtbarer unvergänglicher Schöpfer sein müsse; wir wissen wohl, wenn wir milde wohlwollende Bewegungen und Gesinnungen in unsern Herzen fühlen, daß irgendwo eine Urquelle der Liebe, ein wesentliches Wohlwollen, ein lieber Vater sein müsse; aber wir sehen ihn nicht und hören ihn nicht und erkennen ihn nicht.

Und von den sichtbaren und zeitlichen Dingen ist unser Wissen zerrissen und Stückwerk, und unsere Augen sehen, was wir wollen.

Eigentlich wissen wir nur, daß wir erkennen sollten; und es ist, als ob uns mit der einen Hand gegeben und mit der andern wieder genommen würde.

Und so ist es auch mit unserm Wollen. Wir wissen, daß wir rein wollen sollten; aber das Unrein hängt sich allenthalben an. Wir fühlen in unserm Gemüt, daß gut gut ist; wir lieben das Gute und wollten gerne gut sein und das Gute tun; aber wir können nicht. Das Fleisch hindert den Geist und beherrscht ihn, und doch ist er sich seines Vorzugs bewußt und daß er mehr ist und herrschen sollte.

»Fleisch und Geist«, sagt Lutherus, »mußt Du nicht also verstehen, daß Fleisch alleine sei, was die Unkeuschheit betrifft, und Geist, was das Innerliche im Herzen betrifft, sondern Fleisch heißt St. Paulus, wie Christus Joh. 3, 6, alles was aus Fleisch geboren ist, den ganzen Menschen mit Leib und Seele, mit Vernunft und allen Sinnen, darum daß alles an ihm nach dem Fleisch trachtet. Also daß Du auch den wissest fleischlich zu heißen, der ohne Gnade von hohen geistlichen Sachen viel dichtet, lehret und schwätzet, wie Du das aus den Werken des Fleisches etc.«

Über dies alles brauchen wir weiter kein Zeugnis, da einem jeden die Erfahrung und sein eigenes Herz selbst zeugt; doch sollt Ihr das offene freie Bekenntnis hören, das ein Apostel darüber ablegt:

»Denn wir wissen, daß das Gesetz geistlich ist: Ich aber bin fleischlich unter die Sünde verkauft.

Denn ich weiß nicht, was ich tue; denn ich tue nicht, das ich will, sondern das ich hasse, das tue ich.

So ich aber tue, das ich nicht will: so willige ich, daß das Gesetz gut sei.

So tue ich nun dasselbige nicht; sondern die Sünde, die in mir wohnet.

Denn ich weiß, daß in mir, das ist in meinem Fleisch, wohnet nichts

Gutes. Wollen habe ich wohl, aber vollbringen das Gute finde ich nicht. Denn das Gute, das ich will, das tue ich nicht, sondern das Böse, das ich nicht will, das tue ich.

So ich aber tue, das ich nicht will: so tue ich dasselbige nicht, sondern die Sünde, die in mir wohnet.

So finde ich mir nun ein Gesetz, der ich will das Gute tun, daß mir das Böse anhanget.

Denn ich habe Lust an Gottes Gesetz, nach dem inwendigen Menschen.

Ich sehe aber ein ander Gesetz in meinen Gliedern, das da widerstreitet dem Gesetz in meinem Gemüt, und nimmt mich gefangen in der Sünde Gesetz, welches ist in meinen Gliedern.

Ich elender Mensch, wer wird mich erlösen von dem Leibe dieses Todes?« etc.

Seht nun, liebe Kinder, das Gesetz, das wir uns, die wir wollen das Gute tun, finden: daß uns das Böse anhanget; das Gesetz in unsern Gliedern, das da widerstreitet dem Gesetz in unserm Gemüt und uns gefangen nimmt und uns täglich und stündlich zu Fall bringt, groß oder klein, und uns hinreißt von einer Ungerechtigkeit zu der andern, und das Ende derselbigen ist der Tod; das Nicht-gute, das in unserm Fleisch wohnet, und das durch Lüste sich in Irrtum verderbet und unsern Verstand verfinstert; das Gelüsten des Fleisches wider den Geist etc. – Dies und daß das so in uns ist, dies nebst der Gebrechlichkeit unsers Körpers ist die Sünde, nämlich die Erbsünde, das natürliche Verderben des Menschen, der alte Mensch, das Fleisch, der alte Adam, der Schlangensame, der geistliche Tod, der zu allen Menschen hindurch gedrungen ist, u.s.w.

Die Heilige Schrift hat uns zwar dies Rätsel unserer Natur, dies Für und Wider zugleich in einem Wesen, aufgelöst; denn die göttliche Natur ist das Gute, die Weisheit, die Gerechtigkeit, die Liebe, die Erkenntnis und alle Vollkommenheiten auf Einmal und in Eins, und sie kann, wo sie auch ist, sich nicht verleugnen. Aber dadurch wird unser Unglück, wenn's möglich ist, nur noch größer. Und kann es einen Jammer geben, der dem Jammer gleich wäre: mit dem Bedürfnis und Drang zu Erkenntnis und Licht, im Dunklen; mit dem Bedürfnis und Drang zum Guten, im Bösen; mit dem Bewußtsein eines Herrscherwerts und -berufs in einer schmählichen Knechtschaft, in ewigem innerlichen Unfrieden und Furcht des Todes zu sein; und nun dazu noch zu wissen: daß wir selbst an unserm Unglück schuld sind und es so ganz anders hätten haben können, daß wir den Zorn eines gerechten und allmächtigen Herrn auf uns geladen, einen liebreichen Vater beleidigt haben und keine Hoffnung haben, sein Angesicht wieder zu sehen.

Und das ist der Abgrund, darein der Mensch durch den Fall gestürzt wurde, und daraus ihn nichts erretten konnte, keine menschliche Kraft und Weisheit, kein Gesetz noch Lehre etc.

Er kann sich zwar, wenn er weiß was gut ist, in den Streit: da »das Fleisch gelüstet wider den Geist und den Geist wider das Fleisch und diese beiden wider einander sind«; er kann sich zwar in diesen Streit mischen; er kann, und das ist sein höchstes und edelstes Geschäft auf

Erden, er kann es, wenn er über alle Bewegungen seines Herzens sorgfältig wacht und männlich und beharrlich kämpft, mit der Zeit dahin bringen, das dies Gelüste des Fleisches nicht in Tätlichkeiten ausbricht, d. i. er kann tugendhaft werden; aber er kann der Schlange nicht den Kopf zertreten, er kann seine Seele nicht lösen und wieder lebendig machen, kann die Sünde nicht vergeben.

Aus dem Gesetz kommt Erkenntnis der Sünde; aber auf Erkenntnis der Sünde kommt es hier nicht an, sondern auf die Sünde, auf den Widerwillen des Fleisches wider den Geist; denn dieser Widerwille ist grade das, was ihn von Gott scheidet und seiner Gerechtigkeit und Seligkeit im Wege steht – und den kann das Gesetz nicht nehmen. Und so richtet das Gesetz, oder Mose und das alte Testament, nur Zorn an.

Und darum bedurfte es eines neuen Testamentes, eines Mittels, das diesen Widerwillen nehmen, das dem Streit zwischen Fleisch und Geist im Menschen ein Ende machen und Frieden stiften könnte; eines Mittels, das sich mit dem Geist des gefallenen Menschen oder der göttlichen Natur in uns vereinigen und sie wieder frei machen könnte; es bedurfte eines Brots vom Himmel, das der Welt das Leben gebe – – es bedurfte der Gnade und Wahrheit . . . Und die ist durch Jesum Christum worden.

Christus ist der Weg, und niemand kommt zum Vater als durch ihn.

»Denn das dem Gesetz unmöglich war, sintemal es durch das Fleisch geschwächt wurde, das tat Gott, und sandte seinen Sohn in der Gestalt des sündlichen Fleisches und verdammte die Sünde im Fleisch durch Sünde« –

Oder deutlicher: und sandte seinen Sohn in der Gestalt des sündlichen Fleisches und um der Sünde willen, und vernichtete die Sünde im Fleisch – »auf daß die Gerechtigkeit, vom Gesetz erfordert, in uns erfüllet würde.«

Dies Mittel konnte nur dem armen verlorenen Menschengeschlecht der eingeborne Sohn Gottes bringen.

Und dazu »ist er vom Vater ausgegangen und kommen in die Welt, hat die Welt wieder verlassen und ist zum Vater gegangen«, wie er selbst sein großes Werk in einer Summe beschreibt; dazu hat er hier in der Welt die menschliche Natur rein und sündlos angenommen und mit der göttlichen in sich vereinigt; und ist Gott und Mensch in einer Person von der Jungfrau Maria geboren worden. – Und dazu hat er hier in der Welt, und ehe er wieder zum Vater ging, leiden und sterben und so zu seiner Herrlichkeit eingehen müssen.

Er sagt im Gleichnis: »Es sei denn, daß das Weizenkorn in die Erde falle und ersterbe, so bleibet es alleine; wo es aber erstirbet, so bringet es viel Früchte«, und zu seinen Jüngern grade heraus: „So ich nicht hingehe, so kommt der Tröster nicht zu euch, so ich aber hingehe, will ich ihn zu euch senden.« Und Petrus, voll des eben über sie ausgegossenen heiligen Geistes, predigte der bestürzten und irre gewordenen Menge: »Christus habe die Verheißung des Geistes«, der vor seiner Vollendung und Verherrlichung noch nicht da war, »als er durch die Rechte Gottes erhöhet worden, vom Vater empfangen und ausgegossen dies, das ihr sehet und höret«.

In der Heiligen Schrift wird die Geschichte dieser Leiden und dieses Todes umständlich erzählt.

Er hat zu Jerusalem, nachdem er in einem großen gepflasterten Saal mit seinen Jüngern das mosaische Osterlamm zum letzten Mal gegessen hatte, das christliche Osterlamm, nämlich das Essen und Trinken seines Leibes und Blutes unter Brot und Wein, dessen Symbol Mose schon auf

Gottes Befehl in die Bundeslade neben den Gesetztafeln hatte legen lassen, in der Nacht, da er verraten wurde, eingesetzt und ist darauf in einen Garten am Ölberg gegangen, und seine elf Jünger sind ihm nachgefolgt; im Garten hat er von den Jüngern drei besonders zu sich genommen, hat angefangen zu zittern und zu zagen, hat sich auch von diesen gerissen auf einen Steinwurf und ist dreimal auf sein Angesicht niedergefallen und hat dreimal gebetet und gesagt: »Mein Vater, ist's möglich, so gehe dieser Kelch von mir, doch nicht wie ich will, sondern wie du willst«, hat mit dem Tode gerungen, und »sein Schweiß ist gewesen wie Blutstropfen, die fielen auf die Erde«; er ist darauf vom Gebet aufgestanden und einer von den Hohenpriestern abgeschickten Schar mit Schwertern und mit Stangen entgegengegangen, von ihr gegriffen und zu den Hohenpriestern, Schriftgelehrten und Ältesten gebracht und von ihnen zum Tode verdammt und dem römischen Landpfleger Pontius Pilatus überantwortet worden; der hat ihn verhört, keine Schuld an ihm gefunden, aber ihn doch verurteilt, und er ist wie ein Lamm, das vor seinem Scherer verstummt, – verspottet, gegeißelt und gespeiet – auf Golgatha in einer Dornenkrone ans Kreuz geheftet worden, und als er es vollbracht hatte und sein Blut vergossen war, am Kreuz gestorben – begraben und am dritten Tage wieder auferstanden, und hat sich vierzig Tage lang auf Erden unter den Seinen sehen lassen und sich ihnen lebendig erzeigt, und ist am vierzigsten, nachdem er seine Jünger versammelt und gesegnet und ihnen in alle Welt zu gehen und alle Völker zu lehren und im Namen des Vaters und des Sohnes und des heiligen Geistes zu taufen geboten hatte, sichtbarlich vor ihren Augen gen Himmel gefahren; und zehn Tage darauf ist der heilige Geist über sie ausgegossen worden.

Und man muß nicht meinen, daß in diesem allen irgend etwas zufällig gewesen sei, und daß es auch nicht so hätte geschehen können; denn die Heilige Schrift lehrt es ganz anders.

»Das unschuldige und unbefleckte Lamm«, sagt Petrus, »mit dessen teurem Blut die Menschen erlöset sind, war zuvor versehen, ehe der Welt Grund geleget ward.«

»Er war aus bedachtem Rat und Vorsehung Gottes übergeben.« Und darum konnten die Propheten, die Gottes Rat wußten, von ihm und seinem Leiden und Sterben weissagen und Mose im Osterlamm, in der in der Wüsten erhöhten Schlange und in allen seinen Einrichtungen, den Ausgang, den er zu Jerusalem erfüllen sollte, fünfzehnhundert Jahre vorher abbilden und konterfeien.

So sprach Christus selbst oft vorher von seinem Kreuzestode und seinen Leiden und sagte nicht allein seinen Jüngern, was ihm zu Jerusalem widerfahren würde, voraus: »Sehet, wir gehen hinauf gen Jerusalem, und des Menschen Sohn wird überantwortet werden den Hohenpriestern und Schriftgelehrten, und sie werden ihn verdammen zum Tode und überantworten den Heiden, die werden ihn verspotten und geißeln und verspeien und töten, und am dritten Tage wird er auferstehen«; sondern er berief sich auch auf Moses und die Propheten und sagte bei mehr als einer Gelegenheit, daß es also geschehen müsse, auf daß die Schrift erfüllt würde.

»Also ist es geschrieben, und also mußte Christus leiden und auferstehen am dritten Tage.«

»Denn es muß alles erfüllet werden, was von mir geschrieben ist in dem Gesetz, in den Propheten und in den Psalmen.«

Es mußte denn alles so ergehen und geschehen, wie es ergangen und geschehen ist.

Wie und auf was für eine Weise er nun aber dadurch dem Teufel die Macht genommen und die Welt überwunden hat; wie er dadurch die Sünde der Welt getragen, für uns genug getan und Gottes Zorn gestillt hat; wie dadurch der Geist Tröster, mit dem wir getauft werden sollen, zuwege gebracht und sein Leib und Blut die rechte Speise und der rechte Trank

geworden – das ist das kündlich große und anbetungswürdige Geheimnis, das von der Welt her verborgen gewesen ist und das die Engel gelüstet zu schauen und nur seinen Heiligen offenbar wird. Wir nehmen es mit gebeugter Stirn an, wie es uns von Christo und seinen Aposteln gegeben wird:

»Er hat durch seinen Tod die Macht genommen dem, der des Todes Gewalt hat, das ist dem Teufel.«

»Dazu ist erschienen der Sohn Gottes, daß er die Werke des Teufels zerstöre.«

»Ich habe die Welt überwunden.«

»Siehe, das ist Gottes Lamm, welches der Welt Sünde träget.«

»Derselbige ist die Versöhnung für unsere Sünde, nicht allein aber für die unsere, sondern auch für die der ganzen Welt.«

»Wer dem Sohn nicht glaubet, der wird das Leben nicht sehen, sondern der Zorn Gottes bleibet über ihn.«

»Durch seinen Tod sind wir Gott versöhnt.«

»Durch seinen Gehorsam sind wir gerecht worden.«

»Er hat unsre Sünde selbst geopfert an seinem Leibe auf dem Holz.«

»Er ist um unsrer Sünde willen dahingegeben.«

»Er ist um unsrer Missetat willen verwundet und um unsrer Sünde willen zerschlagen. Die Strafe liegt auf ihm, auf daß wir Friede hätten, und durch seine Wunden sind wir geheilet.«

»Werdet ihr nicht essen das Fleisch des Menschensohns und trinken sein Blut, so habt ihr kein Leben in euch. Wer mein Fleisch isset und trinket mein Blut, der hat das ewige Leben – denn mein Fleisch ist die rechte Speise, und mein Blut ist der rechte Trank.«

»Das Blut Jesu Christi, des Sohnes Gottes, macht uns rein von aller Sünde.«

»Durch ihn haben wir Friede mit Gott.«

»Nicht mit Gold oder Silber, sondern mit seinem teuren Blut sind wir erlöset.« Und so auf allen Blättern der Heiligen Schrift.

Das sind klare Worte, die er und seine Apostel gesagt haben; darauf leben und sterben wir. Und wir fragen nur, wie wir einer so großen, überschwenglichen und unverdienten Gnade und Wohltat wert sein und wie wir ihrer teilhaftig werden können?

Denn damit, daß Christus die Werke des Teufels zerstört, die Welt überwunden und des Vaters Zorn gestillt hat; damit ist nur die Tür des Paradieses wieder geöffnet; aber wir sind noch nicht hinein, und es müssen noch im Menschen die Werke des Teufels zerstört, die Welt überwunden, und der Zorn Gottes, die Unverträglichkeit der heiligen Natur mit dem, was ihr zuwider ist, gestillt werden.

»Christi Werk und Geschichte wissen«, sagt Luther, »ist noch nicht das rechte Evangelium wissen, denn damit weißt Du noch nicht, daß er Sünde, Tod und Teufel überwunden hat.«

Durch das Erlöserwerk Christi ist das Reich Gottes nahe herbeikommen; aber das Reich Gottes soll inwendig im Menschen sein, und der Geist Gottes soll ihn treiben.

Nun aber ist, wie wir gesehen haben, in dem natürlichen Menschen ein ander Reich, und ihn treibt ein anderer Geist, nämlich der irdische fleischliche Sinn, der eine Feindschaft ist wider Gott, der nichts vernimmt vom Geist Gottes, und dem dies eine Torheit ist.

Dieser Sinn also muß im Menschen untergehen, die Geschäfte des Fleisches müssen getötet werden, der Leib der Sünden, der alte Adam muß sterben und mit Christo begraben werden in den Tod. Und aus diesem Tod muß ein neues Leben hervorkommen und neugeschaffen werden, so daß, gleich wie Christus ist von den Toten auferweckt durch die Herrlichkeit des Vaters, so auch der gefallene und in Sünden tote Geist des Menschen auferstehe und eine neue Kreatur sei, die, wie vormals, frei wieder um sich sehe und frei und mit Lust das Gute wolle.

Diese Veränderung im Menschen heißt die Wiedergeburt; die Heilige Schrift nennt es auch: »neu geboren werden«; »aus unvergänglichem

Samen«, »vom Geist«, »aus Wasser und Geist«, »aus Gott geboren werden« etc. Und das muß in einem jeden einzelnen Menschen geschehen, oder er bleibt was er ist. »Denn, es sei denn, daß jemand von neuem geboren werde, so kann er das Reich Gottes nicht sehen.«

Diese Veränderung und Tötung des alten Adams geschieht durch den Geist Tröster, den Christus uns vom Vater gesandt hat, durch den Leib Christi, und kann ohne ihn nicht geschehen. Sie kann aber auch durch ihn allein und ohne Zutun des Menschen nicht geschehen, und der Mensch hat gewisse Bedingungen zu erfüllen, wenn der Geist Tröster nicht für ihn umsonst gekommen sein soll. Tun und die Gerechtigkeit und Seligkeit verdienen kann der Mensch nicht; sie ist und bleibt eine freie unverdiente pur lautre Gnade; aber er kann den Weg des Herrn bereiten und seine Steige richtig machen.

Und das geschieht durch Buße und Glauben.

»Tut Buße, das Himmelreich ist nahe herbeikommen.«

Nach dem Bericht der Evangelisten ging vor dem, der mit Feuer und dem Heiligen Geist tauft, der Vorläufer und Wassertäufer her und predigte von der Taufe der Buße zur Vergebung der Sünde.

»Ich taufe mit Wasser zur Buße, der aber nach mir kommt, ist stärker als ich.«

»Tut rechtschaffene Früchte der Buße. Und sie gingen zu ihm hinaus und bekannten ihre Sünde.«

Wie im allgemeinen, so im besondern. Der einzelne Mensch muß Buße tun, das heißt: Sinn ändern.

Nun können wir, wie Ihr gehört habt, uns aus eigner Kraft den fleischlichen Sinn nicht nehmen; aber wir können wollen und Entschließung fassen. Dies ist der einzige Akt, den der gefallene Mensch von seiner vorigen Herrlichkeit noch in seiner Gewalt hat, die einzige Saite auf der heiligen Harfe, daran er noch rühren kann, und das Wahrzeichen seiner Größe. Er kann noch, trotz Kerker und Ketten, in sich schlagen und in seinem innersten Herzen dem fleischlichen Sinn den Rücken wenden und die Hände nach Gott ausstrecken.

Aber dieser Entschluß ist keine leichte und geringe Sache, wie ein jeder erfährt, der ihn in Ernst fassen will. Er ist der schmale Weg und die enge Pforte, die das Christentum so unbeliebt, den Juden ein Ärgernis und den Heiden eine Torheit macht. Wer ihn fassen will, der muß einen bekannten Genuß für einen unbekannten aufgeben, der muß sein eigen Leben hassen und die Schmach der Welt tragen können. Aber er muß gefaßt werden und ist das Opfer, das die Wahrheit fordert und daran sie ihre Gnade gehängt hat, und ohne das sie ihrer Majestät etwas vergeben würde.

»Wer Vater und Mutter mehr liebet denn mich, der ist mein nicht wert. Und wer Sohn und Tochter mehr liebet denn mich, der ist mein nicht wert. Und wer nicht sein Kreuz auf sich nimmt und folget mir nach, der ist mein nicht wert.«

Die himmlischen Güter können einer irdischen Gesinnung nicht mitgeteilt werden. Und darum dürfen auch die heiligen Sakramente, die Taufe und das Abendmahl, von den Menschen nicht als nach einem vorgegangenen Bekenntnis gespendet werden. Und seitdem die Kindertaufe eingeführt ist, müssen die Taufzeugen verbürgen, daß der Täufling dem Teufel und allen seinen Werken und alle seinem Wesen etc. entsage und an den dreieinigen Gott glaube.

Und da der Mensch Gott den Rücken wandte und ihm nicht die Ehre geben und vertrauen wollte, als er ihn sah; so ist es billig, wenn er wieder Gnade finden und geholfen sein will, daß er sich selbst den Rücken wende und Gott vertraue und die Ehre gebe, nun er ihn nicht sieht.

Gott könnte auch diese Bedingung nicht nachlassen und seine Ehre einem andern geben, oder er müßte aufhören, die Wahrheit und die Liebe zu sein; denn es ist nur Ein Gott und alles außer ihm ist Verlust.

Aber sie ist und bleibt schwer für den gefallenen Menschen; und ungeachtet seiner bessern Einsicht und der täglichen und stündlichen Veranlassung steht ihm, die äußerlichen Bußübungen zwar wohl, aber die Buße nicht immer zu Gebot. Wer sich durch die Liebe Gottes bewegen lassen kann, Sinn zu ändern, der geht den köstlichsten Weg. Sonst muß er sich die Gerechtigkeit und die Allgegenwart Gottes und das Exempel anderer warnen lassen; denn es werden uns nicht umsonst in der heiligen Geschichte Exempel veränderter Denkart und Gesinnung und lebendiger Reue und Leid über die Sünde aufgestellt; es wird uns nicht umsonst erzählt, daß Davids »Gebeine erschrocken und sein Herz sehr erschrocken gewesen und er sein Lager mit Tränen genetzet«; daß »Petrus hinausging und bitterlich weinete«; daß »Abraham gehorsam ward und ausging und nicht wußte, wo er hinkäme«; daß »Mose, da er groß ward, nicht mehr ein Sohn der Tochter Pharao heißen wollte und viel lieber erwählete, mit dem Volk Gottes Ungemach zu leiden, denn die zeitliche Ergötzung der Sünde zu haben, und daß er die Schmach Christi für größer Reichtum hielt als alle Schätze Egypti etc.« Durch diese alle redet Gott noch zu uns, wiewohl sie gestorben sind.

Oft tragen auch die Umstände des Lebens zu dieser Sinnesänderung bei, und es hat einen sehr wahren und einen sehr vernünftigen Sinn, wenn die Heilige Schrift sagt, daß das Kreuz zu Gott führe.

Sonderlich aber dient das Gesetz, die Sünde überaus sündig und mächtig zu machen, damit die Gnade noch viel mächtiger werde; wenn nämlich der Mensch in diesem Spiegel die Gestalt, die er haben soll, fleißig ansieht und sie mit der vergleicht, die er hat. Als Ihr wißt, liebe Kinder, daß Gott ein starker eifriger Gott ist, der über die, so ihn hassen, die Sünde der Väter an den Kindern bis ins dritte und vierte Glied heimsucht, aber denen, so ihn lieben und seine zehn Gebote halten, bis ins tausendste Glied wohltut; und daß Ihr nach seinem ersten Gebot keine andre Götter neben ihm haben, ihn über alle Dinge fürchten, lieben und ihm vertrauen sollt. Wenn Ihr nun in Euch hinein seht und da die andern Götter, die Ihr neben ihm habt, und die vielen andern Dinge, die Ihr über ihn fürchtet, liebt und vertraut, gewahr werdet; so erfüllt dies das Herz mit Scham und Reue und ängstigt und zerschlägt es, »daß wir lernen erschrecken«, sagt Luther, »vor unserer Sünde und dieselben lernen groß achten und uns Sein allein freuen.«

Das zweite vonseiten der Menschen ist der Glaube.

»Und wie Mose in der Wüsten eine Schlange erhöhet hat, also muß des Menschen Sohn erhöhet werden, auf daß alle, die an ihn glauben, nicht verloren werden, sondern das ewige Leben haben.«

»Also hat Gott die Welt geliebet, daß er seinen eingebornen Sohn gab, auf daß alle, die an ihn glauben, nicht verloren werden, sondern das ewige Leben haben.«

Wie also die leiblich kranken Israeliten, wenn sie leben bleiben wollten, die von Mose in der Wüsten erhöhte Schlange ansehen mußten, so müssen die geistlich Kranken den erhöhten Menschensohn ansehen und an ihn glauben.

Aber dies Glauben ist ein göttlich Werk.

Glauben überhaupt ist edler und höher als Sehen. Wie aber die sichtbaren Dinge, die wir sehen sollen, uns auf eine gewisse Entfernung nahe kommen müssen und, wenn wir sie sehen, uns wirklich nahe sind; so müssen uns auch die unsichtbaren Dinge, die wir glauben sollen, auf eine gewisse Weise nahe kommen und sind, wenn wir sie glauben, uns wirklich nahe. Einem nachdenkenden Mann, der aus den sichtbaren wundervollen Geschöpfen auf einen unsichtbaren, allmächtigen und allweisen Schöpfer mit Sicherheit und Gewißheit schließt, ist Gott ohne Zweifel näher als einem rohen Spötter; und dieser Glaube seiner Gedanken, der ihm Gott näherbringt, ist allerdings etwas Edleres und Tätigeres als das Sehen. Aber gar viel ein ander und kräftiger Ding ist der Glaube des ganzen Menschen, wenn sein bewegtes und arbeitendes Herz und alle seine Kräfte den Gegenstand des Glaubens mit Zuversicht und Zueignung ergreifen, herbeiziehen und sich gleichsam einverleiben – und dieser Gegenstand des Glaubens der vollendete und verherrlichte Gottmensch ist.

»Glaube«, sagt Luther, »ist nicht der menschliche Wahn und Traum, den etliche für Glauben halten. – Glaube ist ein göttlich Werk in uns, das uns wandelt. – O es ist ein lebendig, schäftig, tätig, mächtig Ding um den Glauben, daß unmöglich ist, daß er nicht ohn Unterlaß sollte Gutes wirken. – Darum siehe Dich vor vor Deinen eignen falschen Gedanken und unnützen Schwätzen vom Glauben. – Bitte Gott, daß er den Glauben in Dir bewirke, sonst bleibst Du wohl ewiglich ohne Glauben, Du dichtest und tust, was Du willst und kannst.«

Wenn der Mensch nun mit einem solchen Glauben zu dem erhöhten Menschensohn aufsieht und mühselig und beladen an seine Brust schlägt; so hat er das Seinige getan, und der Geist Tröster tut das übrige.

Wenn er so sich selbst aufgegeben und alle eigne Stützen von sich geworfen hat und nun zu versinken und in die Leere und Öde zu fallen glaubt; so fällt er wieder in die Arme des, der aller Wesen Stütze ist und der ihn nur fahren ließ, weil er sich selbst stützen wollte, dessen Arme aber ewig für jeden reuigen und wiederkehrenden Sünder offen stehen.

Hört das holdselige Gleichnis vom verlornen Sohn aus dem Mund Christi:

»Er, der verlorne Sohn, schlug in sich und sprach: ich will mich aufmachen und zu meinem Vater gehen und zu ihm sagen: Vater, ich habe gesündiget im Himmel und vor Dir und bin fort nicht mehr wert, daß ich Dein Sohn heiße, mache mich als einen Deiner Taglöhner. Und er machte sich auf und kam zu seinem Vater. Da er aber noch ferne von dannen war, sah ihn sein Vater und jammerte ihn, lief und fiel ihm um den Hals und küssete ihn.«

Seht, liebe Kinder, so fängt die Wiedergeburt an, und der das gute Werk angefangen hat, der setzt es, wenn ihn der Mensch nicht hindert, auch fort und vollführt es; denn es hat, wie alles Werk, seine Zeiten und Stufen.

Nach unserm Glauben beruft der heilige Geist, erleuchtet und heiligt. Aber der Mensch kann auf mancherlei Weise im Wege und hinderlich sein; auch, da er das Sausen des Windes nur hört und nicht weiß, von wannen er kommt und wohin er fährt, sehr leicht auf Abwege geraten und das armselige Feuer seines Herdes für Feuer vom Himmel halten. Und das schadet ihm und andern. Aber die Sache hat darum nicht weniger in

sich ihren sichern und gewissen Gang; und die guten Geistlichen kennen diesen Gang und können Rat geben, denn dies ist ihre eigentliche Wissenschaft und ihr eigentliches Feld, und werden deswegen mit Recht ehrwürdig genennet.

Dieser alte einfältige Weg der Buße und des Glaubens heißt die Ordnung des Heils, liebe Kinder, und ist der Weg zum Leben und zur Wiederherstellung des Menschen. Sie haben auch andere Wege; die aber führen da nicht hin, dahin dieser am Ende führt.

Denn Ihr müßt nicht meinen, daß es ein Geringes sei, wenn an einem

Menschen erfüllt ist, was Christus kurz vor seinem Tode von seinem Vater bat: »daß sie alle Eines sein, gleich wie Du, Vater, in mir und ich in Dir, daß auch sie in uns Eines sein – gleich wie wir Eines sind.«

Die helige Schrift weiß sich über diesen Zustand nicht zurückhaltend und erhaben genug auszudrücken, nennt ihn etwas, das die Welt nicht empfahen kann; ein wunderbares Licht; die Herrlichkeit des Vaters etc. Johannes sagt: »Das ist die Freudigkeit, die wir haben zu ihm: daß so wir etwas bitten nach seinem Willen, so höret er uns. Und so wir wissen, daß er uns höret, was wir bitten: so wissen wir, daß wir die Bitte haben, die wir von ihm gebeten haben.« Und Christus selbst sagt: »Mein Vater wird ihn lieben, und wir werden zu ihm kommen.«

Es steht dem Menschen nicht zu, davon zu reden, und man sieht ein, daß der Mensch auch davon nicht reden könnte, und daß ein solcher eine Seligkeit und einen Frieden habe, die über alle Welt und alle Vernunft gehen; und daß niemand seine Freude von ihm nehmen könne. Auch der Tod nicht; denn ein solcher wird leben, ob er gleich stürbe. Er stirbt nimmermehr; denn er verliert durch den Tod nur, was er nicht hatte, und was er hat, das bleibt bei ihm in Ewigkeit.

Das, liebe Kinder, ist die christliche Religion nach der heiligen Schrift.

Es ist nichts Erhabners und Größers und keine fröhlichere Botschaft. Haltet fest daran, und achtet darauf als auf ein Licht, das das scheint in einem dunkeln Ort, bis der Tag anbreche und der Morgenstern aufgehe in Eurem Herzen.

Der selige Luther hat diese Lehre in seinem sogenannten kleinen Katechismus unter fünf Hauptstücken gefaßt und sich bei dieser Abteilung die Sache vermutlich so vorgestellt: daß der Mensch zuerst wissen müsse, was er sein soll, und denn wie und wodurch er das werden könne, und daß von seiten des Menschen ein brünstiges Verlangen und Wünschen des Herzens, und von seiten Gottes eine Annäherung und Mitteilung der unsichtbaren Güter erfordert werde; und hat also im ersten Hauptstück vom Gesetz, im andern vom Glauben, im dritten vom Gebet und im vierten und fünften von den heiligen Sakramenten der Taufe und des Abendmahls gehandelt. Diese Einteilung ist auch sehr gut, und seine Hauptstücke sind kräftig und schön gestellt, und prägt sie Eurem Gedächtnis und Eurem Herzen fest und tief ein.

Andre haben andre Ab- und Einteilungen gemacht. An der Form ist am Ende so sehr nicht gelegen, die ist willkürlich; aber die Sachen sind nicht willkürlich, und daran ist alles gelegen.

Willkommen im Bett, liebe Anna. Ich danke Gott, daß Du da liegst und Dein Kind im Arm hast. Gott lasse es gedeihen und zu Deiner Freude wachsen und groß werden, und bringe Dich bald wieder außer Bette. Wir hören von Max, daß Du Gottlob keinen Widerwillen gegen Essen und Trinken hast. Eine Wöchnerin ist freilich kein Ernteknecht; aber laß Dich nur nicht zu knapp halten, Du weißt, daß ich aus Vorsicht und Weisheit Mama bei den ersten Wochen fast habe verhungern und verkommen lassen, und daß sie die letzten, als ich's besser bedachte, daß die Mutter für sich haben und fürs Kind hergeben müsse, und daß aus nichts nichts werde, besser bestanden hat; oft etwas vorgeworfen, aber nicht zu viel auf einmal, das ist ein löblich Ding, das auch Hr. Max loben wird.

An die Tochter Anna, 23. März 1804

Du hast schönes Wetter an Deinem Geburtstag gehabt, liebe Anna, Gott lasse Dir alles so schön und freundlich sein dies Jahr. Mama und ich und alle Kinder wünschen es Dir und Max von Herzen und gratulieren vielmal.

Hier in Ermangelung eines bessern die Ingredienzien zu einem neuen Hut; Mama schickt die Blume und ich den Zeug. Die Schwestern hätten wohl gerne den Hut gleich fertig gemacht. Aber er ist gemacht umständlicher zu transportieren, und dazu wußten wir die Eutiner Mode und Deinen Geschmack nicht. Die gute Tante Lotte hilft ihn Dir wohl machen.

An die Tochter Anna, 8. Juni 1804

Wir hatten die Enten als auf den Geburtstag gemeint und zu Gemüte geführt, ob wir gleich nicht begreifen konnten, warum sie nicht zwei Posttage später geschlachtet worden wären; Du kannst also Dir die großen Augen vorstellen, die gemacht wurden, als heute morgen ein Paket in Wachstuch das Fenster vorbei und ins Haus passierte. Fleisch haben die Eutiner geschickt, schrien sie alle, das sind Fische. Trinette, die sehr stark im Riechen ist und die schon an dem Entenpacken, der, weil ich in Altona war, als er ankam, 5–6 Stunden der Beschauung und den Vermutungen ausgesetzt blieb, Fische gerochen und drauf mit dem Spanier um einen Sechsling gewettet hatte, mußte wieder riechen und roch diesmal nicht Fisch noch Fleisch, und die Sache blieb im Dunkeln. Ich stellte also das Paket auf den Tisch und holte Messer und Schere und fing an zu schneiden, und Mama und die Kinder, Schönborn und die Gräfin Catharine (die gestern morgen von Kiel gekommen waren) standen um den Tisch. Beim Schneiden und Hinundherfahren mit dem Paket vermutete ich zwar, daß keine Goldbarren darin wären, wußte aber übrigens keine Vermutung zu machen. Endlich war das Wachstuch los, und die Zuschrift lachte hervor. Die ist meine, nehme Du gern, was in der Schachtel ist und damit Hollah. Ich konnte auch wirklich die Schachtel nicht offen bringen, so fest war sie eingeschoben. Aber Schönborn mit seinen Löwenklauen brachte sie doch am Ende offen, und da war's. Mama hat die Haube gleich aufgesetzt und sie kleidet sie sehr gut, auch mag sie diese Haube und überhaupt das weit ins Gesicht sehr gern. Die Tuberose an

der Seite hat nicht minder Beifall gefunden, und Mama dankt herzlich, auch daß auf der Haube das Band ist, auf das sie, als Du hier warst, ein Auge gerichtet und geboten hatte. Ich kann Dir heute von den Geburtstagsgeschenken nicht umständlichen Bericht tun, da ich nicht Zeit und Ort habe. Ich habe ein Baumwollenbettband, ein Paar Pelzschuhe und ein

Stück Schweizerkäse geschenkt. Um 11 Uhr kam Caroline mit den Kindern und um 2 Uhr, das ist itzo, erwarten wir Perthes. Wir wollen Eure Gesundheit nicht vergessen.

An die Tochter Anna, 26. Oktober 1804

Wenn ich unwillig wäre, liebe Anna, so hätte ich freilich eins und anderes für mich anzuführen; aber sie haben das nicht recht bedacht, und Du hast aus meinem vorigen Brief schon gemerkt, daß ich nicht Lust habe, darüber zu sprechen. Auch ist das nicht die Sache; aber die Sache ist: daß ich Euch verlieren soll und Euch nicht gern verlieren will. Und das kann ich nicht verschmerzen, sonderlich da ich keine Notwendigkeit sehe. Denn Du hast nach meiner Meinung den wahren Gesichtspunkt getroffen, und ich finde Deinen Brief, wenn er Dir so rein, als er dasteht, aus dem Herzen gekommen ist, von Anfang bis zu Ende durch und durch brav und vernünftig, daß ich ihn zu Deinem Andenken aufbewahren will, und es freut mich, daß Du es bist, die ihn geschrieben hat.

Nicht allein scheinen auch mir die Gründe fürs Bleiben besser, sondern ich begreife nicht, wie Max itzo schon seinen Fürsten verlassen kann. Ich möchte den Fürsten nicht um Zulage für Max bitten; aber ich finde es in alle Wege honetter, ihm zu sagen: »Durchlaucht, Ihr habt mir so viele Beweise von Huld und Güte gegeben, daß ich vor der Hand nicht daran denken kann und mag, Euch zu verlassen; aber ich verdiene itzo nicht und kann mit Frau und Kindern nicht hungern; seid also so gut, mir auf einige Jahre zuzulegen, damit ich bleiben und etwas wieder gut machen könne.« Ich finde das viel honetter, als ihm zu sagen: »Durchlaucht, Ihr habt mir viel Beweise von Huld und Güte gegeben und vor Jahr und Tag noch nach London reisen lassen, damit ich, wenn ich wiederkäme, hier desto nützlicher sein sollte und könne. Ich muß itzo abziehen und bitte Euch, daß Ihr mir alles schenkt und andern Leuten den Nutzen überlaßt.« Und so etwa muß doch gesagt werden. Aber, wie gesagt, ich möchte nicht um Zulage bitten, habe auch daran nicht gedacht.

Mein eigentlicher Plan ist gewesen, Euch mit der Zeit und wenn Max etwas gut gemacht hätte und er dann nicht selbst Lust hätte, dort zu bleiben, Euch auf meine alten Tage hier in Wandsbeck zu haben, wenn nämlich A. stürbe und ich ein convenables Fixum ausmachen könnte. Max würde hier sein Brot finden und, wenn er es hier nicht bis an sein Ende essen wollte, so würde die Stelle hier ihm den Weg nach Hamburg bahnen.

Und das convenable Fixum wäre nicht so unmöglich. Auf etwas, das der Gutsherr hergebe, darf man wohl rechnen und, da es seit einiger Zeit im Werke ist, daß der Ort, nicht das Gut, dem König übertragen werden soll, so wäre es vielleicht durch die errichtete Medizinalkommission, darin Hensler waltet, und die unter anderm ein neues Arrangement mit den Physikaten macht und die Königlichen Physikus, auch die wie Onkel Christian bisher nichts hatten, salerieren will, zu bewirken gewesen, daß Max hier als Physikus angestellt wäre pp.

Daß der lange Papa und die andern Dich ungern unter den dermaligen Umständen gedrückt sehen, ist ihnen zu vergeben, denn nach so viel Freundschaft und Artigkeiten, als sie Dir bezeugt haben, war es natürlich, daß sie erwarteten, Dich ungedrückt zu sehen. Und sie hatten das auch ihrerseits um Dich verdient; aber die andere Seite ist auch eine Seite, und am Ende ist *ceteris paribus* ein Schwiegervater kein Vater, und eine Tante keine Mutter; und Aufopferung, so ein herrliches und nie genug zu empfehlendes Ding sie auch ist, hat auch ihre Regeln und, was die Wege Gottes anlangt, da fangen die, wenn man nicht abergläubisch ist, da allerersten an, wo die menschliche Klugheit und eigene Tätigkeit aufhören. Das Übrige künftig.

Über die Reise nach Eutin kann ich noch nichts Bestimmtes sagen, will sie aber auch nicht ganz bei Seite gesetzt haben. Mit Mama geht es nun einmal nicht, da wir einen Spanier und einen Italiener im Hause haben, die deutsch lernen wollen und natürlicherweise nicht allein dagelassen werden können. Ich allein oder sie allein, das wäre wenigstens möglich.

An die Tochter Anna, 6. Dezember 1804

Mama hat's in dieser unmenschlichen Kälte auf Hals und Brust gekriegt, von dem kalten Odem in der Schlafstube, wo, wie Du weißt, nicht eingeheizt wird. Auch ist ihr im Bett die Spitze der Nase etwas erfroren, und ich darf in dem Wetter nicht kommen, da es Dich nur bloß zu sprechen dient. Diente es zu etwas anderm, so sollte keine Kälte mir zu kalt sein.

An die Tochter Anna, 4. Januar 1805

Wie geht es mit meiner Mathilde? Gott gebe besser. Du mußt den Mut nicht verlieren, liebe Caroline, ein Kind hält manchmal viel ab, und sollst Du sie verlieren, so magst Du klagen und trauern, denn es tut weh, und sie war ein liebes Kind, aber nicht, daß sie keine Hoffnung haben. Wie lange wird es währen, so sind wir wieder alle beisammen in einem anderen Land, wo keine Zähne und Krämpfe und geschwollene Hälse sein werden und es nicht mehr, wie hier, drüber und drunter geht.

An die Tochter Caroline, 17. Februar 1805

Ich hätte wohl vorigen Posttag auch von Mathilde Nachricht gegeben; aber ich dachte, Jacobis brächten Dir Bescheid von der angefangenen Genesung. Damit geht es nun Gottlob fort und, bis was Neues kommt, ist die Angst überstanden, und ich habe meine Freude an Caroline gehabt. Sie liebt das Kind gar ungemein und hat die 5-6 Wochen fast nicht geschlafen und das Kind Tag und Nacht auf dem Arme getragen oder auf dem Schoß liegen gehabt und war doch, als alle Hoffnung verloren schien und es ans Sterben ging, zwar herzlich betrübt, aber doch gefaßt und ergeben, wie man's, wenn man an keine Religion glaubt, schwerlich sein kann. Nun schläft sie für die vorigen Nächte aus und so fest, daß man sie, wenn sie nötig ist, nicht aus dem Schlaf bringen kann.

An die Tochter Anna, 15. März 1805

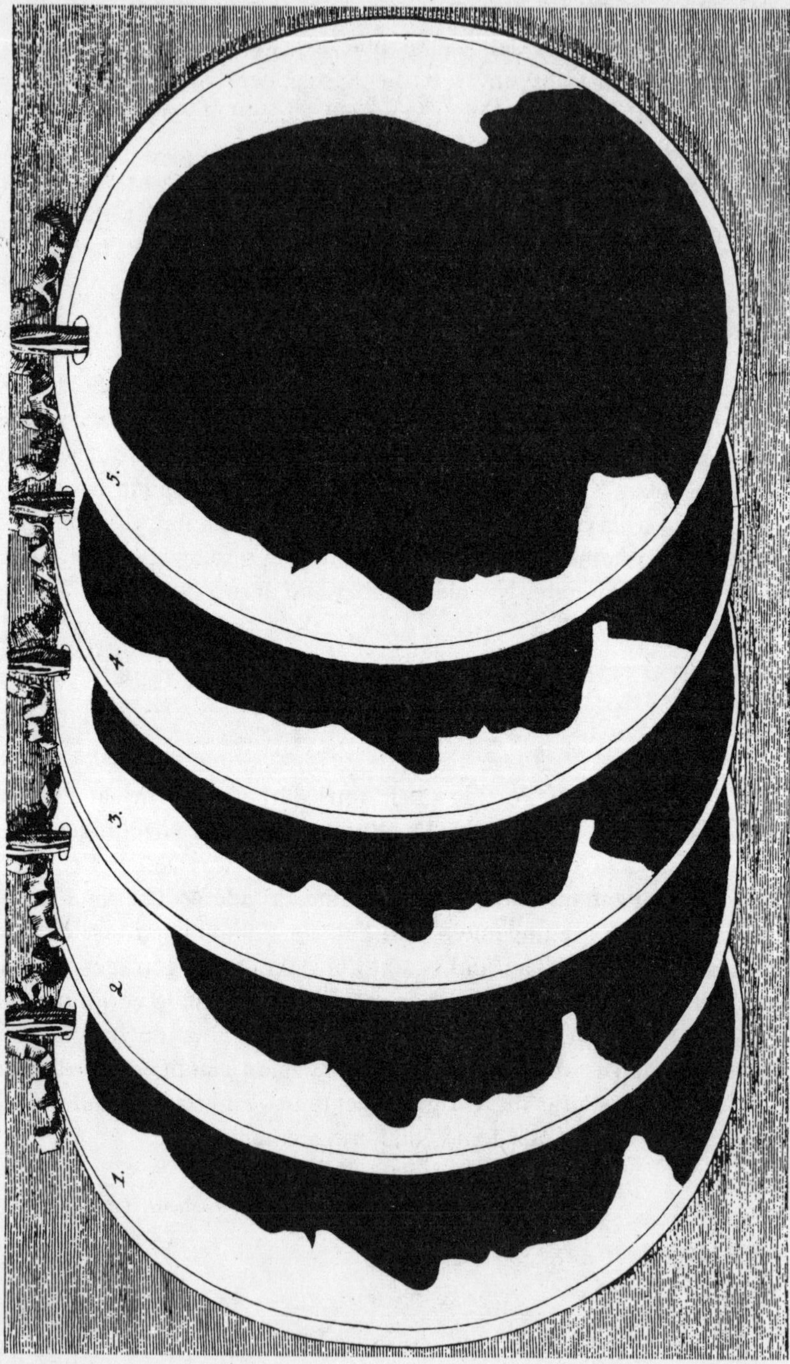
1.
2.
3.
4.
5.

Nun, lieber Fritz, Gottlob, daß Du konfirmiert bist, gebe Gott, daß Du Deines gegebenen Versprechens zu aller Zeit und sonderlich in den Stunden der Versuchung lebendig und kräftig eingedenk seiest! Deines Vorrückens in den Klassen freuen wir uns auch und werden ja wohl in Jahresfrist das Vergnügen haben, Dich in Prima zu wissen. Du weißt es, mein ich, daß Max als Medizinalrat mit 800 Fl. nach München geht. Sie sind itzt hier mit Sack und Pack und bleiben 4–5 Wochen, und reisen dann nach München, und dann werden wir sie wohl in dieser Welt schwerlich wiedersehen.

An den Sohn Fritz, 24. Mai 1805

Willkommen in München, liebe Anna, und sei zur guten Stunde gekommen, in diesem fernen Land und Ort! Des Menschen Gedanken und Wünsche sind länger als seine Arme.

An die Tochter Anna, 7. August 1805

Die 3 L'dor hast Du zwar berechnet, aber die 7 noch nicht; und wir sehen aus Deinem Brief, daß Du schon wieder Geld haben mußt. Wir geben es zwar herzlich gern, lieber Fritz, sonderlich zum Homer und dergleichen, wenn wir so nur könnten, wie wir wollten. Heute geht Ordre nach Leipzig, daß 2 Louisdor an Dich abgesandt werden, und dann sollen Michaelis weitere 3 und so alle Quartale 3 kommen, und Du mußt sehen, daß Du damit fertig wirst und ausreichst.

An den Sohn Fritz, 7. August 1805

Noch etwas Neues aus dem Ort, das aber wie gewöhnlich nichts Gutes ist. Andres, der bei uns im Garten zu arbeiten pflegte, hat sich mit Dieberei eingelassen und ist arrestiert worden, wird aber wohl, da die Dieberei auf Hamburger Gebiet geübt worden, nach Hamburg ausgeliefert werden. Er hatte den Tag noch Bäume in unserm Garten ausgerodet, als er abends auf dem Weg nach Hause ertappt wurde. Ich schreibe Dir dergleichen zur

Veränderung, daß Du desto eifriger an Latein und Mathematik gehst. Aber es ist mir nicht recht, daß Du mein liebes Griechisch aussetzt. Nimm Dich in acht, wenn Du Ostern herkommen solltest, werde ich Dich herausfordern.

Antworte gleich nach Empfang des Geldes und Kästleins, und überhaupt wenigstens jeden letzten des Monats und halte das genau. Mama wird sonst unruhig, und Du weißt wohl, ich mag sie nicht so.

Nun, lieber Fritz, so viel für diesmal. Bleibe fleißig und bleibe fromm, ich hoffe, Du bist beides.

Ich befehle Dich in Gottes Hand. Grüße Deine Lehrer.

Dein treuer Vater M. Claudius.

Gott lasse Dir das Weihnachtsfest heilig und gesegnet sein und gebe Dir ein fröhliches Neues Jahr, adde, lieber Fritz.

An den Sohn Fritz, 17. Dezember 1805

Die Angst um Caroline ist denn wieder abgetan. Ihr Kinder haltet uns Alten immer warm. Hat man Euch nicht lieb, so lohnt es nicht der Mühe, Kinder zu haben, und hat man Euch lieb, so gibt es fortan zu ängsten und zu sorgen. Nun, wir sind hier einmal im Lande der Angst und Sorge, und es ist doch eine Erleichterung und Wohlgefühl, wie Socrates sagte, wenn die Kette gelöst wird. Caroline befindet sich mit ihrem neugeborenen derben Knaben bis dato über die Maßen wohl. Ich habe des Gr. Stolbergs Stelle bei der Taufe vertreten, und Besser Maxens seine. Ich weiß es nicht, ob der Knabe einen doppelten oder gar keinen Bart haben werde, aber die Stellvertreter hatten an dem Tag mit ihren Bärten große Not. Mein Barbier blieb aus, und ich mußte den Bart mit nach Hamburg nehmen, wo sich am Ende noch auf einer Barbierstube ein Bartler-Geselle aus Berlin für 2 Sch. sich über ihn erbarmte. Besser war zwar von Natur in Hamburg, hatte aber doch, als wir hinkamen, einen langen Bart und meinte, als Perthes ihn dessen erinnerte, daß Max gewiß auch mit Bart erschienen wäre und er also nicht anders sein dürfe.

An die Tochter Anna, 5. Februar 1806

Deine Mütze ist zu rechter Zeit angekommen, und die Kinder, die sie bei Perthes eingesteckt hatten, hatten sie des Morgens, als wir aufkamen, mit auf den Geschenktisch gelegt. Mehr war darauf eine Zeichnung von Jan Kutmann für Mama und das Schwyzer Vaterunser, eine sehr artige Vorstellung der sieben Bitten durch Kupfer für mich; ein französischer und lateinischer Brief von Ernst; ein englischer dito von Franz; eine Coffeekanne von Guste für mich und etwas Genähtes für Mama; einige Bücher Briefpapier von Trinette für mich und Band für Mama; Lack und Schere von Rebecca für mich und Fingerhut für Mama, alles mit Grünigkeiten belegt und eingefaßt. Weil Caroline des Kindes wegen nicht herauskommen konnte und wir Perthes den Weg ersparen wollten, fuhren wir früh auf einen Tee in die Stadt, und da wurde denn Dein Nähbeutel, der eben gekommen war, präsentiert und fand allgemeinen Beifall. Mama wird, wenn sie Deinen dieser Tage angelangten Brief beantwortet, das übrige sagen. Ich muß noch von meiner Mütze ein Wort sprechen. Sie ist wohl für den Winter etwas dünn, aber für den Sommer sehr gut. Und auch für den Winter kommt sie mir sehr gelegen, da ich sie unter dem Hut tragen kann, wo meine anderen zu dick sind. Übrigens paßt sie mir exzellent, und Du sollst recht viel bedankt sein, liebe Anna, sie ist mir sehr angenehm und nütz.

An die Tochter Anna, 31. März 1806

Noch viel Glück und Gutes zu Deinem Geburtstag. Du wirst etwa den Tag zur Abreise Dich rüsten und kannst die Reise als ein Geburtstagsgeschenk ansehen. Bringe uns dazu einen wohlgelehrten, wohlgesitteten, frommen, gesunden Fritz, und wir wollen Dir dafür danken, als wenn es für uns ganz allein wäre, da es hauptsächlich und eigentlich für Dich selbst ist. Lebe wohl, lieber Fritz, und nimm Dich in acht, daß Du auf der Reise nicht aus dem Wagen fällst, und laß Dich, wenn Du schlafen willst, festbinden. Ich befehle Dich in Gottes Hand.

An den Sohn Fritz, 23. April 1806

Ich schreibe schon wieder, liebe Anna, und Dein Brief ist kaum angekommen. Voriges Jahr um die Zeit waren wir zusammen, und Fritz fehlte, nun fehlt Ihr und wir müssen uns mit Andenken an Ankunft, Hochzeitstag und Hiergewesensein pp. behelfen – und item es hilft und muß helfen bis auf bessere Zeiten. Wir erwarteten Fritz den 23.; den 22. morgens stehe ich mit der Mama unter den Linden hinterm Hause und berechne, daß er nun wohl in Eppendorf ankomme, da geht die Haustür offen, und es beginnt ein Embrassieren und Küssen abseiten der drei Mamsells. Mama läuft hin, und siehe da, ihr Fritz! Er ist noch keine zehn Minuten da und eben daran, sich den Staub aus den Augen zu waschen, so kommt ein Mensch hinten übers Gitter gestiegen und den Garten herauf, und siehe da, es war Johannes. Fritz ist noch einmal so lang geworden und etwas magerer, sonst noch ganz die alte Spitzmaus. Johannes ist nicht länger geworden, aber etwas weniger völliger und gesetzter und seinem Bild ähnlicher. Er hat nur einige Tage Zeit und wird also flugs ins musikalische Joch gespannt...

Du fehltest eigentlich nicht, denn die meisten Stimmen waren zweifach besetzt, aber Du fehltest doch, liebe Anna.

An die Tochter Anna, 30. Mai 1806

Noch ein Wort von meinem Geburtstag. Perthes und Caroline kamen vormittags 8 Uhr auf eine Stunde heraus, und als wir unter den Blumen und Kränzen ruhten, und die Präsente, als eine Pfeife von Auguste, fein Briefpapier von Trinette, Feder und Lack von Rebecca, eine Zeichnung, ein Kückgen und einen deutschen Brief von Piter, einen lateinischen Brief von Ernst, einen englischen von Franz, eine kleine messingene Kaffeekanne und eine feine Tasse und grünseidene Halbgardinen in mei-

ner Stube von Line, einen selbstgesäumten Tuch von Auguste, einen Doktor Luther nach Cranach im Rahmen von Perthes, und eine Partie Candiszucker von Mama, als wir das besehen, trat mit einem Mal Johannes herein, er war soeben mit der Post gekommen und fuhr den folgenden Mittag mit einer andern Post wieder nach Kiel.

An die Tochter Anna, 20. August 1806

Unser Scharlach ist glücklich abgelaufen. Er ist seit zehn Tagen zu Hause, indes niemand weiter von ihm angesteckt worden. In Hamburg ist der Scharlach allgemein, alle Kinder von Schwenke und die Magd liegen daran nieder usw. Er ist aber so gutartig, daß wir Ernst und Franz auch daran möchten liegen haben. Nun von unserer Kuh, davon Du freilich Nachricht hättest haben sollen. Sie ist den vorigen Winter fähr gestanden; dies und die schönen Hafergarben von Northumberland hatten sie so unbändig gemacht, daß sie auf fast alle Menschen, sonderlich die Kinder losstieß und wir uns also entschließen mußten, dies hausgebackene, ungezogene Biest wegzutun. Sie war so fett und gut bei Leibe, daß der Schlachter 50 Taler dafür gegeben hat. Eben aber, weil das Vieh so teuer ist, haben wir noch keine Kuh wieder und müssen uns mit Ziegen und der Hollundermilch placken . . . Wir haben hier seit 14 Tagen schönes Erntewetter gehabt, und die Landleute sind auch mit der Ernte selbst sehr zufrieden. Seit vorgestern regnet es etwas. In unserm Garten ist dies Jahr die Ernte auch sehr gut gewesen. Erbsen und Bohnen haben wir die Fülle gehabt, und die frühen Kartoffeln sind meisterlich, goldgelb wie kleine Kinderköpfe. Und die Rabatten prahlen und prangen mit Blumen von allen Gestalten und Farben, obgleich die Mädchen fürs Haus und überhaupt viel Kränze winden, 12 Ellen lang und 3 Ellen dick. Die Stelle für Max, die ich noch wohl wüßte, wenn sie offen und zu erhalten wäre, ist in Schleswig. Das Gehalt vom Hofe sichert die Existenz und 2–3000 Taler können nebenher durch die Stadtpraxis verdient werden und sind verdient worden. Ich hätte Dir lieber nichts davon gesagt, da Du aber davon schreibst, so habe ich nicht schweigen und Deine Erwartung spannen wollen.

An die Tochter Anna, 10. September 1806

Ein Quarree früher Kartoffeln ist aufgegraben und hat 60–70 Spint gebracht. Eine von unseren Hennen hat zweimal gesessen und das erste Mal von 15 Eiern fünf und das andere Mal acht Küchlein aufgebracht. Der

alte Herr Hahn lebt noch immer. Unser schöner Kater ist unsichtbar geworden und unsere Hunde sollen nach einer Verordnung totgeschlagen oder angebunden werden. Noch leben sie indes beide. Wir waren gestern auf eine Aalsuppe bei Gabes eingeladen, und Mama, die gern Aalsuppe ißt, wetzte schon die Zähne. Aber, als wir bald abmarschieren wollten, kam Caroline mit allen ihren Kindern, und Mama blieb zu Hause, und Guste und Trinette und ich gingen. Die Aalsuppe hätte es mir nicht getan, aber es war noch sonst allerlei da, das ich mir gutschmecken ließ.

An die Tochter Anna, 17. Dezember 1806

Außer mancherlei Angst und Sorge ist uns bis dato kein Leid geschehen. Aber häuslich sind wir nicht ohne Leid geblieben. Seit 14 Tagen liegen alle Kinder von Auguste bis Franz auf einmal am Scharlach, Rebecca und Auguste ernsthafter, Franz und Trinette leichter, aber Ernst ist viele Tage in Lebensgefahr gewesen. Seit vorgestern haben wir wieder angefangen zu hoffen, und heute dürfen wir sagen, daß wir ihn diesmal höchstwahrscheinlich behalten werden. Drei Kinder lagen in der täglichen Stube, jetzt vier, weil Auguste nun am übelsten daran ist und in ihrer Stube bei Trinette nicht bleiben durfte. Doch ist Auguste nicht in Gefahr. Aber was das für ein Warten und Pflegen ist. Bei Ernst mußten immer zwei sitzen, ihn zuzudecken und, wenn die Fieberparoxismen ansetzten, ihn zu halten. Deine Mutter ist in 8 Tagen nicht aus den Kleidern gekommen usw. Du kannst denken, daß bei solchen Umständen an keinen Weihnachtskasten zu denken gewesen ist, so gern wir dir einen geschickt hätten. Hierbei deine 3 Quartel-Louisdor und der vierte dazu, dafür Du Dir selbst einen Weihnachtskasten machen magst, so gut und so vernünftig du kannst. Alle Kinder grüßen aus ihren Betten und Mama auch herzlich.

An den Sohn Fritz, 24. Dezember 1806

Nun etwas von der Feier des Hochzeitstages. Morgens, als wir aus der Schlafstube traten, stand der runde Tisch mit Blumen und Grünigkeiten geschmückt da und auf ihm eine Gabe von jedwedem Knaben und Mädchen, unter anderem eine Terrine mit Wasser mit einem lebendigen Hecht darin von Trinette und all den andern in Kompanie, einem Stück Rauchfleisch und einem Anker Rotwein von Karoline usw., denn alle hatten sich diesmal selbst übertroffen. Zu Mittag hatten wir auch ein Stück Rauchfleisch, Steikes und Werners, auch Braut und Bräutigam, gebeten, hätten auch Heisens gern gehabt, mochten aber nicht auf ein Diner ohne

Braten einladen. Die Mädchen aber berichteten heimlich die Sache von dem Rauchfleisch und dem Nichtbraten, und dem gern haben und nicht einladen mögen, und siehe, um 2 Uhr kamen alle Heisens angefahren, und weiterhin auch unerwartet die Kutmanns usw., so daß unser 24 statt 12 wurden. Wir wurden aber doch alle satt, halb vom Essen, halb vom Vergnügen.

An die Tochter Anna, 31. März 1807

Gottlob, gottlob, daß es überstanden ist! Ich nehme Dich in die Arme, liebe Anna, und wünsche Dir viel Glück, und danke Gott und freue mich mit Dir, daß es überstanden ist. Gott helfe Dir ferner und sei mit Dir und dem großen starken Mädchen. Mag es nun noch größer und stärker werden, nun ist Platz für sie. Habe aber nun acht auf Dich und übernimm Dich nicht, und schaffe, wenn es mehr braucht als Du geben kannst, beizeiten andern Rat. Alles Dir auch von Mama ihretwegen. Sie übernimmt den Gevatterstand mit Freuden, wie Heise auch tut, und drücken der Mutter die Hand. Warum sind wir doch Leib und Bein, daß Zeit und Ort über uns herrschen.

An die Tochter Anna, 8. August 1807

Dann danke ich Dir noch heute diesen Tag für das, was Du mir heute abend vor 35 Jahren sagtest, und schicke Dir dafür ein Myrthen-Kränzlein, da die Myrthe diesen zarten Angelegenheiten geheiligt ist. Die Alten bedienten sich derselben, um Freude und Leid auszudrücken, und so soll obhandenes Kränzlein auf, was Dir seit jenem Abend Angenehmes widerfahren ist, jubilieren und, was Dir Unangenehmes geschehen, klagen. Der rote sich überall durchschlängelnde seidene Faden bedeutet meine Liebe, und der Pfennig, der daran hängt, ist ein prophetischer Pfennig und prophezeit eine große Menge Pfennige, die Du noch nicht siehst, liebe, beste Rebecca.

An Frau Rebecca, 16. September 1807

Es bleibt nichts übrig und nichts besseres als:

Der Name des Herrn sei gelobt, hoch gelobt in Ewigkeit. – Sieh, liebe Caroline, wenn der liebe Gott Dich gefragt hätte: »Ich will das Kind zu mir nehmen, willst Du es mir überlassen?« so hättest Du ja gesagt; nun er es hat zu sich nehmen wollen, sage ungefragt auch ja, es ist in seiner Unschuld und ohne Böses gewollt und getan zu haben von hier gegangen, so können wir anderen uns nicht rühmen. Daher und hier gewesen sein müssen wir alle und sind in dem Maß glücklich, wie wir rein und unschuldig wieder von hier gehen. Also – –

Du kannst Dir denken, daß es Mama sehr leid getan, daß sie Dir nicht den letzten Dienst getan hat und den kleinen Engel beim Abscheiden nicht auf ihrem Schoß gehabt hat. Sie hat sich satt geweint und den ganzen Abend von dem Engelgesichtchen gesprochen. Sie wollte gestern aber gleich und will heute wieder zu Dir herein. Sage Du unverhohlen, ob Du sie lieber heute als morgen haben willst; sie will und kann kommen.

An die Tochter Caroline, Dezember 1807

Zuerst bringe ich Dir Nachricht, daß Caroline ihr Johannes nicht gestorben ist, und zwar ist er, wie es mich dünkt, durch einen Irrtum gerettet worden. Er bekam nämlich Zufälle, daß Mama und Caroline, die diese Krankheit nicht gesehen haben und kennen, glaubten, er habe die Halsbräune. Der Arzt glaubte es auch und gab eine Arznei, die er bei den vorigen Zufällen nicht würde gegeben haben. Es war nicht die Halsbräune, aber es fand sich, daß es doch die rechte Medizin für ihn war, und so genas er und auch der Keuchhusten ist nur noch ganz unbedeutend, und der Knabe ist munter wie vorher, doch sieht er, wie er auch schon vorher tat, nicht so aus, als wenn er gewiß groß würde. Indes Matthias sah auch so aus und ist doch groß geworden, und ein liebes Kind. Er und seine Frau waren aber itzo ein paar Tage hier und haben uns Vergnügen gemacht. Caroline kann ihre Dorothea immer noch nicht vergessen und Großmama und Rebecca auch nicht. Sie hatte gar schöne blaue Augen, mild und ernsthaft, und sie sind auch so bis in den Augenblick des Todes geblieben. Sie liegt auf dem Kirchhof vor dem Dammtor. Matthias erzählt: »Papa hat einen Platz vor dem Tor gekauft, da sollen wir alle begraben werden.« Caroline selbst ist gar nicht gut; sie hat dicken Leib und geschwollene Füße, daß sie nicht bequem gehen kann. Vermutlich kann wohl das ewige Sitzen mit dem Kind auf dem Schoß, denn sie ist in vielen Monaten nicht aus der Tür gekommen, daran schuld sein. Aber ich wollte doch, daß sie dünnen Leib und Füße wieder hätte.

An die Tochter Anna, 6. Januar 1808

Gott gebe, daß Ihr einen fröhlichen Weihnachten gehabt habt, und er gebe Euch ein fröhliches gesegnetes Neues Jahr. Hier bei uns ist zu Weihnachten Schmalhans Küchenmeister gewesen: ich hatte mich schon darein ergeben, daß weder nach Schulpforta noch nach Kiel und Hamburg noch hier im Hause ein heiliger Christ kommen sollte, wiewohl es mir, sonderlich um Ernst, der zum ersten Mal den Weihnachten in der Fremde erlebte, sehr leid tat; indes ich konnte kein Land sehen und ergab mich also. Aber Mama, die, wenn sie nicht viel hat, mit wenigem auszureichen weiß, verstand das Ding besser und richtete die Sachen so ein, daß alle, wenn nicht viel, doch etwas gekriegt haben, und auch Ihr hättet gekriegt, wenn die Posten gratis gingen. Es lohnt nicht der Mühe ins Detail der Geschenke zu gehen.

Mama kochte ein Stück von unserm Rauchfleisch und expedierte auch unter anderm einen Happen davon nach Schulpforta und Kiel. Die 3 Mädchen haben von Madame Gabe, jedes ein warmes baumwollenes Umschlagetuch, und von Caroline Heise einige Kleinigkeiten erhalten; die Hauptsache waren überall Äpfel, davon wir dies Jahr so viele gesammelt haben, und kurz, die Sache ist zu jedermanns Zufriedenheit abgelaufen, und ich bin froh, daß ich so davongekommen bin.

An die Tochter Anna, 6. Januar 1808

Von dem Weihnachten hier im Hause, weil Du es doch so gern wissen willst, kurz und gut so viel: Du weißt, daß wir dies Jahr viel Äpfel eingesammelt haben. Äpfel waren also die Hauptsache und der ganze Tisch war, bis auf einen Tannenbaum mit Lichtern in der Mitte, damit überladen. Rundum standen freilich auch Teller, war aber nicht viel darauf; doch auf der Mädchen ihren waren baumwollene Umschlagtücher, die Madame Gabe geschickt hatte, und Walnüsse und etwas Zuckerwerk von Heisens, auch warme Strümpfe auf der Knaben Teller, und auf Peters seinem ein komplettes Exemplar des W. Bothen. Honigkuchen verstehen sich von selbst. Von Line ein Punsch, ein Huhn und ein Karpfen, ich hatte Mama ein klein Stück englischen Käse dargebracht, und Mama mir, weiß den Augenblick nicht. Vom Schloß kam ein Karpfen, etwas Wein und Kuchen.

An Line ging eine hausbackene Torte und Äpfel, etwas Malaga und ein Glas für Perthes. Weihnachten hatte mir recht Sorge gemacht und ging am Ende doch ohne Sorge ab. Gottlob, daß wir Weihnachten gesund erlebt haben und an den vorigen mit Freude und Dank denken konnten.

An den Sohn Ernst, 27. Januar 1808

Weißt Du, wie mir bei Deinem Brief vom 3. dieses geworden ist? – Wie es einem Kind sein mag, dem die Mutter ein Stück Marzipan zeigt und vorhielt, und das nun, indem es danach griffe und den Mund voll Wasser hat, antworten soll: ob der Marzipan weiter vorwärts oder rückwärts in den Schrank getan werden soll. Wohl hat Eure Reise ihre Bedenklichkeiten. In den ersten Augenblicken, als Du zuerst davon schriebst, sehe ich sie gleich nicht alle ein, aber ich sehe sie ein und habe sie lange eingesehen. Freilich lassen sich, wie Perthes sagt, Gründe dagegen aufstellen, sind dabei Risikos, Besorgnisse, Beschwerlichkeiten, Aufopferungen so mancherlei und viele, daß, wenn Ihr Euch dadurch abhalten ließet, ich mich zufriedengeben müßte. Wenn Ihr aber die Risikos, Besorgnisse, Beschwerlichkeiten, Aufopferungen auf Euch nehmen, die Opfer daran wagen wollt, so gehen mich alle Gegengründe nicht an, und ich sehe Euch mit Freuden entgegen, und ich müßte nicht Vater und Du nicht meine Anna sein, wenn ich nicht anders täte.

Ich will Euch und Eure Kinder gern noch einmal in dieser Welt sehen und weder ich noch Deine Mutter haben, so wie die Sachen anstehen, des Bleibens hier nicht lange mehr, wenigstens dürfen wir nicht sicher darauf rechnen. Und die Hauptschwierigkeiten und Bedenklichkeiten, auch die öffentliche Stimme, wenn es in dieser Sache eine gibt, drehen sich um die Reisekosten. Wenn es an Geld nicht fehlt, läßt sich fast alles leicht, wenigstens erträglich machen, und wenn Max ein reicher Mann wäre, würdest Du von allen geliebt und gelobt werden, daß du eine 100 Meilen weite mit 4 kleinen Kindern beschwerliche Reise tun könntest, um Vater und Mutter, Bruder und Schwestern und Vaters Haus und Herd wiederzusehen. Nun ist Max nicht reich, und die Auslage zur Reise mag ihn wohl genieren; aber wenn er es möglich machen kann und die *gêne* auf sich nehmen will, so ist er doppelter Ehre wert und verdient, sonderlich wie er, nach seinem Brief an Perthes, die Sache ansieht und dazu gekommen ist, jene Liebe und jenes Lob, wenn er sie auch nicht erhält, und wir sehen ihn gerne sich hingeben und auch einstellen, so wie er überhaupt durch verschiedene Äußerungen in gedachtem Brief bei uns nicht verloren hat.

An die Tochter Anna, 14. Februar 1808

Gott sei Dank für die gute Botschaft!!!!

Will's Gott, kommt morgen wieder gute! Und dann wollen wir uns hinsetzen und ruhig verdauen und genießen. Die Schwestern brummen, daß es ein Mädchen ist, Mama freut sich, daß es kein Knabe und also nicht konskriptionsfähig ist, und ich bekümmere mich nicht um Knabe noch Mädchen und bin zufrieden und froh, daß etwas Gesundes, Lebendiges da, und meine Anna ihre Bürde glücklich los ist. Vorgestern, als der Brief eben angekommen, am Markttag war der Kollege aus Altona mit Kind und Kücken bei uns, und wir haben der Wöchnerin Gesundheit und weiteres Wohlbefinden getrunken, und ich trinke sie noch fortan, immer noch fortan, in allem, was flüssig ist, denn der Wein ist hiesigen Landes so teuer und so schlecht, daß ich mich darin um Gut und Gesundheit trinken würde.

An den Schwiegersohn Max, 20. Juni 1810

Hier 4 Louisdor für Dich, wiewohl sie uns hart abgehen. Aber spart, die Zeiten sind hart. – Mama, die in diesen und in den Brief an Ernst noch hineinschreiben wollte, kann nicht, weil ihr der Kopf so wüst und weh ist. Sie dankt ihrem Franz aber für seinen Brief zum 15. und für seinen herzlichen Wunsch. Ihr müßt kräftig und viel wünschen, sonst hält's Mama nicht bis zur goldenen Hochzeit aus, und das wollte ich doch so gern, und dann könntet ihr alle, und vielleicht gar schon als Pastores und Justiziarii und Räte, dazu kommen, denn in 11 Jahren muß es doch um Euch anders aussehen und stehen als itzo. Anna und Max kommen dann auch, und so wird der Tisch voll, in Gottes Namen. Aber, wie gesagt, Ihr müßt kräftig und viel wünschen und beten, sonst wird nichts daraus.

An den Sohn Franz, 28. März 1811

Ich fange diesen Brief an Deinem Hochzeitstag an; es ist wohl nur noch die kupferne Hochzeit; aber weil ich die silberne und goldene wohl nicht erleben werde, und ich doch Dein und Deines Max Hochzeitsheld bin, so nehme ich, was ich haben kann, und ist mir Kupfer Silber und Gold.

An die Tochter Anna, 16. Mai 1811

Pastor Schröder sagt, daß Ihr ganz bequem von den 96 Talern Euer Mittagessen bestreiten könnt. Nur eßt nicht am öffentlichen Tisch; das kann teils Gelegenheit zu Unannehmlichkeiten geben, und wenn Ihr Essen auf Eure Stube bringen laßt, so könnt Ihr auch, wenigstens bisweilen, etwas für den Abend übersparen. Also eßt Ihr zwei auf Euer Stube und laßt es Euch gut schmecken, und wir wünschen Euch für allemal eine gesegnete Mahlzeit.

An die Söhne Fritz und Ernst, 1. November 1811

Liebe Herren Fritz und Ernst,

die Nachricht von den freien Kollegiis ist uns sehr willkommen gewesen, um Eures Beutels und Euretwillen. Schreibt mehr so etwas Vernünftiges. Über Euer Herkommen sind die Nachrichten nicht so recht, wie wir wünschen, und das Schreibenwollen mit der letzten Post macht uns nicht ruhig, denn die Briefe, wie Ihr wißt, kommen nicht regelmäßig an; der vorletzte war 12 und der letzte 5 Tage unterwegs gewesen. Wenn wir nun keinen Brief vor dem Heiligen Abend erhalten, und dazu schlecht Wetter und Schnee-Jagd wär, so sitzen wir da in Ungewißheit und Sorge, und da mag der Kuckuck Reisbrei essen pp. Ich weiß nicht, wie eigentlich herauszukommen ist; aber 1. wißt Ihr doch itzo schon, ob die Kollegien das Fest über gelesen werden; und wenn sie gelesen werden, so schreibt gleich, und wir erfahren in diesem Fall gewiß, daß Ihr nicht kommt, und kümmern uns um Schnee-Jagd nicht und essen Reisbrei; und 2., wenn nicht gelesen wird und Ihr also kommen könnt, so schreibt auch das gleich und weiter so laßt das die Regel sein, daß Ihr, wenn die Witterung nicht sehr gut ist und zu bleiben verspricht, in Kiel bleibt, oder Euch auf die Post setzt, die ja doch auch nicht viel weniger kostet als ein Paar Stiefel, die Ihr bei der Fußreise zusetzt. – Mama, die nach ihrer Art ziemlich wohl ist, grüßt Euch beide herzlich. Sie wollte noch ein paar Tropfen mütterlicher Liebe hineintröpfeln, aber da kommt Hinderung, und sie behält sie in ihrem Herzen bis zu einer anderweitigen Gelegenheit. Ich befehle Euch, Dich, den Fritz, und Dich, den Ernst, in Gottes Hand.

E. tr. V. M Claudius

An die Söhne Fritz und Ernst, 13. Dezember 1811

Über das Nicht nach Wandsbeck kommen unseres lieben Max und unserer lieben Anna und des kleinen Häufleins mag ich nicht sprechen. Wir erkennen Sie vollkommen unschuldig, und wir sind auch unschuldig, daß wir uns umsonst gefreut haben. Und so wird der liebe Gott uns noch ein Jahr leben lassen oder den gedachten Stern noch aufgehen lassen, den wir zwar nicht berechnen, aber mit dem Herzen erwarten können.

An den Schwiegersohn Max, 16. Mai 1812

Und weil Sie wieder von unsern Kindern wissen wollen, so will ich Ihnen wieder davon erzählen.

Daß die älteste Tochter an Perthes in Hamburg und die zwote an den Doktor Jacobi in München verheiratet ist, wissen Sie. Diese zwote habe ich sehr ungern so weit weg und sie geht nun noch weiter weg von uns. Ihr Mann ist zum Primärarzt am Hospital in Salzburg bestellt und geht im September dahin.

Die drei folgenden Schwestern sind noch bei uns und werden es wohl bis weiter bleiben.

Der älteste Sohn, Johannes, ist seit 3 Jahren Hauslehrer bei dem Oberpräsidenten von Blücher in Altona und hofft auf eine Pfarre. Wenn Sie dazu beitragen können, so tun Sie ihm und mir einen Gefallen. Natürlich wünsche ich noch bei meinem Leben für die unversorgten Schwestern einen Sohn versorgt zu sehen. Und er ist im Grunde ein rechter Mensch und wird, wills Gott, einmal ein nützlicher Prediger werden.

Zwei Söhne studieren itzo in Kiel, der jüngste, Ernst, Theologie und der ältere, Fritz, Jura – Der Fritz geht Michaelis zum Examen und dann wird der Himmel ihm eine Amts-Secretair-Stelle bescheren. Der Ernst ist nur noch 1 Jahr in Kiel und wird dort noch 1 oder vielleicht 2 Jahre fortstudieren.

Der letzte Sohn, Franz, ist auf der Schulpforte in Sachsen, wo er 3 Jahre gewesen ist und noch 2 Jahre bleiben wird. Er ist itzo zum Besuch auf einige Wochen bei uns, weil die Mutter ihn gerne noch einmal sehen wollte und nicht weiß, ob sie noch 2 Jahre leben werde. Sie ist von all dem Kindergebären und Säugen und Warten sehr mürbe, und ich habe einige Jahre her oft fürchten müssen und gefürchtet, daß ich sie verlieren würde. Seit einigen Monaten befindet sie sich etwas besser und ich fange an, zu hoffen, der liebe Gott werde sie noch erhalten.

Von mir selbst ist nichts zu sagen, ich bin 72 Jahre alt und rüste mich zu der Reise ins Gelobte Land. Mit meiner Gesundheit geht es noch besser, als ich es verdient habe, bis auf einen bösen Husten, den ich meinen selgen Eltern nachhuste und von dem ich auch wohl im Sarg nur feiern werde.

An Bokelmann, 10. August 1812

Ich bin nämlich diese Zeit in Gefahr gewesen, meine Rebecca zu verlieren. Der böse Rheumatismus, der hier und in Hamburg fast von Haus zu Haus geht, hatte sie auch ergriffen und ging nach drei- bis vierwöchigen beschwerlichen und schmerzlichen Leiden in eine Pleuresie über, die so heftig wurde, daß ich und sie selbst auf den Tod gefaßt waren. Indes haben 3 Aderlässe und 3 spanische Fliegen und eine Menge Mixturen, 8 Igel u. der Inflammation endlich Einhalt getan, so daß wir itzo Gott für ihre Genesung danken können und danken. Ja, lieber Graf, ich hätte die Rebecca ungerne verloren, und ich freue mich nicht wenig, daß sie übermorgen unsern 41. Hochzeitstag noch mitfeiern wird. – So matt und schwach sie auch noch ist, so hat sie doch an der glücklichen Entbindung der Julie herzlichen Anteil genommen und grüßt die junge Wöchnerin und Mutter und Vater und Mann viel, viel. Wo die Söhne sind, fragen Sie. Der zweite ist Sekretär in Reinbeck, der dritte in Kiel, der vierte in Schulpforte, und der erste ist diese Tage durch Christian Bernstorff's Güte zum Prediger in Sahms, auf einem Gute seines Bruders im Lauenburgischen, ernannt worden und wird nächste Ostern schon antreten, da der vorige Prediger transloziert ist und Ostern abgeht.

An Stolberg, 13. März 1813

Übermorgen ist unser 41. Hochzeitstag, und es fehlte nicht viel, daß er nicht der Mama ihr Begräbnistag geworden wäre. Sie befiel nämlich vor 4–5 Wochen mit dem hier in Hamburg allgemein regierenden Rheumatismus oder Influenza.

Gott sei gelobt, daß ich Mama behalten habe. Ich hätte sie ungern verloren, wäre ihr auch vermutlich bald nachgegangen, ich will hoffen und wünschen, mit so viel Ergebung und Mut, als ich in den mißlichen Augenblicken an Mama gesehen habe.

Nun endlich die Nachricht, daß Johannes Prediger in Sahms auf einem Bernstoffschen Gut im Lauenburgischen geworden. Er hat nur noch ein Examen in Ratzburg zu bestehen und dann kann er gleich Ostern antreten, da der bisherige Prediger transloziert wird und Ostern abgeht. Die Stelle bringt etwa mit etwas Landwesen, 3 Kühen, 2 Pferden, 500 Eiern pp. 1200 Mark. Die Mine freut sich über die Maßen und, wenn Du noch auf die Hochzeit willst, mußt Du bald aufsitzen. Die Mutter der Mine meinte, die Hochzeit könnte wohl auf ihren Hochzeitstag im Xber werden; sie aber meinte lieber auf unsern, den 15. März. Vorigen Sonntag hat Johannes die Probepredigt gehalten und die Entscheidung mitgebracht. Er hatte den Wagen von hier und wollte auch wieder auf hier kommen und erzählen. Aber da er etwas spät zurückkam und das Tor zugemacht werden sollte, fuhr er gerade nach Hamburg, verließ Vater und Mutter und hing an seinem Weibe. Daß die Sache Fritzen recht ist, kannst Du Dir denken, da Sahms nicht weit von Reinbeck liegt.

Noch etwas von den Unruhen in Hamburg, davon Ihr ohne Zweifel viel übertriebene Nachrichten haben werdet. Du weißt, ich schreibe nicht gern von politischen Dingen. Indes was notorisch ist und zum Teil in den Zeitungen steht, kann man wohl schreiben. Die niedere Klasse vergaß sich und insultierte einige Personen, denen sie sonderlich feind war. Indes ist doch nur ein Haus zerstört und geplündert worden und einige Douance Häusgen und Gitter pp., die Ruhe wurde bald wiederhergestellt, doch sind wohl 12 Menschen durch Zufall, Versehen und Rechtspruch dabei umgekommen. Die Franzosen haben nun Hamburg verlassen, und man erwartet heute oder morgen die Russen. Hier bei uns stehen allenthalben an der Grenze Pfähle „Neutrales Gebiet“ in deutscher und russischer Sprache, und hier im Ort an den meisten Häusern das dänische Schiffszeichen: ein weißes Kreuz in rotem Felde.

An die Tochter Anna, 13. März 1813

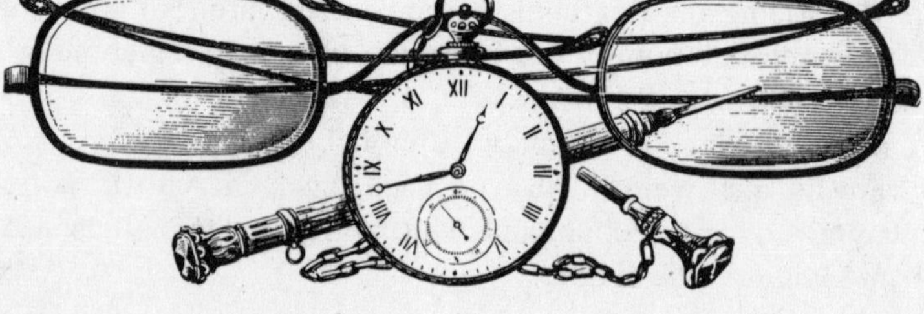

Johannes hat denn gestern vor 8 Tagen wirklich Hochzeit gehalten, öffentlich in der Kirche, und wir, eine Menge Mädchen und Frauen und ein Rudel Kinder haben ihn zu Fuß hin und her begleitet. Gleich nach einem brillanten Frühstück fuhr er gegen 3 Uhr mit der jungen Frau auf und davon, und abends gegen 9 Uhr ist er glücklich und wohlbehalten in Sahms angekommen. Gott bewahre sie und sei und bleibe bei und mit ihnen, sie werden es nötig haben.

Fritz kam zur Hochzeit und hat mit mir zum Schemel den Bräutigam geführt.

An die Tochter Caroline, 3. August 1813

Mamas Geburtstag ist gestern hier im Hause morgens mit Coffe und Blumengirlanden und Sträußen und mittags beim Bürgermeister mit einem Diner und abends mit Butterbrot, Kuchen und Punsch gefeiert worden. Und sie ist am Tische in einer neuen Erfindung von Pracht-Ehren-Chaise von mit Blumen umwundenen und in zu Bogen geformten Tonnenbändern gesessen und hat sich gut darin ausgenommen. Auch hat es nicht an Geschenken gefehlt.

An den Sohn Fritz, 27. Oktober 1813

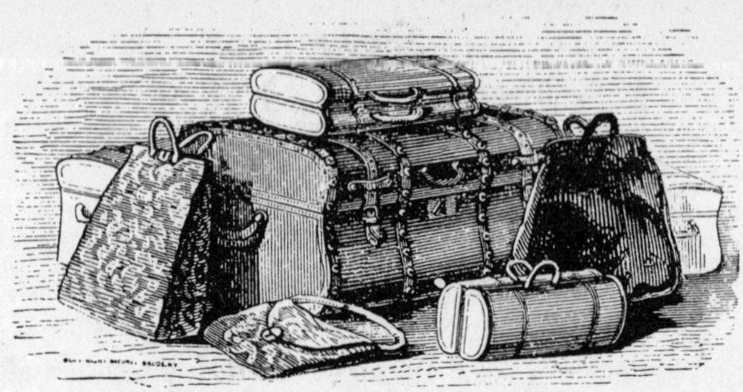

Dank für Brief und Koffer und Leinen und Äpfel. Den Koffer schicken wir hierbei zurück und Deine Coffeekanne darin, damit der Philosoph sich in seiner Einsamkeit, nach geendigter Spekulation, auch etwas zerstreuen könne. Wir haben nichts in den Koffer zu legen, sonst täten wir's fürwahr gerne.

An den Sohn Fritz, 10. Februar 1814

Nun Glück denn zum Knaben, Vater und Mutter! Gott wird ihn erhalten und an sich halten. Amen. Gott sei gedankt, daß Mine, nach den Umständen, wohl ist. Aber laß Dich das nicht sicher machen und sei vorsichtiger und besorgter. Eine Wöchnerin ist ein zartes, wetterwendisches Wesen.

An den Sohn Johannes und die Schwiegertochter Mine,
30. Mai 1814

Als ich gestern morgen herauskam und die Kränze und die Bescherungen besah und mich nach den Wohltätern erkundigte, war fast immer die Antwort: Trinette. Du hast über Vermögen, und ich möchte sagen, über Recht und Billigkeit getan. Ich danke, danke und muß sehen, wie ich es wieder gutmache. Vor der Hand will ich Dir, zur schuldigen Danksagung, ein Näheres von gestern berichten. Mama hatte die beiden Knaben aus Berlin heimlich erwartet, auch hatten wir Fritz, wenn er seine Geschäfte beendigt hatte, erwartet, und Johannes vielleicht. Der ganze vorgestrige Tag ging hin und kam niemand, um 10 Uhr abends wollte Mama ins Bett steigen (ich war schon lange darin), bis zum Weinen betrübt, weil sie nun alle Hoffnung aufgegeben hatte. Indem sie, wie gesagt, ins Bett steigen wollte, wird ein Rumor an der Tür, und wir beide schreien auf: da gibt's was. Mama halb ausgekleidet hinaus: was gibt's? Weiß noch nicht recht, antwortet Auguste, aber Johannes ist wenigstens da und vielleicht noch mehr. Was, wer noch mehr? Und kurz, es kommen nacheinander hervor: Johannes, Prediger in Sahms, Fritz, Prokurator in Lübeck, Mine mit dem Kinde, Pastorin in Sahms, Ernst, Student in Berlin, Franz dito. Wie die alle zu Hause gekommen, muß Dir noch wieder berichtet werden. Die beiden Berliner waren vorgestern vor 8 Tagen aus Berlin abgegangen, nachdem sie den Einzug des Königs und seiner Garden mit angesehen hatten. Sie hatten sich unterwegs bei guten Freunden aufgehalten und wollten den 15. morgens bei uns eintreffen. Zu dem Ende gingen sie den Sonnabend von Lauenburg nach Sahms und kamen halb Sieben dort an. Johannes war nach Lübeck in bewußter Angelegenheit und wollte den Abend noch wiederkommen, kam aber bis Eilfuhr nicht, obgleich 2–3mal Tee getrunken wurde. Endlich $^1/_2$12 kam der Wagen und Johannes und Fritz darauf, die große Augen machten, ein paar junge Herren um Mitternacht bei Madame zu finden, die den Kopf unter den Tisch steckten, als die Ankömmlinge durchs Fenster guckten, bis endlich das Rätsel sich löste – und nun wurde beschlossen, morgen nach der Predigt samt und sonders aufzusitzen und nach W. zu fahren, wie denn auch geschehen.

Um 10 Uhr kam Caroline mit ihren sämtlichen Kindern – die mußten auch überrascht werden. Also 4 Söhne verkleideten sich in böhmische Studenten, und Johannes mit dem Violincello, Fritz mit der Violine, Franz mit der Flöte und Ernst mit Beckers Baß unter den Linden und musizierten, und ich führte Caroline hinaus. Den Johannes erkannte sie bald, die andern später und nach und nach. Wie es gestern weiter gelaufen, wer alle gekommen und gegangen, wer zum Mittagessen hängen geblieben, wer zum Abendessen, das ist zu lang für einen Brief. Mir wards zu viel und, als sie sich abends zu Tisch setzten, gab ich Hand und ging zu Bett.

An die Tochter Trinette, 16. August 1814

Da haben Sie die beiden Studenten wieder. Sie haben hier aus der Schule geschwätzt: von Ihnen und den andern Wohltätern in Berlin, und Sie können denken, wie Vater und Mutter zugehört haben dabei, und wie es ihnen dabei weiß und rot übers Gesicht gelaufen ist...

Frau Rebecca hat große Freude an dem Besuch der Kinder gehabt, ich muß Ihnen doch erzählen, wie es mit ihrer Ankunft hier hergegangen ist. Sie sind ja auch kinderlieb und lassen sich solche Erzählungen gefallen. Also Frau Rebecca wußte zwar nicht, daß die Kinder kommen würden; aber sie erwartete sie doch heimlich zum Geburtstag, so wie auch den Procurator Fritz aus Lübeck und den Pastoren Johannes aus Sahms, indes kam der 15te August immer näher und rührte sich nichts, den 13ten nichts, den 14ten bis abends 11 Uhr nichts. Da gab denn Frau Rebecca alle Hoffnung auf und kleidete verzagt und niedergeschlagen sich aus, um zu Bett zu gehen. Nun rührte sich eine Bewegung an der Haustür – sie hinaus – was ist, was ist? Auguste, die auf der Diele war, antwortete: ich weiß noch nicht recht, der Johannes ist gewiß da, aber ist noch mehr da, ich weiß noch nicht. – Und so kamen nacheinander herein: der Pastor von Sahms, die Frau Pastörsche von Sahms mit ihrem Säugling im Arm, der Procurator Fritz aus Lübeck, Sieur Ernst, Student aus Berlin, Franz dito – Das weitere denken Sie sich hinzu. Aber wie dieses Abenteuer zustande gekommen, wie diese Herren und Damen aus aller Weltenden ohne Abrede zusammengekommen, das ist ein Rätsel, das ich Ihnen noch auflösen muß. Die beiden Berliner Fußgänger erkundigten sich in Lauenburg, wo Sahms läge, und als sie hörten, daß es nur einige Meilen weg wäre, setzten sie ihren Marsch fort und kamen den 13ten abends in Sahms an. Der Pastor war nach Lübeck, sollte aber vor Nacht noch wiederkommen; sie warten und warten und trinken einen Tee nach dem andern und kömmt niemand. Endlich 11$^{1}/_{2}$ Uhr kommt der Pastor und bringt den Procurator mit, die beide sehr verwundert sind, ein paar fremde Herren unter Mitternacht bei der Frau Pastorin zu finden, die dazu den Kopf unter den Tisch stecken, daß sie nicht erkannt würden – Indes werden sie doch am Ende erkannt und nun wird beschlossen, daß sie samt und sonders morgen nach der Predigt nach Wandsbeck fahren wollen, wie denn auch geschehen. Den folgenden Morgen, 10 Uhr kam Caroline Perthes mit allen ihren Kindern. Die mußte auch noch überrascht werden. Ich verkleidete also die 4 Söhne in Prager Studenten. Ernst gab jedem ein Instrument in die Hand, und sie mußten hinter dem Hause unter den Linden Musik machen – und der Caroline sagte ich, daß, weil es vielleicht der letzte Geburtstag sei, ich ein übriges getan und Prager Studenten engagiert hätte, uns Musik zu machen, und führte sie hinaus. Den Pastorn erkannte

sie bald, die andern beiden nicht so, indes wurden sie doch erkannt, und so weiter –

Wenn es der letzte Geburtstag gewesen sein sollte, so hat der liebe Gott den letzten noch recht vergnüglich feiern lassen. Ihm sei Dank dafür!

An Nicolovius, 10. Oktober 1814

Du mußt mir einen solchen Brief hoch aufnehmen; ich habe ein Ruhebett in meiner Stube, wo ich viel drauf liege, und beim Schreiben muß ich doch sitzen, und ich liege gar zu gerne und halte mein Ruhebett sehr hoch, und daher ist das Kanapee für mich auch ein so großes Gut nicht, aber das Ihrs gebt und gerne gebt, daß Ihr von Eueren Kindern so Gutes schreiben könnt und ich bei Caroline so Gutes sehe, auch bei Johannes, denn sein Knabe ist ein feines Kind. Das ist das Gute, das mir widerfährt, und ist sonst noch. Mama grüßt Euch herzlich, alles grüßt euch. Lebt wohl.

An die Tochter Anna, 11. November 1814

Ich bin ein Bote und nichts mehr

Claudius über sich selbst

Eine Neuigkeit muß ich Ihnen doch noch mitteilen, wo Sie sie noch nicht wissen; ich bin in den Zuverlässigen Nachrichten, die zu Jena herauskommen, von B., vermutlich Blasch, häßlich heruntergemacht wegen der Tändeleien und Sie bis in den Himmel erhoben, und alle Tändeleien sind nicht von der rechten Art, einige erträglich als der steigende Busen, die Erzählungen sind schlecht, der arme Mann und der Jüngling bedürfen sehr der Feile, sonst geht's noch wohl an; es ärgert mich die Kritik nicht, aber daß Herr Blasch so stolz spricht, das ist doch viel; indessen ich will die Schmach erdulden und stille sein.

An Gerstenberg, 11. April 1763

Es ist ärgerlich, vergebens übersetzt zu haben, wenn man auf den Übersetzerlohn gerechnet hatte. Die ökonomischen Angelegenheiten ziehen wie der Körper die Kräfte des Philosophen zur Erde und versengen die Fittiche seines Genies. Ha, ha, ha.

An Schönborn, Sommer 1769

Es ist mit den Jahren doch sehr merkwürdig und artig, wie immer eins hinter dem andern hergeht und sich mit der Akkuratesse anschließt, daß nie eine leere Stelle dazwischen wahrgenommen wird. Man kann sich dieses gar schön unter dem Bilde einer Schlange vorstellen, die ihren Schwanz im Munde hat, oder auch unter dem Bilde eines Rades, darauf ein Übeltäter geflochten ist, und ich für meine Person würde das Rad noch vorziehen, wenn es nicht unehrlich wäre. Denn sind wir Menschen nicht gleichsam von der Hand des Schicksals aufs Rad des Jahres geflochten?

Mann im zerrissenen Mantel, mit der ruhigen Miene! ich stehe eifersüchtig an deiner Tonne, und wenn die verwünschte Kluft zwischen Ideen und Empfindungen nicht wäre, so schiene morgen die Sonne, wenn sie aus dem Meer steigt, in zwo Tonnen.

Ich bin sehr aufrichtig, wie du siehst, Diogenes!

Ich bringe überhaupt seit Monaten meine Zeit mit Horchen zu, zum Sprechen habe ich nicht viel Lust, der leidige Amor hat sein Werk in mir, zum Sprechen habe ich nicht viel Lust, und eben aus diesem Grunde kann ich Ihnen auf Ihre freundliche Anfrage auf der letzten Seite Ihres Briefes nichts antworten. Man sieht alle Dinge anders als vorher, wie Sie wissen, – und er hat sein Werk in mir, und darum habe ich nicht viele Lust zum Sprechen und darum leben Sie wohl.

An Gerstenberg, Frühjahr 1770

Ich frankiere diesen Brief nicht, nicht weil ich ihn nicht frankieren will, sondern weil ich ihn nicht frankieren kann, ich will einen Quartanten Liebeslieder edieren, wenn ich in zwei Tagen 1 sgr. gehabt habe und wenn ich dem ohngeachtet nicht vergnügt bin –

An Gerstenberg, Frühjahr 1770

Ich bin in rechter Verlegenheit – ich bin wie Ihr wißt, Michaelis abgegangen und bin itzt nichts und habe itzt nichts, und dazu war ich an verschiedenen Kleinigkeiten mehr schuldig, als ich selbst wußte und vermutete, mein Vater hat schon seinen väterlichen Segen gesprochen, aber er war zu kurz und vor mir sieht's ebenso wüst aus als hinter mir. Es ist auch wohl nicht möglich, daß Ihr mir mit etwas helfen könnt – Ihr tätet mir einen Gefallen, den auch Apoll mit einem großen Gedanken belohnen würde, ich wende mein Gesicht nach dieser Bitte gar nicht schamhaft weg – steif sehe ich Euch an und wiederhole sie noch einmal – auf Weihnachten vielleicht, gewiß auf Ostern sollt Ihr bezahlt werden.

An Schönborn, Oktober 1770

Auf Neujahr legt Bode eine Zeitung in Wandsbeck an, und ich werde sie schreiben helfen. Ich wollte gerne, daß der gelehrte Artikel zwar nicht gerade besser wäre als in vielen andern Zeitungen, aber etwas eignes muß er haben und nicht so wie die andern sein, geben Sie mir Ihre Gedanken über die Einrichtung doch auch mit zum besten, ich sammle itzo Stimmen deswegen.

An Gerstenberg, 28. Oktober 1770

Vergeb's Euch Gott, daß Ihr mir auf meinen vorigen Brief nicht geantwortet habt, aber ich kann denken, es war Euch nicht von den Göttern gegeben – auch gut, Schönborn. Itz eine andere Angelegenheit.

Bode legt zu Neujahr eine Zeitung in Wandsbeck an, die ich schreiben helfen werde, dies wißt Ihr vielleicht schon von Gerstenberg, aber das wißt Ihr noch nicht, daß Ihr mit an dem gelehrten Artikel arbeiten sollt. Man erwartet von Euch Rezensions von mathematischen und philosophischen Büchern, auch kleine Aufsätze aus Eurem eigenen *ingenio,* seid also so gut und schickt etwas dergleichen, und zwar bald, denn ohne Vorrat von allerlei Art kann auch unser einer nicht ruhig sein. Schönborn, lieber Schönborn, laßt diese Bitte nicht über Euch herlaufen wie das Wasser über die Gans, sondern laßt sie Euch in Mark und Bein dringen und schickt bald etwas, ich verlasse mich auf Euch wie auf die Treue eines Mädchens.

An Schönborn, November 1770

Ew. Hochwürden sagten in Segeberg, wo der Kalkberg ist, unter andern, wie es dieselben ahnete, ich werde noch einst eine Zeitlang meine Hütte neben der Ihrigen haben. Ich wünschte, Herder, ich wünschte, daß diese Ahnung in Erfüllung gehen könnte, ehe die Sonne den Zedernwald hinuntergestiegen ist. Ich habe ein Mädchen lieb gewonnen, ein einfältiges, ungekünsteltes Bauernmädchen. – Wenn Sie mir dort eine kleine Stätte auf dem Lande bereiten könnten, (welche es auch sei, Sie wissen, was ich für Künste kann) wenn Du es kannst, so sei darum gebeten, Du *pro tempore* Bändiger des Bucephalus der Bückeburgischen Geistlichkeit, Du – Es geben sich verschiedene hierzulande meinethalben Mühe, aber ich weiß nicht, das Herz schlägt mir stärker, wenn ich dahin denke, wo dieser Brief über ein Kleines sein wird. Sie antworten mir den ersten Posttag vorläufig, damit ich mich hierzulande danach richten kann.

An Herder, 20. September 1771

Ein Lied,

nach der Melodie: *My mind to me a kingdom is,*
in den *Reliques of ancient Poetry*

Ich bin vergnügt, im Siegeston
Verkünd' es mein Gedicht,
Und mancher Mann mit seiner Kron'
Und Zepter ist es nicht.
Und wär' er's auch; nun, immerhin!
Mag er's! so ist er, was ich bin.

Des Sultans Pracht, des Mogols Geld,
Des Glück, wie hieß er doch,
Der, als er Herr war von der Welt,
Zum Mond hinauf sah noch? –

Ich wünsche nichts von alledem,
Zu lächeln drob fällt mir bequem.

Zufrieden sein, das ist mein Spruch!
Was hülf' mir Geld und Ehr'?
Das, was ich hab', ist mir genug,
Wer klug ist, wünscht nicht sehr;
Denn was man wünschet, wenn man's hat,
So ist man darum doch nicht satt.

Und Geld und Ehr' ist obendrauf
Ein sehr zerbrechlich Glas.
Der Dinge wunderbarer Lauf
(Erfahrung lehret das)
Verändert wenig oft in viel
Und setzt dem reichen Mann sein Ziel.

Recht tun und edel sein und gut,
Ist mehr als Geld und Ehr';
Da hat man immer guten Mut
Und Freunde um sich her,
Und man ist stolz und mit sich eins,
Scheut kein Geschöpf und fürchtet keins.

Ich bin vergnügt, im Siegeston
Verkünd' es mein Gedicht,
Und mancher Mann mit einer Kron'
Und Zepter ist es nicht.
Und wär' er's auch; nun, immerhin!
Mag er's! so ist er, was ich bin.

Ich wüßte nicht warum?

Den griechischen Gesang nachahmen?
Was er auch immer mir gefällt,
Nachahmen nicht. Die Griechen kamen
Auch nur mit einer Nase zur Welt.
Was kümmert mich ihre Kultur?
Ich lasse sie halter dabei,
Und trotze auf Mutter Natur;
Ihr roher abgebrochner Schrei
Trifft tiefer als die feinste Melodei,
Und fehlt nie seinen Mann;
Videatur Vetter Ossian.

Fragen Sie nicht, warum ich so lange nicht geantwortet habe. Ich bin krank gewesen – weiß selbst nicht warum – kurz und gut, ich verdiene deswegen zweimal 40 Streiche weniger eins. Ja, ja ist wahr, meine *bon-mots* aus Adreßblatt und Zeitung sollen zusammengedruckt werden, und die wollt' ich mitschicken, sind aber noch nicht fertig, ist noch nicht daran angefangen.

Ad vocem verliebt fällt mir ein, daß ich Sie wohl bei Ihrem Mädchen sehen möchte. Sie fallen ja wohl oft für Liebe auf die Erde und springen ja wohl oft für Liebe an die Decke und schreien wohl oft aus lautem Halse und verstummen wohl oft. Ihr Mädchen ist, hab ich gehört, aus Veilchen-duft und Mondschein zusammengewebt; o du lieber Jüngling, wie gönne ich sie Dir so herzlich und Dich dem Mädchen! Meins ist ein ungekünsteltes, rohes Bauernmädchen im wörtlichen Verstande, aber lieb hab ich sie darum nicht weniger, mir glühen oft die Fußsohlen für Liebe.

Hier kann ich nicht bleiben, ob mich gleich der Baron, wie er zu sagen geruhet, gerne behalten will, und ich hoffe auf Erscheinungen von Ihrer Seite und, wenn es zu Anfang nur ein geringes wäre, ich bin gar nicht gebunden, nur muß es etwas anders sein als Ihr Haus und Ihr Garten. – Wir sind ja noch nicht im Elysium und dem himmlischen Jerusalem. Wenn mich nun der T × × ritte, so ein Wort anzunehmen? Schimpfen und schmälern Sie, soviel Sie wollen, nur schreiben Sie bald wieder, ich will auch, wenn Sie es haben wollen, bald wieder schreiben.

An Herder, 1771/72

Doch es ist ein köstlich Ding, daß das Herz oder diese Gestalt fest sei; und man kann sich um eine solche nicht zu viel Mühe geben. Die Leser werden aber finden, daß sie desto unfester ist, je mehr Sinnlichkeit in ihr obwaltet, und daß man sich also sauer werden lassen und manches versagen und aus dem Sinn schlagen muß, um sie nach und nach davon zu säubern und fest zu machen.

Wenn ich den Finger an die Nase lege und so recht stark nachdenke, so kann ich diese Politik zur Not wohl begreifen, aber nachtun – ich habe die ganze Hand an die Brust gelegt, ich kann's doch nicht nachtun.

Darum, weils mir nicht angeboten worden. In Kopenhagen, Hamburg und Altona habens die Leute gewußt, daß ich eine sehr gute Stelle beim Lotto in Kopenhagen haben sollte, nur ich in Wandsbeck weiß kein Wort davon. Am Ende nehme ich eine Stelle in Kopenhagen an, aber lieber eine auf dem Lande, und denken und sinnen Sie herum, lieber Gerstenberg, haben muß ich bald etwas, oder ich tue mir ein Leid wie der Nachtwächter bei Hendel und Rolle.

An Gerstenberg, 1771/72

Ankündigung des Wandsbecker Boten

Ich bin ein Bote und nichts mehr,
Was man mir gibt, das bring' ich her,
Gelehrte und polit'sche Mär;

Asmus omnia sua secum portans,
oder
Sämmtliche Werke
des
Wandsbecker Bothen,
I. und II. Theil.

Hamburg und Wandsbeck. 1775.

Von Aly Bey und seinem Heer,
Vom Tartar-Chan, der wie ein Bär
Die Menschen frißt am schwarzen Meer
(Der ist kein angenehmer Herr),
Von Persien, wo mit seinem Speer
Der Prinz Heraklius wütet sehr.
Vom roten Gold, vom Sternenheer,

Von Unschuld, Tugend, die noch mehr
Als Gold und Sterne sind –
(Virgil läßt auch oft Verse leer),
Von dem verschwiegnen Freimäurer
Vielleicht wohl auch, doch heimlicher,
Von Fried-Traktaten, Krieg und Wehr,
Von Couriers, die von ohngefähr
Gewiß nicht reiten hin und her,
Vom Heringsfang, von Freud' und Gram,
Von Bender, das der Russe nahm,
Vom Lotto, das aus Welschland kam
Und nicht Quaternen mit sich nahm,
Vom Podagra, von Horn und Ham,
Vom Zuckerrohr in Surinam,
Vom großen Mogul und Madam,
Von Zank, Erfindungen und Lehr',
Von klein Verdienst und großer Ehr',
Von groß Verdienst und kleiner Ehr'
Und tausend solche Sachen mehr,
Die sich begeben ohngefähr
Und alle anzuführen schwer:
Aus allen Enden fern und nah,
Aus Asia und Afrika,
Europia und Amerika,
Und andern Ländern hie und da,
Doch nicht aus Cappadocia.

Die nackte Wahrheit lieb' ich sehr,
Doch gibt man mir noch etwas mehr,
Wenn's nur noch eine Sage wär',
Und wenn's ein Spott zur Bessrung wär',
Und wenn's ein sanftes Liedgen wär',
Und wenn es sonst so etwas wär',

Je nun – da bring' ich's auch mit her,
Dafür bezahlet mich mein Herr.
Als ich von Hause ging, sprach er:
Geh hin! und saget die und der,
Seht doch! wo kommt der Bote her?
So wünsche höflich dem und der
Ein fröhlich Neujahr und noch mehr
Und sprich, ich komm' von Wandsbeck her.

Mit dem Wandsbecker Boten wills nicht recht fort und ich glaube, daß er's nicht lange mehr aushält. Bode wäre auch nicht gescheit, wenn er ihn zu seinem Schaden noch lange fortsetzte. Wenn Sie etwas für mich auftreiben, so lassen Sie es mich bald wissen.

An Herder, 1771/72

Das Wandsbecker Liedchen

Weihet euch nicht Gram und Leide
Über die Gebühr!
Unterm Mond ist viele Freude,
Und die meiste hier.

Hier wachsen Büsch' und Bäume
Und Blumen überall;
Hier träumt man goldne Träume
Zum Lied der Nachtigall.

Die alte Sitte waltet
An keinem Orte mehr,
Die Unschuld geht hier umher
Als ein fein Liebchen gestaltet;

Mit ihr macht bunte Reihe
Sir Amor klein und zart

Und alte deutsche Treue
Mit einem langen Bart. –

Auch liegt zu unserm Vergnügen
Die große Stadt uns vorm Gesicht.
Wir sehn sie an und lassen sie liegen
Und neiden sie nicht

Und ehren unsre Eichen
Nach altem gutem Brauch
Und freun uns in Gesträuchen
Und zwischen Ähren auch,

So lange, bis nach vielen frohen Tagen
Der freundlich kommt, der mit der Hippe haut.
Ihr Herren hört's und laßt euch sagen!
Und, Andres, aufgeschaut!

Ich habe von Jugend auf gern in der Bibel gelesen, für mein Leben gern. 's stehen solche schöne Gleichniss' und Rätsel d'rin, und 's Herz wird einem danach so recht frisch und mutig. Am liebsten aber les' ich im Sankt Johannes. In ihm ist so etwas ganz Wunderbares – Dämmerung und Nacht, und durch sie hin der schnelle zückende Blitz! 'n sanftes Abendgewölk und hinter dem Gewölk der große volle Mond leibhaftig! so etwas Schwermütiges und Hohes und Ahndungsvolles, daß man's nicht satt werden kann. 's ist mir immer beim Lesen im Johannes, als ob ich ihn beim letzten Abendmahl an der Brust seines Meisters vor mir liegen sehe, als ob sein Engel mir's Licht hält und mir bei gewissen Stellen um den Hals fallen und etwas ins Ohr sagen wolle. Ich versteh' lang nicht alles, was ich lese, aber oft ist's doch, als schwebt' es fern vor mir, was Johannes meinte, und auch da, wo ich in einen ganz dunklen Ort h'nein sehe, hab' ich doch eine Vorempfindung von einem großen herrlichen Sinn, den ich 'nmal verstehen werde, und darum greif' ich so nach jeder neuen Erklärung des Johannes. Zwar die meisten kräuseln nur an dem Abendgewölke, und der Mond hinter ihm hat gute Ruhe.

Ich stelle mir oft bei müßigen Stunden eine Sprache als ein Bündel Stäbe vor, wo an jedweden Stab eine verwünschte Prinzessin angezaubert ist oder ein unglücklicher Prinz; und der Mann, der die Sprache versteht, wäre denn ein Sonntagskind, das Geister sehen kann, unterdes der andre den Stab sieht und nichts weiter. Man sagt, daß in der eigentlichen Zauberei, wenn einer das Handwerk versteht, eine Prinzessin vom Zauber erlöset und statt ihrer ein Alp und Kobold an den Stab festgezaubert

werden kann; bei den Sprachen geht's gewiß so her, und beides, die Stäbe und die Geister, sind sehr der Veränderung unterworfen. Die Geschichte dieser Veränderungen und Successions ist ein sehr feines Studium. Sie erfordert ein philosophisches Fühlhorn, das nicht jedermanns Gabe ist, und ohne sie kann wenig Gescheutes von dem Geschmack eines Mannes und seiner Nachfolger gesagt werden, wie das die Abhandlungen in Quarto und Octavo beweisen.

Aber das kostet Kopfzerbrechen, von einer Sache zu schreiben, von der man nichts versteht; und da pflegen wir Gelehrte denn wohl zur Abwechslung und Erholung eine Spielstunde zu machen.

Ich pflege mich denn wohl alle Neujahrsmorgen auf einen Stein am Weg hinzusetzen, mit meinem Stab vor mir im Sand zu scharren und an dies und jen's zu denken. Nicht an meine Leser; sie sind mir aller Ehren wert, aber Neujahrsmorgen auf dem Stein am Wege denk' ich nicht an sie, sondern ich sitze da und denke dran, daß ich in dem vergangenen Jahr die Sonne so oft hab' aufgehn sehen und den Mond, daß ich so viele Blumen und Regenbogen gesehn, und so oft aus der Luft Odem geschöpft und aus

dem Bach getrunken habe; und denn mag ich nicht aufsehn und nehm' mit beiden Händen meine Mütz' ab und guck' h'nein.

So denk' ich auch an meine Bekannten, die in dem Jahr starben, und daß sie nun mit Sokrates, Numa und andern Männern sprechen können, von denen ich so viel Gutes gehört habe, und mit Johann Huß; und denn ist's, als wenn sich rund um mich Gräber auftun, und Schatten mit kahlen Glatzen und langen grauen Bärten heraussteigen und 'n Staub aus 'm Bart schütteln. Das muß nun wohl der ewige Jäger tun, der übern Zwölften sein Tun so hat. Die alten frommen Langbärte wollen wohl schlafen, aber Euerm Andenken und der Asch' in Euren Gräbern ein fröhlichs, fröhlichs Neujahr!!!!

Mein Neujahrslied

Es war erst frühe Dämmerung
Mit leisem Tagverkünden,
Und nur noch eben hell genug,
Sich durch den Wald zu finden.

Der Morgenstern stand linker Hand,
Ich aber ging und dachte
Im Eichtal an mein Vaterland,
Dem er ein Neujahr brachte.

Auch dacht ich weiter: »So, und so,
Das Jahr ist nun vergangen,
Und du siehst, noch gesund und froh,
Den schönen Stern dort prangen.

Der ihm dort so zu stehn gebot,
Muß doch gern geben mögen!
Sein Stern, Sein Tal, Sein Morgenrot,
Rund um mich her Sein Segen!

Und bald wird Seine Sonne hier
Zum ersten Mal aufgehen! –«
Das Herz im Leibe brannte mir,
Ich mußte stille stehen.

Und wankte wie ein Mensch im Traum,
Wenn ihn Gesichte drängen,
Umarmte einen Eichenbaum
Und blieb so an ihm hängen.

Auf einmal hört' ich's wie Gesang,
Und glänzend stieg's hernieder
Und sprach mit hellem hohen Klang,
Das Waldtal sprach es wieder:

Der alten Barden Vaterland!
Und auch der alten Treue!

Dich, freies unbezwungnes Land
Weiht Braga hier aufs neue

Zur Ahnentugend wieder ein!
Und Friede deinen Hütten,
Und deinem Volke Fröhlichsein,
Und alte deutsche Sitten!

Die Männer sollen, jung und alt,
Gut vaterländ'sch und tüchtig
Und bieder sein und kühn und kalt,
Die Weiber keusch und züchtig!

Und deine Fürsten groß und gut!
Und groß und gut die Fürsten,
Die Deutschen lieben und ihr Blut
Nicht saugen, nicht Blut dürsten!

Gut sein! Gut sein! ist viel getan,
Erobern, ist nur wenig;
Der König sei der bess're Mann,
Sonst sei der Bess're König!

Dein Dichter soll nicht ewig Wein,
Nicht ewig Amorn necken!
Die Barden müssen Männer sein
Und Weise sein, nicht Gecken!

Ihr Kraftgesang soll himmelan
Mit Ungestüm sich reißen! –
Und du, Wandsbecker Leiermann,
Sollst Freund und Vetter heißen!

Wandsbeck

Eine Art von Romanze,

von

Asmus, pro tempore Bote daselbst.

Mit einer Zuschrift
an den Kaiser von Japan

Sire,

Sie werden verzeihen, daß ich Ihnen eine Schrift zueigne, die Ew. Mt. auf keine Art und Weise interessieren kann. Ich ahme hierin einen Gebrauch meines Landes nach und erwarte in tiefster Untertänigkeit, daß Ew. Mt. meine Kühnheit allergnädigst vermerken, meine Schrift aber nicht ansehen noch lesen werden. Selbst bin ich niemals in Ew. Mt. Reichen und Landen gewesen, dürfte auch, da Ew. Mt. so merklich weit weg von hier zu sein geruhen, schwerlich jemals anders als in dieser Zueignungsschrift mich zu Höchstdero Füßen zu legen die Gelegenheit haben. Sollte Ew. Mt., etwa durch Ihren Hofmarschall oder sonst einen Gelehrten Ihres Hofes, die Anmerkung zu Ohren kommen, daß meine Verse ziemlich nachlässig hingeworfen sind; so bitte ich in Gnaden zu bedenken, daß sie so nachlässig hingeworfen sein sollen, und daß ich dabei auf den Hofmarschall nicht gerechnet, mich auch in dieser Zueignungsschrift aller mir sonst üblichen Elisions enthalten habe.

Der ich übrigens nicht ermangeln werde, mit aller der Achtung zu verharren, die man einem Regenten schuldig ist, der über ein so kluges und glückliches Volk regiert, als ich von Ew. Mt. in Büchern gelesen habe,

Ew. Mt.
etc.

Gesetzt du wärst, dich zu erfreu'n
Und ob des Leibes Stärke,
In Hamburg (Fleisch und Fisch und Wein
Sind hier sehr gut, das merke!)

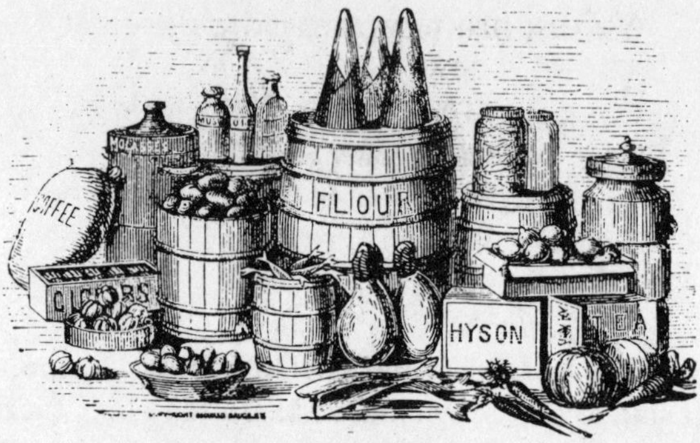

Und hättest Wandsbeck Lust zu sehn,
Und bist nicht etwa Reiter;
So mußt du aus dem Tore gehn
Und so allmählich weiter.

Zu Wagen kannst du freilich auch,
Das kann dir niemand wehren;
Doch mußt du erst nach altem Brauch
Des Fuhrmanns Meinung hören;

Und wenn der nichts dagegen hat,
So hab' ich nichts zu sagen.
Reit' oder geh, doch in der Tat
Am besten ist's zu Wagen.

Nur siehe fleißig vor dich hin,
So wirst du schaun und sehen
Da einen Wald, wo mitten d'rin
Lang Turm und Häuser stehen.

Ad vocem Turm fällt mir gleich ein,
Daß einst im Pisa-Lande

Mit dreien Kindern, jung und fein!
Ein Mann von hohem Stande

Verriegelt worden jämmerlich,
's ist schrecklich zu erzählen,
Wie da der Alte mußte sich,
Wie sich die Kinder quälen.

Wer nicht versteht Reim und Gedicht,
Kann ihre Qual nicht sprechen;
Sie saßen da und hatten nicht
Zu beißen noch zu brechen,

Und hatten Hunger – ach, der Tod
War hier Geschenk und Gabe.
Drei Tage lang bat Gaddo Brot,
Dann starb der arme Knabe.

Um seine kleine Leiche her
Wankt Vater, wanken Brüder,
Und starben alle so wie er
Nur später – – – Aber wieder

Zu kommen auf den Turm im Wald,
Den du tust schau'n und sehen;
So merke nun auch, was Gestalt
Mit dem die Sachen stehen.

Erst, ist in ihm kein Hunger-Wurm,
Denn ist da, zweitens, Lehre,

Und kurz und gut, es ist der Turm
Von unsrer Kirche, höre,

Wo unser Pastor Predigt hält
Und unser Küster singet,
Und uns ein Wunsch nach jener Welt
Durch Mark und Beine dringet.

Ja, Kirche und Religion – –
Sie haben's groß Gezänke,
Viel haben's Schein, viel ihren Hohn
Und lachen drob, man denke!

Und ist doch je gewißlich wahr,
Daß sie es nicht verstehen;
Und daß sie alle ganz und gar,
Was drinnen ist, nicht sehen.

Der Augenschein lehrt's jedermann:
»Wer so viel schöne Gaben
Für Ohr und Auge geben kann,
Muß auch 'was bessers haben –

Der Mann mit Mondstrahl im Gesicht
Wird's suchen und wird's finden,
Doch jedem Narren muß man's nicht
Gleich auf die Nase binden.«

Schön ist die Welt, schön unsre Flur,
Und unser Wald vor allen

Ist schön, ein Liebling der Natur,
Voll Freud' und Nachtigallen.

Und wer uns widersprechen will,
Der komm' und hör' und sehe,
Und seh' und hör' und schweige still
Und schäme sich – und gehe!

Viel große Kunst ist zwar nicht hier,
Wie in Rom und Egypten;
Doch haben wir Natur dafür,
Die auch die Alten liebten,

Und der läßt man hier ihren Lauf
Und folget ihren Winken,
Und stutzet sie ein wenig auf
Zur Rechten und zur Linken.

Und so war endlich unser Wald,
Wo man bald Saatfeld siehet,
Bald wilder Waldwuchs ist und bald
Ein Musa-Pisang blühet,

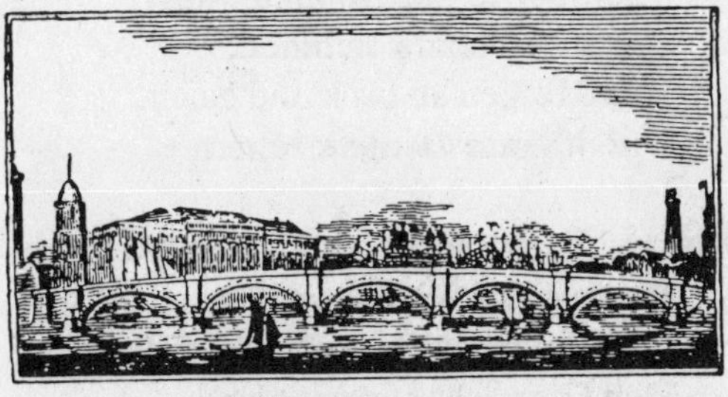

Und bald durch Öffnungen, mit List
Im Walde ausgehauen,
Die große Stadt zu sehen ist,
Voll Männer und voll Frauen,

Und bald, und bald – – ein Dichtermann
Der würd' es recht beschreiben;

Weil ich nun aber das nicht kann,
So muß ich's lassen bleiben.

Genug, ein jeder drängt heraus,
Zu leben hier und sterben,
Und baut sich hier ein kleines Haus
Für sich und seine Erben.

Die Mode, welche Städter zwängt,
Ist hier gehaßt wie Schlangen,
Und hoch an unsern Eichen hängt
Bocks-Beutel aufgehangen.

Und wer hier kommt, sei wer er sei,
Nur habe er Dukaten,
Ist ganz sein eigner Herr und frei
Und mag sich selber raten

Und singen, springen kreuz und quer,
Ohn' allen Zwang und Wächter.
Auch sieht man hier von ohngefähr
Hammona's schöne Töchter,

Wenn sie in Negligé und Pracht,
Darin sie Herzen nehmen,
Von Morgen an bis in die Nacht
Durch unsre Gänge strömen.

Und Tycho-Brah' – – bald hätt' ich gar
Herrn Tycho-Brah' vergessen, – –
Der hier vor mehr als hundert Jahr
Den Himmel hat gemessen.

Daß er nicht täte einen Fall,
Nun will er auch wohl stehen.
Wir aber wollen den Kanal
Samt Wendemut besehen.

Er selber zwar ist hier nicht mehr,
Er hat längst ausgemessen,

Doch sieht man noch zu seiner Ehr'
Den Turm, wo er gesessen.

Der Turm ist uns ein Heiligtum,
Vor dem uns abends grauet.
Er war von vielem Alter krumm,
Ist aber neu gebauet,

Doch Freundin Luna kommt daher!
Empfangt mich, Büsch' und Bäume! –
Ihr stilles Zauberwort ist mehr
Als hunderttausend Reime.

Meine Zeit erlaubt mir nicht, über alles Beweis zu führen, ist auch für gewisse Familien nicht nötig, doch will ich zu Dero Satisfaktion über einiges *praestanda praestiren* und z. E. die Wahrheit der Büchergeisterbannerei dartun. Oft zwar bannt man, und kommt kein Geist aus dem Buch h'raus, das ist denn 'n Zeichen, daß keiner darin ist, wenn aber einer drin ist, so muß er h'raus, da hilft nichts dafür.

Da hab ich mich neulich gezankt, und das ist mir recht ärgerlich. Unser ein'm ist's wohl so sehr nicht zu verdenken; man versteht nichts Rechts, und dazu haben wir gemeinen Leut' unsre Leidenschaften, die uns oft bei'n Ohren weiter ziehn als man gern wollte, jawohl als man gern wollte; aber's ist doch ärgerlich, und es fällt ein'm unterwegs immer wieder ein. Der Bach so ruhig, denk' ich denn, wenn ich über den Steg geh', und du hast so gezankt!

Wenn ich auch so kleinmütig und verzagt wäre, als Sie und vermutlich auch Herr Hölty sind, so würde ich gleich hinlaufen und das Haus wieder aufsagen. Das laß ich aber wohl bleiben. Da muß man erst mehr davon wissen. Es ist nicht das $^1/_4$ Wohlleben auf einer Stube, in einem fremden Hause. Also bis Ostern bleibt das Haus noch fürs erste zu Ihren Diensten, und Aufsagen und Neukauf kann man noch immer geben.

Ich bin kein feiner Mann, wie Sie zu sagen belieben. Zum Leben in Wandsbeck rechnet man nicht die erste Einrichtung, wenigstens hierzulande nicht. Und so wohl meine Berechnung über die erste Einrichtung als übers jährliche Auskommen kann noch merklich beschnitten werden. Ich habe aber lieber zu viel als zu wenig anschlagen wollen. Sonst dienet zur freundlichen Nachricht, daß ich mit Frau und Kind und Magd und Ziege und Hahn und 3 Hunden für 300 Rtlr. das Jahr lebe. Das hängt hernach von jedem ab, wie philosophisch er leben will. Auch bei der ersten Einrichtung ist das Bett die Hauptsache und, wenn Sie beiderseits dazu etwan von Hause aus Anstalt machen können, so wird's mit dem übrigen wohl Rat. Ein und andres kann ich Euch auch leihen. Getrost also ihr kleinmütigen Seelen und schlagt um!

An Voß, 21. Februar 1774

Der Wandsbecker Almanach behagt mir. Nennen Sie mich immer unter den Mitarbeitern, Claudius oder Asmus oder, wenn Sie beide Namen wollen, Claudius auch Asmus genannt, welches mir am liebsten ist, aber nicht als 2 verschiedene Herren. Dies Ding hat seinen Haken. –

An Voß, 20. Dezember 1774

Weil Sie sich denn so freundschaftlich erbieten, mir armen Boten Gefälligkeit zu tun, so versteh ich keinen Spaß. Freilich also ist mir sehr damit gedient, daß Sie mir in der Schweiz noch Subskribenten sammeln könnten...

Ich bin unvermutet seit Johannis nicht mehr Bote in Wandsbeck und kann Geld brauchen. Die Exemplare sollen gewiß genug kommen.

Übrigens ist kahler Dank für Ihre Gutheit nur kahler Dank, ich weiß Ihnen aber doch nichts andres zu sagen, und der liebe Gott mag's Ihnen vergelten.

An Zimmermann, 18. Juli 1775

Asmus omnia ſua Secum portans,

oder

Sämmtliche Werke

des

Wandsbecker Bothen,

IV. Theil.

Beym Verfaſſer, und in Commißion bey
Gottlieb Löwe in Breßlau.

Denn habe ich mit dem Boten nichts mehr zu tun und, wenn Ihr von Lobgewäsche und immer schlechter werden in Eurem letzten Schreiben redet, so geht mich das nichts an. Ich hab seit Johannis keinen Finger mehr angesetzt, weder zum Guten noch zum Bösen, zum Lob- noch Hunzgewäsch, bitte mich also künftig nicht weiter so auszuhunzen.

Mein Bauermädchen befindet sich diesmal außerordentlich wohl, und es ist so recht eine Lust, sie schwanger zu sehen. Wir grüßen Sie und Frau Herder mit dem Gruß der Freundschaft und wünschen Euch alle guten Gaben des Ormuzd.

An Herder, 1. September 1775

Was übrigens die Ähnlichkeit unsrer Denkart über das, was schön und gut ist, und das davon abhängige Mitarbeiten am Mercur betrifft, so glaube ich, daß Hr. Asmus sich darüber in seinem Buch offenherzig genug erklärt hat. Meine Philosophie ist einfältigen, ärmlichen Ansehens, aber ich habe noch keine andre funden, die unter allen Umständen Stich hält, und, weil es mir nun mehr aufs Stichhalten als aufs Schönaussehen ankommt, so hab ich sie mir erwählt und lasse gern einen jeden die Seinige, wie sich das von selbst versteht.

An Wieland, 28. September 1775

Die Briefe nach Wandsbeck liegen gewöhnlich einige Tage länger in Hamburg, als sie es nötig hätten, und so hat's Ihr Brief auch gemacht. Ich hätte Ihnen freilich die Antwort darauf mündlich bringen sollen und hätt' es auch am liebsten getan, aber ich habe, was Sie vielleicht nicht wissen, schon vor einigen Jahren ein Bauermädchen aus Wandsbeck gefreit, und dies Mädchen hat itzo einen hochrunden Leib und soll alle Stunden gebären, und da kann ich unmöglich von ihr wegreisen, bis sie geboren hat, und denn muß ich ihr Warmbier kochen, mein lieber Gleim, und das Bett zurecht legen usw. Dazu kommt, daß ich etwas übersetze, das zu Weihnachten fertig sein soll, so daß ich noch nicht absehe, wie ich mich dem Canonicus in diesem Jahr noch zeige. Ein Kind habe ich schon, ein Mädchen von beinahe 2 Jahren, das hier neben mir am Tisch sitzt und mit Gewalt die Feder haben will. Das Erstgeborene war ein Junge, den hab ich aber nicht mehr; nun kommt wieder 'n Junge, den Gott geleite! Seit Johannis schreib ich den Boten nicht mehr und hätte eine kleine Stelle freilich wohl nötig, aber es hat von jeher mit mir nicht fort wollen. Ich möchte am liebsten auf dem Lande eine Stelle, die mir Zeit übrig ließe, und da wäre, denk ich, Postmeister wohl das beste. Ich kann auch zur Not Organist werden, aber die Stellen sind gewöhnlich auf dem Lande gar zu armselig, ob ich wohl nicht eben hoch hinaus will. Ich habe noch eine alte Mutter zwischen Hamburg und Lübeck, die vielleicht nur noch ein paar Jahre zu leben hat; je näher ich also bei Hamburg oder Lübeck bleiben kann, desto lieber tue ich's. –

An Gleim, 6. November 1775

Also nehme ich mit Freuden in Darmstadt an, was ich bei Hamburg freilich lieber hätte. Zimmermann hat mir vor einiger Zeit einen Brief voll Freundschaft und Aussicht geschrieben; es sind auch sonst Versprechungen gegeben; es geht nun aber fürerst nach Darmstadt in Gottes Namen; denn die Stelle ist recht gut.

An Herder, 18. November 1775

Ich habe einen Brief von Ew. Excellence an den Herrn Konsistorialrat Herder in Bückeburg gelesen und bin von der Nachsicht und der großmütigen Güte, mit der Ew. Excellence darin von mir und einer Versorgung für mich zu sprechen geruhen, um desto lebhafter gerührt worden, da es mir so unerwartet kommt und alle meine Erwartungen so sehr übertrifft, ich auch überzeugt bin, daß ich alles meinem Freunde und Ew. Excellence Edelmut zu danken habe.

Ich habe eine alte Mutter, die ich, so lange sie noch lebt, ungerne verlasse; aber meine itzige Situation ist von der Art, daß ich eine irgend erträgliche Versorgung mit beiden Händen ergreifen muß, viel mehr eine so vorteilhafte, als die ist, mit der Ew. Excellence mich beehren wollen. Es bliebe also nur die Frage, ob ich mich getrauen dürfte, eine solche Stelle anzunehmen, da einem ehrlichen Mann eine strenge Erfüllung der Pflichten, die er übernimmt, doch immer die Hauptsache bleibt. Und hierüber will ich aufrichtig und gerade heraus sein. Wenn ich von meiner Neigung sprechen dürfte, so ist die für ein einsames Leben, für ein nützliches Wirken im stillen, für Feld und Wald und Bauervolk von jeher gestimmt gewesen; das darf ich auch noch sagen, daß ich es an gutem Willen, herzlicher Tätigkeit und Treue nicht werde fehlen lassen; ob ich aber Geschick genug habe, ein Rad in der Maschine zu sein, dadurch ein Fürst seine Vatermilde über sein gutes Landvolk ausbreiten will, das weiß ich nicht, weil ich noch keine Erfahrung davon gemacht habe und ich nichts von mir annehmen mag, als was ich aus gehabter Er-

fahrung weiß, und ich noch keine Erlaubnis habe, auf die Winke und den guten Rat derjenigen zu rechnen, unter dessen Oberaufsicht die ganze Maschine ihre Wirkung tun soll. Sollten Ew. Excellence nach diesem Bekenntnis mich dieser oder einer andern kleinen Stelle einigermaßen würdig finden, so dürfte ich wohl hoffen, daß meine Überkunft bis zur gelinden Witterung Zeit hätte, da ich vor einigen Wochen erst wieder Vater geworden bin.

An den Präsidenten von Moser, 3. Dezember 1775

Von Herrn Burmann, der hier Zeitungsschreiber ist und das Grablied auf meinen Tod gemacht hat, kann ich Dir eine rechte Komödie erzählen. Ich ging zu ihm und stellte ihn zur Rede: Herr Burmann, sagte ich, der Schiffer Charon, der die abgeschiedenen Seelen nach Elysium hinüberschifft, läßt Sie grüßen, er hat aus Ihrer Zeitung gesehen, daß Asmus gestorben ist. Asmus hat sich aber nicht bei ihm gemeldet und muß unter einem andern Namen passiert sein. Er bittet Sie also um die näheren Umstände, damit er den Unterschleif untersuchen könne.

Mein Herr Burmann sah mich steif an und vergaß sich selbst, und sein Mund blieb ihm halb offen stehen. Ich setzte den Spaß noch ein Weilchen fort und sagte endlich, daß ich Herr Asmus sei. Nun fing mein Herr Burmann, der schon, wenn er stille sitzt, eine sehr lustige Figur ist, an, zu springen wie ein Ding, das tot ist, lachte, schrie, sprang wieder, las etwas im Wandsbecker Boten seinen Werken, sprang wieder etc. etc. und konnte sich in sein Glück nicht finden, das größer sei, sagt er, als wenn ihn sechs Fürsten besucht hätten. Er übertreibt alle Sachen, spielt aber das Klavier sehr gut und die Orgel noch besser. Er hat seine Lüge in der Zeitung widerrufen, auch in Versen, die aber nicht so gut geraten sind wie sein Grablied.

An Frau Rebecca, 1775

Ich komme eben von einem schönen Gut zu Hause, das Bosee heißt und das ich kaufen will. Mein schönstes Gut hab ich schon, aber das Bosee wird doch kein übler Zierat und Quast sein...

Leb wohl, Du meine liebe Seelen gold Rebecca, ich bleibe Dir, was ich von Anfang war, als ich Kundschaft von Dir erhielt...

Ich hielt mich so still an meinem Geburtstag wie eine Maus und siehe da, wider mein und aller Menschen Vermuten brach Sonnabend der Damm durch, und Aufsätze und Musik, Gedichte, Prozessions von Manns- und Weibsleuten, Kränze und Tanz stürzten über mich armen Sünder. Es war alles charmant, nur Du hättest hier sein müssen, daß Du mir hättest helfen können, mich zu schämen. –

Addies, ich liebe Dich, Rebecca. M. C.

An Frau Rebecca, nach 1775

Und das ist der letzte Brief, den ich Ihnen aus Wandsbeck schreibe, mein lieber Miller! Denn ich gehe den künftigen Monat nach – raten Sie – nach Darmstadt mit Weib und Kind. Der Landgraf hat mich zum Oberlandcommissarius gemacht mit einem Gehalt von 800 Fl. Seht Ihr, das habt Ihr Euch wohl nicht träumen lassen, ich auch nicht, aber darum ist's doch wahr, und im April, wenn der Winter nicht wie bisher gar zu hart und unbarmherzig ist, könnt Ihr mich in Darmstadt finden.

An Miller, 2. Februar 1776

Von meiner hiesigen Lage weiß ich nicht eigentlich, was ich schreiben soll. Die Gegend ist hier ein Paradies, ich habe auch Essen und Trinken und noch übrig zu Coffee und Taback, aber so sehr am rechten Ort als in Wandsbeck bin ich hier nicht; so gute Luft für meine Brust und so gute

Freunde für mein Herz habe ich hier auch nicht und also seht ihr, daß mir manches fehlt *ad bene beateque vivendum* nach meiner Art; sonst aber kann ich nicht klagen und klage auch nicht, aber ich ginge lieber zurück, und meine Rebecca träumt auch immer von Wandsbeck und Reinfeld und Lübeck und Lütgenburg und Hamburg usw.

Wenn Ihr *accord* mit Bohn richtig ist, und Sie 80 Louisdor jährlich haben, können Sie hierzulande ganz bequem mit Weib und Kindern leben, ich denke aber nicht, ewig hier zu bleiben.

Wir wohnen in dem ersten Hause am Tor und sehen alles ein- und ausgehen und hören alle 4 bis 5 Stunden die Trommel, die hier gar meisterlich geschlagen, so wie auch meisterlich gepfiffen wird, davon mit mehrerm Doctor Burneys Reisen nachzulesen sind. Wir haben einen großen Saal für Fremde, eine gute Stube für uns, und eine andre, wo der Nachttopf steht, und noch eine für Stina und eine Küche, darin viel gebraten werden kann und wenig gebraten wird, und einen Keller, wo kein Wein darin ist, und einen Holzstall und ein Waschhaus und keinen Garten und keinen Garten, und so hohl der Henker den großen Saal und die Stube für uns und die Stube mit dem Nachttopf und Küche und Keller und Waschhaus. Die Leute lieben hier Frisur und Puder so sehr wie in Hamburg und Lübeck, ich lasse aber doch nur alle Sonntage einstreuen.

Mein lieber Voß, als wir noch in Wandsbeck waren, das war eine Zeit! Aber ich sagte Ihnen damals schon, daß die von nun an nicht wiederkäme.

An Voß, 1. Oktober 1776

Ich habe eine Pleuresie gehabt und bin soeben entronnen, Gott sei Dank. Wenn ich und meine gute Rebecca uns danach befinden, so gehen wir Ausgang April von hier ab in meinem Wagen, den ich noch konserviert habe, vielleicht über Wolfenbüttel, wie ich Lessing, der hier nämlich nach und von Mannheim durchgegangen ist, versprochen habe, sonst grade nach Wandsbeck.

Reisegeld – ich glaube, sie geben mir hier noch etwas und, wenn sie's nicht tun, so habe ich einen Freund, der's mir nicht versagt.

Was in Wandsbeck anfangen? Übersetzen, Fortsetzung vom Asmus herausgeben, und Befiehl Du Deiner Wege pp.

Itzo bin ich schon wieder mit außer dem Bette, kann aber noch nicht sicher Strich halten, sondern bin so wie ein Gelehrter.

An Herder, Februar 1777

Als ich unsern Rückzug schon beschlossen hatte, befiel's mich mit einer Pleuresie, die mich fast schier zu meinen Vätern versammelt hätte. Danken Sie Gott mit mir, mein lieber Lavater, daß er mich dasmal bei meinem armen Bauermädchen gelassen hat, sie wäre mit 2 Kindern und einem runden Leib übel daran gewesen.

An Lavater, 31. März 1777

Es freut mich jedesmal in der Seele, wenn ich von einem Menschen höre, der bei einer Leidenschaft den Kopf immer noch oben behält und Braut und Bräutigam für etwas bessers vergessen kann.

Ich bin nicht, was Salomo war, bin nicht König über Israel, und ich bescheide mich gerne, daß mir seine Weisheit noch mehr als seine Krone fehlet; aber überzeugt bin ich lebendig, daß die Furcht Gottes die Quelle alles Guten sei, daß es da anfangen und sich da wieder endigen müsse, und daß alles, was sich darauf nicht gründet und nicht damit besteht, wie groß es auch scheine, doch nichts als Täuschung und Trug sei und unser Wohl nicht fördern möge.

Hätte wohl Lust, mich auf die schönen Wissenschaften zu legen; damit, wenn sich bei der oder jener Gelegenheit 'n Vers oder eine Prosa in meinem Herzen rührt und h'raus will, ich doch dem Dinge ein fein gedeihlich Ansehn und Grazias, wie sie sagen, geben könnte.

Geben Sie immer einen Klavierauszug heraus, einige Subscribenten weiß ich schon und ich gönne Ihnen tausend. Aber Anteil will ich an dem Vorteil weder des Klavierauszuges noch der Partitur, wenn es dazu kommt, haben. Und verlieren Sie deswegen kein Wort weiter, ich will nicht.

Ich habe Ihnen gezeigt, mein ich, daß ich nachgeben kann, für diesmal eine Probe vom Gegenteil. Und so fällt denn das Mitankündigen von meiner Seite von selbst weg, ich hätte es so nicht getan, weil ich vielleicht selbst wieder einen neuen Teil Asmus ankündigen muß und das Ankündigen mir nicht weniger ekelhaft ist, als wenn ich vor dem ehrsamen Publikum die Hose herunter machen soll.

An Reichardt, 18. Januar 1785

Und denn noch eins. Mir hat wohl eher jemand einen Sohn, den er liebhatte, anvertrauen wollen, und ich habe was anders getrieben oder treiben wollen, kurz keine Lust gehabt und die Sache dann nicht angenommen. Itzo wäre ich wohl geneigter dazu, wenn alles so wäre, wie es sein sollte. Unter andern muß der Vater auch ein reicher Mann sein; denn ich will kein Philantropin, sondern Ein oder ein Paar, und die müssen mich denn nähren. Verstehen Sie den Auftrag nicht unrecht, lieber Gleim, Sie sollen nicht auf Werbung ausgehen. Denn es wird erst ein Vater erfordert, der Vertrauen zu mir habe, und dem so viel als mir daran gelegen ist, und so etwas muß von selbst kommen und gehen. Es ist nur, daß Sie Bescheid wissen, wenn dergleichen vorkäme.

An Gleim, 14. November 1786

Ich habe wirklich großen Trieb unabhängig zu sein und zu bleiben, habe mich auch bisher so erhalten, nicht auf Rosen und ohne Mühe; und ich würde es auch, auf eben die Art vielleicht noch fernerhin tun können. Aber meine Kinder, deren nun Gottlob! acht beisammen sind, fangen an groß zu werden und, da ich niemand habe, sie zu unterrichten und zu Recht zu weisen, so muß ich es selbst tun und in der Zeit, daß ich das tue, kann ich kein Brotgeschäft tun, und darum sollten ein oder zwei Zöglinge den Unterricht mit genießen und meinen Kindern ihren Hofmeister frei halten. Sehen Sie, lieber Gleim, so war mein damaliges Anliegen gemeint und ich sehe noch itzo nichts Unrechts darin und es hätte doch auch einen wohlhabenden Vater geben können, der, wie ich mir und ihm zu diesen dachte, sich auch damit gedient geglaubt hätte. Ich kann nicht dafür, daß Sie sagten und glaubten, Sie sollten werben. Ich hatte ja ausdrücklich gebeten, Sie möchten es nicht tun, und die Sache war ja auch von Natur so, daß sie entweder von selbst gehen mußte oder gar nicht gehen konnte.

So viel davon, weil es mir vorgekommen ist, daß Sie die Sache nicht von der rechten Seite angesehen haben. Und nun leben Sie wohl und brummen Sie nicht wieder, ob Sie wohl als der alte Gleim etwas mehr frei haben als ein anderer.

An Gleim, 19. März 1787

Ich habe mich bisher meiner Hände Arbeit genährt und mich nicht übel dabei befunden; aber acht Kinder, die doch halbwegs erzogen und unterrichtet sein sollen, fangen an, mir meine Zeit zu nehmen und mir meine itzige Lebensart etwas beschwerlich zu machen. Ew. Königliche Hoheit haben ungebeten mich auf eine solche Art zu bemerken geruhet, daß ich, wenn ich etwas zu bitten habe, mich zuerst an Sie wenden würde, und wenn Sie auch nicht unser Kronprinz wären. Ich wünschte irgendeine

Stelle in des Königs Lande und, wenn es sein könnte, im lieben Holstein. Gnädiger Prinz, ich bitte nicht um eine sehr einträgliche Stelle, sondern nur um eine, die mich nährt, und um so eine bitte ich mit aller Unbefangenheit eines Mannes, der willens ist, das Brot, das ihm der König gibt, zu verdienen.

Wenn es mir auch erlaubt sein würde, so wüßte ich nicht zu sagen, wozu ich eigentlich geschickt bin, und ich muß Ew. Königl. Hoheit untertänig bitten, daß Sie gnädigst geruhen, ein Machtwort zu sprechen und zu befehlen, wozu ich geschickt sein soll.

Ich ersterbe mit den Gesinnungen eines getreuen Untertan.

An den Kronprinzen, später König Friedrich VI. von Dänemark, 19. Oktober 1787

Es ist hier unbeschreiblich schön. Wir gehen und fahren alle Tage spazieren und können doch nicht fertig werden, es bleibt doch viel schönes ungesehen. Das Emkendorfer Gut ist wohl vier Meilen im Umfang und hat Berg und Tal, Seen und Wälder von schönen, dicken Buchen und Eichen. Ich habe heute etwas Kopfweh gehabt, sonst bin ich recht vergnügt hier, und es blitzt und donnert hier ziemlich, Gott bewahre Euch, liebe Kinder. Ängstige Dich nicht zu viel, liebe Anna, es hilft doch nicht. Sonnabend kommen wir, will's Gott, zu Euch, dann will ich Euch alles erzählen, was ich weiß, ich befehle Euch Gott und grüße Dich

liebe Hausmutter Caroline,
liebe Kindermutter Christiane,
liebe Auguste, liebe Trinette,
lieber Hans, liebes Rebäcchen,
lieber Fritz

An die Kinder, 27. Juli 1791

Einen großen gewaltigen Titel, wie Sie meinen, habe ich gar nicht. Ich heiße nichts mehr, als ich bin, das ist Revisor bei der K. Species-Bank in Altona, wohne aber immer noch hier in Wandsbeck, da die Revisorgeschäfte nur *quartaliter* und jährlich einmal für allemal abzumachen sind.

An Gleim, 28. Dezember 1792

Man wird alt! Aber Gottlob, mein inwendiges Wohlsein im und durch die Religion wird nicht alt. Und suche Dich darüber täglich mehr zu arrangieren, liebe Anna. Es hält nichts als das, wenn die Tage oder Zeit kommen, die uns nicht gefallen. Ich habe das lange gewußt und oft an großen, berühmten Häusern mit meinen Augen gesehen und noch diese Tage.

An die Tochter Anna, 19. Januar 1803

Übrigens ist das Valet ein Valet an meine Leser. Es spinnt sich zwischen Schriftsteller und Leser, wenn sie es gut miteinander meinen, eine Art Liebe und Anhänglichkeit an, und ich konnte den Botenstab nicht niederlegen, ohne förmlich Abschied zu nehmen und noch ein gut freundlich Wort zu sagen.

Wiehert doch ein Pferd, wenn es von seinen Genossen getrennt wird.

Valet an meine Leser

Und somit will ich Feierabend machen und von meinen Lesern Abschied nehmen und zu guter Letzt noch einmal Hand geben.

Ich entschuldige mich für meine Werke bei ihnen nicht. Ich bin kein

Gelehrter und habe mich nie für Etwas ausgegeben. Und ich habe, als einfältiger Bote, nichts Großes bringen wollen, sondern nur etwas Kleines, das den Gelehrten zu wenig und zu geringe ist. Das aber habe ich nach meinem besten Gewissen gebracht; und ich sage in allen Treuen, daß ich nichts Besseres bringen konnte.

Das Meiste ist Einfassung und Spielewerk, das als ein Blumenkranz um meinen »Becher kaltes Wassers« gewunden ist, daß er desto freundlicher ins Auge falle.

In diesem siebenten und letzten Teil habe ich des Ernstes etwas mehr getan und die Fahne etwas höher aufgezogen, daß man am Ende sehe, von welcher Seite die Luft geht. Sollte ich nun damit unter den Herren Gelehrten und Wortführern wieder böse Leute gemacht haben, so wäre mir das leid. Aber ich konnte mich doch ihretwegen nicht genieren. Ich mußte tun, was recht ist und was ich gleich in der Dedikation vor dem ersten Teil dem bewußten Freund versprochen habe; er soll nun bald kommen, und ich darf es mit ihm nicht verderben. Am Ende wird ja, was wahr und nützlich ist, auch wohl wahr und nützlich bleiben, wenn es von den Gelehrten auch nicht gelobt wird.

Man ist nur einmal in der Welt und ist nicht darin, ihr nach dem Sinn zu reden und Häckerlinge zu schneiden. Es schafft nicht, daß der Mensch mit niedergeschlagenen Augen sitze und sich räuspere und seufze; er soll die Augen frei aufschlagen und frisch und fröhlich um sich sehen. Aber man kleinmeistert und lacht sich nicht durch die Welt, und die sind übel berichtet, die da glauben und lehren, daß die Menschen hier nichts anderes zu tun hätten, und daß sie hier so recht *à leur aise* wären.

Sehe doch einer nur an, wie sie in die Welt hereinkommen und wie sie wieder hinausgehen, wes Standes und Ehren sie sind! – Wer dazu lachen und sich das aus dem Sinn schlagen oder sich darüber mit den Kategorien etc. trösten kann, der mag ein Philosoph sein; aber ein vernünftiger Mensch ist er nicht.

Und auch zwischen dem Herein und Hinaus, selbst wenn es am besten geht, was ist denn der Mensch, und was hat er? – Er hat Himmel und Erde, Meer und Land, Berg und Tal, Sonne und Mond etc., und die sind groß und herrlich; aber recht beim Lichte besehen, ist alles, was man sieht, doch nur äußere Rinde und Kruste, schöne Kisten und Kasten mit Kleinodien, zwischen denen der Mensch herumgeht wie ein Knecht, vor dem der Herr sie verschlossen hat. Er fühlt wohl, daß es anders sein könnte; denn was sind seine kühnen Vermutungen und seine Träume über den inwendigen Zusammenhang und die verborgenen Triebfedern der Natur anders als Zeichen und Beweise seines Anrechts an ihre Erkenntnis? – Aber sein Anrecht ist sequestiert, und er geht neben dem Born des Lichts hungrig und durstig nach Erkenntnis und muß es sich kalt und warm um die Nase wehen lassen und mit allen Elementen kämpfen, bis sie ihn wieder verschlungen haben.

Man tröstet sich mit der innerlichen Größe des Menschen und gloriiert über das Hohe und Göttliche seines Verstandes und seiner Vernunft. Ja, wohl ist der Mensch groß und göttlich; aber grade hier ist es, wo einem das Gloriieren vergeht und die Tränen in die Augen treten, wenn man sieht und gewahr wird, daß das Große und Göttliche wider seine Natur in uns gehemmt ist; und es sollte walten.

Der Weg, den der Mensch in dem, was Künste und Wissenschaften heißt, dazu einschlägt, ist lobenswert und edel; aber sie sind höchstens, wofür sie auch in alten Zeiten nur gegolten haben, ein Weg und nicht das Ziel; und wer sie für das Ziel nimmt und darin hängen bleibt, der verkauft seine Erstgeburt um ein Linsengericht, der sattelt in der Wüste ab, um das Pferd zu bewundern und bewundern zu lassen, mit dem er weiter und ins Gelobte Land reiten sollte, wo der Almosenpfleger wohnt.

Die Reinigung kann ja nicht in dem Gebrauch des Ungereinigten bestehen, und wenn der Eimer von eigner Weisheit voll ist, kann ja keine andre hinein. Und darum muß, wenn 'was Gescheites werden soll, alle eigne Weisheit und aller Selbstdünkel zu Kreuze kriechen und der Sokratischen Unwissenheit Platz machen. Nur in der Niedre sammelt sich das Wasser, und dem Almosen gebührt ein Mann in Lumpen, wie auch Ulysses erfahren hat; denn nicht als Held und Feldherr, sondern in Bettlers Gestalt fand er seine Penelope wieder.

So ist das Denken und die Denkkraft ja auch nur die Hälfte des Menschn und noch dazu die unrechte Hälfte, mit ihr die Veränderung und Besserung des Ganzen anzufangen, weil sie an und in sich selbst fest steht. So wenig es von mir abhängt, Schwarz als Schwarz zu sehen, ebensowenig hängt es von mir ab, den Pythagorischen Lehrsatz z. E. wahr oder nicht wahr zu finden. Aber der Wille, der kann wollen und sich ändern und so auf die Denkkraft influieren. Und wer wie Gott wollen kann, der wird auch wie Gott denken lernen, er sei gelehrt oder ungelehrt, ein Polyhistor oder ein Schuster.

Also auf eine gewisse Gestalt des inwendigen Menschen kommt es an, auf eine gewisse innerliche Denkart, Fassung, Haltung etc., die man sich vorsetzen und danach man streben muß.

Und da ist es, dünkt mich, von allem Übrigen abgesehen und wes Glaubens man sonst auch sei, ein vernünftiger Rat: daß man sich eine Gestalt vorsetze, die standhält und die man unter allen Umständen festhalten kann. Was vorübergeht, ist ohne Zweifel nicht so gut, als was währt; und es schickt sich für den Menschen nicht, andern und andern Sinnes zu werden und wie ein Chamäleon die Farbe zu ändern, je nachdem die Lichtstrahlen auf ihn fallen.

Aber über eine Gestalt, die standhalte und sich unter allen Umständen festhalten lasse, sind die Meinungen sehr verschieden, und ein jeder denkt sie sich auf seine Art, der Weltbiedermann so und der Gymnosophist anders; und a priori und ohne Erfahrung hat wohl noch niemals ein Mensch die rechte getroffen. Man stimmt immer zu hoch oder zu tief und muß denn, wenn die Erfahrung eintritt, umstimmen, und das gibt viel Sorge und Mühe.

Der Mensch hat so immer Wünsche, größere und kleinere, und ich denke, wenn der Wunsch, der immer der erste ist und bleiben muß, der erste bleibt, so darf man wohl die andern und kleinern haben. Für das erste will ich sorgen, so lange ich lebe, und so mögen die zweiten freien Lauf haben. Der eigentliche Weise hat keine Wünsche mehr, und so einer bin ich nicht, leider!

An die Tochter Anna, 19. September 1805

Kopf und Herz sind immer im Streit und sehr selten beide zugleich zu befriedigen, und man muß sich so gut man kann mit jedem einzelnen abfinden und beide körnen. Und der liebe Gott kann alle die Künsteleien unnötig machen und beide miteinander vergleichen und einigen. Wenn er mich z. E. kurz und gut zu einem reichen Mann machte, so hätte alles seine gewiesenen Wege. So kann ich freilich nichts als den guten Willen haben, und den habe ich.

An die Tochter Anna, 14. Februar 1808

Man wird schwerfälliger, wenn man alt wird, sich in neue Geschäfte, die man nicht kennt, hineinzuarbeiten und unbeholfener, sich zurechtweisen zu lassen. Dazu bin ich im Hineinarbeiten nie ein Virtuose gewesen, und wenn ich nicht den Kollegen getroffen hätte, den ich getroffen habe, so würden mir die Bankgeschäfte graue Haare gemacht haben. Ich bitte Sie also um besagte Auskunft, je eher, je lieber, denn die Teuerung nimmt hier von Tag zu Tag zu und man mag nicht an Neujahr denken.

Wir verlassen Wandsbeck sehr ungerne; ich habe hier so lange gelebt und möchte hier auch gerne sterben, auch es scheint mir wieder den Bocksbeutel, daß der Wandsbecker Bote in Altona wohnt. Wenn also die Geschäfte es irgend litten, so möchte ich lieber einen Teil der Einnahme verfahren und wenigstens anfangs einen Versuch damit machen.

Der andre Vorschlag, den Kronprinzen um eine Gratifikation zu bitten, wäre wohl nötig und aller Ehren wert, aber, liebe Gräfin, der Kronprinz saliert mich nach der Arbeit, die ich als Revisor habe, sehr *genereux* und hat mir daneben ungebeten und aus eignem guten Willen eine kleine Pension zugelegt, wie könnte ich denn wieder bitten?

An die Gräfin Schimmelmann, 7. November 1808

Ich habe mich lange gesträubt, Ihnen diesen Brief zu schreiben. Es scheint, als sei der Mensch verpflichtet, *à son aise* zu sein und als habe er sich zu schämen, wenn er sagen soll, daß er es nicht ist, und ich hätte bei den hohen Preisen aller Lebensbedürfnisse diesen Brief schon lange schreiben sollen, aber ich habe mich gesträubt und lieber übersetzt und dies und das versucht und hoffte, die teure Zeit werde indes aufhören. Aber sie hört nicht auf, und es muß endlich heraus, daß ich für mein Hausvolk nicht auskomm und das so weniger, da meine Knaben allgemach so heranwachsen, daß der älteste auf Ostern außer Hause gehalten werden soll.

Einige meiner Freunde haben gemeint, daß ich unter solchen Umständen unsern Kronprinzen um eine Gratifikation bitten solle. Aber es ist überhaupt ein eigen Ding um das Bitten. Dazu hat der Kronprinz mir schon ungebeten und aus eigner Bewegung eine kleine Pension zugelegt, und es ist schwer, einem willigen Geber neue Zumutungen zu machen. Aber es ist noch eine andre Ursache, die mir das Bitten um eine Gratifikation unmöglich macht. Ich habe nämlich die Überzeugung, daß zwar nicht alle Könige und Fürsten, aber die Würde, die sie tragen, göttlich sei, und daß man nicht allein den gütigen und gelinden, sondern auch den wunderlichen gehorchen müsse, und daß überhaupt Gehorsam und Unterwerfung unter die bestehende Ordnung in der Welt mit allen ihren Mängeln besser als *raisonnement* und Trotz und sowohl für den einzelnen als für das Allgemeine bei weitem das geringere Übel sei, und so bin ich bei dem Ausbruch der neuen Weisheit, des Alles-selbst-seins und des Alles-selbst-könnens und in der größten Brunst dieser Weisheit und der allgemeinen Verachtung der bestehenden Ordnung der Dinge ein eifriger Anhänger und Verteidiger des Positiven und der Könige und Fürsten gewesen pp.

Wie könnte ich denn nun um eine Gratifikation bitten?

Es bleibt mir also nichts übrig als zu bitten, daß mir etwas neue Ge-

schäfte, da ich für die, (die) ich als Revisor habe, reichlich saliert werde, gegeben werden möchten, und darum bitte ich denn untertänigst, wenn etwa dergleichen, denen ich gewachsen wäre, außer den Lotto-Geschäften in Altona für mich ausgefunden werden könnten. –
Ew. Excellence haben mir einmal die Erlaubnis gegeben, mich in vorkommenden Fällen an Sie zu wenden, und so will ich mich nicht weiter darüber entschuldigen.

Ich und meine Frau Rebecca empfehlen uns Ihnen und der Frau Gräfin, und ich habe die Ehre pp.

Matthias Claudius

An den Grafen Schimmelmann, 27. November 1808

Ich alte Pandorenbüchse werde mürber und mürber und kann die andern Gaben fast nicht mehr halten, nur die Hoffnung bleibt, wie bei den andern, noch im Grunde.

An die Tochter Anna, 16. Mai 1811

Wir hören, daß in Wandsbeck ein Königlicher Zoll angelegt werden soll, und bei der Gelegenheit könnte ich vielleicht mein Haus anbringen. Ich will gerne verkaufen und muß verkaufen, weil ich, sonderlich bei den dermaligen Abgaben, zu teuer wohne, weil ich zwei Söhne auf der Universität und einen auf der Schule in Sachsen habe, die mich aus dem Hause studieren, und weil Wandsbeck über kurz oder lang ausgetauscht werden möchte und ich eine natürliche aversion gegen die Conscription habe. Ein besseres *Locale* könnte der Zoll schwerlich hier im Ort finden.

Mein Gehöfte liegt voran am Eingange des Orts, an der großen Straße zwischen Hamburg und Lübeck, ist 175 Fuß breit und 500 lang bis an die erste Allee des gräflichen Parks; das Haus mit den 2 daran hängenden Nebenhäusern ist grundgemauert, das Haus sehr fest, hat 100 Fuß Breite, und an jeder Seite einige und 30 Fuß frei, für Ein- und Ausfahrt. u.s.w.

Wir empfehlen uns Ihnen und der Frau Gräfin Charlotte, und ich habe die Ehre.

An den Grafen Schimmelmann, 7. Dezember 1811

Hier die Anzeige

Anzeige

Ich will zu Ostern k. J., spätestens Johannis, eine Zugabe zu den sämtlichen Werken des Wandsbecker Boten herausgeben. Sie wird enthalten: etwas, das schon hie und da ungefähr gedruckt ist, und etwas Ungedrucktes, circa 12–13 Bogen. Was den Inhalt anlangt, da wissen die Leser, wie wenig und was sie zu erwarten haben. (Ich habe nicht umgesattelt und suche, wie bisher, einfältig und bescheiden an die wahre Größe und den inwendigen Wohlstand des Menschen zu erinnern, daß sie ihrer gedenken und zu rechter Zeit Hand anlegen. Denn wer sie auch sind, gelehrt und ungelehrt, wenn der Rausch vorüber ist, möchten wir doch alle gern Hand angelegt haben.)

Die Pränumeration ist 1 Taler 8 Sch. Hamburger oder 1 Gulden Reichsgeld, die ich mir gegen Ende des Februar ausbitte, wenn etwa an ein und anderm Orte ein Bekannter und Freund oder sonst ein rechtlicher Mann die Güte haben will, sie für mich anzunehmen.

In Hamburg nimmt Friedrich Perthes an und in Wandsbeck ich selbst.

Wandsbeck, d. 2 Xber 1811. Der Bote

An die Tochter Anna, 17. Dezember 1811

Ich wundere mich jedesmal, wenn der und jener stirbt und ich immer noch lebe. Und doch möchte ich das Ende der jetzigen Bewegung noch erleben, wiewohl, wenn vom Sterben die Rede ist, es der Mühe kaum lohnt.

An die Tochter Anna, 26. Juni 1813

Ich habe nämlich zwei Söhne, die Theologen werden wollen, der eine hat, Königlicher Verordnung gemäß, schon zwei Jahre in Kiel studiert und der andere kommt Ostern von der Schulpforta zurück und soll auf die Universität. Die Kieler Theologie ist nun meine Theologie nicht, und der eine soll eine andere zum Nachtisch, und der andere zum ersten Gericht haben. Da balanciere ich nun zwischen Heidelberg, Göttingen, Tübingen und Berlin. Aber es kommt außer den Theologien noch etwas anderes in Betracht, nämlich die Kosten. Wir sind einige Jahre her durch die blauen Zettel ausgemergelt worden und werden es noch durch die Reichsbanktaler, der ist auf 30 Schilling statt 48; wir leben seit fast einem halben Jahr, als die Belagerung von Hamburg wahrscheinlich wurde und ich mit Frau und Mädchen in solcher Nähe nicht bleiben konnte, auf der Emigration und zu Hause gehen die schweren Abgaben, die Einquartierungen etc. etc. immer fort, so daß man, wie man sagt, jeden Schilling in der Hand umkehren muß, ehe man ihn ausgibt. Ich muß also Erkundigungen einziehen, wo es am wohlfeilsten ist. Ich bitte Sie denn, mir zu sagen: 1) wie viel ein Student jährlich in Berlin braucht, der so eingeschränkt wie möglich lebt. 2) ob in Berlin Aussicht zu Stipendien sei. 3) ob da wohl Gelegenheit sei, mit Stundengeben zu verdienen; denn meine Knaben können etwas Latein und Griechisch und sind des Informierens von Schulpforta her gewohnt.

An Nicolovius, 7. März 1814

Da sind wir wieder in Wandsbeck, gottlob, wenn wir nur frisch und gesund wären. Aber durch $^3/_4$ Jahre Unruhe und Sorge angespannt gewesen, fallen wir nun zusammen, sonderlich Mama, die von ihrer Pleuresie vom März vorigen Jahres, und von einer ähnlichen im letzten März, in der Brust etwas Fehl nachbehalten hat. Ich wäre wohl in Lübeck geblieben, bis es hier von fremden Truppen frei gewesen wäre, aber Mama hatte so starkes Heimweh und war so krampfhaft und verzagt, daß ich den Einfluß der Heimat versuchen mußte. Dazu kam, daß Fritz hier nicht wegkonnte, bis wir in seine Stelle träten, und er, der Advokatrei wegen, nach Lübeck kommen mußte. Sie haben ihn zum Prokurator gemacht, er hat auch schon etwas zu tun, und wir sind deswegen außer Sorgen. Er hat viele Freunde und weiß sich zu nehmen. Hier hat er sich um Haus und Hof unsterblich gemacht, hat uns den Garten bis auf die Einfassung und alle Bäume gerettet und gewiß über 100 Taler gespart, die wir ohne ihn hätten ausgeben müssen. Du wunderst Dich, daß 120 Mann ihn nicht selbst aufgefressen haben. Aber wo so viele Leute eingelegt werden, die werden aus den Magazins gehalten, und das Haus gibt nur Nachtlager, Salz, Holz zum Kochen pp. Unser Garten grünt und blüht, und das Haus war freilich ein Schweinestall, aber doch nicht ruiniert, und Mama hat es solange gewaschen und gekämmt, daß wir wieder darin bequem wohnen!

An die Tochter Anna, 8. Juni 1814

Mit mir ist und bleibt es beim alten, und ich werde wohl am Ende in den sauren Apfel beißen und nach Hamburg hineinziehen müssen. Mama, die wirklich außerordentlich wohl ist, ist nun von meinem ewigen Kranksein mürbe geworden und befindet sich weniger gut, doch gottlob nicht übel.

An den Sohn Fritz, 4. Dezember 1814

Von politischen Begebenheiten

Zeitgenossen – Zeitgeschichte

Sie sind gewiß ungehalten und glauben, daß Sie auch wirklich Ursache haben es zu sein, – indes versichere ich, daß heute der erste Posttag nach dem Morgen ist, darin ich Bachen habe spielen hören, und daran ist hauptsächlich Lessing schuld. Ich allein konnte Bachen nicht zum Spielen bringen, daher ich Lessingen bat, mich einmal mitzunehmen, und dies Mitnehmen ist vorigen Mittwoch morgens um $^1/_2$12 Uhr allererst erfolgt. – Das kleine berühmte Silbermannsche Klavier hat einen hellen, durchdringenden, süßen Ton, keine außerordentliche Stärke im Baß, keinen außerordentlich sanften schmeichelnden Diskant und geht nur bis e. Auf diesem Klavier spielte Bach zwei Adagio und ein Allegro, die er ausdrücklich für dies Klavier gesetzt hat, das erste Mal, wie sie auf dem Blatte vor ihm stunden, und das zweite Mal verändert. Die Stücke waren gar nicht schwer, indessen spielte er das Allegro so geschwind und so rein dabei, daß man leicht sah, wie er mit den schwereren Stücken umgehen werde. Sein Adagiospiel kann ich nicht besser beschreiben, als wenn ich Sie an einen Redner zu denken ganz gehorsamst ersuche, der seine Reden nicht auswendig gelernt hat, sondern von dem Inhalt seiner Rede ganz voll ist, gar nicht eilt, etwas herauszubringen, sondern ganz ruhig eine Welle nach der andern aus der Fülle seiner Seele herausströmen läßt, ohne an der Art der Herausströmung zu künsteln, wohl aber zu denken, so wie ich an diesem Gleichnis nicht gekünstelt, aber auch nicht gedacht habe. Ich bat ihn um die letzte Phantasie in den Probestücken etc., und ich kann Ihnen versichern, daß wir sie nicht sehr unrecht gespielt haben, wie er sich denn auch, als ich etwas spielte, vernehmen ließ, wie man hören könne, ich spiele mit Leib und Seele, *quod obiter moneo*. Er spielte noch eine von seinen leichten Sonaten – die Allegro fahren wie schnelle Donnerwetter unter seinen Fingern heraus, wir müssen sie nach diesem etwas geschwinder spielen. – Ich habe ihm von Klopstocks Bardenliedern etwas gesprochen, er scheint aber es entweder nicht zu begreifen oder ist kalt gegen alles, was nicht gut bezahlt wird, welches er denn in Ansehung der Cramerischen Psalmen selbst sagte, auch etwas von einem Briefe eines *Anonymi* über diese Materie und von einer Antwort darauf, wie Sie wissen, hinzutat. Er sagte von Pergolese, daß viel Ausdruck und guter Wille in seinen wider die Komposition anstoßenden Sachen sei, daß aber ebensoviel ohne diese Fehler darin sein könnte. Er will diesen Winter ein Konzert halten, wenn er 100 Subskribenten à Mann 10 rt. kriegen kann, wird sie aber vermutlich nicht kriegen. Solfeggi sind eigentlich kurze musikalische Sätze, die die Sangmeister in Italien ihre Schüler singen lassen, um die Kehle geläufig zu machen; daher sind Bachs Solfeggi kurze musikalische Stücke, junge Spieler fertig zu machen. Die Orgel

spielt Bach gar nicht und muß hier in Hamburg verschiedene Urteile über sich ergehen lassen, welches ihm denn sehr ungewohnt vorkommt.

An Gerstenberg, 1768

Sie haben mich durch Ihren Brief in Verlegenheit gesetzt, denn Menschen ist es nicht gegeben, Bachen zum Komponieren zu bewegen; er ist faul und verdient ebensowenig als ich einen Brief von Ihnen.

An Gerstenberg, Sommer 1770

Klopstock hab ich gesprochen, er wird den Winter in Hamburg zubringen, der holdselige Großmeister, der. Ich wohne itzo hinter Petri Kirche in der Probstei bei H. Fahlius und freue mich aufs Eis wie Jonas auf den Kürbisschatten.

An Gerstenberg, 26. Oktober 1770

Da sitzen die Herren Studenten alle nebeneinander auf Bänken wie in der Kirch', und am Fenster steht eine Hittsche, darauf sitzt 'n Professor, oder so etwas, und führt über dies und das allerlei Reden, und das heißen sie denn dozieren. Das auf der Hittschen saß, als ich drin war, das war 'n Magister, und hatt' eine große krause Paruque auf 'm Kopf, und die Studenten sagten, daß seine Gelehrsamkeit noch viel größer und krauser und er unter der Hand ein so kapitaler Freigeist sei als irgendeiner in Frankreich und England. Mochte wohl was dran sein, denn 's ging ihm vom Maule weg, als wenn's aus 'm Mostschlauch gekommen wär'; und demonstrieren konnt' er wie der Wind. Wenn er etwas vornahm, so fing er nur so eben 'n bißchen an, und eh man sich umsah, da war's demonstriert. So demonstriert' er z. Ex., daß 'n Student 'n Student und kein Rhinozeros sei. Denn, sagte er, 'n Student ist entweder 'n Student oder 'n Rhinozeros; nun ist aber 'n Student kein Rhinozeros, denn sonst müßt 'n Rhinozeros auch 'n Student sein; 'n Rhinozeros ist aber kein Student, als ist 'n Student 'n Student. Man sollte denken, das verstünd' sich von selbst, aber unsereins weiß das nicht besser. Er sagte, das Ding,

»daß 'n Student kein Rhinozeros, sondern 'n Student wäre«, sei eine Hauptstütze der ganzen Philosophie, und die Magisters könnten den Rükken nicht fest genug gegenstemmen, daß sie nicht umkippe.

Alte und neue Zeit

Zu 'n Zeiten Homer's
Gab man der Minerva die Eule,
Und nicht aus Langeweile;
Zu 'n Zeiten Voltaire's,
Des Weisen und Kastraten,
Verdient sie Minerva nicht mehr,
Und da würd' ich denn freilich sehr
Zum Vogel Kuckuck raten.

Lied

Ich bin ein deutscher Jüngling,
Mein Haar ist kraus, breit meine Brust;
Mein Vater war
Ein edler Mann, ich bin es auch.

Wenn mein Aug' Unrecht siehet,
Sträubt sich mein krauses Haar empor,
Und meine Hand
Schwellt auf und zuckt und greift ans Schwert.

Ich bin ein deutscher Jüngling!
Beim süßen Namen »Vaterland«
Schlägt mir das Herz
Und mein Gesicht wird feuerrot. –

Ich weiß ein deutsches Mädchen;
Ihr Aug' ist blau und sanft ihr Blick
Und gut ihr Herz
Und blau, o Hertha, blau ihr Aug'!

Wer nicht stammt vom Thuiskon,
Der blicke nach dem Mädchen nicht!
Er blicke nicht,
Wenn er nicht vom Thuiskon stammt!

Denn ihres blauen Auges
Soll sich ein edler Jüngling freun!
Sie soll geliebt,
Soll eines edlen Jünglings sein!

Ich bin ein deutscher Jüngling,
Und schaue kalt und kühn umher,
Ob einer sei,
Der nach dem Mädchen blicken will.

Emilia Galotti,

ein Trauerspiel von Gotthold Ephraim Lessing. Berlin, bei Voß etc.

Wollt's wohl machen wie der Maler Conti; er lehnte anfangs das Gemälde der Emilia verwandt gegen einen Stuhl, aber die Leser haben wohl nicht so viel Geduld als der Prinz, will's also lieber gleich umwenden, daß sie die runden hervorliegenden Figuren sehn, den rauhen biedern Odoardo, den feinen guten Appiani, den Engel Emilia, den schönen frechen infamen Sünder Angelo und den noch infamern Filou und Hofschranzen Marinelli. »Der Künstler scheint mit dem Auge gemalt zu haben, weil so wenig auf dem langen Wege aus dem Auge durch den Arm in den Pinsel verloren gegangen ist; alles wie aus dem Spiegel gestohlen; das Stück soll nicht aufgehangen werden, soll bei der Hand bleiben, nicht wahr?«

Das erste also, was ich von diesem Trauerspiel zu sagen habe, ist, daß es mir gefallen hat. Das heißt nun wohl eben nicht viel gesagt, aber es ist auch nie meine Sache gewesen, viel zu sagen; und wer da sagte, daß es ihm nicht gefallen habe, der hat doch noch weniger gesagt. Freilich, wenn ich verstünde, was zu einem guten Trauerspiel gehört, so könnt' ich's

alles weitläufig mit Gründen belegen und sagen so und so und dies und das und darum. So aber kann ich nur schlechthin sagen, was mir sonderlich gefallen hat, und das will ich frei tun, damit mich der Maler Conti nicht ins Kloster schicke. Sonderlich denn hat mir gefallen der Stolz des Malers Conti in seinem Gespräch mit 'm Prinzen, sonderlich, daß Camillo Rota das Todesurteil doch wohl nicht mitgenommen hatte, sonderlich der Morgenbesuch des alten Odoardo, sonderlich Pirro und Angelo, sonderlich Odoardo und Claudia, sonderlich, daß Emilia nichts vor dem Grafen Appiani auf dem Herzen behalten wollte, sonderlich die melancholische Schwärmerei des Grafen Appiani, sonderlich sein Gespräch mit dem Hofschranzen, sonderlich Angelo und Marinelli, sonderlich Emilia, sonderlich Martinelli und Claudia, sonderlich Orsina und Marinelli, sonderlich Odoardo und Orsina, sonderlich Marinelli, der Prinz und Odoardo, sonderlich das ganze Stück von der »Kunst, die nach Brot geht« bis zu Odoardos schönem »Zieh hin«. Der Schuß im 1. Auftritt des 3. Akts hat mich recht erschreckt; ich war mir auf hundert Meilen noch keinen Schuß vermuten. Auch die Orsina hat mich ein paarmal recht surpreniert; der Henker erwarte so viel Geist, Entschlossenheit und feste Wut von einer solchen Nickel; 's ist gar ein verteufeltes Weib, aber meisterhaft wie die andern.

Ein Ding hab ich nicht recht in Kopf bringen können, wie nämlich die Emilia (S. 149) sozusagen bei der Leiche ihres Appiani an ihre Verführung durch einen andern Mann und an ihr warmes Blut denken konnte. Mich dünkt, ich hätt' an ihrer Stelle nackt durch 'n Heer der wollüstigsten Teufel gehen wollen, und keiner hätt' es wagen sollen, mich anzurühren. Doch das kommt mir wohl nur so vor, und ich hab's bloß gesagt, damit ich mich ganz ledig sagte. Wollt's auch für viel nicht mit Herrn Lessing verderben. Er fackelt nicht; zwar er gäb' sich auch mit 'm schlichten Boten wohl nicht ab, er ist's so mit Geheimen Räten gewohnt.

Wir haben hier heint Nacht Illumination gehabt, mein lieber Andres. Sieht Er, da hängen denn Lampen in allen Hecken und Bäumen, und sind solche Bogen und Säulen mit Lampen und so 'n S. Michael, der nach dem Lindwurm stößt, und die Gartenhäuser sind voll Lampen, über und über, und dicht am Wasser sind Lampen, daß man die Fische kann spielen sehen, und gehn so viel Leut' aus Hamburg im Garten hin und her, sieht Er, und das heißt denn Illumination und ist recht kuriös zu sehen und kostet viel Öl. Ja, Andres, wir beide hätten unser Lebelang daran zu brennen gehabt, aber damit wär' keine Illumination geworden, Andres, und wer 'n Öl denn so hat, sieht Er, der läßt 'n denn so brennen.

Dergleichen Illuminations nun sind nur für große Herren und Potentaten, doch kann unsereiner 's auch sehen, und Er hätt's auch sehen können, wenn Er nicht immer am unrechten Ort wär'. Ich hätt' 's Ihm wohl vorher melden können, aber ich dachte, 's wäre auch noch Zeit, wenn Er's nur nachher erführe. 's ist hier ein Prinz gewesen und eine Prinzessin, sieht Er, und darum hat's der gnädige Herr auch so schön gemacht und die Kanonen auch lösen lassen.

Wer hat den Götze von Berlichingen geschrieben? Mir sagt man, ein Advokat in Frankfurt.

An Herder, 1773

Universalhistorie des Jahrs 1773

oder silbernes A. B. C. defekt

*A*m Firmament in diesem Jahr
Ist's so geblieben, wie es war.

*G*elehrte setzten fort ihr Spiel
Mit dem bewußten Federkiel.

*P*rozesse hatten gut Gedeihn,
Und über Recht tät niemand schrei'n.

*S*tammbäume trieb man, groß und dick,
In Mistbeeten mit gutem Glück.

*T*heologie war leider krank
Durch Übersetzungen und Zank.

*U*ngläubig wurde jedermann,
Sir Hagel und 'Squeir Urian.

*X*antippen fehlten ganz und gar;
Oft ist ein ganzer Vers nicht wahr.

*Y*sop wuchs wenig an der Wand,
Nach Hamburg kam ein Elephant u.s.w.

FINIS

Der Schwarze in der Zuckerplantage

Weit von meinem Vaterlande
Muß ich hier verschmachten und vergehn,
Ohne Trost, in Müh' und Schande;
Ohhh die weißen Männer!! klug und schön!
Und ich hab' den Männern ohn' Erbarmen
Nichts getan.
Du im Himmel hilf mir armem
Schwarzen Mann!

Die Leiden des jungen Werther's

Erster und zweiter Teil. Leipzig, in der Weygandschen Buchhandlung. 1774.

Weiß nicht, ob's 'n Geschicht' oder 'n Gedicht ist; aber ganz natürlich geht's her, und weiß einem die Tränen recht aus 'm Kopf herauszuholen. Ja, die Lieb ist 'n eigen Ding; läßt sich's nicht mit ihr spielen wie mit einem Vogel. Ich kenne sie, wie sie durch Leib und Leben geht und in jeder Ader zuckt und stört und mit 'm Kopf und der Vernunft kurzweilt. Der arme Werther! Er hat sonst so feine Einfälle und Gedanken. Wenn er doch eine Reise nach Paris oder Peking getan hätte! So aber wollt' er nicht weg von Feuer und Bratspieß und wendet sich so lange dran herum, bis er kaputt ist. Und das ist eben das Unglück, daß einer bei so viel Geschick und Gaben so schwach sein kann, und darum sollen sie unter der Linde an der Kirchhofmauer neben seinem Grabhügel eine Grasbank machen, daß man sich drauf hinsetze und den Kopf in die Hand lege und über die menschliche Schwachheit weine. – Aber, wenn du ausgeweinet hast, sanfter guter Jüngling! wenn du ausgeweinet hast, so hebe den Kopf fröhlich auf, und stemme die Hand in die Seite! denn es gibt Tugend, die, wie die Liebe, auch durch Leib und Leben geht und in jeder Ader zuckt und stört. Sie soll, dem Vernehmen nach, nur mit viel Ernst und Streben errungen werden und deswegen nicht sehr bekannt und beliebt sein; aber wer sie hat, den soll sie auch dafür reichlich lohnen, bei Sonnenschein und Frost und Regen, und wenn Freund Hain mit der Hippe kommt.

Ein gewisser Graf von Grunn soll neulich auf der Insel Jos das Grab Homers entdeckt haben. Der Dichter saß im Grabe, fiel aber bald zusammen, als Luft hineinkam. Eine Grabschrift auf dem Grabe war nicht mehr leserlich, ist aber vermutlich die gewesen, die Herodot anführt, und die erst lange nach dem Tode Homers auf sein Grab getan ward, wie das von jeher so Mode gewesen, daß man mit der Achtung, die großen Männern gebührt, um ein paar hundert Jahre nachgekommen ist. Die Mutter des Homer soll, nach dem Pausanias, der zu seiner Zeit ein berühmter Gelehrter und Geographus gewesen, Klymene geheißen haben, wiewohl andre sie Chryteis nennen, und auch auf der Insel Jos begraben sein. Der Graf von Grunn hat viel nach ihrem Grabe gesucht, hat's aber nicht finden können; auch die *Marmora Arondeliana* in England sagen von ihrem Namen und Grabe nichts, und man wird also sich über beides wohl zufrieden geben müssen.

Wollen denn auch lieber die Lebendigen studieren und die Physiognomik des edlen liebenswürdigen Lavaters.

Der Teutsche Merkur etc.

Von dem beliebten Teutschen Merkur ist herausgekommen des achten Bandes 1stes, 2tes und 3tes Stück. Auch diese Stücke sind sehr reichhaltig und mannigfaltig an Buchhändler-Avertissements, Anzeigen, auch an Hymnen, Liedern, Auszügen aus erbaulichen Briefen, Übersetzungen und eigenen Aufsätzen etc. Das Merkwürdigste ist die »Fortsetzung der kritischen Nachrichten vom Zustande des Teutschen Parnasses«, nicht als ob sie etwa besondre Merkwürdigkeiten von der deutschen neuen Literatur enthielte, sondern weil sie so lustig zu lesen ist. Man sagt, dieser Aufsatz rühre von dem Herrn Herausgeber selbst her; das ist aber sowenig daß er vielmehr den Aufsatz nicht einmal vor Abdruck desselben gesehen haben, weil er sonst die lauten Schmeicheleien, die ihm darin gemacht werden, gewiß würde weggestrichen haben. Doch dem sei wie ihm wolle, so wird in diesen Nachrichten, nach vorläufigen Äußerungen, was ein Original-Schriftsteller, Heerführer und Sektierer sei oder nicht sei, und nach einigen losen Wendungen über die Journalisten-Rotten, Klubs und Komplotts, kund und zu wissen getan wie folget: 1) Herr Hamann möge wohl ein Original-Schriftsteller sein, schreibe aber nonsensikalisch und chaotisch und ahme Ideen des Merkurs nach; 2) desgleichen sei der Herr Herder so ein dito, der in einem Buch mehr verdunkelt als aufklärt, in dem andern wie ein Zelot schreibt, und im dritten aus einer Hypothese alles herleitet; so gehöre 3) auch leider Herr Klopstock zu Hamanns und Herders Partei, habe aber doch einen erhabenen Geist, der in seiner neuen Prosa allzu gedrängt und zugespitzt, in seinen Vorschlägen chimärisch und in seinen Oden hochbrausend sich gebärdet; 4) Herrn D. Goethe widerfährt Gerechtigkeit, nur ist er durch eine leidige Sympathie

zu jener Sekte hingerissen worden, davon sogar irgendwo ein gedrucktes Bekenntnis zu lesen ist; habe auch splenetische Stunden etc.; 5) die beiden Herrn Grafen zu Stolberg haben zwar Talente, die in die Augen fallen, doch sie arbeiten sich in eine fremde Manier hinein; 6) wird Herr von Gerstenberg zwar gerühmt, doch auch nicht ganz ohne aber; und von Herrn Bürger, Miller, Hölty, Voß etc. wird viel Wahres gesagt; 7) auch sogar S. T. Asmus der Bote wird nicht vergessen; er ist ein sehr geschäftiger Lobredner von Klopstock und könnte sich, wenn er der leidigen Lobrednerei nicht so nachhinge, eigne Verdienste erwerben; so aber ist Hopfen und Malz an ihm verloren, zumal er die Grille hat, seine Nase in mystischen und abenteuerlichen Unrat zu stecken, daraus denn am Ende freilich nichts Kluges werden kann. u.s.w.

Wir haben keinen Auftrag, von wegen der andern Herren etwas zu erwidern, sie werden auch wohl, was ihnen zu Lob, Tadel oder zur Lehre gesagt ist, ganz still einstecken wollen; aber von wegen S. T. Asmus haben wir folgendes in Antwort zu vermelden: 1) er befinde sich mit seinem ganzen Hause bis dato gottlob sehr wohl; 2) die Lobrednerei sei ein Naturfehler an ihm; übrigens sei es bloßer Zufall, daß er seinen Naturfehler grade zum Lobe von Hamann, Klopstock Herder etc. etc. in Bewegung gesetzt habe, und könne das Unglück ebensogut einen andern Anführer von Parteien betroffen haben; 3) er danke ergebenst für die gütige Äußerung von nicht unwahrscheinlicher Erwerbung eigner Verdienste, bedaure aber anbei, daß, da seine Begriffe von Verdienst von den Begriffen des Teutschen Merkurs etwas abzugehen geneigten, er von dem wohlgemeinten Rat keinen Gebrauch machen könne; er bitte 4) gehorsamst, daß ihm von Zeit zu Zeit über die Kultur seiner etwanigen Anlage und besonders über die Mystik, von Weimar aus, Rat und Licht an Hand möge gegeben werden; und da 5) der Teutsche Merkur einmal ein Buch für die Nachwelt ist, und seine, des Asmus, Werke nun herausgekommen sind, daß er doch in folgenden Stücken des Merkurs etwa mit einem halbblauen Auge davon kommen möge, angesehen er sich sonst leicht etwas zu Gemüt ziehen könnte; endlich 6) wünsche er dem Teutschen Merkur und dem Herrn Herausgeber und seinem Genio alles Gute und danke für die rühmliche Anzeige von Herrn Bodens Übersetzung des Tristram Shandy, die er, der Asmus, auch gut finde.

Die Geschichte des Menschengeschlechts und der Gang Gottes mit ihm sind, wie fast alles in der Welt, ein verschlossenes Rätsel, das zu seiner Zeit auch wohl wird aufgeschlossen werden. Die Menschenkinder konnten aber bis so lange nicht Geduld haben; sie drückten am Schloß und kehrten am Schloß und kuckten ins Schlüsselloch hinein, und gaben denn ihr *Videtur* unmaßgeblich ab, als ob sie etwas Rechtes gesehen hätten. Nun ergibt aber die Vernunft, daß im Schlüsselloch nicht viel zu sehen ist, und also die Methode: daraus zu weissagen, etwas mißlich sei. Der Verfasser hat dies weitläufiger erörtert und hierüber und über manches mehr, sonderlich auch über den Einfluß der Akademien, Sozietäten der Wissenschaft ec. ec., vieles gesagt, das nicht allgemein angenommen wird. Er ist überhaupt ein Fisch, der gegen den Strom angeht, und will auch, was von der Erleuchtung und den Vorzügen unsers und dem Gehalt und den Mängeln eines jeden andern Jahrhunderts und Volks gewöhnlich vorgetragen wird, nicht so alles gradezu für bares Geld annehmen.

Voß, mein lieber Herder, ist keins von dem allen, was Ihr ihn in Verdacht habt, wenigstens in einem gewissen Grad nicht. Ich will rein heraussagen, was ich ihn halte. Er ist keine weiche, gefällige Haut, die für andre Leute, noch für Kinder sanft und lustig anzufühlen ist, und darum glaub ich, kann zwischen ihm und Kindern so ein recht herzlicher *nexus* nicht statthaben. Er hat vielmehr seine eigne Form, die sich nicht anschmiegt, sondern bleibt, wie sie ist, so daß er bisweilen kalt scheint und gewiß nicht so bedachtsam, als er sein sollte, ist; dabei hat er wenig Weltkenntnis oder gibt nichts darauf, und keine feine Lebensart, d. i. er macht seinen Bückling sehr schnell und tief herunter und so hulterpulter p.p. Aber Voß ist auf der andern Seite ein ehrlicher Kerl, der etwas von Edelsein in seinem Charakter hat, der das Seinige treu tut, der ein scharfes Gefühl von Recht hat, und wenn er es gegen sich oder andere beleidigt glaubt, sehr heftig und mutig ist; übrigens ist er ein langer, wohlgewachsener, hübscher Geselle.

An Herder, Juli 1775

Der jüngere Stolberg geht als Kammerherr nach Weimar (das soll aber, glaube ich, noch ein Geheimnis sein) und Goethe ist in Weimar und bleibt den Winter da, und Wieland betet ihn an. Es ist mir lieb, daß Sie Lavatern haben kennen lernen, er muß ein lieber Mann sein und, so ich lebe, komme ich wohl noch nach Zürich, die Grafen erzählen so viel aus der Schweiz, daß man sich schämen muß, wenn man nicht da gewesen ist.

An Miller, 2. Februar 1776

Vorgestern kam hier eine Sage, Goethe habe auf der Jagd den Hals gebrochen, sie bestätigte sich aber nicht, und es wird wohl höchstens nur so viel daran wahr sein, daß er ihn hätte brechen können.

An Gleim, 24. Juni 1776

Merck ist ein sehr schlauer Mann, der in der gelehrten und zivilen Welt gute Kenntnisse und *connexions* hat. Mir hat er sehr viele Dienste getan, aber mit ganzem Herzen kann ich ihn nicht lieben. Er ist von der Göthischen Sekte.

An Voß, 10. Dezember 1776

Görgeliana

Vorbericht

Diese Görgeliana schreiben sich von Görgeln her, und Görgel ist eigentlich ein alter lahmer Invalide, der sich in seinen alten Tagen noch auf die Felder applizierte und wirklich der Verfasser einer gewissen Druckschrift wurde, die als *disjecti membra poetae* ins Publikum herausging. Ich war mit ihm bekannt geworden, und wie's unter den Gelehrten ist, das sie einander aushelfen, so half ich ihm, wenn er keine Zeit oder Reißen im Bein hatte, nach meiner Wenigkeit auch aus, wie zum Teil folget, nicht ohne sein Erlaubnis.

Weiter wüßte ich nichts vorzuberichten, etwa noch, daß die Tanne ein Wald von Tannen ist, etliche Stunden groß, darin sich's im Jahr 1776 und 1777 noch recht gut spazieren ließ.

No. 1. Des alten lahmen Invaliden Görgel sein Neujahrswunsch

Sie haben mich dazu beschieden,
So bring' ich's denn auch dar:
Im Namen aller Invaliden
Wünsch' ich ein fröhlich Jahr

Zuerst dem lieben Bauernstande;
Ich bin von Bauern her
Und weiß, wie nötig auf dem Lande
Ein fröhlich Neujahr wär'.

Gehn viele da gebückt und welken
In Elend und in Müh',

Und andre zerren dran und melken
Wie an dem lieben Vieh.

Und ist doch nicht zu defendieren
Und gar ein böser Brauch;
Die Bauern gehn ja nicht auf Vieren,
Es sind doch Menschen auch;

Und sind zum Teil recht gute Seelen.
Wenn nun ein solches Blut
Zu Gott seufzt, daß sie ihn so quälen;
Das ist fürwahr nicht gut.

Ein fröhlich Jahr den Fürsten,
Die nach Gerechtigkeit,
Nach Menschlichkeit und Wohltun dürsten:
Der Fürsten Ehrenkleid!

Sie sind in diesem Ehrenkleide
Wie Gottes Engel schön!
Und haben selbst die meiste Freude;
Sonst muß ich's nicht verstehn.

Ein fröhlich Jahr und Wohlbehagen
Dem Fürsten, unserm Herren!
Der auch in unsern alten Tagen
Noch denket an uns gern;

Der als ein Vater an uns denket,
Auf seinem Fürstenthron,
Und uns des Lebens Pflege schenket!
Dank ihm und Gotteslohn!

Und seinen Untertanen allen,
Wir sind ja Brüder gar,
Uns lieben Brüdern Wohlgefallen
Und ein recht gutes Jahr!

»Und allen edlen Menschen Friede
Und Freud' auf ihrer Bahn!

Ich segne sie in meinem Liede,
So viel ich segnen kann;

Und fühl' in diesem Augenblicke
Den lahmen Schenkel nicht,
Und steh' und schwinge meine Krücke
Und glühe im Gesicht.«

Nr. 4. Billett doux von Görgel an seinen Herrn, den 10. Jan.

Es schneit noch immer, mein lieber Herr, als ob's gar nicht wieder aufhören wolle.

Was doch für eine Menge Schnee in der Welt ist! hier so viel Schnee! Und in der Pfalz so viel! Und in Amerika! Und in der Tanne! – Ich pflege denn so meinen Gang nach der Tanne zu haben, weiß Er wohl. Der große Wald ist von Natur mein Lustrevier, und die Tanne liegt mir so bequem, grade am Tor, und führt eine schöne lange Lindenallee dahin; denn sind auch immer so viele arme Leute darin, alt und jung, die Holz sammeln und auf dem Kopf nach Hause tragen; und das seh' ich so mit an und gehe meinen Gang hin. Seit der viele Schnee gefallen ist, fehlt mir aber meine Gesellschaft; die armen Leute können nicht zu, und ich kann denken, daß sie sowohl hier als überall, wo so viel Schnee liegt, bei der Kälte übel daran sind. Mein Herr hat gottlob einen warmen Rock und eine warme Stube, da merkt Er's nicht so, aber wenn man nichts in und um den Leib hat und denn kein Holz im Ofen ist, da friert's einen gewaltig.

Am Nordpol, hinter Frankfurt, soll Sommer und Winter hoch Schnee liegen, sagen die Gelehrten, und in den Hundstagen treiben da Eisschollen in der See, die so groß sind als die ganze Herrschaft Epstein, und tauen ewig nicht auf! Und doch hat der liebe Gott allerlei Tiere da, und weiße Bären, die auf den Eisschollen herumgehen und guter Dinge sind, und große Walfische spielen in dem kalten Wasser und sind fröhlich. Ja, und auf der andern Seite unter der Linie, über Heidelberg hinaus, brennt die Sonne das ganze Jahr hindurch, daß man sich die Fußsohlen am Boden sengt. Und hier bei uns ist's bald Sommer und bald Winter. Nicht wahr, mein lieber Herr, das ist doch recht wunderbar! Und der Mensch muß

es sich heiß oder kalt um die Ohren wehen lassen und kann nichts davon noch dazu tun, er sei Fürst oder Knecht, Bauer oder Edelmann. Wenn ich das so bedenke, so fällt's mir immer ein, daß wir Menschen doch eigentlich nicht viel können, und daß wir nicht stolz und störrisch, sondern lieber hübsch bescheiden und demütig sein sollten. Sieht auch besser aus, und man kommt weiter damit.

Nun Gott befohlen, lieber Herr, und wenn Er 'n Stück Holz übrig hat, geb' Er's hin, und denk' Er, daß die armen Leute keine weißen Bären noch Walfische sind.

Sein Diener
Görgel.

Nr. 15. Schreiben von Görgel an seinen Herrn, d. d. 1777.

Ich komme morgen nicht nach Hause. »Warum nicht, Görgel?« Darum nicht, mein lieber Herr! Ich komme nicht und kann nicht kommen.

’s wird Ihm bekannt sein, daß unser lieber Erbprinz sich morgen vermählt, und daß alle Leute im Lande, Vornehme und Geringe, so ’was machen und tun wollen, so’n Carmina, oder Illumination, oder Musik, Tanz und dergleichen, ein jeder nach seiner Art und wie ihm der Schnabel gewachsen ist, alles aber damit der Erbprinz sehen soll, wie lieb sie ihn und seine Braut haben. Und da wollen wir alten Invaliden auch ’was tun, sieht Er, mein lieber Herr! Und da wollen unser etliche zusammenkommen in unsern Sonntagsröcken und mit weißen Vorärmeln, und denn will ich vor ihnen hintreten und eine Rede halten.

Er kann leicht denken, was das für eine Rede werden, und daß es nicht gehauen und nicht gestochen sein wird. Aber ’n jeder macht’s so gut er kann, und kurz ich werde ohngefähr so sagen: »Kam’raden, wir haben alle graue Haare und sollen bald sterben; hofieren und schmeicheln steht uns nicht an. Aller Welt Lust und Herrlichkeit ist eitel und vergänglich, und am Ende besteht nichts, als wenn man Gott fürchtet und Recht tut! Kam'raden, auch die besten Fürsten sind Menschen, und darum muß man bei aller Gelegenheit für sie beten. Glückzu denn heute unserm geliebten Erbprinzen und seiner Braut! Wenn sie der Pfarrer einsegnet und sie einander die Hände geben, so segne sie Gott ein, und die Sonne scheine milde und freundlich vom Himmel herab! – Und wenn er einst, wir erleben's nicht, wir liegen denn alle schon im Grabe, aber wenn er einst die Regierung seines Landes übernimmt, so erfülle Gott unsre Hoffnung und gebe, daß er ein guter Regent werde, damit er in den Himmel zu uns komme.«

Wenn ich das sage: »daß er ein guter Regent werde etc.«, dann sollen alle Kam'raden die Hüte und Kappen abtun, und denn wollen wir 'n »Vater Unser« beten und hernach uns hinsetzen und auf unsers gnädigen Herrn Landesfürsten, des Erbprinzen, der Erbprinzessin und aller F. Herrschaften und des Herrn Präsidenten seine Gesundheit trinken, in 66er wenn uns der Wirtsmann nicht betrügt. *Addies* lieber Herr, schreib' Er mir doch 'nmal, Er hat mir so lange nicht geschrieben, und schenk' Er mir einen krummen Kamm in meine Haare.

Sein Diener etc.
Görgel.

Nr. 19. Beschluß-Nachricht von Görgel an seinen Herrn, d. d. Gr. den 27sten Febr. 1777.

Das Himmelszeichen ist auch hier zu sehen gewesen; 's ging grade über unser Invalidenhaus und hat ausgesehn wie eine Rute! Es wird aber doch mit Gottes Hilfe nichts Böses bedeuten. Denn es war so schön weiß und helle, und man konnte die lieben Sternlein durchsehen.

Ende der Görgeliana.

Gestern stand in den Frankfurter Zeitungen, daß Schubart auf einer württembergischen Festung in ein sehr enges Gefängnis gebracht worden sei. Er wird also wohl in der Chronik zu viel oder zu wenig von Württemberg oder Rußland gesagt haben. Schreiben Sie mir doch aber bald und umständlich warum? und wie?

An Miller, 2. Februar 1777

Schubart ist vom Herzog von Württemberg hochfürstliche Durchlaucht ins Gefängnis gesetzt worden, weil er zu frei in der deutschen Chronik geschrieben hat.

An Schönborn, 20. April 1777

Hier in Wands. gehen itzt große Veränderungen vor. Es wird eine große Tuchfabrik angelegt, und nun sieht man nichts als lauter katholische Fremdlinge, Kerls mit langen blauen Kitteln und Weiber und Kinder mit gelben und grünen Strümpfen, die sind alle aus Aachen gekommen, der Hr. davon ist ein reicher Mann und wohnt im Jägerhause, er soll eine sehr schöne Frau haben, das ganze Publikum ist begierig, sie zu sehen. Der Direktor wohnt im Kutscherhause, und noch ein paar von den Meistern wohnen in Ihren Häusern.

An Ernestine Voß, 13. November 1778

Kriegslied

's ist Krieg! 's ist Krieg! O Gottes Engel wehre,
Und rede Du darein!
's ist leider Krieg – und ich begehre
Nicht schuld daran zu sein!

Was sollt' ich machen, wenn im Schlaf mit Grämen
Und blutig, bleich und blaß,
Die Geister der Erschlagenen zu mir kämen,
Und vor mir weinten, was?

Wenn wackre Männer, die sich Ehre suchten,
Verstümmelt und halb tot
Im Staub sich vor mir wälzten und mir fluchten
In ihrer Todesnot?

Wenn tausend tausend Väter, Mütter, Bräute,
So glücklich vor dem Krieg,
Nun alle elend, alle armen Leute,
Wehklagten über mich?

Wenn Hunger, böse Seuch' und ihre Nöten
Freund, Freund und Feind ins Grab
Versammelten und mir zu Ehren krähten
Von einer Leich' herab?

Was hülf' mir Kron' und Land und Gold und Ehre?
Die könnten mich nicht freun!
's ist leider Krieg – und ich begehre,
Nicht schuld daran zu sein!

Ein Lied nach dem Frieden in Anno 1779

Die Kaiserin und Friederich
Nach manchem Kampf und Siege,
Entzweiten endlich aber sich
Und rüsteten zum Kriege;

Und zogen mutig aus ins Feld
Und hatten stolze Heere,
Schier zu erfechten eine Welt
Und »Heldenruhm und Ehre«. –

Da fühlten beide groß und gut
Die Menschenvater-Würde,
Und wie viel Elend, wie viel Blut
Der Krieg noch kosten würde;

Und dachten, wie doch alles gar
Vergänglich sei hienieden,
Und sahen an ihr graues Haar ...
Und machten wieder Frieden.

Das freut mich recht in meinem Sinn!
Ich bin wohl nur fast wenig;
Doch rühm' ich drob die Kaiserin
Und rühm' den alten König!

Denn das ist recht und wohlgetan,
Ist gut und fürstlich bieder!
Und jeder arme Untertan
Schöpft neuen Odem wieder.

Ah, »Heldenruhm und Ehr'« ist Wahn!
Schrei sich' der Schmeichler heiser;
Die Güte ziemt dem großen Mann,
Nicht eitle Lorbeerreiser.

Gut sein, gut sein, großmütig sein,
Vollherzig zum Erbarmen,

Ein Vater aller, groß und klein,
Der Reichen und der Armen!

Das machet selig, machet reich,
Wie die Apostel schreiben,
Ihr guten Fürsten, und wird Euch
Nicht unbelohnet bleiben.

Gott wird Euch Ruhm und Ehr' und Macht
Die Hüll' und Fülle geben,
Ein fröhlich Herz bei Tag und Nacht
Und Fried' und langes Leben.

Und kömmt die Stunde denn, davon
Wir frei nicht kommen mögen,
Euch schlecht und recht, ohn' eine Kron'
Hin in den Sarg zu legen;

So wird der Tod Euch freundlich sein,
Euch sanft und bald hinrücken,
Und es wird Euer Leichenstein
Im Grabe Euch nicht drücken.

Und wie die Kinder wollen wir,
Die Großen mit den Kleinen,
Um Euch an Eures Grabes Tür
Von ganzem Herzen weinen. –

Nun segne Gott, von oben an,
Die teil am Frieden nahmen!
Gott segne jeden Ehrenmann
Und straf' die Schmeichler! Amen!

D. Chodowiecki del. E. Henne sculps.

Jacobi ist drei Wochen hier gewesen, und ich kann das Gute, das Ihr Herr Bruder Ihnen von ihm geschrieben, mit gutem Gewissen bestätigen. Ich muß Ihrem Verlangen ein Genüge tun und noch etwas von ihm singen und sagen, sonst wäre es besser, daß Sie ihn selbst gesehen hätten. Er ist lebhaft und klug, kann zwar gute Einfälle haben, ist dagegen in Han-

del und Wandel und Geldangelegenheiten ein gar ungeschickter Mensch, daher denn auch seine Schwester, die überhaupt sehr liebenswürdig, doch nur nicht schön ist, seiner Ignoranz und Tölpelei zu Hilfe kommt und in diesem Fach das Kommando führt. Einige Leser haben gemeint, er sei kalt; er ist aber nicht kalt, sondern er treibt, was ihm behagt, mit aller Gewalt und bekümmert sich dann um alles übrige ganz und gar nicht. Das sieht dann so aus, als wäre er nicht zu Hause, und er ist dann auch wirklich für das andre nicht zu Hause und kann u. a. gar gröblich gegen die Etikette und den Wohlstand unter Menschen verstoßen, doch macht er's auch gern wieder gut, wenn man's ihm vernünftig vorstellt. Bei dem allen ist er sehr lang und das Hamburger Frauenzimmer hält ihn für eine der schönsten Mannspersonen.

An die Gräfin Stolberg, 29. August 1780

Auf den Tod der Kaiserin

Sie machte Frieden! Das ist mein Gedicht.
War ihres Volkes Lust und ihres Volkes Segen,
Und ging getrost und voller Zuversicht
Dem Tod als ihrem Freund entgegen.
Ein Welterobrer kann das nicht.
Sie machte Frieden! Das ist mein Gedicht.

Es ist mir auch Ihretwegen leid, daß Lessing gestorben ist, aber wegen eines Grabgesangs kann ich nichts zusagen. Ich kann über Lessing nicht anders sprechen, als ich vor dem Kaiser von Japan über ihn gesprochen habe, das ist, für und wider ihn zugleich, und ich weiß nicht, ob mir das in einem Grabgesang so recht geraten würde.

An Gleim, 23. März 1781

Der Besuch im St. Hiob zu **

Der Aufseher des Stifts heißt Bernard, und unser fünf oder sechs, lauter reisende Leute, welche die Herberge versammelt hatte, gingen hin, es zu besehen. Der erste war Herr Tobel, ein ernsthafter Mann, der wenig sprach; der zweite, Herr Wange, Prediger in der Nachbarschaft, ein Verwandter des Herrn Bernard und der eigentliche Anfänger und Anführer der ganzen Unternehmung; der dritte, wenn er für einen vollen Mann gelten soll, sein Sohn Fränzel, ein feiner Knabe von etwa zehn bis dreizehn Jahren, der vierte, Herr Sennert, 'n Bruder Studio, dem äußerlichen Ansehen nach; etc.

Unterwegs erzählte uns Herr Wange, daß er einen alten Bekannten im Stift habe, Herrn Cornelio. Dem starb seine Frau und sein Freund, und darauf ging er in den St. Hiob als Krankenwärter.

Herr Bernard empfing uns sehr höflich und bewirtete uns mit Karawan-Tee; zeigte uns auch sein Naturalienkabinett, das ziemlich vollständig ist, sonderlich an Konchylien.

Nach verschiedenen Gesprächen über dies und das kam's endlich zum Stiftbesehen, und Herr Bernard ging voran.

Er führte uns zuerst zu den Wahnsinnigen, die gleich unten im Hofe am Eingang quartiert sind, ein jeder in einem kleinen Stübchen für sich.

So wie Leute, die noch zwischen Furcht und Hoffnung schweben, unglücklicher sind, als die schon Entscheidung haben, so scheinen einem die Wahnsinnigen, oder die zwischen Sinn und Unsinn schweben, unglücklicher zu sein als die Unsinnigen, und sie sind nicht so gräßlich, aber grauerlicher anzusehen. Wir sahen ihrer hier einige und dreißig, alt und jung, Männer und Weiber und aus allen Ständen.

Herr Bernard wollte die Bemerkung gemacht haben, daß der Wahnsinn bei Weibsleuten sich immer auf Liebe und Religion beziehe. Im St. Hiob fanden wir seine Bemerkung bestätigt, denn die Weibsleute sprachen alle wie Verliebte oder predigten und prophezeiten. Bei den Männern trafen wir hier auch mancherlei andern Wahnsinn. Einer in einem grünen Schlafrock dünkte sich 'n Mohr und wusch sich emsiglich, guckte ins Spiegel und wusch wieder, und seine weiße Komtoirmütze und eine Zitrone standen auf dem Tisch. Ein anderer stand mit verstörten Haaren und zeigte immer mit dem Finger nach einem Stundenglas, das an der Wand

hing, und seufzte dazu. Die merkwürdigsten von allen aber waren vier Brüder, die in einem Zimmer beisammen saßen einander gegenüber, wie sie auf dem Kupfer sitzen – Söhne eines Musikanten, und Vater und Mutter waren im St. Hiob gestorben. Herr Bernard sagte, sie säßen die meiste Zeit so und ließen den ganzen Tag wenig oder gar nichts von sich hören; nur so oft ein Kranker im Stift gestorben sei, werde mit drei Schlägen vom Turm signiert, und so oft die Glocke gerührt werde, sängen sie einen Vers aus einem Totenliede. Man nenne sie auch deswegen im Stift die Totenhähne.

Von hier ging's zu den Unsinnigen. Ihre Kojen sind rund und in einem Zirkel gebaut, und in der Mitte steht ein großer Ofen, der im Winter geheizt wird. Nur etwa Zweidrittel davon waren itzo besetzt, und die Unglücklichen darin saßen, wie gewöhnlich, mit zerrissenen Kleidern und halb nackt und sagten Gräuel. Einer von ihnen war neun Jahre in der Sklaverei zu Algier gewesen und hieß Hans Gumpert, und der war der wütigste von allen und hatte ungeheure Kräfte. Er hatte itzo eben eine gute Stunde, und als wir vor seine Klappe kamen, trat er heran und streckte die Hand heraus. Herr Tobel legte ihm einen Dukaten hinein und wir andern etwas Silbergeld; er warf aber alles weg und bat flehentlich um ein ganz kleines Stückchen Zucker.

Weiter brachte uns Herr Bernard in verschiedene Zimmer mit allerlei bösartigen Patienten, und dann kamen wir endlich in die große Krankenstube. Sie ist hoch, beinahe ein Quadrat, und es stehen drei Reihen Betten darin.

Wir gingen hier von Bett zu Bett und sahen in jedwedem einen Menschen liegen, der elend war, mehr oder weniger.

Nicht weit vom Eingange trafen wir den Herrn Cornelio. Er hatte helle Augen und eingefallene Backen und ist lang und blaß. Herr Wange bot ihm freundlich guten Tag und wollte ihn umarmen; das wollte er aber nicht und sagte: er habe sich das Umarmen abgewöhnt.

Herr Bernard bat ihn, uns hier herum zu weisen, weil er hier am besten Bescheid wisse; und das ließ er sich gefallen und ging mit uns durchs ganze Zimmer und sagte uns bei jedem Bette den Namen des Kranken, seine Krankheit, wie lange er schon liege und sich quäle etc., auch allerhand Umstände aus ihrem Leben.

Am Ende des Zimmers war in einem Bette eine alte Frau eben gestorben, und Herr Bernard hieß sie herausnehmen und in die Leichenkammer tragen, und Herr Cornelio sagte uns indes, wer sie gewesen, und wie alt sie geworden, daß sie oft viel Schmerzen gehabt und immer so über die langen Nächte geklagt habe etc.

»Aber Cornelio«, sagte Herr Wange, »wie können Sie alle Tage das Elend so ansehen?«

Cornelio. »Ist es darum weniger, wenn ich es nicht sehe? Und sieht man es denn allein hier?«

Wir nahmen darauf Abschied und gingen weg, nicht ganz gleichgültig.

Als wir wieder auf den Hof kamen, ward die Leiche signiert, und so wie der dritte Schlag gefallen war, fingen die vier Brüder an:

Ach Herr! Laß dein lieb' Engelein
Am letzten End' die Seele mein
In Abrahams Schoß tragen,
Den Leib in sein'm Schlafkämmerlein
Gar sanft ohn ein'ge Qual und Pein
Ruhn bis am jüngsten Tage, etc.

Wir Wandsbecker

an den

Kronprinzen

den 10ten Julius 1787

Mit Freuden, unsern Brüdern gleich,
Empfangen wir Dich hier;
Dich lieben viel' in Deinem Reich,
Doch keiner mehr als wir.

Bei uns willkommen inniglich!
Wir kommen, klein und groß,
Und schließen einen Kreis um Dich,
Und lassen Dich nicht los;

Und stehn mit treuer Lieb' umher,
Wir alle, Mann für Mann,
Und wünschen unsre Herzen leer
Für Dich und sehn Dich an . . .

Ach, diese Welt hat viel Gefahr;
Du lieber Königs-Sohn!
Nicht alles drin ist gut und wahr,
Und fliegt wie Rauch davon.

Nicht, was der Mensch meint oder tut,
Hat Sicherheit und Lohn.
Und Gott allein macht groß und gut;
Du lieber Königs-Sohn!

Der segne Dich! Dich segne Gott!
Der wolle mit Dir sein!
Er mache Deine Wangen rot
Und deine Seele rein;

Er nehme Dich auf seinen Schoß,
Er geb' ins Herz Dir ein . . .
Und lasse Dich wahrhaftig groß,
Wahrhaftig glücklich sein! –

Mit Freuden, unsern Brüdern gleich,
Empfangen wir Dich hier;
Dich lieben viel' in Deinem Reich,
Doch keiner mehr als wir.

Und ich habe Lessing auch gekannt. Ich will nicht sagen, daß er mein Freund gewesen sei; aber ich war der seine. Und ob ich gleich sein *credo* nicht annehmen kann; so halte ich doch seinen Kopf hoch. Hrn. Mendelssohns Bekanntschaft ist mir nicht beschieden gewesen. Aber ich habe ihn als einen hellen forschenden Mann mit vielen andern geachtet; und als Juden habe ich, wie man sagt, ein *tendre* für ihn, um seiner großen Väter und um meiner Religion willen.

Der eine liegt zu Braunschweig im Grabe und der andere zu Berlin – – –

Die Sonne tritt heute in den Widder am Himmel, hier auf Erden soll der Widder heute in die Sonne treten. Kant ist zwar für mich nicht vollends die Sonne, aber er scheint doch mit seinem eigenen Licht und ist gegen mich mehr als eine Sonne, er ist von einer ernsthaften Philosophie, führt

nicht leicht und leichtsinnig zu. Gewiß sind nicht viele Bücher, die so bedächtig, überlegt und so von allen Seiten geprüft und durchdacht sind als seine Kritik der R[einen] V[ernunft]. Es ist dabei in seiner Vorstellungsart und in seiner Manier etwas Heiteres und Feines, auch Fülle und Kraft und ich halte ihn aus seinem Buch auch für einen guten Mann und liebe ihn. Du kannst also denken, daß der arme Widder mit Bescheidenheit eintreten werde. Ich will also diesmal nicht gegen einzelne und besondere Punkte seiner Philosophie, sondern gegen seinen Gang überhaupt eins vorbringen ... mit allem Mut, den das Gefecht für die Wahrheit gibt.

An Jacobi, 19. Mai 1792

Wiegenlied

für die neugeborne Prinzessin von Dänemark, mit einer Schlußapostrophe an Se. K. H. den Kronprinzen

Liege weich in Deiner Wiege
Und in guter Ruh';
Lieg und schlafe Deine Gnüge,
Kleiner Engel Du!

Soll kein Leids Dir widerfahren;
Wir sind männiglich
Um die Wiege und bewahren
Und bewachen Dich.

Bist nun Deines Vaters Freude;
Sei es für und für!
Und die holde Mutter weide
Aug' und Herz an Dir.

Es ist zwar kein ewig Bleiben,
Doch viel Gutes hier;
Und wir loben und verschreiben
Lauter Wohltun Dir.

Schlaf Dich groß, Du liebe Gabe,
Sonder Ungemach;
Und der gute liebe Knabe
Komme bald Dir nach!

Und des Königs Haus gedeihe,
Bis wir weiter ziehn,
Und leg dann vor Gott ohn' Reue
Kron' und Zepter hin.

Die sind keine Menschen-Habe,
Wie die Rede geht,
Sind ursprünglich Himmels-Gabe,
Heiliges Gerät,

Damit Gott den König zieren
Und fein sanft und still
Durch ihn seine Welt berühren
Und sie segnen will.

Jeder König sei des hehren
Großen Rufes wert,
»Gott dem Herrn anzugehören
Und an Seinem Herd

Licht und Feuer zu erhalten
Und Selbstherr und frei
Damit in der Welt zu walten,
Daß sie glücklich sei . . .«

Doch dann muß sein Herz nur ehren,
Was Gott selber ehrt,
Muß nichts wollen, nichts begehren,
Als was Der begehrt;

Muß nicht seine Wege wandeln,
Menschlich sein nicht mehr;
Muß wie Gott auf Erden handeln,
Recht nur tun wie Der;

Und wie Der zu allen Zeiten
Nur barmherzig sein,
Muß nur Licht und Recht ausbreiten;
Sonst ist er nicht Sein.

Denn durch jede seiner Taten,
Wo er sich vergißt,
Hat er Gott den Herrn verraten,
Dessen Bild er ist;

Und der königliche Segen,
Licht und Kraft und Glück,
Kehrt zu dem, von dessentwegen
Er sein war, zurück;

Kehrt zurück, – der Geist entflieget,
Weil ihm Leid geschah,
Und die große Leiche lieget
Zur Verwesung da.

Menschen Will' und Werk vergehet,
Wie die Wahrheit spricht;
Was mit Gott geeinigt stehet,
Das vergehet nicht;

Kann nicht überwunden werden
Und muß ewig stehn –
Und Sein Wille wird auf Erden
Wie daheim geschehn;

Und wird aus der Tat erhellen,
Wenn es rauscht und rinnt
Und des Himmels alte Quellen
Wieder offen sind:

Daß der Mensch nicht bloß hier lebe
Für den Dunkelblick,
Und es bessre Weisheit gebe
Und ein besser Glück;

Und daß Liebe selig mache;
Gottes Furcht und Scheu
Ewiglich die große Sache
Aller Menschen sei etc.

Apostrophe an unsern geliebten Kronprinzen

Laß Dir meine Wahrheit taugen!
Sie ist heilig mir,
Und mit Tränen in den Augen
Sage ich sie Dir.

Wollst denn unsre Bitte hören;
Sei und bleibe rein!
Wir sind treues Volk und schwören,
Fürder treu zu sein;

Wollen Deine Ruh' nicht trüben,
Nach der Zeiten Brauch;
Wollen ehren Dich und lieben.
Aber lieb uns auch.

Wandsbeck, den 28. Nov. 1792

Der Däne Asmus.

Über die neue Politik

Nach dem alten System sind in einem großen Hause goldene, silberne und irdene Gefäße, etliche zu Ehren, etliche zu Unehren; nach dem neuen sind alle Gefäße gleich, an Materie und an Form. Nach dem alten ist der König, die Regierung, der Regent etc. Regent, und der Untertan ist Untertan; nach dem neuen sind alle Menschen frei und haben gleiche Rechte. Nach dem alten macht der Regent die Gesetze, und der Untertan befolgt sie; nach dem neuen haben alle Staatsbürger zu und an der Ge-

setzgebung Recht und Teil. Nach dem alten ist der Untertan aus Not untertan, nicht allein um der Strafe, sondern auch um des Gewissens willen; nach dem neuen aus richtigen Begriffen. Nach dem alten ist keine Obrigkeit ohne von Gott, wo aber Obrigkeit ist, die ist von Gott verordnet; nach dem neuen macht sich der Mensch seine Einrichtungen selbst; alle Gewalt ist im Volke, das damit bekleidet und davon entkleidet wen und wie es will. Kurz, nach dem alten System ist der König etc. ein Hirte, der seine Herde auf grüner Auen weidet, ein Vater, der seiner Kinder hütet und wacht, ein wohltätiger Genius, von höherer Hand bestellt, für sein Volk zu denken und zu wollen und mit stiller Liebe über ihm zu schweben, und das Volk, das sich seiner Rechte und des bürgerlichen Selbstdenkens und Selbstwollens begeben hat, lebt im Glauben und Vertrauen; und das neue System scheint, die Äußerungen unsrer Schriftsteller zusammengenommen, ein allgemeines reines Vernunftregiment zu sein. Die Staatsbürger tun alles selbst; die Schafe weiden sich auf der grünen Aue selbst; die Kinder wachen und hüten ihrer selbst; das Volk schwebt selbst über sich selbst; mit einem Wort: jedweder Einzelne ist im Genuß seiner Rechte und soll, als Staatsbürger, selbst denken und selbst wollen – und darum muß er nun über die Menschenrechte etc. belehrt und aufgeklärt werden u.s.w.

Es gibt eine Seite, von welcher angesehen dies neue System nicht ohne Schein ist. Das alte ist offenbar großem Mißbrauch unterworfen, und es scheint, daß diesem Mißbrauch durch das neue gewehrt und abgeholfen werde. Und überhaupt ist die Behandlungsart, wo jeder einzelne Mensch als ein Wesen, das Verstand und Willen hat, behandelt wird, wenn sie praktikabel ist, wohl edel und Ehren wert. Endlich wird: ob der Mensch als Mensch seine Rechte habe, schwerlich irgendwo bezweifelt werden – daß also hier das »Nachsinnen und Wiederkäuen und Bewegen im Herzen« keinem Menschen verargt werden kann und ihm nicht zur Schande, sondern zur Ehre gereicht. Wenn man aber in einer so ernsthaften Sache zufährt und schon als ausgemacht annimmt, was erst ausgemacht werden sollte; wenn man gleich zum Werk schreitet und heimlich und öffentlich, in Zeitungen und Büchern, gesalzen und ungesalzen, sanft und mit Rumor, von Freiheit und Menschenrechten verkündigt und predigt und unbedingt mit Aufklärung an dem Menschen hantiert, so ist die Prozedur etwas voreilig und tumultuarisch, und der Kanzler von Ephesus würde sagen: »Ihr Männer von Ephesus, welcher Mensch ist, der nicht wisse, daß das Volk nicht zertreten werden soll und daß es Menschenrechte gebe. Weil nun das unwidersprechlich ist, so sollt Ihr ja stille sein und nichts Unbedächtiges handeln – hat aber jemand zu jemand einen Anspruch, so hält man Gericht und sind Landvögte da: lasset sie sich untereinander verklagen. Wollt Ihr aber etwas anders handeln, so mag man es ausrichten in einer ordentlichen Gemeine. Denn wir stehen in der Fahr, daß wir um dieser heutigen Empörung verklaget möchten werden, und doch keine Sache vorhanden ist, damit wir uns solcher Aufruhr entschuldigen möchten.«

Ich sage, die Prozedur sei etwas voreilig. Wir irren alle mannigfaltig. Es könnte doch sein, daß wir auch hier irreten: hier, wo der Irrtum so leicht zu begehen und so schwer zu vermeiden ist; wo der Bogenschütze nicht bloß vor sich zu sehen hat, sondern auch, was der Pfeil tun und anrichten werde, wenn er von seinem Bogen dahin und nicht mehr in seiner Gewalt ist; hier, wo es nicht genug ist, daß der Regenbogen in der Luft mit schönen Farben spiele, sondern wo er auch auf die Erde muß können niedergebeugt werden, ohne seine Farben zu verlieren, und wo eine ungemeine Erfahrung und eine feine Mathesis dazu gehört, die Strahlenbrechungen bei der Operation im voraus sicher zu berechnen. Denn wir sollen doch nur wollen, was am Ende und wahrhaftig wahr und gut ist, und nicht was nur gleißet und scheint.

Das neue System nun hat großen Eingang und viele Anhänger gefunden unter allen Klassen von Menschen, und das war zu vermuten und ist kein Wunder. Übelgesinnte Menschen konnten glauben, ihre Rechnung dabei zu finden; eitle und leichtsinnige Menschen waren von jeher eitel und leichtsinnig, und regieren mögen wir alle gern. Auch die Gutgesinnten waren nicht allerdings schußfrei. Ihr edler Unwille über die Schmach und Schande, die Menschen zu allen Zeiten von der Tyrannei haben erdulden müssen, konnte ihnen ins Auge treten und es so, in diesem System, was es gerne sehen wollte, Land sehen machen; sie konnten, indem sie für ihr Geschlecht einen Tag des Heils heimlich herwünschten, sich durch den Schein eines Anbruchs übernehmen lassen, das Heil von dieser Seite zu erwarten und ihm mit Freudengeschrei entgegen gehen.

Und wenn das Heil wirklich da und im Anzuge wäre, wer ginge nicht gerne mit ihnen! – Ist doch des Menschen Herz in seinem Inwendigsten geneigt zu Liebe und Wohlwollen! – Wird es doch nicht befriedigt als durch eine unvermischte, ungestörte und allgemeine Glückseligkeit, wo die Wellen hoch und rund um bis an den Horizont schlagen! –

Wer aber überzeugt ist, daß von dieser Seite nur Unordnung und Unglück und kein Heil komme; und daß das alte System, mit allen seinen Gebrechen, das einzige sei, das die Menschen bürgerlich zusammenhalten und glücklich machen kann; – soll der auch mitgehn und frohlocken? – Das soll er nicht! Sondern er soll, nun es einmal darüber zur Sprache gekommen ist, treu und unverhohlen dagegen sagen, was er dagegen weiß, es bringe nun Dank oder Undank. Er soll sagen, was wahr ist und was zum Frieden dienet und was zur Besserung untereinander dienet, mit sanften freundlichen Worten. Wiewohl ihm etwas Eifer nicht zu verübeln wäre. Denn die Sache ist des Eifers wert; und die Löwin, die ihre Jungen verteidigt, pflegt nicht mit dem Schwanz zu wedeln.

So lange politische Meinungen in der obern Atmosphäre, der Region der Gelehrten, verhandelt werden, so geht das die Leute unten auf der Erde wenig an. Wer eine gute Rüstung und Mut und Talent fühlt, mag hingehen und Ehre einlegen; und wer das nicht fühlt, kann ruhig zu Hause bleiben und den Verhandlungen zusehen. Seitdem sie aber irgendwo in die untere Region herabgekommen sind, ist die Sache ganz anders, und Maus und Mann sind interessiert. Ein jedweder, der erste der beste, springt, wie er geht und steht, hervor; nicht, weil er recht haben oder Ehre einlegen, sondern weil er selbst zusehen und sich in einer so wichtigen Sache nichts will auf die Nase binden lassen.

Und das ist mein Fall. Ich hasse mich und meine Mitmenschen nicht, und es ist mir nicht gleich viel, ob es mir und andern wohl oder übel gehe.

Ich sehe freilich auch wohl ein, daß manches in der Welt anders sein könnte und sein sollte; und daß eine Besserung nicht unnötig wäre; nur kommt es mir vor, daß die Besserung nicht ärger als das Übel sein müsse, das man bessern will; daß man den Kopf nicht dran geben müsse, um das Ohrläpplein zu retten, und daß ein kleineres Glück, das man hat, besser sei als ein größeres, das man erst haben soll usw.

Auch kommt es mir so vor, daß die äußern Einrichtungen es allein wohl nicht gar täten. Es gibt Republiken, und doch sind dort Mißvergnügte. Also am Menschen liegt es. Dem ist nichts gut und nichts recht; der will immer etwas anders und etwas Neues; will immer bauen und bessern; ist immer nicht reich, nicht mächtig, nicht geehrt genug; und der macht gute Einrichtungen schlecht und schlechte gut. Der Mensch also muß gebessert werden; und, würde ich raten, nicht von außen hinein. Dreht man doch

nicht am Zeiger, daß das Werk in der Uhr recht gehe, sondern man bessert das Werk in der Uhr, daß der Zeiger recht gehen könne. Ebenso möchte ich auch beim Menschen nicht bloß am Zeiger gedreht, sondern das Inwendige gebessert haben, damit auf dem Zifferblatt sich alles von selbst mache. Ich möchte überhaupt, dünkt mich, eine Besserung, dadurch nicht einem Menschen gegen den andern, einer Partei gegen die andre, einem

Volk gegen das andre, sondern dadurch allen Menschen, allen Parteien, allen Völkern geholfen würde; kurz eine Besserung, welche die Bösen gut, die Übelgesinnten wohlgesinnt, die Törichten weise, die Treulosen treu etc. und so, ohne Ausnahme, alle Menschen, Hohe und Niedrige, Fürsten und Untertanen, Freunde und Feinde, zu guten, bescheidenen, barmherzigen, großmütigen, edlen und glücklichen Menschen machte.

Das ist mein Sinn, darauf ich mich verlasse.

Und in diesem Sinn will ich nun, wie Alfred der Harfner, ausgehn und das feindliche Lager besehen.

Vorläufige Bedenklichkeiten und Zweifel gegen das neue System

Wenn uns Bewohnern dieser Erde eine neue Sonne gestellet würde, gesetzt auch, sie glänzte und funkelte mehr und besser als die alte, und es würde uns, den 20. März, wenn in den Widder getreten und ein neues Jahr wieder angefangen werden soll, frei gegeben, zu wählen zwischen der alten und neuen Sonne – sollten wir da gleich zugreifen? – Ich zweifle grade nicht, daß viele ihre Karte für die neue Sonne abgeben würden, aber ich zweifle auch nicht, daß das übereilt wäre, und daß sie wenigstens einen Gang dieser neuen Sonne durch alle zwölf Zeichen des Tierkreises hätten abwarten sollen, um zu sehen, ob sie auch das leiste, was man von der Sonne erwartet, und was die alte so lange geleistet hat. Besser ist freilich besser; unbesehends aber ist Anhänglichkeit als Vorurteil an und für das Alte edler, als Vorurteil und Anhänglichkeit für und an das Neue. Wenn also die beiden Sonnen gleich gut sind, so muß man für die alte sein, und das von Rechtwegen. Sie hat unserm Geschlecht so lange geschienen; unsere Eltern und Großeltern haben so lange unter ihr gelebt, bei ihrem Lichte gesehen und an ihren Strahlen sich gewärmt; sie hat, wenn auch hie und da ein Gewitter generiert oder eine Ernte verbrannt worden, sie hat doch unsern Vätern und unsern Müttern so oft ihre Saaten gereift und Äpfel und Birne gemacht etc. – Es wäre doch undankbar, den alten Freund und Wohltäter aufzugeben und sich an den neu ankommenden Funkler zu hängen.

Was die alte Sonne ist gegen die neue, das ist eine bisherige Einrichtung gegen eine andre für jedes einzelne Land und das alte System gegen das neue für die ganze Welt. Doch ist das nur, wenn beide Systeme gleich gut wären. Das scheint nun aber der Fall nicht zu sein; denn außer dem, daß die neue Sonne nicht die alte ist, hat sie manches wider sich, das einem gleich vor ihres Tempels Tür und auf der Treppe entgegenkommt.

Als zum Exempel, so scheint es ganz natürlich, daß einer oder wenige viele regieren; unnatürlich aber, daß viele einen regieren, am allerunnatürlichsten aber: daß alle alle regieren sollen. Jeder einzelne Mensch hat alle Hände voll zu tun, mit sich allein einig zu werden. Und doch sollen hier, z. B. in einem Staat von nur 100000 Menschen, 100000 einzelne Menschen, außer mit sich selbst, noch mit andern 99999 einig werden.

Gleich noch eins, das un- oder widernatürlich scheint. Nach dem alten System sind die Staatskräfte zweierlei, einige aktiv andre passiv, Mann und Weib; nach dem neuen sind sie Mann und Weib zugleich, sind also hermaphroditischer Art. Im Physischen ist aber der erste der Gang und Griff der Natur; und das andre gewöhnlich der Mißgriff.

So fällt bei dem neuen System auch das sehr auf, daß von Anfang der Welt bis itzt, fünf- bis sechstausend Jahr hindurch, z. E. immer Monarchien gewesen sind, und daß nun, am Ende der sechstausend Jahre, herausgebracht wird, daß nie keine hätten sein sollen. Von jener berühmten Stadt erzählt man wohl, daß dort die Inquisiten erst gehängt werden und daß denn ihr Prozeß instruiert wird. Aber dem ganzen menschlichen Geschlecht, von seinem Ursprung an bis itzt, ein solches Procedere beilegen! –

So ist ferner der allgemeine Beifall und der leichte Eingang, den das neue System findet, etwas bedenklich. Es ist mit unserer Seele wie mit unserm Körper. Sie hat auch eine Zunge und hat einen Magen. Der Zunge gefällt das Bittere nicht, aber dem Magen ist es heilsam und gesund; und was den Magen verdirbt, gefällt der Zunge wohl. Es ist aber eine alte Sage, daß die Wahrheit nicht süß sei.

Auch das erregt kleinen Zweifel, daß die Verteidiger des neuen Systems selbst nicht alle recht zu trauen scheinen, und daß die Bescheidenen unter ihnen wirklich zurückhaltend sind und lieber nicht zu weit vorrücken wollen.

Doch sehr große Zweifel und Bedenklichkeiten erregt die Differenz in der innerlichen Gestalt der alt- und neusystemischen Staatsbürger. Ein Mensch, der seine Rechte hingibt und Gott und seinem König vertraut, ist in sich ein lieber Mensch; wenn er nicht schon gut ist, so bessert ihn die Liebe; und mit ihm ist leicht fortkommen. Diesem Menschen ist innerlich wohl, und so ist er nicht geneigt, äußerlich weh zu machen. Er ist gehorsam, willfährig, bescheiden etc. und prätendiert immer weniger als er kann.

Was aber soll man, Ausnahmen verstehen sich von selbst, von einem Menschen erwarten, der kein Vertrauen hat; der alles selbst sehen und betasten will und immer über seine Rechte brütet? Wenn der nicht auf sehr festen Füßen steht, so stößt ihn die neue Einsicht um; und unbesehends ist er kein guter Nachbar. Er führt natürlich immer die Liste seiner Rechte bei sich, ist ungestüm, mißtrauisch, prätendiert immer nicht weniger als er kann und weiß alles besser. – Und nun ein ganzer Staat von solchen Rechtsgelehrten! – Die ältesten Könige aller alten Völker waren Götter oder Halbgötter, Söhne der Sonne und der Sterne; und uns anderen werden noch die Könige und Regenten von Gott gegeben. Die Völker bedurften denn bisher, um regiert zu werden, Gottes und eines Regenten. Itzo bedarf der Mensch weder des einen noch des andern; er kann alles selbst tun und ausrichten. Diese Veränderung im Menschen ist groß und unbegreiflich! Und sie ist bewirkt worden? Durch die Entdeckung der Menschenrechte. Aber wie ist das möglich? Und wie soll das zugehen? – Rechte sind doch am Ende nur Rechte und keine Kräfte, und dazu sind diese Rechte nicht einmal neu gegeben, sondern nur entdeckt worden! – Man wird freilich sagen: die Völker bisher bedurften des alles nicht, sondern standen nur in dem Wahn, des alles zu bedürfen. Ja, aber die Menschen itzo können des alles nicht entbehren, sondern stehen nur in dem Wahn, des alles entbehren zu können.

Auch die neugemachte Entdeckung der Menschenrechte selbst hat viel Unbegreifliches, und darin man sich nicht finden kann. Gewesen sind natürlich diese Rechte seit Anfang der Welt; denn die ersten Menschen müssen sie doch wohl so gut gehabt haben als die letzten. Also gewesen sind die Rechte seit Erschaffung der Welt. Und sie hätten sich so lange verborgen gehalten! Wären itzo allererst an den Tag gekommen! Und keiner von so vielen großen, weisen und weltberühmten Männern wäre darauf geraten! – Kein Ägypter! – Kein Grieche! – Nicht Sokrates! – Nicht Plato! – Nicht Konfuzius! – Nicht Newton! – Nicht Leibniz! – Keiner! –

Mit den Produkten der Zeit müßt Ihr es so genau nicht nehmen. Die Vernunft ist heuer Mode, und Ihr wißt wohl, wie es mit den Modewaren ist. Sie sind nicht immer solide gearbeitet und können es bei der Menge, die gefordert wird, und bei der Verschiedenheit der Lieferanten auch nicht sein. Übrigens halten sie ihre Zeit, und so weiter ...

Deswegen blieben auch sonst die größten Weltweisen, wie zum Exempel Newton, Baco, Boyle etc., wenn sie Geheimnisse der Natur oder der

Kunst geraten hatten, vor diesem mit Bescheidenheit und Respekt stehen. Und wenn das neuerer Zeit nicht geschieht, so geschieht das, nicht weil die neuen Newtons besser und mehr wüßten, warum sie weiter gehen, denn das fällt ihnen selbst wohl nicht ein; sondern weil sie nicht mehr wissen und verlernt haben, warum sie stehen bleiben sollten; es geschieht, weil gewisse Leute, die sonst wenigstens den Wohlstand respektierten, dahin verfallen sind, selbst weiter zu gehen und es hierin einer dem andern zuvorzutun; und weil die Welt nach und nach leichtsinnig gemacht und gewöhnt ist, sich dergleichen Dinge gefallen zu lassen oder gar zu bewundern. Bewundre Du dergleichen Dinge nicht und bleibe auf Deinem Wege. Du brauchst denn auch nicht umzukehren, wenn der Rausch vorüber sein wird.

Urians Nachricht von der neuen Aufklärung

oder

Urian und die Dänen

Urian

Ein neues Licht ist aufgegangen,
Ein Licht schier wie Karfunkelstein!
Wo Hohlheit ist, es aufzufangen,
Da fährt's mit Ungestüm hinein.
Es ist ein sonderliches Licht;
Wer es nicht weiß, der glaubt es nicht.

Die Dänen

Erzähl' Er doch von diesem Licht!
Was kann es? Und was kann es nicht?

Urian

Erst lehrt es Euch die Menschenrechte.
Seht, wie die Sache Euch gefällt!
Bis jetzo waren Herr und Knechte,
Und Knecht und Herren in der Welt;
Von nun an sind nicht Knechte mehr,
Sind lauter Herren hin und her.

Die Dänen

Sind also keine Knechte mehr!
Sind alles Herren hin und her!

Urian

Sonst war Verschiedenheit im Schwange,
Und Menschen waren klug und dumm;
Es waren kurze, waren lange,

Und dick und dünne, grad und krumm.
Doch nun, nun sind sie allzumal
Schier eins und gleich, glatt wie ein Aal.

Die Dänen

Nun aber sind sie allzumal
Schier eins und gleich, glatt wie ein Aal!

Urian

Man nannte Freiheit bei den Alten,
Wo Kopf und Kragen sicher war,
Wo Ordnung und Gesetze galten
Und niemand krümmete kein Haar.
Doch nun ist frei, wo jedermann
Radschlagen und rumoren kann.

Die Dänen

Doch nun ist frei, wo jedermann
Radschlagen und rumoren kann!

Urian

Vernunft, wie man nie leugnen mußte,
War je und je ein nützlich Licht.
Indes was sonsten sie nicht wußte,
Das wußte sie doch sonsten nicht.
Nun sitzt sie breit auf ihrem Steiß
Und weiß nun auch, was sie nicht weiß!

Die Dänen

Das macht sie gut! . . . auf ihrem Steiß –
Und weiß nun auch, was sie nicht weiß!

Urian

Religion war hehre Gabe

Für uns bisher, war Himmelbrot;
Und Menschen gingen drauf zu Grabe:
Sie sei und komme her von Gott.
Nun kommt sie her, weiß selbst nicht wie? –
Man saugt nun aus dem Finger sie.

Die Dänen

Nun kommt sie her, wir wissen, wie?
Sie saugen aus dem Finger sie.

Urian

Auch wißt Ihr wohl vom Potentaten,
Wie der großmächtiglich regiert,
Und wie, ohn' Streit und Advokaten,
Dem Zepter Ehr' und Furcht gebührt.
Doch nun ist Zepter gar nicht viel,
Nicht besser als ein – -stiel.

Die Dänen

Uns ist und bleibt der Zepter viel!
Euch lassen wir den – andern Stiel.
Wir fürchten Gott, wie Petrus schreibet,
Und ehren unsern König hoch.
Was Wahrheit ist und Wahrheit bleibet
Im Leben und im Tode noch;
Das ist uns heilig, ist uns hehr!
Ihr Fasler, faselt morgen mehr.

Schlußchor

Was himmelan die Menschen treibet,
Sie besser macht, was Probe hält,
Was Wahrheit ist und Wahrheit bleibet
Für diese und für jene Welt:
Das ist uns heilig, ist uns hehr!
Ihr Fasler, faselt morgen mehr.

Krieg und Friede

Der Vorsänger

Es ertönt ein Lied vom Frieden;
Macht den Sängern Platz!
Denn er ist fürwahr hienieden
Gar ein großer Schatz;
Und zu Felde gehn und kriegen
Ist kein Glück und kein Vergnügen!
Saget an!
Saget an!

Alle

Nicht zu Felde gehn und kriegen!
Menschenblut
Ist doch viel zu gut.

Der Vorsänger

Heißt zwar: Völker überwinden
Glorreich insgemein.
Glorreich können wir's nicht finden,
Glorarm mag's wohl sein.
Ohne Not ist auch zu siegen
Uns kein Glück und kein Vergnügen.
Saget an!
Saget an!

Alle

Wollen ohne Not nicht siegen.
Menschenblut
Ist doch viel zu gut.

Der Vorsänger

Wenn der Fürst nur leibt und lebet
Für den Untertan,
Und das stille Hausglück schwebet

Über Frau und Mann,
Und die Kinder in der Wiegen
Wohlgemut und sicher liegen!
Saget an!
Saget an!

Alle

Ja, du lieber Fürst! Nicht kriegen!
Menschenblut
Ist doch viel zu gut!

Der Vorsänger

Doch wenn ohne Fug und Ehren
Jemand trotzt und droht,
Herd und Altar zu zerstören;
– Not hat kein Gebot –
Denn zu kriegen und zu siegen
Und zu schlagen, bis sie liegen!
Saget an!
Saget an!

Alle

Das ist Recht und ist Vergnügen.
Menschenblut
Ist denn nicht zu gut!

Ich liebe die Volksbewegungen so wenig, daß ich auch die öffentlichen Diskussionen und Aufklärungen über Regierung und Menschenrechte pp., denen, wahr oder unwahr, der blinde Haufe nicht gewachsen ist und dadurch wider Willen leicht irre werden kann, nicht liebe und gegen diese Mode gewordene Methode unsrer Schriftsteller mit Spott und Ernst zu Felde gezogen bin und den Untertanen einfältiges Vertrauen und unbedingten Gehorsam gepredigt habe. Ich habe dies nicht getan, um Ungerechtigkeiten das Wort zu reden und Untertanen etwas zu vergeben, sondern weil ich glaube und überzeugt bin, daß, wenn auch ein Fürst so unglücklich ist, seine Pflichten zu vergessen, der Untertan doch wohltue, die seinige zu erfüllen, und daß es einen Richter über beide gebe.

An seine Leser, 24. Mai 1798

Nun eine Mordgeschichte: Du hast vermutlich aus dem vorigen Brief erfahren, daß bei Hülsenbeck Feuer gewesen ist und man nicht begreifen konnte, wie es entstanden ist. Diese Tage war zum zweiten Mal Feuer und es ebenso unbegreiflich. Er ließ alle Domestiken von dem Senator abhören, aber nichts. Indes schickte er die Amme außer Hause, und da fand man unter ihren nachgelassenen Sachen eine Schachtel mit gestohlener Uhrkette etc. Er also mit Sprede machen sich auf, sie zur Rede zu stellen. Sie gesteht den Diebstahl und bittet um Vergebung. Nun aber, fängt Hülsenbeck an, muß sie mir von dem Feuer Auskunft geben. Nein, nein, davon weiß ich nichts. Das wollen wir sehen, sagte Hülsenbeck und macht einen Kreis, »Kreis in die Stube« zitiert, und heißt sie in den Kreis treten. Da fällt sie auf die Knie und sagt, daß sie beidemal das Feuer angelegt habe aus Bosheit gegen die andere Magd, die ihr Verdruß gemacht habe. Sie ist arretiert und hat alles umständlich vor dem Richter ausgesagt und sitzt itzo auf der Wache.

An die Tochter Anna, 16. Dezember 1798

Das Los soll besorgt werden. Sie hatten in Hamburg grade die Ziehung der letzten Klasse angefangen, und ich hatte Lust, gleich zu wagen, um Dir sogleich eine gute Botschaft zu bringen. Aber Mama hatte keine Lust und riet, die nächste Lotterie abzuwarten, damit Dein Glück auch in den ersten 3 Klassen blühen könne, und weil Mama ihr Rat bisher immer gut gewesen ist, so respektierte ich ihn auch diesmal. Es ist auch nicht übel gewesen, denn der größte Gewinn ist vorgestern bei einem Kollekteur herausgekommen, bei dem wir wahrscheinlich nicht eingesetzt hätten. Von der nächsten Lotterie wird die erste Klasse Mai gezogen und die folgenden von 4 zu 4 Wochen, so daß im August das Ding entschieden ist. Es soll auch in der nämlichen Hamburger Lotterie auf die Nummer des höchsten Gewinnes ein adliges Gut 8 Meilen von Hamburg für den Einsatz von 2 Louisdor gewonnen werden, dafür der Eigentümer, wenn es der Gewinner nicht selbst behalten will, 20000 Mark bar zahlt. Der Einsatz in die Hamburger Lotterie ist grade 6 Dänische Dukaten oder 36 Mark; dafür kannst Du, wenn es recht glücken will, 40000 Mark gewinnen. Die Dänische nimmt 15 Mark Einsatz und dafür kannst Du auch, wenn es recht glücken will, 50000 Mark gewinnen. Du hast noch die Wahl, für die 3 Mark mehr soll hier gesorgt werden, und wir wollen das Einsetzen aufschieben, bis Du wieder geschrieben hast. Es wäre nicht übel, wenn Dir ein Gewinn zugeteilt wäre, aber einer von den ersten müßte es sein, denn 5000 Mark möchten schwerlich ausreichen, liebe Anna. Nun Glück zu, ich will indes die Maßregeln, die etwas gewisser sind, nicht außer acht lassen . . .

. . . Hier geht die Sage, der Graf wolle Wandsbeck verkaufen und stehe mit dem Herzog von Augustenburg darüber in Traktaten. Aber schwerlich werden die Geschwister ihren Consens geben. . .

In der strengen Kälte haben viele Leute Torf ausgeteilt. Bei alledem begreift man doch nicht, wie nicht viele arme Leute, die bei dem itzigen Preis keine Feuerung kaufen können und bei dem hohen Schnee keine im Holz sammeln konnten, ohne zu erfrieren, durchgekommen sind.

An die Tochter Anna, 28. Februar 1799

Weiter hat Admiral Nelson einen großen Diamanten in Hamburg verloren, der 5000 £ wert sein soll, und dafür er dem Finder 1000 Reichstaler geboten hat, in den Zeitungen nämlich.

An die Tochter Anna, 11. November 1800

Als Nelson und Lord und Lady Hamilton und Brekeil und Dumvurier bei Klopstock in guter Andacht sitzen und Madame Hamilton allerlei Stellungen von Antiken und aus der Mythologie macht und Reden hält und dazu singt, welches alles sie, sagt man, vortrefflich machen soll, tritt Nölting mit einmal in die Stube in Pantoffeln in einem alten schmutzigen Casequin mit einer großen Bibel unter dem Arm und mit Tinte und Feder in der Hand und sagt in gebrochen Englisch zu Nelson: daß er, Nölting, es nicht helfen könnte, und daß er, Nelson, in diese Bibel seinen Namen hineinschreiben müsse. Nelson schreibt auch gleich hinein, und alle andern, die ein solches Intermezzo nicht vermutet hatten und nicht recht begriffen, stehen stillschweigend und sehen zu. Sobald der Name geschrieben ist, umarmt Nölting den Nelson und bedankt sich tausendmal und küßt ihm den Stummel des abgeschossenen Armes, und erklärt seine übergroße Liebe und Achtung für den Mann, der sich um Europa so verdient gemacht hätte usw. Dies alles geschieht aber doch mit einer solchen Art, daß der Nelson ganz gerührt wurde, und der Lady Hamilton, sagt die Klopstock selbst, die Tränen in den Augen gestanden sind. Darauf geht Nölting mit der Bibel und Feder und Tinte und Pantoffeln wieder heraus, und nun, sagt das bösliche Publikum, läßt er den Namen für Geld sehen, und hilft mit dem Geld einer verarmten Familie auf.

An die Tochter Anna, 21. November 1800

Wir haben Ohren und Augen noch voll von den Säcular-Feierlichkeiten. Der Donner der Hamburger Kanonen tönt noch in unsern Ohren und die Illumination des hiesigen Schlosses und vieler Privathäuser leuchtet noch in unsern Augen usw. Die erste Salve von 100 Kanonen warteten wir hier ab; während der zweiten fuhren wir nach Hamburg und hatten die dritte bei Perthes zum besten. Der Wall war, weil gerade schönes Wetter war, mit tausenden bespickt.

Die Säcular-Musik in Petri habe ich nicht gehört. Man kann bei itziger Jahrzeit nicht früh genug hineinkommen, ins Tor nämlich. Auch ist ein solches Gedränge gewesen, daß man kaum auf dem Kirchhofe Platz gehabt hätte.

An die Tochter Anna, 2. Januar 1801

Da das Ochsenfleisch hier itzo $6^1/_2$ und das Kalbfleisch 8–12 Schilling kostet, so hat Mama eine Ochsenzunge wieder eingenommen und wieder Würste gemacht. Hierbei eine Probe von den Leberwürsten, wünschen guten Empfang und fröhlichen Genuß und grüßen Euch herzlich alle, alle.

An die Tochter Anna, 20. Februar 1801

Man spricht hier viel von Preußen und Dänen, die herkommen sollen, und zwar sehr bald, daß mir halb bange wird. Sollten sie kommen, so kann es so werden, daß wir mit Sack und Pack zu Euch kommen und vielleicht eher, als Ihr denkt, und besorgt nur vorläufig ein Haus für uns. Ich hoffe immer noch, es sollte aus allem nichts werden. Sobald wir es wissen, schreibe ich Näheres. Bei Perthes ist alles wohl und grüßt und ist bange vor den Preußen.

An die Tochter Anna, 6. März 1801

Ich habe es bisher nicht glauben können und kann es auch noch nicht glauben, daß die Engländer sich die drei nordischen Mächte unter den itzigen Umständen aufladen, und doch scheint's nach den Zeitungen, sonderlich der heutigen, so, als wenn sie doch wollten. Wenn dem also wirklich so werden sollte und bei der Gelegenheit hier nach Wandsbeck viel Militär käme, so gehe ich davon; wenn Hamburg frei von Truppen bleibt, wie ich hoffe, nach Hamburg und sonst nach Eutin. In 8–14 Tagen werden wir zweifelsohne wissen, woran wir sind, und dann sollst Du's bald erfahren.

An die Tochter Anna, 20. März 1801

Man hatte hier seit 8–10 Tagen von Preußen gesprochen und vor circa 6 Tagen wurden Quartiere für sie auf dem Hamburger Gebiet, auch in Barmbeck und bei unserm Nachbarn Petersen, in Hamm und Horn usw. angesagt. Man wartete aber vergebens, denn es kamen keine. Vorigen Sonnabendmorgen schickten ganz unerwartet von der andern Seite der

Prinz Carl, Feldmarschall, einen Brief durch den Etatsrat Lorentz von Pinneberg an den Bürgermeister in Hamburg, daß er den Abend anrücken werde. Der Rat versammelte sich und eine Deputation fuhr nach Pinneberg, man kann denken, die Sache abzulehnen. Sie hat aber nichts ausgerichtet, sondern soll den Bescheid gebracht haben, daß, wenn morgen 12 Uhr das Tor nicht geöffnet werde, Bomben es öffnen helfen sollten. Die Tore wurden flugs den Nachmittag gesperrt und das Altonaer geschlossen, und Rat und Bürgermeister versammelten sich wieder bis abends 10 Uhr, und es soll hart hergegangen sein, da die Bürger dreimal Stimmen gebend beschlossen, die Tore nicht zu öffnen; endlich hat der Rat durch die Vorstellung, daß damit nichts gewonnen und viel verdorben werde, es dahin gebracht, daß sie doch nachgegeben und die Besetzung des Altonaer Tores und der Wälle bewilligt haben. Um 8 Uhr Sonntagmorgens fielen erst drei und dann vier Kanonenschüsse, und wir meinten, daß auf unser liebes Hamburg oder auf unsere lieben Dänen geschossen und Blut vergossen würde. Es waren aber doch nur blinde Schüsse der über den Hamburger Berg vor das Tor rückenden Armee

und auf der Elbe vorrückenden Fregatte und Kanonenboote. Gegen mittag wurden denn die Tore geöffnet und einige tausend Mann mit Kanonen und Munitionswagen rückten ein und besetzten Tor und Wall, seitdem auch das Steintor, aber alle Wachen in der Stadt sind noch mit Hamburger Militär und das Rathaus mit Bürgern besetzt. Man sagt, der

Feldmarschall habe sehr höflich geschrieben, und daß nur der Umstände wegen ein solches geschehe und Verfassung, Unabhängigkeit und Eigentum nicht gefährdet werden sollen. Nun sollen in 6–10 Tagen auch noch Preußen kommen, heißt es, und denen soll das Steintor eingeräumt werden. Werde nun einmal jemand klug aus dem allen. Ich weiß nicht, was in der heutigen Zeitung steht; sonst ist gewiß, daß die Preußen Bremen besetzt haben und in das Hannoversche gerückt sind, und man sagt, die Dänen das Lauenburgische besetzen werden.

An die Tochter Anna, 31. März 1801

Wir haben itzo einen jungen Franzosen im Hause, der Deutsch lernen will. Ich habe sehr ungern darauf entriert; aber die Teurung bleibt ja, alles Friedens ungeachtet, immer noch, daß man ohne Nebenzuflüsse nicht auskann. Und der Franzos war uns als ein guter Sohn einer sehr braven Familie angemeldet; es scheint bis dato auch mit Wahrheit.

An die Tochter Anna, 4. Oktober 1801

Ist wieder eine neue schöne Musik von Haydn erschienen: Die sieben Worte am Kreuz. Er hat sie schon längst komponiert in sieben Adagios ohne Worte. Nun hat er Worte hinzugetan, und ist ein großes Werk geworden.

An die Tochter Anna, 22. Oktober 1801

Klopstock ist endlich gestorben und den 22. März mit vielem Gepränge und Teilnahme in Ottensen bei seiner ersten Frau begraben worden. 75 Kutschen mit Ministern, Ratsherren und aller Art Leuten aus Hamburg und 50 mit dito aus Altona folgten dem Leichenwagen. Alle Wachen, wo wir vorbeikamen, traten ins Gewehr, auch war Infanterie und Kavallerie bei dem Zug und die Straßen und Fenster, wie Du Dir denken kannst, nicht leer von Menschen. In Ottensen ging das Gefolge in die Kirche und, als es herein war, wurde die Leiche auch hereingetragen und am Altar niedergesetzt – und sowie sie in die Kirche kam, begann die Musik, ein Chor von 50–60 Stimmen, meist Freunde und Töchter von Freunden Klopstocks (Gustgen und Trinette auch darunter) mit dem Vaterunser von Schwenke und einigen Chören aus dem Requiem von Mozart. Dann trat der Dr. Meier an den Sarg, sagte einige Worte und las den Tod der Maria aus der Messiade, und Du kannst denken, daß mich das nicht erbaut und ich ihn zum Henker gewünscht und mich über den Prediger in Ottensen, der ihm das erlaubt hat, geärgert habe. Als diese Sottise abgemacht und er die Rührung gestört hatte, machte die Musik, ein Chor von Romberg, eines von Mozart pp. es wieder gut, und wir vergaßen den Dr. Meier und sein Vorlesen und Bekränzen des Sarges wieder. Als der Sarg vom Altar wieder aufgenommen und zu Grabe getragen wurde, stimmte der Chor ohne Musik den Choral: Auferstehen, ja auferstehen wirst du pp. an, und das tat sehr gut. Und so wurde die Leiche eingesenkt und wir fuhren nach Hause. Gott habe ihn selig und helfe uns, wenn die Reihe kommt. Er hat wohl gelitten, aber die letzten Tage sind doch noch erträglich gewesen.

An die Tochter Anna, 25. März 1803

Von politischen Begebenheiten werden Sie heute in der Zeitung finden. Außerdem sagt man in Hamburg, daß ein Korps Russen nächstens in Lübeck werde gelandet werden, die Elbe und Weser zu besetzen und eventualiter das Hannoversche zu decken. Die Flotte geht dann, heißt es, durch den Sund; und Schweden und Dänemark machen gemeinschaftliche Sache mit Rußland und England. Wenn das alles wahr ist, so ist das ein guter Anfang dazu, was einige prophezeien, daß das Unglück wieder allgemein werden und über und über gehen werde. Wenn es wirklich zwischen Rußland und Frankreich zum Bruch käme, so könnten wir hier unsere Zuflucht nicht finden und müßten Gott weiß wohin.

An den Schwiegersohn Max, 25. Mai 1803

Die Armen in Wandsbeck

an die
Frau Schatzmeisterin
Gräfin von Schimmelmann

zu ihrem Geburtstag, den 29. September 1793

Wir hatten heut' nicht Ruh' noch Rast,
Das kannst Du leicht gedenken. –
Wenn Sorg' und Not uns kränken,
Ist eine, der Du Kundschaft hast,
Die mag so gerne schenken
Und speisen uns und tränken
Und lindern uns des Lebens Last,
Das kannst Du leicht gedenken,
Drum hatten wir nicht Ruh' noch Rast.

Wohltaten, still und rein gegeben,
Sind Tote, die im Grabe leben;
Sind Blumen, die im Sturm bestehn;
Sind Sternlein, die nicht untergehn.

Wir Menschen sind mit Geld und Ehr'
Hier nicht in gleichem Falle,

Und mancher hat des Geldes mehr,
Ob er vielleicht so edel wär'
Und sich zum Mangel freundlich kehr',
Und aufs Geschrei der Armen hör' –
Allein sie tun's nicht alle.
Daß Du so christlich bist,
Das lohn' Dir Jesus Christ! –

– Gib und vergiß, was Du getan,
Er wird es nicht vergessen;
Er sieht's aus seinem Himmel an,
Und wird Dir wieder messen.
Wer ihn und seinen Willen ehrt,
Dem ist sein Lohn beschieden.
Leb lange noch hienieden,
Und fahre dann in Frieden!

Dies Leben ist der Müh' nicht wert;
In seinem Haus', an seinem Herd
Da laben sich die Müden;
Da bring' sein Engel Dich zur Ruh'
Und drück' Dir sanft die Augen zu.

Wir, lieber Fritz, haben hier nicht viel von der Sonnenfinsternis gesehen. Der Himmel war dick, dick bewölkt; nur am Dunkelwerden konnte man spüren, daß etwa eine Sonnenfinsternis da sein möchte. Aber die Mondfinsternis haben auch wir gesehen und zwar ziemlich gut, ob uns gleich von Zeit zu Zeit Wolken störten. Kurz, hier ist eben das passiert wie bei Euch; auch der scharfe Winter, der auf das Frühlingswetter sich bei uns eingestellt hat, wird bei Euch wieder Eis und Schnee machen. – Noch ist Wandsbeck nicht verkauft. Ich komme eben aus der ersten Fastenpredigt; habt Ihr auch in Pforta solche Fastenpredigten?

An den Sohn Fritz, 15. Februar 1804

Die politischen Nachrichten, die hier itzo rollieren, sind für diese Gegenden nicht sehr tröstlich. Der König von Preußen habe, heißt es, durch einen Kurier die Wiederauslieferung des Englischen Gesandten verlangt; der zur Krönung abgesandte General habe in Kassel Order erhalten, nicht weiter zu reisen, und der Herzog von Braunschweig sie nach Berlin entboten worden. Die Taufe der Enkelin des Herzogs war auf den folgenden Tag nach Ankunft des Preußischen Kuriers angesetzt, sie wurde aber ausgesetzt, und der Herzog reiste gleich ab. Auch spricht man von Mobilmachungen, 80000 Mann pp. Was von dem allen wahr ist, wird die Zeit lehren. Einiges soll gewiß wahr sein.

An die Tochter Anna und den Schwiegersohn Max,
15. November 1804

Die politischen Angelegenheiten und Absichten mögen für sich bleiben, und wir wollen uns darum nicht bekümmern, wenn wir Privatleute nur ebenso unbekümmert bei ihrer Ausführung bleiben könnten! Wir wollen nur oft hören, wie es Euch geht.

Es gibt viel Ungemach und Übel in der Welt; aber Krieg ist doch das größte, und wollte Gott, daß wir Euch dem entnommen wüßten. Das arme Südlich-Deutschland!

An die Tochter Anna, 26. Oktober 1805

Eure Brotnot ist uns desto schwerer aufgefallen, da seitdem, laut den Zeitungen, 80000 Portionen täglich für eine gewisse Zeit von der Stadt haben gefordert werden müssen, und wir, da die Gegend umher durch Truppenmärsche aufgezehrt worden, nicht absehen können, wie und woher dem Mangel ein Ende gemacht werden könne. Hier ist zwar die Teurung des Korns auch unerhört groß; doch können wir noch für Geld Brot haben und steckten dem Max gerne alle Woche ein paarmal ein Brot zu. Gott sei Dank, daß Euch außer Brotnot noch bis dato nichts Unangenehmes widerfahren ist. Aber es zieht sich immer mehr Gewölk um Euch zu-

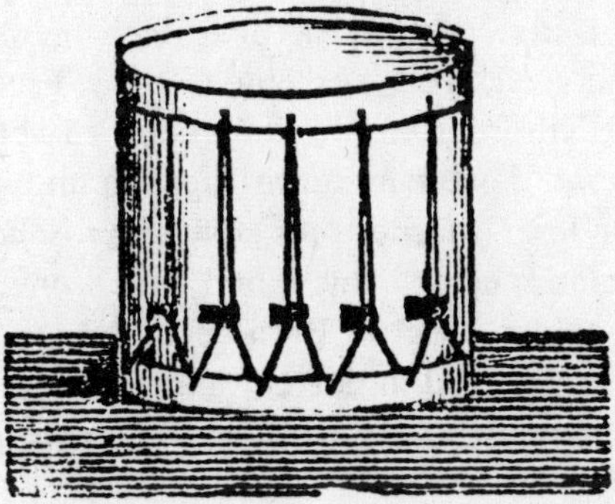

sammen, und ich wünsche mehr als jemals, daß Ihr an einem andern Orte und in einem andern Lande lebtet. . . Es haben sich nämlich eine gewisse Anzahl bei den teuren Preisen und bei der Ansicht zur Not zusammengetan, die 500 Last Roggen kommen lassen, und, wenn die Not wirklich kommt und kein Roggen mehr da ist, den Leuten für den Einkaufspreis überlassen wollen.

Wie es hier im Ort den Winter laufen werde, sieht man auch nicht recht wohl ab. Der frühe Winter hemmt die Fabrikarbeit, Teurung und Mangel ist da, und dazu soll itzo die neue Steuer für $3^1/_4$ Jahr bezahlt werden.

An die Tochter Anna, 13. November 1805

Hier bei uns ist noch kein Krieg; aber auf 4–8 Meilen marschieren Engländer, Russen und Schweden vorbei; und die Dänen liegen dick rund um uns. Wir warten auf Einquartierung; noch haben wir sie indes nicht, so wie wir auch noch nicht wissen, ob wir verkauft sind oder nicht.

An den Sohn Fritz, 17. Dezember 1805

In Hamburg haben sich mehrere Personen aus Not und Armut aus der 2. und 3. Etage totgestürzt. Auch ist neulich ein Tischlergeselle schrecklich ermordet und sein Körper nackt ins Fleeth geworfen worden. Die Täter sind aber schon ertappt, der eine hat die Frechheit gehabt, den blutigen Rock des Ermorderten an eine Juden zu verkaufen und in der Weste und dem Hemd desselben herauszugehen und selbst in den Prater zu kommen. Ein anderer Mörder, der sein Urteil schon erhalten hat, ist noch frecher und satanischer; er flucht und teufelt ohne Scheu und Scham und bedauert, daß er den Vogt in Barmbeck, der ihn arretiert hat, nicht vorher kaltmachen kann, und in der Gesinnung soll er künftigen Montag gehenkt werden. Wenn ihm sein Herz noch möchte gewandelt werden; aber es ist heute schon Mittwoch.

An die Tochter Anna, 5. Februar 1806

Eben kommt die Nachricht, daß in Hamburg großer Rumor und Not und Sorge ist. Nämlich die englischen Schiffe daselbst haben Ordre erhalten, sogleich beladen oder unbeladen abzusegeln. Frankreich soll von dem König von Preußen verlangt haben, daß er seine Häfen den Engländern verschließe und, da er itzo Herr der Elbe ist, natürlich auch den Hafen von Hamburg, das letzte ist nach der heutigen Zeitung gewiß. Wahrscheinlich wird also die Elbe wieder von den Engländern blockiert werden, und das wird große Teuerung und Not bringen. Es war durch die vorige Blockade Kaufmanns- und Mittelstand schon sehr heruntergekommen und der Armen so viel geworden, daß die berühmte Armenanstalt nicht mehr zureichte, und diesen Winter ohne die Arbeit an den Wällen, die Hunderten Brot gegeben hat, viele Leute hätten stehlen oder verhungern müssen. – Wir fingen hierzulande schon an, zu hoffen, daß wir dem allgemeinen Unglück entgehen würden; wenn aber, wie man vermutet, dasselbe Sperren von Dänemark verlangt werden sollte, so steht es um unsre Hoffnung wohl nicht allerdings sicher. . . Die Fabriken hier im Orte kommen sehr ins Abnehmen, und das hat natürlich auf alle Einwohner Einfluß. Die Not und Armut ist auch so groß und allgemein, daß man nicht helfen kann, auch wenn man noch so gerne hülfe.

An die Tochter Anna, 31. März 1806

Vor drei Nächten haben sie dem Pastor seine Hühner und vor zwei alle seine Teelöffel pp. und drei Körbe Wäsche gestohlen. Mein armer Sünder, von dessen Frechheit ich Dir erzählt habe, ist endlich vorigen Montag gehenkt worden. Er scheint doch etwas milder geworden zu sein

und hat sich mit dem Vogt in Barmbeck ausgesöhnt, sehr determiniert, wie er denn überhaupt ein sehr determinierter Kerl und zu etwas Besserem wohl tüchtig gewesen wäre, wenn er in bessere Hände gefallen wäre. Es ist schrecklich mit den Händen! und desto verdienstlicher, der bessern viel zu veranstalten, doch wieder auf meinen armen Sünder zu kommen, so ist er in der Büttelei viel besucht und besehen worden. Einmal nun, als der Prediger bei ihm gewesen, ist auch eine Frau mit einem kleinen Knaben gekommen, ihn zu besuchen, und er hat dem kleinen Knaben freundlich getan und zu dem Prediger gesagt: »Süht he det unschuldige Kind? – Dat vörlang veel mehr, als wenn he my eine heele Stunde vörpredigt.« Pastor Schröder war mit Ernst und Franz und anderen seiner Schüler am Exekutionstag nach Hamburg gegangen, ihn vorbeipassieren zu sehen. Gegrüßt hat er alle Leute auf der Gasse, in Fenstern und auch noch unter dem Galgen.

An die Tochter Anna, April / Mai 1806

Ich schreibe Dir nichts von Krieg und Kriegsgeschrei und Politik. Krieg wird, und ich werde ihn nicht wegschreiben, und die Politik hole der T. –, und das muß ich mir gefallen lassen. Und mache Du es auch so und schreibe nichts und lasse beides wachsen bis zur Erntezeit und bis die Bünder gebunden werden.

An die Tochter Anna, 17. September 1806

Du kannst Dir vorstellen, daß wir bei dem Kriegsgeschrei und Schlagen und Morden, das diese Zeit in Deiner Nachbarschaft und rund um Pforta her gewesen ist, oft an Dich gedacht haben, und daß wir also wünschen, einen Brief von Dir zu haben. Schreibe uns darum gleich einen und, so lange das Unglück in dortiger Gegend währt, alle 8 Tage einen sonderlich von Dir und der Schulpforta, aber auch sonst, was notorisch ist und gesagt und geschrieben werden darf. Geheimnisse wollen wir nicht wissen, und doch die weißt Du auch wohl nicht. Noch einen Rat, geh nicht aus den Mauern der Pforta unter solchen Umständen, nicht aus den Mauern, lieber Fritz. Mama grüßt Dich herzlich und die Geschwister.

An den Sohn Fritz, 25. Oktober 1806

Wir haben viel Angst und Sorge gehabt und sind noch immer nicht außer Angst und Sorgen, und können es nicht sein, bis die Sache wegen der Kommunikation zwischen England und dem festen Land über Dänemark reguliert und im reinen ist. Bisher haben die französischen Truppen unsere Neutralität mit gewissenhafter Genauigkeit respektiert, und wir haben alle Ursache, zufrieden zu sein. Auch die Hamburger klagen nicht über die Einquartierung, das heißt über die Einquartierten, und Perthes hat seine 2 jungen Leute aus Lyon und den Pyrenäen ungern wieder weggehen sehen, und so ist es vielen Leuten in Hamburg gegangen. Itzo sind, wie Du aus den Zeitungen siehst, nur wenige Truppen da. Es sollten heute mehrere kommen, sie haben aber andere Bestimmung erhalten. Übrigens ist die Armut und Not in den umliegenden Gegenden und in Lübeck groß. Auch in Hamburg hört ein Haus nach dem anderen auf zu zahlen.

An die Tochter Anna, 13. Dezember 1806

Johannes hat mit den übrigen Studenten zur Verteidigung der Küsten engagiert, und wird itzo alle Morgen von 5–7 exerziert. Es ist nicht wahrscheinlich, daß die Engländer in einer Gegend, wo ein so großer Teil des dänischen Militärs ist, landen werden. Indes kann man nicht wissen, wie die Sachen sich wenden und ändern können. Wir sind übel dran, die Engländer mögen bei Kopenhagen siegen oder besiegt werden. Der Plan, dem die Engländer durch diesen Gewaltstreich zuvorgekommen sind und ihn wenigstens auf einige Zeit aufgehalten haben, wird wahrscheinlich nicht aufgetan werden und nur eine Veränderung in den Gesinnungen Rußlands unsere Neutralität schützen, wie es das Ansehn hat.

An die Tochter Anna, 23. September 1807

Hier sieht es bunt aus. Der Jungfernstieg und die Gassen wimmeln von fremden Truppen, größtenteils Spanier, die durchgehends beliebt sind...

Ich liebe Anna! Ich bin wirklich so ge- und zerdrückt von allem, was in der Welt vorgeht, daß ich fast an kein erfreuliches Vornehmen oder Ereignis Anteil nehmen kann, ich denke, mein Gott weiß, wo und wie wir im künftigen Sommer sind. Doch! Es kann noch alles gut werden und ich mit meiner Kleingläubigkeit zu Schimpf und Schande, welches ich denn auch von Herzen gerne will. Da geht wieder die Trommel, und es gehen 1000 Spanier vorbei zum Exerzieren. Die armen Menschen.

An die Tochter Anna, 23. September 1807

Caroline hatte 4 Mann Einquartierung, daraus Du denken kannst, wie voll Hamburg sein muß. Wenn man über den großen Neumarkt geht, ist einem, als ob das jüngste Gericht begonnen sei: alle Nationen versammelt und durcheinander, der gerechte Richter aber fehlt noch. Man ist durchgängig mit den Spaniern wohl zufrieden, und die Uniform von einigen Regimentern, sonderlich der Offiziere, ist sehr schön, auch die Offiziere und ein groß Teil der Gemeinen eines feinen Ansehens, sie verstehen aber alle fast nichts als spanisch, und das geniert sie und die Wirte sehr. Der oberste Befehlshaber, della Romana, ist aber ein sehr gelehrter Mann, er kann deutsch, französisch und lateinisch und griechisch, und Perthes hat einen guten Kunden an ihm.

An die Tochter Anna, 30. September 1807

Wiegenlied für die Königin von Dänemark

Im April 1808

Schlaf, holder Engel, schlaf Dich satt,
Blümlein aus Gottes Garten!
Gott, der Dich hervorgepflanzet hat,
Wird hier auch Deiner warten.

Ihm hab' ich Dich und ihm allein
Vertraut und hingegeben:
Ohn' Ihn kann man nicht sicher sein,
Ohn' Ihn nicht glücklich leben.

Gott ist allein der rechte Mann,
Der alle Not entfernet –
Schlaf, Kind, wohl dem, der schlafen kann;
Die Mutter hat's verlernet. –

Denn fern ist der und nicht bei mir,
Dem nur mein Leben lebet,
Den meine Liebe für und für
Und mein Gebet umschwebet. –

Sei mit ihm und mit seinem Heer,
Herr! – Denk an uns hienieden,
Erbarm Dich Deiner Menschen, Herr,
Und gib uns wieder Frieden.

Ach alles, alles in der Welt
Ist Staub, wird bald zerrieben;
Was hoch und herrlich war, zerfällt,
Und nichts besteht als Lieben.

Vor 8 Tagen haben 9 Kerle einen Engländer in Reinbek mißhandelt und, was er hatte, geraubt und gingen mit dem Raub hierher; wo sie vermutlich ihre Abnehmer wußten. Man war ihnen aber auf die Spur gekommen und hatte durch einen Mann zu Pferd die Husaren hier im Ort wach gemacht. Als dann die 9 Herren bei Libold morgens gegen 7 Uhr einmarschierten, geht der Lärm an, ein wahres Gripbackspiel, und 7 lauter große starke Kerle werden gefangen, und nachmittags nach Reinbek zurückgebracht. Vorigen Sonnabendabend ist in Hamburg die große Büttelei, sechs Mann und eine Frau, ausgebrochen, zwei wurden gleich den Abend und drei den andern Tag in Bergstedt wieder ertappt, die übrigen werden in den Zeitungen gesucht.

An die Tochter Anna, 6. März 1810

Otto Runge ist dem Tode sehr nahe und wird vielleicht noch eher sterben, als seine Frau in die Wochen kommt, welches sie in 8 Tagen erwartet. Die Lage: in acht Tagen sterben sollen ist für einen jungen Mann, der noch auf längres Leben rechnete und was ist und kommen soll, noch nicht zu Herzen genommen hat, allemal unangenehm; aber bei ihm kommt manches hinzu, das sie noch unangenehmer macht. Übrigens ist er nicht nur ein talentvoller, sondern in hohem Grad gutgesinnter und rechtlicher Mensch, der auch über sich und das um ihn nachgedacht und das Hohle und Schale wohl bemerkt und gefühlt hat.

An den Sohn Fritz, 27. Oktober 1810

Daß Otto Runge gestorben ist, wirst Du aus den Zeitungen gesehen haben. Er hat sehr gelitten, aber meisterlich, das muß man ihm lassen, und Caroline hat ihm beigestanden, auch meisterlich, das muß man ihr lassen. Sie ist den langen Weg des Tages mehr als einmal gelaufen, in Regen und Wind, bei Tag und im Dunkeln. Er verlangte sie immer, und keiner und keine konnte es ihm recht machen als sie. Dafür hat er ihr aber auch Dank gewußt und manches von seinem Gemützustand und seinen Ideen und Empfindungen ihr erzählt, das ihr Freude gemacht hat und einem jeden Freude machen muß, weil alles bei ihm ohne Affektion und so ganz natürlich war. Er ist bis auf die letzte Minute, kleine Krampf-Paroxismen mit Fieber abgerechnet, bei voller Besinnung gewesen und hat noch die letzte $^1/_4$ Stunde mit Bruder, Frau, Perthes, Caroline pp., die alle um sein Bett standen, frei und heiter gesprochen. Der Doktor Lappenberg hat auch gemeint: er habe viel Menschen leiden und sterben sehen, aber so noch keinen, und hat, wie Caroline sagt, geweint, daß er geschluchzt hat. Einen Traum, den er Caroline erzählt hat, muß ich Dir doch erzählen. Ihm habe gedünkt, daß sich eine große Hand ihm über und auf den Kopf gelegt habe, »ick wüß, Caroline, dat det den leeven Gott sin Hand waar, denn my waar so woll daby to Mood. Don sagd ick: lat liggen, Vadder! und he leed se ock liggen, Caroline.« Die Frau ist 2 Tage nach seinem Tode von einem Knaben entbunden, von dem er immer gesprochen und den er noch so gerne sehen wollte. Ich möchte wohl gerne einmal einen vollendeten Christen sterben sehen.

An die Tochter Anna, 12. Dezember 1810

Hier ist es noch immer Sommer; die Marieblümchen, große Bohnen, Butterblumen pp. blühen wieder, und warme Luft regiert wie im Mai. Wir nehmen das hin und schieben alles auf den Kometen, der bei dem heiteren Himmel fürchterlich mit seiner Rute gedroht hat, aber bis dahin noch nicht zugehauen hat.

An die Tochter Anna, 5. November 1811

Was mit roter Tinte geschrieben ist, hat der Zensor des H. Korrespondenten, wo ich die Anzeige betreffend den »Boten« eingerückt haben wollte, gestrichen. Bei Euch wird's wohl nicht gestrichen werden. Max kann sich als Kollekteur in München angeben, und an andern Orten, die, welche er etwa in der Nachbarschaft kennt und das Resultat an sich schicken lassen. Ich denke, er könnte es wohl ohne Erlaubnis wagen, Müller in Schaffhausen zu nennen. Aus dem Streichen in Hamburg ist nun wohl klar, daß ich die Zugabe in Hamburg nicht drucken lassen kann. Denn wenn dergleichen, das die klare unbeleidigende Wahrheit ist, gestrichen wird, was soll dann noch bleiben, und was kann dann nicht übel ausgelegt werden, auch mir, der ich seit der Revolution und während derselben immer der Prediger der Fürstenrechte und des Gehorsams gewesen bin. Also in Hamburg kann ich nicht drucken lassen. Schreibe mir doch in einem nächsten Brief, was Druck und Papier in München kosten.

An die Tochter Anna, 17. Dezember 1811

Es werden ja wohl einmal andere Zeiten in der Welt werden, wenn die itzigen uns erst artig gemacht haben. Fleiß und Frommsein ist noch nicht verboten; dem also liege ob, lieber Franz, so lange sie noch nicht Konterbande sind. Man wird sie auch künftig mehr als sonst nötig haben, weil so viele Leute aus ihrer Bahn gerissen werden und andere in ihre Bahn fallen müssen. –

An den Sohn Franz, 19. Dezember 1811

An des Königs Geburtstag,

den 28sten Januar 1812

Nach Zum-Stegs Melodie des Reuterliedes im Wallenstein

Wohlauf, wohlauf, heut' Festtag ist;
Stellt Euch in Glied und Reihen!
Wir sind versammelt, wie Ihr wißt,
Uns unsers Königs zu freuen.
Wer sich am besten freuen kann,
Der ist hier Meister und unser Mann.

Chor

Wer sich am besten freuen kann,
Der ist hier Meister und unser Mann.

Zufrieden und frisch und fröhlich sein,
Ist allemal das Beste;
Die Menschen aber, groß und klein,
Sind wunderliche Gäste.
Anstatt nur nach der Uhr zu sehn,
Will mancher selbst am Zeiger drehn.

Chor

Anstatt nur nach der Uhr zu sehn,
Will mancher selbst am Zeiger drehn.

Doch wenn ein jeder am Zeiger dreht
Und's große Wort will führen;
Dann alles die Kreuz und Quere geht –
Drum muß nur einer regieren!
Und wenn der eine mit Weisheit fährt,
So ist er all unsrer Liebe wert;

Chor

Und wenn der eine mit Weisheit fährt,
So ist er all unsrer Liebe wert;

So ist er uns Vater, ist unser Freund,
So ist er von Gott uns gegeben
Wie eine Sonne, die da scheint
Und die auch wärmet daneben;
Die aber in Kriegeszeit jedermann,
Wie sie gern wollte, nicht wärmen kann.

Chor

Die aber in Kriegeszeit jedermann,
Wie sie gern wollte, nicht wärmen kann.

Und dies kommt auch an unsre Tür!
Wer wollte drob jammern und klagen.
Das mag ein andrer tun; doch wir,
Wir wollen halt nicht verzagen.
Fürs Vaterland ist Wermut Wein;
Und morgen wird es besser sein!

Chor

Fürs Vaterland ist Wermut Wein;
Und morgen wird es besser sein!

Der König den Frieden lieber hat,
Führt Krieg nur wider Willen.
Er wird auch wissen, durch Rat und Tat
Mit Gott den Hader zu stillen.
Wer Krieg führt, den er nicht gewollt,
Dem Mann sind Gott und Menschen hold.

Chor

Wer Krieg führt, den er nicht gewollt,
Dem Mann sind Gott und Menschen hold.

Des Landes Vater lebe hoch . . .
Die Landesmutter lebe . . .
Daß Gott sie segne! . . . und uns doch
Bald Frieden wieder gebe!
Im Krieg' ist nimmer kein Stern noch Glück;
O Friede, Friede, komm zurück.

Chor

Im Krieg' ist nimmer kein Stern noch Glück;
O Friede, Friede, komm zurück!

Politisch Neues könnte ich Dir freilich viel schreiben; doch Ihr habt dort gewiß die Hamburger Zeitung und, was nicht in den Zeitungen steht, des enthalte ich mich, wie Du weißt. An unruhigen Tagen hat es uns nicht gefehlt. Den Mittwochen hörten wir 24 Stunden die Kanonade, als das Muratsche Korps beim Zollenspieker über die Elbe ging . . .

Die Einquartierung ist hier ziemlich stark und man erwartet eine sehr starke, wie es unter den Umständen auch zu vermuten ist. Wenn man könnte, so zöge man gern in fremde Lande; aber es scheint, daß man aushalten und es an die Haut gehen muß, um geprüft und geläutert zu werden.

An die Tochter Anna, 20. März 1813

Wir sind seit 3 Wochen durch fürchterliche Bombardements und andere Ereignisse, die uns fremd und ungewohnt sind, erschreckt und mürbe gemacht worden, sind aber übrigens gesund und wohlauf bis dato und vertrauen auf Gott und unsere Unschuld. Das Reisen und Auswandern ist hier übrigens sehr Mode geworden. Feinde und Freunde sind ausgewandert, Caroline mit ihren Kindern hat uns auf 14 Tage besucht und ist nun wieder weitergegangen. Wir wanderten auch gern dem Kriegsgelüst aus dem Weg; aber es scheint, der liebe Gott wolle uns prüfen und unter seine gewaltige Hand beugen lehren.

An die Tochter Anna, 31. Mai 1813

Was soll man tun? Klagen? Was hilft das, und doch ist man so voll, daß man nichts anderes mag, auch kann man nicht aus diesem Zustand herauskommen, weil man alle Tage mehr Greuel hört, als die Seele verarbeiten kann. Du fragst nach Freunden und Bekannten? Wir wissen fast nichts, nun unsere Quelle versiegt. Wo wir nachfragten, die sind weg, wie glücklich sind die!!! Gott helfe den Zurückgebliebenen.

An die Tochter Caroline, 6. Juni 1813

Aus den Zeitungen habt Ihr den Eifer und lebendiges Treiben der Hamburger Bürger zu der alten Freiheit erfahren. Dieser Eifer und dieses Treiben war fast allgemein, doch mehr und minder, auch mußten ja Anführer sein. Natürlich konnte dieses den Franzosen nicht gefallen und ihr Unwille war natürlich nach dem Maß, wie einer und der andere Teil genommen hatte, und wie er der erste oder zweite gewesen war. Und so mußten viele und sonderlich v. Heß und Perthes beizeiten aus dem Wege gehen und können nicht wiederkommen. In der gestrigen Zeitung findet Ihr ein Dekret, wodurch die Habe und Güter derer, die nicht in einer bestimmten Zeit wiederkommen, der Konfiskation unterworfen werden.

Was uns seit 6–8 Wochen Angst und Furcht und Sorge nahe an die Haut gekommen sind, könnt Ihr Euch denken, wozu dann die fürchterlichen Bombardements in der Nacht und die Ungewißheit, wer Freund oder Feind sei, das ihrige beigetragen haben. Man hätte es kaum denken sollen, aber Mama und ich haben den Kopf oben behalten und sind wirklich noch ziemlich gesund. Unser Haus ist ein Packhof gewesen, dahin die Leute ihre Sachen flüchteten. Ich tue und leide dergleichen ungerne, aber sie warfen es einem über den Kopf, und man konnte und wollte auch nicht wehren. Gottlob, daß schon seit vielen Wochen wieder rein Haus ist, und ich auf der Diele und in den Stuben hin und her gehen kann.

An die Tochter Anna, 26. Juni 1813

Freilich die Zeitumstände können wohl mißmutig machen und Mißmut verschließt und verbirgt sich. Aber soll das so sein? Wir werden mißmutig, wenn uns das, was uns bisher Mut machte, halb oder ganz genommen wird. Doch das kann wieder anders werden und das muß man hoffen, sonderlich wenn die Aussichten dazu berechtigen. Indes ist dies nur eine Palliativ-Kur und man hat eine, die gründlicher ist. Wenn uns das, was uns genommen werden kann, nun wirklich genommen wird und so seine Unsicherheit und Nichtigkeit und Eitelkeit handgreiflich offenbar wird, soll der Mensch den Mut verlieren? Soll er nicht lieber bei sich Rat suchen und um sich sehen: ob es nicht etwas gibt, das Mut mache und uns nicht genommen werden kann? Es gibt so etwas, und die es gefunden haben, wußten davon zu sagen und daß es der Mühe lohne.

An Bokelmann, 15. November 1813

Einige Stunden nach unserer Abreise von Zuhause sind 4000 Franzosen in Wandsbeck eingerückt und unser Haus ist mit 40 Mann bequartiert worden. Sie sind aber nur die Nacht geblieben und haben sich gut aufgeführt. Seitdem ist es bis itz in Wandsbeck ruhig gewesen, und wenn man alles vorher wüßte, wären wir bis itz dort geblieben. Itz aber scheint es ernst werden zu wollen, oder besser ernst wird es. Der arme Johannes ist mitten im Gewühl des Krieges. Bis dato ist er noch glücklich hindurchgekommen bis auf die Requisition; er hatte einen General, einen Kapitän etc., in allem 15 Mann und 24 Pferde, Einquartierung. Das übrige kannst Du Dir denken. Gott bewahre sie persönlich, häuslich sind wir vor der Hand ruiniert. Und das sind wir alle.

An den Sohn Franz, 18. November 1813

Das Ochsenfleisch kostet hier 5 Schilling, das Kalbfleisch 7 Schilling. In allen Gesellschaften wird Charpie gepflückt und Handschuhe und Socken gestrickt für die Hanseaten, und für die auswärtigen Hamburger sorgt man auf eine sehr tätige Weise. Es sollen ca. 2000 hier bis dato angekommen sein, und so viel etwa auch in Bremen, wie der Deputierte, der von dort hier ist, meinte. In der letzten Berliner Zeitung vom 8. steht, daß 30000 aus Hamburg ausgetrieben waren, was aber wohl arg übertrieben sein muß.

An die Tochter Caroline, 11. Januar 1814

Hier sind 2–3000 von den ausgetriebenen Hamburgern, Männer, Weiber und Kinder, die mit ausnehmender Milde aufgenommen und behandelt werden. In allen Gesellschaften ohne Ausnahme werden Strümpfe, Handschuhe und Socken gestrickt, Hemden genäht u.s.w. Alle andre Arbeit und Tätigkeit der Damen ruht außer, daß einige Charpie pflücken. Es kommen täglich mehr Hamburger an und es kann wohl nicht fehlen, daß bei der Kälte und dem Schnee mehrere auf dem Wege bleiben. Auch kommen hier viele kranke und verwundete Soldaten an.

An die Nichte Louise Claudius, 14. Januar 1814

Schwarzenberg und Blücher haben sich vom 21.–25. täglich herumgeschlagen und den 26. den Napoleon totaliter geschlagen, 80 Kanonen und 10000, andere sagen 15000 Gefangene gemacht. Diese Nachricht ist hier mit Kuriers gekommen und ist wahr, oder keine ist wahr.

An den Sohn Fritz, 7. April 1814

Die heutigen Nachrichten aus Frankreich sagen nicht viel, und man will wieder an den Einzug anfangen zu zweifeln, wenigstens an dem 31.; hier sind über den Einzug am 31. Kuriere von hoch und niedrig angekommen; aber alle aus einer Quelle aus Münster, und sonderbar ist es, daß die schwedischen Behörden, die übrigens die Nachricht glauben, sie nicht dort selbst bis heute haben. Wenn der N. nicht durch die Lage der alliierten Herren zu dem Weg nach Lyon gezwungen worden ist, so will er wahrscheinlich nach Italien zum Vizekönig. Doch wozu diese Spekulation.

An den Schwiegersohn Perthes, 12. April 1814

Wir haben hier zur Zeit russische Einquartierung und erwarten mit Ungeduld das Schicksal von Holstein. Die zerstörten Gebäude um Hamburg können in einigen Jahren wieder aufgebaut werden, aber die Spuren an Bäumen und Gärten, die verwüstet sind, können in 20 Jahren nicht verwachsen. Der Krieg ist eine schreckliche Sache, wenn er auch so endet wie dieser. Dein Reich komme!

Man sagt hier, Alexander und der König von Preußen werden über Hamburg zurückkehren.

Frau Rebecca grüßt Sie herzlich; $^{3}/_{4}$ Jahre angespannt gewesen, fällt sie nun zusammen und kann nicht wieder zu sich selbst kommen, und dem Gemahl geht es ebenso. – Ich sollte nun noch von Dank und danken sagen, lieber Nicolovius; aber das verschlägt nicht und so läßt man es lieber bewenden.

Gott sei mit Ihnen und mit Ihren Kindern!

An Nicolovius, 17. Juni 1814

Die zurückgekehrten Vaterlandskämpfer

1.

Wohlauf Kameraden, vom Pferd, vom Pferd!
Die Rüstung ausgezogen!
In seinem Hause, an seinem Herd
Bedarf es nicht Pfeil noch Bogen.
Da tritt ein anderes wieder ein:
Nach alter Weise glücklich sein.

Chor. Da tritt ein anderes wieder ein:
Nach alter Weise glücklich sein.

2.

Aus der Welt die Freiheit verschwunden war,
Man sah nur Herren und Knechte;

Trotz und Gewalt, die herrschten gar,
Zertraten Menschen und Rechte.
Der dem Tod ins Angesicht schauen kann,
Der Soldat allein war da der rechte Mann.

Chor. Der dem Tod ins Angesicht schauen kann,
Der Soldat allein war da der rechte Mann.

3.

Drum warfen die kleineren Sorgen wir weg
Und wählten uns größere Sorgen
Und ritten dem Schicksal entgegen keck,
Trifft's heut' nicht, trifft es doch morgen.
Und traf es morgen oder heut';
Sieg oder Tod, wir waren bereit.

Chor. Und traf es morgen oder heut';
Sieg oder Tod, wir waren bereit.

4.

So lange der Frevel um sich frißt,
Bleibt 's Schwert uns Pflicht und Freude,
Nun der besiegt und vernichtet ist,
Kehrt es zurück in die Scheide.
Ist das Kadaver ins Grab hinab,
Wirft man die Schaufeln auf das Grab.

Chor. Ist das Kadaver ins Grab hinab,
Wirft man die Schaufeln auf das Grab.

5.

Ruhm ist's und ehrenvoll und hoch,
Im Notfall der Waffen zu pflegen;
Doch ehrenvoller ist es noch,

Sie frei wieder abzulegen.
Und wer sich des zu schämen hat,
Der war aus Eitelkeit Soldat.

Chor. Und wer sich des zu schämen hat,
Der war aus Eitelkeit Soldat.

6.

Krieg ist nur gut im Fall der Not,
Nur gut des Friedens wegen.
Durch Fleiß und Arbeit sich das Brot
Erwerben, das bringt Segen.
Nur häuslich Glück ist wahres Glück;
Drum kehren wir dahin zurück.

Chor. Nur häuslich Glück ist wahres Glück;
Drum kehren wir dahin zurück.

7.

Zurück wir alle, Hand in Hand,
Frohherzig und zufrieden;
Ein jeder in seinen Beruf und Stand,
Wie's ihm sein Schicksal beschieden.
Da ist nichts groß, da ist nichts klein,
Ein jedes greift ins Ganze ein.

Chor. Da ist nichts groß, da ist nichts klein,
Ein jedes greift ins Ganze ein.

8.

Wir traten heraus mit Lust und Mut,
Um neuer Pflichten willen;
Und treten zurück, mit Gut und Blut
Die alten zu erfüllen.

Und sind dem Vaterhaus und Herd,
Wir hoffen es, nicht minder wert.

Chor. Und sind dem Vaterhaus und Herd,
Wir hoffen es, nicht minder wert.

Hamburg, den 30. Juni 1814

Vorgestern haben wir des Prinzen Geburtstag gefeiert; er hatte sich selbst und seine zwei Freunde zu Gast gebeten, und so ward zum Frühstück mit Blumen und Schokolade und Kuchen traktiert und mittags mit einem Kalbsbraten, den wir uns gut schmecken ließen, und mit Rot- und Weißwein, dem der Prinz noch eine Bouteille Champagner beifügte, die er teuer genug wird haben bezahlen müssen, die aber von Herzen schlecht war. – Wie der 18. in Hamburg gefeiert worden, wirst Du aus den Zeitungen sehen; er ist wirklich mit Teilnahme gefeiert worden, und Caroline hat sich wieder hervorgetan und durch ihre und anderer Leute Beihilfe alle kranken Russen in Hamburg mit Suppe und Fleisch und Kuchen traktiert und den kranken Hanseaten etwas an Geld zu verschaffen gewußt.

An den Sohn Franz, 21. Oktober 1814

. . . einige andere Kleinigkeiten
Fabeln und Spaß

Der fromme Heide

Ein Heide, der den Mond als seinen Gott verehrte
Und ehrerbietig niederfiel,
Wenn er vom Monde reden hörte;
Ein Heide tat's? Nun, das ist viel.
Ein Heide? Nein, das glaub ich nicht,
Wie mancher Christ bleibt kalt und ohn Gefühl,
Wenn er von seinem Gotte spricht!
Ich leugne dieses alles nicht,
Genug, wenn er von dem, den er als Gott verehrte,
Nur andre leise reden hörte,
Dann fiel er auf sein fromm Gesicht.
Ein Heide, das ist mein Gedicht,
War einst, weils gar nicht regnen wollte,
In einer großen Wassernot,
Und wenn in kurzer Zeit kein Regen kommen sollte,
War für ihn und sein Haus nichts übrig als der Tod.
Was tat er? murrte er nicht wider seinen Gott?
O nein! er ließ ihn ruhig walten
Und schändete durch sein Verhalten
Sein Herz und seinen Glauben nicht.
Er sahe seine Kinder leiden
Und tröstete die jungen Heiden
Und lehrete sie ihre Pflicht.
Und wenn sie nun so kläglich um ihn taten
Und weinten und um Wasser baten,
Dann flossen ihm die Tränen vom Gesicht.
Ich habe nichts, sprach er, doch betet und verzaget nicht.
Der Mond hat unsre Not gesehen,
Er weiß wohl, was uns gebricht,
Ich will ihm heut entgegengehen,
Und wenn er kömmt, will ich um Wasser flehen.
Dann ging er hin, der fromme abergläubsche Mann,
Zu einem Opfer sich gebührend anzuschicken.
Nahm Feuer in seine Hand und Holz auf seinen Rücken
Und weinte einen Berg hinan
Und harrete auf seiner Höhe,
Daß er den Mond am fernen Himmel sähe,

Und zündete, da er ihn sah, sein Opfer kniend an.
»O, lodre meinem Gott entgegen,
Erinnre ihn an mich und an mein Haus,
Wir sind in Not« – – da fiel ein starker Regen
Und löschete sein heilig Feuer aus.

Ihr, die ihr Christi Namen führet
Und dieses Heiden Taten hört;
Seid eures großen Glückes wert,
Wißt, daß man Gottes Gunst verlieret,
Wenn man durch Kaltsinn ihn entehrt.

Der nützliche Gelehrte

An Herrn Mag. Schlettwein

Ein junger und ein alter Mann
Bemühten sich einst, einen Stein auf einen Berg zu bringen;
Sie strengten sich vergebens an,
Der Stein war gar zu schwer, sie konnten ihn nicht zwingen.
Ach, fing der Alte an, was wollen wir uns länger plagen,
Wir wollen die Gelehrten fragen,
Wie wir den Stein bequem auf diesen Hügel tragen;
Sie gingen hin und fragten sie.
Gut, sprach ein Philosoph, es macht mir wenig Müh',
Ich will's Euch aus Begriffen sagen:
Der Stein ist schwer, das seht Ihr hier,
Doch wißt Ihr nicht, warum? Ihr Ungelehrten Ihr!
Drum müßt Ihr die Gelehrten fragen,
Und Ihr tut wohl. Ich dank es der Gelehrsamkeit,
Ohn' welcher ich gewiß so dumm, wie Ihr seid, wäre,
Nur bloß des Steines Dichtigkeit
Ist schuld an seiner großen Schwere,
Wär er nur halb so dicht, das folget nun daher,
So wär er auch nur halb so schwer.
Die Sätze, die noch mehr aus dieser Wahrheit fließen,
Die überseh' ich alle zwar,
Doch führ' ich sie nicht an. Gnug, das ist ewig wahr.
Man kann's aus sichern Gründen schließen,
Daß wir mehr Kraft anwenden müssen,
Als die Last widersteht, was zu erweisen war.
So weit kann die Vernunft durch die Begriffe dringen!
Ach, sprachen sie, das wollten wir nicht wissen;
Sag nur, wie wir es machen müssen,
Daß wir den Stein auf diesen Hügel bringen.

So prahlt der Philosophen Schar,
Die, neben andern großen Gaben,
Nur Grillen in den Köpfen haben.
Das, was sie plaudern, ist zwar wahr;
Doch bis zum Nützlichen sich nie herunterlassen

Und Dich sogar deswegen hassen,
Ist lächerlich, was zu erweisen war.
Du hast der Wissenschaften Wert, in jeglicher ein Mann,
Durch schöne Proben dargetan.
Freund, zeig' uns ferner Mittel an,
Das Leben glücklicher zu führen,
Und laß die Narren demonstrieren.
Und jeder lache, der sie hört!

O sei ohn Unterlaß aufs Wohl der Welt bedacht!
Der ist wahrhaftig nur gelehrt,
Der andre dadurch glücklich macht.

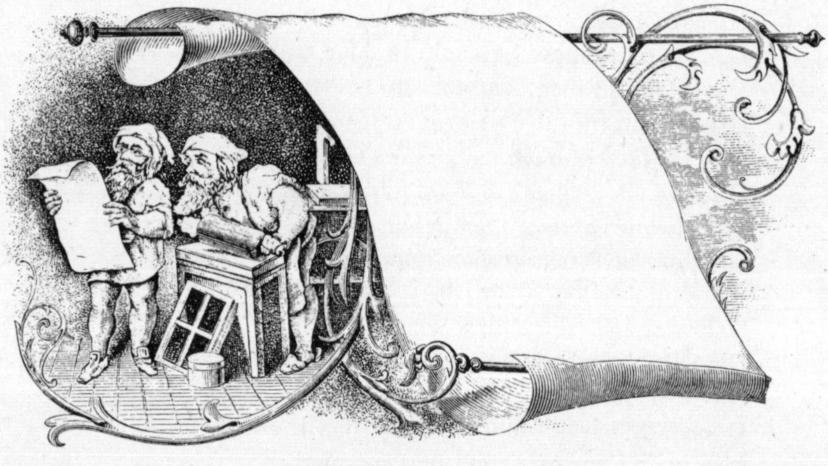

Aber das heiß' ich eine Stadt, das Hamburg, da gibt's was zu sehen, Rathäuser und Baumhäuser und Weinhäuser und Kaffeehäuser und Musikhäuser; mein Vetter geht allenthalben mit mir hin. Gestern abend, den Abend vergess' ich nicht, so lange ich lebe, gestern abend, etwas nach 5 Uhr, führte er mich in ein Musikhaus. Wir kamen durch einen wunderlichen krummen Gang in einen großen prächtigen Saal. Hier saßen wohl bei tausend Menschen teils auf Bänken, die auf der Erde hintereinander, und teils in Bücherrepositoriis und kleinen Schränkchen, die rund herum an den Wänden übereinander befestigt waren. Wir hatten eine herrliche Musik zu hören und ein großes schönes Gemälde zu sehen, das auf einem Vorhange gemalt war. Hinter dem Vorhange, dachte ich bei mir selbst, wird ein Alkove mit einem Himmelbette sein, aber das geht dich nichts an. Doch ich hatte nicht recht geraten. Der Vorhang wurde hernach weggetan, und dahinter war noch ein ganzes geräumiges Wirtshaus, wo man vermutlich alles fordern und haben konnte, was man wollte; es würde auch gewiß den Abend 'was Rechtes sein verzehrt worden, denn im Saal waren viele vornehme und reiche Mann- und Frauenzimmer, wenn sich nicht von ohngefähr, gerade als die Musik aufhörte, in dem Wirtshause ein besonderer Vorfall ereignet hätte. Reisende Leute, die sich kannten und suchten und, ohne es zu wissen, in demselben Wirtshause logierten, fanden sich. Das war ein Lärm, da war Freude und Leid und Zank und wieder Freude und wieder Zank und Liebe und Freundschaft und Großmut, alles durcheinander. Doch es mochte eine recht gute Art Leute sein; bei uns sind die Leute nicht so, auch hier müssen nicht viele so sein, denn die ganze Gesellschaft im Saal wunderte sich über sie, starrte mit Augen und Ohren sie an und vergaß Essen und Trinken darüber. Sie waren freigebig, rechtschaffen, edel, hart gegen sich selbst, wollten mit Gewalt glücklich machen und nicht glücklich gemacht sein. – Da war eine hübsche Witwe, die betrübter war als sie aussah, eine Kammerjungfer, die mutwilliger aussah als sie war, ein vortrefflicher Wachtmeister, ein Kerl der Geld hatte, und ein junges schlankes Fräulein, für die ich alles in der Welt hätte tun können – ja, aber der Major von Tellheim tat auch als ein rechtschaffener Mann bei ihr. Er hatte, konnte ich wohl merken, dem Fräulein die Ehe versprochen und wollte sie auch noch gerne haben, wollte sie aber auch nicht haben, weil er unglücklich geworden war. Das junge Fräulein freute sich herzlich, daß sie ihren Tellheim wieder gefunden hatte und wollte ihn mit allem seinem Unglück, sie stürmte erst mit freundlichen muntern Einfällen und edler Schalkhaftigkeit, dann mit verstelltem Unglück und einer großmütigen Entsagung auf sein Herz. O! ich kann Ihnen nicht so recht sagen, wie das alles war; aber ich will Ihr Fritz nicht sein, wenn mir nicht dreimal bei dem, was diese Leute sagten und taten, die Tränen in die Augen getreten sind. Manchmal ward's mir auch grün und gelb vor den Augen, und ich dachte, es würde tote Leute geben, doch ging alles gottlob gut ab.

Das Fräulein war aus Sachsen und hieß Minna von Barnhelm. Wenn Fräulein Eleonora von* auch nicht die eine hohe Schulter hätte, so wäre sie doch nur ein dummes Fräulein gegen die von Barnhelm. Sie war so witzig, so ungekünstelt, so sanft, kurz, wie gesagt, ein junges schlankes Fräulein, für die ich ungekannt und ohne Belohnung alles in der Welt hätte tun können. Ich habe auf meine eigne Hand Jubel gesungen, daß die Sache so nach ihrem Wunsch ablief. Nun wird sie wohl mit ihrem Tellheim schon auf ihre Güter in Sachsen gereist sein, und ich werde sie nicht wiedersehen. Mag sie doch, wenn's ihr nur wohl geht.

Vetter Steffen sagte mir im Vertrauen, daß ein Mann, der Lessing heißt und der sich hier aufhalten soll, diese ganze Geschichte gemacht habe. – Nun so vergeb's ihm Gott, daß er dem Major und dem armen Fräulein so viel Unruhe gemacht hat. Ich will gewiß den Hut nicht vor ihm abnehmen, wenn er mir begegnet. Aber zehn Taler wollte ich darum geben, wenn ich noch einmal eine solche Geschichte mit ansehen könnte. Mir war den ganzen Abend das Herz so groß und so warm – ich hatte eine so heißen Durst nach edlen Taten – ja ich glaube wahrhaftig, wenn man solche Leute oft sähe, man könnte endlich selbst rechtschaffen und großmütig mit ihnen werden.

Ex tempore

In dichtverwachsnem Laub verborgen,
Sang eine Nachtigall einst einen Frühlingsmorgen;
Bald tönten Lieder überall,
Sie sangen ihm aus vollem Halse Lieder,
Und Tal und Hügel hallten wider; –
Da schwieg die Nachtigall.

Aus einer ungedruckten Ritterchronik

Es zogen einst, mit ihren Spieß und Bogen,
Drei Ritter über Land,
Sie waren wild wie Meereswogen
Und freundlich wie ein Regenbogen,
Rasch und behend von Fuß und Hand,
Im Lanzenbrechen recht gewandt,
Hoch von Geburt, tief von Verstand,
Groß von Statur und weit und breit bekannt.
Ein Ritter, wenn er grade stand,
Maß ohne Absatz, ungelogen,
Fünf rheinische Füße und noch mehr
Und tappte mit dem Zeigefinger
Wie Christoph und der Karolinger
Recht sehr bequem ans güldne Sternenheer
Und mit der Nas' an Jupiter.

Die Namen der Ritter tönten fürchterlich wie der Klang ihrer Waffen. Bararoridomstra, Lancigerador, Crambondo, das sind die Namen der Ritter. Sie zogen hin durchs Blumenfeld, wo die sanften Schönheiten und Reize der Natur zusammengedrängt sind wie in einem freundlichen Mädchen, und ihr Heldenantlitz unterm schrecklichen Helm lächelte Freude, als sie durchs Blumenfeld hinzogen: »Steht, Ritter!« hub plötzlich Lancigerador an und lehnte sich auf seine Lanze, »ich habe etwas zu sagen: Wir lächeln, und dies Feld ist freundlich und schön – doch damit unser Ritterherz nicht zur weichen Wollust herabsinke, laßt uns einmal an unsre Schilde schlagen«, und sie huben die Lanzen auf –

Schnell fiel ein Ding wie die Pandorenbüchse
Vor ihren Augen in das Gras,
Es war von Onyxstein, und auf dem Deckel saß
Ein Pfau und breitete sein schön Gefieder
Und dreht' im Sonnenschein sich langsam hin und wieder
Und schrie und sah die Ritter an,
Und unten war das Fußgestell ein Schwan.
Drauf stieg aus dieser Zauberbüchse
(Der Pfau verschwand, der Deckel fiel)
Behende eine Wassernixe

Mit einem goldnen Saitenspiel,
Ein Kind, schön wie der Knabe der Cythere,
Das aus dem Onyxstein ihr nachgestiegen war,
Reicht' ihr zwei goldne Hämmer dar,
Und nun begann,
Pian, Pian,
Ein Lied der Wollust zur Ehre.

Aber die Ritter weileten nicht, sie schlugen an ihre Schilde, daß Sänger und Sängerin zurück in die Büchse fuhren, und eilten dem Wald und größeren Taten entgegen. Und Muse, die du so oft angerufen wirst und so selten erhörest, entflieh, entflieh weit von mir, hin auf den Gipfel des Pindus, daß ich dir keinen bösen Namen mache und mein allein die Schande sei, wenn mein Lied minder kühn ist und minder schön als der Wald, den ich singe. Es ist ein Tal, tief und lang, als wenn hier einst ein Ritter aller Ritter am Geburtstage seiner Alkmene für Freude mit seinem Riesenschwert in die Erde gehauen hätte; zu beiden Seiten des Tals wölbt sich der Abhang unregelmäßig und wild hinan, wie Wellen des Ozeans, die Neptun im Tumulte des Sturms auf einmal Land zu sein geboten, und tausend mal tausend Eichen bedecken Höhen und Tiefen und weben durch ihre breiten dichtverwachsenen Wipfel das Dach über den großen Naturtempel, darin tiefe Stille wohnt und ahnungsvolle heilige Nacht; im Tal schlängelt ein Bach sich mit unbeschreiblicher Anmut und Schöne, bildet bunte Wiesen und kleine lachende Inseln und rauscht sanft wie ein Gebet mitten durch den Tempel, und in seinen klaren Fluten spiegelt sich der Himmel, die Sterne und der Mond und die überhangenden grünen Bäume und die blumichten Ufer. Vorne im Walde hat Vulkan eine Werkstatt, dahin kamen die Ritter zuerst und wurden höflich empfangen und sahen die spritzende Glut und die donnernden Hammer und die schwitzenden Zyklopen um den unbeweglichen Amboß, auch ward Crambondo ein wenig verwundet; nun grüßten sie die Zyklopen und stürzten sich tief in den Wald, ob sie nicht etwa eine verwünschte Prinzessin finden möchten, die sie aus den Banden des Zaubers erlösten, oder die Unschuld in den Klauen eines Frevlers, die sie befreiten, und sein Gehirn den Adlern des Waldes zu fressen gäben; aber weit und breit fanden sie nichts, und weit und breit ward kein Laut von Menschen gehört. Da setzten die Ritter sich hin, vom Heil des Rittertums zu sprechen und vom schönen Tode im Dienste der Tugend, und eine Gestalt wie ein blühendes Mädchen erschien – und als die Ritter aufsahen, verschwand sie, und Blumen fielen herab aus der reinen Luft, wo die Gestalt verschwunden war, und ein großer Hirsch mit stolzem Geweih tanzte vorüber, schnell fuhr, wie ein Pfeil, Bararoridomstra ihm nach, folgte mit seinem Speer dicht an der Ferse ihm über Berg und Tal und jagte ihn zehnmal den ganzen Wald rund. – Zuletzt kehrte der Hirsch nach dem Orte zurück, wo die beiden Ritter saßen, als suchte er bei ihnen Rettung wider den, der ihn verfolgte, und sie standen auf, Bararoridomstra zu wehren, aber der Hirsch konnte nicht mehr und stürzte vor ihnen halb tot in einen Brombeerstrauch hin. Die Angst hatte seine Adern dick aufgetrieben und das Herz schlug ihm, daß Blätter und Beeren des Brombeerstrauchs bei jedem Schlage zitterten; Bararoridomstra kam an, und die Ritter traten hinzu zum geängsteten Tiere und streichelten es freundlich, und drei große Tränen rollten dem Hirsch die bleichere Nase herab, gerade wie dem Hirsche des englischen Barden, und er streckte seine schlanken Beine von sich und war tot – und Lancigerador und Crambondo sahen Bararoridomstra ins Antlitz und schwiegen, dann setzten sie ihn auf den toten Hirsch, nahmen ihre Helme ab und sagten: »Bararoridomstra, seid menschlich!«

Grabschrift

Es lebte einst ein Ritter
Bernhardus Parirot;
Er schmeckte süß und bitter
Und wog viertausend Lot;
In einem Ungewitter
Schlug seine Frau ihn tot,
Und nun liegt hier der Ritter
Bernhardus Parirot.

Grabschrift

Hier liegt begraben ein lieber Mann,
Den seine lieben Kinder sahn,
Und er, der Mann, nicht minder
Sah seine lieben Kinder,
Nun aber sehn sie ihn nicht mehr,
Und er sieht sie noch weniger.

Die Geschichte von Sir Robert

Sir Robert, der in seinem Herzen,
Sir Robert konnte nicht dafür,
Mit Liebe ist, das wissen wir,
Wie mit dem ** nicht zu scherzen,
Er also, der in seinem Herzen
Sein bißchen Liebe auch empfand
Und auf sein wiederholtes Klagen
Kein Mitleid bei der Betty fand,
Beschloß, den Kopf sich einzuschlagen.
Der Henker wird ihn doch nicht plagen!
Sir Robert! Ja, da half kein Schrein,
Er ging zur Betty hin und schlug den Kopf sich ein.
Die Leute laufen zu und drängen sich und fragen:
Was Robert widerfahren sei.
»Ps!« sprach die Betty, »kein Geschrei!
Er hat den Kopf sich eingeschlagen.«

Hinz und Kunz

H. Was meinst du, Kunz, wie groß die Sonne sei?

K. Wie groß, Hinz? – Als 'n Straußenei.

H. Du weißt es schön, bei meiner Treu'!
Die Sonne als 'n Straußenei!

K. Was meinst denn du, wie groß sie sei?

H. So groß, hör' – als 'n Fuder Heu.

K. Man dächt' kaum, daß es möglich sei;
Potz tausend, als 'n Fuder Heu!

Als der Hund tot war

Alard ist hin, und meine Augen fließen
Mit Tränen der Melancholie!
Da liegt er tot zu meinen Füßen!
Das gute Vieh!

Er tat so freundlich, klebt' an mich wie Ketten,
Noch als er starb an seiner Gicht.
Ich wollt' ihn gern vom Tode retten,
Ich konnte nicht.

Am Eichbaum ist er oft mit mir gesessen,
In stiller Nacht mit mir allein;
Alard, ich will dich nicht vergessen
Und scharr' dich ein,

Wo du mit mir oft saß'st, bei unsrer Eiche,
Der Freundin meiner Schwärmerei. –
Mond, scheine sanft auf seine Leiche!
Er war mir treu.

Der Tempel der Musen

Der Deutsch' und Grieche pflegen
Des Altars;
Der Römer pflegt auch mit, von wegen
Des Nachbars;
Hoch am Gewölbe schwebet
Der Brite wie Cherub und lebet:
Der Welsch' ist Adjunktus und Küstermann,
Und oben flattert der Hahn
Vergoldet und lieblich zu sehen,
Und krähet Epopeen.

Kuckuck

Wir Vögel singen nicht egal;
Der singet laut, der andre leise,
Kauz nicht wie ich, ich nicht wie Nachtigall,
Ein jeder hat so seine Weise.

Fuchs und Bär

Kam einst ein Fuchs vom Dorfe her,
Früh in der Morgenstunde,
Und trug ein Huhn im Munde;
Und es begegnet' ihm ein Bär.
»Ah! guten Morgen, gnäd'ger Herr!
Ich bringe hier ein Huhn für Sie;
Ihr Gnaden promenieren ziemlich früh,
Wo geht die Reise hin?«
»Was heißest du mich gnädig, Vieh!
Wer sagt dir, daß ich's bin?«
»Sah Dero Zahn, wenn ich es sagen darf,
Und Dero Zahn ist lang und scharf.«

Die Nachahmer

Es ritten drei Reuter zum Tor hinaus,
Auf Eselein gar eben;
Sie waren nach heurigem Gebrauch
Dem Versemachen ergeben.
Ein Dichter auch den Weg her kam,
Sein Buc'phal große Schritte nahm,
Die Ewigkeit zu finden;
Die Reuter sich hinten anbinden,
Daß er sie mit sich schleppen tät
In die schöne große Ewigkeit,

Da wären sie gar zu gerren.
Der Dichter im Reiten sich umsah:
Ei, seht doch! es sind Herren da;
Wie heißen denn die Herren?
Er da, gebunden an den Schwanz?
»Heiß Fipp.« Er? »Fapp.« Und? »Firlefanz.«
Reitet wohl, Ihr lieben Herren!
Nun tät der Dichter, als wär' er stumm,
Und sah sich gar nicht weiter um!
Auch kämen die Reuter nicht ferren.

Brief an den Mond

No. 2

– Sie haben ihn zerrissen, Madam! Ach, die Thrakischen Weiber haben den Orpheus zerrissen! Und er war ein Engel im Schleier der menschlichen Natur, groß und gut! der wahrhaftige Adam der Griechen – lassen Sie mich um ihn klagen, nicht mit Geschrei und Tränen; mit dem ernsten Schweigen, wenn Geschrei und Tränen zu wenig sind und nur stille Zückungen, wie Blitze, im verstörten Gesicht flattern und auf den blassen Lippen! Und sollt' ich nicht? Denn sie winden sich wie die giftige schreckliche Hydra um Laocoons Hüften bis hinauf an den Nacken; er ringt umsonst, das Ungeheuer von sich zu streifen, und steht da, ein trauriges Jammerbild, und seine Kinder um ihn! –

Auf diesen harten unverdaulichen Bissen will ich Ihnen zur Aufheiterung von Daphnes Begräbnis erzählen. Niemand hatte von unsrer Liebe gewußt; und als sie das Mädchen daher trugen, kam ich wie von ohngefähr, sah nach dem Sarge hin!! und ging vorüber; als aber der Grabhügel wieder allein war und die liebe stille Nacht ihn bedeckte – doch was erzähle ich Ihnen, Sie haben mich ja auf dem Grabe gesehn.

Hinz und Kunz

H. Mein Junge da, das ist ein Junge, der!
Kein Kuchen ist so rund wie er,
Und hat dir, hör, vor hunderttausend Knaben
Ganz sonderbare Gaben.
Was meinst du wohl, er buchstabiert schon frisch;
Und sähst du ihn beim Abendessen,
Da sieht er aus, als wär' ihm groß daran gelegen,
Und kneipt indes die andern unterm Tisch!
Nun, Kunz, was hältst du ihn?

K. Bei meiner Seel', es steckt ein Pfarrer drin!

Auf den Frieden

»Schon Frieden, eh noch Krieg? Das ist ja ganz verkehrt,«
Spricht Marc, ein Handelsherr,
»Was ist mir nun mein Blauholz wert? –
Ei hol den Frieden der und der!«
»Vergeb's ihm Gott«, seufzt Plott, der Advokat,

»Was menschenfeindliche Gedanken!«
Plott seufzet, Plott – der's gerne hat,
Wenn Menschen vor Gericht sich zanken.

Kuckuck am Johannistage an seine Kollegen

Man rächt sich an dem Undank gern;
Doch hab' ich mich genug gerochen,
Und mich von mir ganz satt gesprochen.
Ich hör' nun auf, Ihr Herr'n!

Hinz und Kunz

H. Was doch die Großen alles essen!
Gar Vogelnester; eins zehn Taler wert.

K. Was Nester! hab ich nicht gehört,
Daß manche Land und Leute fressen?

H. Kann sein! kann sein, Gevattersmann!
Bei Nestern fingen die denn an.

Die Träume

Eine Idylle

»Wie's einem doch nicht träumen kann!
Ich fuhr, bei meiner Ehre,
Dir diese Nacht im größten Kahn
Weit über alle Meere.

Durchschiffte Dir die ganze Welt,
Die Länge und die Breite,
Und holte mir viel Gut und Geld;
Das war Dir eine Freude!«

So sprach Elpin. »Man denke doch«,
Sprach Thyrsis, »auf dem Meere!
Mir selber träumt's – ich seh' es noch –
Heut' wunderlich. Nun, höre!

Mir träumt's, ich war Dir ein Soldat,
Und keiner von den schlechten;
Ein Held, der Wunderdinge tat
In Schlachten und Gefechten,

Ich saß Dir stolz auf einem Roß,
Das sprang wie eine Ziege,
Den Lorbeer um das Haupt, und groß
Hieß jeder meiner Siege.«

Sie hörte lächelnd Daphnis an.
»Was träumte«, riefen beide,
»Denn Dir, Du alter Ehrenmann?
Erzähl es uns doch – heute!«

»Ich buhl' um Glück bei Tage nicht,
Drum flieht's mich auch im Schlafen.
Ich tat, so träumt's mir, meine Pflicht
Und saß bei meinen Schafen.«

Grabschrift an den Windmüller Jackson

Hier liegt der Müller Jackson!
Er lebte vom Winde mit lieben Weib und Knaben;
Es leben auch sonst noch viele davon,
Die keine Mühle haben.

Neujahrslied

Ich saß voll süßen Grams einmal
Bei meiner Daphne Grab;
Da stieg auf einem Mondenstrahl
Ein Genius herab.

Er glänzte wie ein Göttersohn,
Wie ein Unsterblicher;
Ich sah ihn an und liebt' ihn schon,
So innig schön war er.

»Was«, sprach der Genius zu mir,
Und kam und grüßte mich,
»Was machst Du denn am Grabe hier
Und weinst so bitterlich?

Komm folge mir, Du Schwärmer Du!
Ich habe für Dich Lohn.«
Da stieg er auf, ich trat hinzu
Und ging mit ihm davon.

Wir fuhren auf, hoch in den Mond,
Ein heilig glücklich Tal,
Wo lauter Guts die Fülle wohnt
Und Freuden ohne Zahl.

Mit hingesenktem trunknem Blick
Sah ich die Freuden an,

Und konnte immer nicht zurück
Und sah die Freuden an.

»Was meinst Du denn, Du Erdenmann?
Sprich doch, sprich Dein Gefühl!«
»Bei uns sind«, fing ich endlich an,
»Der Freuden nicht so viel –

Und nun mit neuem Ungemach
Kommt bald ein neues Jahr;
Ihr guten frommen Wesen, ach!
Vergeßt uns doch nicht gar!«

An den Winter

So, du lieber Winter, sei milde!
Ach, sonst frieren
Viele arme Menschen tot.
Sie haben so schon gnug der Not! –
Winter, laß dich rühren
Und blicke sanft und freundlich durch die Gefilde!
Lieber Winter, sei milde!

Fuchs und Pferd

Einst wurden Fuchs und Pferd,
Warum, das weiß ich nicht, auch hat es mich verdrossen,
Denn mir sind beide Tiere wert,
In einen Käfig eingeschlossen.

Das Pferd fing weidlich an zu treten
Für Ungeduld und trat
Den armen Rein'ke Fuchs, der nichts an Füßen hat.
»Das nun hätt' ich mir wohl verbeten,
Tret' Er mich nicht, Herr Pferd! ich will Ihn auch nicht treten.«

Kunz und Hinz

K. War David nicht ein weicher Mann?
Wie konnt' er Gott denn bitten,
Auf Menschen, die ihm nichts getan,
Den Zornkelch auszuschütten?

H. Kunz, laß Dir sagen, wie das war.
Zu 'n Zeiten der Philister,
Da war ein König König zwar,
Doch war er auch ein Priester.

Der Maler, der den Sokrates gemalt hatte

Sonst treff' ich alle. Sagt mir an:
Warum nicht auch den Einen?

Antwort

Sei erst, wie er, ein großer Mann,
Sonst male nur die kleinen.

Einem Rezensenten zu Ehren

Heil, Heil, dem Kritikaster!
Zweimal zu lesen haßt er,
Und läs' er zehnmal; sein Gesicht
Scheint schwach, er säh' es doch wohl nicht.

Hinz und Kunz

H. Bist auch für die Philosophei?

K. Was ist sie denn? so sag's dabei.

H. Sie ist die Lehr', daß Hinz nicht Kunz, und Kunz nicht Hinze sei.

K. Bin nicht für die Philosophei.

Die Henne

Es war 'mal eine Henne fein,
Die legte fleißig Eier;
Und pflegte denn ganz ungemein,
Wenn sie ein Ei gelegt, zu schrei'n,
Als wär' im Hause Feuer.
Ein alter Truthahn in dem Stall,
Der Fait vom Denken machte,
Ward bös darob, und Knall und Fall
Trat er zur Henn' und sagte:
»Das Schrei'n, Frau Nachbarin, war eben nicht vonnöten;
Und weil es doch zum Ei nichts tut,
So legt das Ei, und damit gut!
Hört, seid darum gebeten!
Ihr wisset nicht, wie's durch den Kopf mir geht.«
»Hm!« sprach die Nachbarin und tät
Mit einem Fuß vortreten,
»Ihr wißt wohl schön, was heuer
Die Mode mit sich bringt, ihr ungezognes Vieh!
Erst leg' ich meine Eier,
Denn rezensier' ich sie.«

Klage um Ali Bey

Laßt mich! laßt mich! ich will klagen,
Fröhlich sein nicht mehr!
Aboudahab hat geschlagen
Ali und sein Heer.

So ein muntrer kühner Krieger
Wird nicht wieder sein;
Über alles ward er Sieger,
Haut' es kurz und klein.

Er verschmähte Wein und Weiber,
Ging nur Kriegesbahn
Und war für die Zeitungsschreiber
Gar ein lieber Mann.

Aber nun ist er gefallen.
Daß er's doch nicht wär'!
Ach, von allen Bey's, von allen
War kein Bey wie er.

Jedermann in Syrus saget:
»Schade, daß er fiel!«
Und in ganz Ägypten klaget
Mensch und Krokodil.

Daher sieht im Geist, wie's scheinet,
Am Serail mit Graus
Seines Freundes Kopf und weinet
Sich die Augen aus etc.

Da Capo

Ein Versuch in Versen

Die Römer, die, vor vielen hundert Jahren,
Das erste Volk der Erde waren,
Doch wenigstens sich dünkten, es zu sein;
Die große Schreiber ihrer Taten
Und Dichter auch und große Redner hatten
Und Weise, groß und klein;
Die stolz auf ihrer Helden Scharen,
Auf ihre Regulos und Scipione waren,
Und Ursach hatten, es zu sein;
Die fingen endlich an und aßen Ochsenbraten,
Frisierten sich und tranken fleißig Wein –
Da war's geschehn um ihre Heldentaten,
Um ihrer Dichter edlen Reih'n,
Um ihre Redner, ihre Schreiber;
Da wurden's große dicke Leiber
Und Memoires- und Zeitungs-Schreiber,
Und ihre Seelen wurden klein;
Da kamen Oper und Kastraten
Und Ehebruch und Advokaten
Und nistelten sich ein.
O, die verdammten Ochsenbraten!
O, der verdammte Wein!

Ein Fragment, das nach der Stoa schmeckt

– – – – quod petis heic est,
Est Ulubris, ANIMUS si te non deficit AEQUUS.

Ich sah einst einen Knaben zart
Bei einer Seifenblase stehen;
Er lächelte nach Knaben Art
Und konnte sich nicht satt dran sehen,
Und freute sich der lieblichen Gestalt
Und ihrer wunderschönen Farben,
Die Grün in Rot und Rot in Gelb erstarben,
Und hüpfte fröhlich auf – doch bald
Zersprang vor ihm die Wunderblase,
Und eine bittre Trän' lief über seine Nase.

Der Himmel weit und breit ist ewig jung und schön,
Jenseit des Monds ist alles unvergänglich:
Die Siebenstern' und ihre Brüder stehn
Jahrtausende schon, überschwänglich
In ihrer Herrlichkeit' und trotzen Tod und Sterben,
Und sagen Hui zum Verderben.
Hier unter 'm Mond Natur ist anders gar,
Ein brütend Saatfeld für den Tag der Garben;

Da wanket alles immerdar,
Und wandelt sich, und spielt mit Farben,
Mit Wasserblasen wunderbar.
Die armen Menschen traun – –
– – – – – – – – –
Und raufen sich das Haar.

Es ist ein Ding in dieses Beintals Nacht,
Das groß und herrlich ist und schöner als die Sterne,
Das bittern Mangel reich, zu Überfluß und Pracht,
Und Dörflein Ulubris zum Garten Gottes macht.
Ich nennte dir das Ding zwar gerne,
Doch hilft's nicht, daß man davon spricht.
So rate denn: es fehle jenem Knaben,
Ist unsichtbar, den Junkern ein Gedicht;
Der Mann im Kittel kann es haben,
Und mancher Ritter hat es nicht.

Hinz und Kunz

K. Wie viel sind Ärzte in Paris?
Ich glaube, sind wohl hundert gar.

H. Sind mehr noch, Nachbar, ganz gewiß!
Denkt nur, die Totenliste von Paris
Ist zwanzigtausend alle Jahr.

De arte poetica ad pisones

So denn nun Neujahr ist nicht weit
Und Altjahr geht zu Ende,
Wie's pflegt; da müssen unsre Leut'
Alert sein und behende,

Zu malen einen Pferdekopf
Mit Krokodilen-Rachen
Und einem Petitmaitre-Zopf etc. –
Und's Publikum muß lachen.

Vorn im Gemale pfleget man
Den Zeitfluß anzulegen
Und näht die Ewigkeit daran
Der bessern Ründung wegen;

Im Hintergrunde sind zu sehn
Poeten mit der Leier,

Und dicke Geniusse stehn
Und gießen Öl zum Feuer;

Zur Seite präsentieren sich;
Fama und Lorbeerblätter
Und Schiff- und Ehbruch säuberlich,
Gut Regiment und Wetter

Und blasser Tod und Walfischfang
Und Krieg und span'sche Reuter,
Schicksal, und Enkel kurz und lang,
Irrsale und so weiter;

Vor allem aber sticht hervor:
Heil, Glück, Heil, Glück und Segen,
Glück, Heil, Glück, Heil und Freud' und Flor
Und Flor und Freud und Segen. –

Von dem nun geb' uns Gott so viel,
Als Not ist auf der Reise,
Und als er selber geben will!
Und mach' uns klug und weise!!

Nachricht vom Genie

Ein Fuchs traf einen Esel an.
»Herr Esel!« sprach er, »jedermann
Hält Sie für ein Genie, für einen großen Mann!«
»Das wäre!« fing der Esel an,
»Hab' doch nichts Närrisches getan.«

Wächter und Bürgermeister

In einer Stadt ein Wächter war,
Wo? hab' ich nicht gefunden,
Der blies da schon manch liebes Jahr
Des Nachts und rief die Stunden;

Und zwar war das sein Methodus:
Er tat das Horn aufs Maul und blus,
Und denn pflegt' er zu sagen:
Das Klock hat zehn geschlagen.

Einmal nun, eh' er sich's versah,
War Wipp, der Rathausdiener, da:
Gleich marsch zum Bürgermeister!
»Was ruft Er denn so falsch und dumm?
Der Klock heißt's Bärenhäuter!
Denn Klock ist *genris Masculum,*
So ruf' Er also weiter!«

»Ihr Exzellenz und Hochgebor'n
Hat in der Stadt zu schalten;
Sonst hätt' ich wohl ein Wort verlor'n:
Der Klock reimt nicht zu meinem Horn;
Drum will ich das Klock halten.«

»Er will nach einer solchen Tat
Noch wider den Hochweisen Rat
Ein Wort und Obstat wagen?

Im Namen unsrer guten Stadt:
Will Er bald der Klock sagen?

Das *genus* hat er uns verhunzt,
All' unsre Ehr' zerreißt Er!
Meint Er, man trägt das Schwert umsunst?
Ich schätze Wissenschaft und Kunst!
Und bringst mich da in solche Brunst« –

»Der Klock, Herr Bürgermeister!«

Der große und der kleine Hund

oder

Packan und Alard

Ein kleiner Hund, der lange nichts gerochen
Und Hunger hatte, traf es nun
Und fand sich einen schönen Knochen
Und nagte herzlich dran, wie Hunde denn wohl tun.

Ein großer nahm sein wahr von fern:
»Der muß da was zum Besten haben,
Ich fresse auch dergleichen gern:
Will doch des Wegs einmal hintraben.«

Alard, der ihn des Weges kommen sah,
Fand es nicht ratsam, daß er weilte;
Und lief betrübt davon und heulte,
Und seinen Knochen ließ er da.

Und Packan kam in vollem Lauf
Und fraß den ganzen Knochen auf.

Ende der Fabel

»Und die Moral?« Wer hat davon gesprochen? –
Gar keine! Leser, bist du toll?
Denn welcher arme Mann nagt wohl an einem Knochen,
Und welcher reiche nähm' ihn wohl?

Der Mann im Lehnstuhl

Saß einst in einem Lehnstuhl still
Ein viel gelehrter Mann,
Und um ihn trieben Knaben Spiel
Und sahn ihn gar nicht an.

Sie spielten aber Steckenpferd
Und ritten hin und her:
Hop, Hop! und peitschten unerhört
Und trieben 's Wesen sehr.

Der Alte dacht' in seinem Sinn:
»Die Knaben machen's kraus;
Muß sehen lassen, wer ich bin.«
Und damit kramt' er aus;

Und machte ein gestreng Gesicht
Und sagte weise Lehr'.
Sie spielten fort, als ob da nicht
Mann, Lehr', noch Lehnstuhl wär'.

Da kam die Laus und überlief
Die Lung' und Leber ihm.
Er sprang vom Lehnstuhl auf und rief
Und schalt mit Ungestüm:

»Mit dem verwünschten Steckenpferd!
Was doch die Unart tut

Still' da! ihr Jungens, still', und hört!
Denn meine Lehr' ist gut.«

Kann sein, sprach einer, weiß es nit,
Geht aber uns nicht an.
Da ist ein Pferd, komm, reite mit;
Denn bist du unser Mann.

Vorlesung an die Herren Subskribenten

Man hat schon in ganz uralten Zeiten Vorlesungen gehalten und zwar in arabischer und chaldäischer Sprache; ich darf aber glauben, daß vielleicht einige von meinen H. H. Subskribenten kein Arabisch und Chaldäisch verstehen, und gesetzt sie verstünden's auch alle, so habe ich doch meine Ursachen, warum ich keine arabische und chaldäische Vorlesungen halten will.

Unter den Griechen hat der berühmte Aristoteles Vorlesungen an den König Alexander gehalten, der auf seine Werke subskribiert hatte. Dieser Alexander soll ganz Griechenland und halb Asien erobert haben und wird der Große genannt. Er mag auch wohl groß gewesen sein, das will ich nicht streiten, doch kann ich's eben nicht groß finden, wenn einer alles vor der Faust wegnimmt, und in meinen Augen ist ein Fürst, der das Land, was er hat, gut regiert, viel größer.

Unter den Lateinern wüßte ich nicht gleich ein Subjekt, das Vorlesungen gehalten hätte, es sind deren aber ohne Zweifel auch unter ihnen gewesen.

Was nun alle diese Leute vorgelesen haben, das weiß ich nicht, wollte auch nur, daß ich wüßte, was meinen H. H. Subskribenten ein Vergnügen machen könnte, sollte mir nichts zu schlecht noch zu gut sein, Ich will so allerlei versuchen; ist's nicht das eine, so ist's vielleicht das andre. Zuerst

a) Das von dem Schneider und dem Elefanten in Surate.

Vorläufig muß ich sagen, daß hier die Rede von einem asiatischen Schneider sei, der von den europäischen ganz verschieden ist. Ich habe einen nahen Anverwandten, der 'n Schneider ist; der möchte sonst meinen, daß ich ihn und sein löbliches Handwerk beleidigen wollte, und das will ich nicht.

Der Elefant saß also an der Tür, und der Schneider ward zur Tränke getrieben – umgekehrt! Der Elefant ward zur Tränke getrieben, und der Schneider saß an der Tür und hatte Äpfel neben sich stehen; und als der Elefant an die Äpfel kam, stand er stille, streckte seinen Rüssel hin und holte einen nach dem andern weg. Der Schneider wollte die Äpfel lieber selbst essen, und als der Rüssel wieder kam, stach er mit seiner Nadel hinein, und der Elefant sagte ›Prrrrrm‹ und ging weiter zur Tränke, trank sich satt und nahm einen Rüssel voll Wasser mit zurück. Und als er wieder an den Schneider kam, stellte er sich grade vor ihm hin und blies ihm das Wasser ins Gesicht und über den ganzen Leib und ging weg.

Die Herren Menschen könnten von dem Elefanten etwas lernen und sollten, wenn sie sich doch 'nmal rächen wollten, ihren Rüssel wie er nur voll Wasser nehmen; das wäre nicht ganz geschenkt, und Arm' und Beine blieben ganz. Sie dünken sich so doch mehr als Elefanten und sind's auch. Jawohl, die Menschen sind mehr als alle Tiere, das ist leicht zu beweisen wie folgt:

»Die Biber und Elefanten werden für die klügsten unter allen Tieren gehalten; nun hat man aber, zu geschweigen, daß bei beiden Tierarten nicht die geringste Spur von Subskription zu finden ist, niemals gehört, daß 'n Elefant einen Hexameter gemacht oder die Biber einen Musenalmanach herausgegeben hätten. Beides vermögen aber die Menschen; sie haben schon viele Tausend Hexameter gemacht und geben alljährlich an die sieben Musenalmanachs heraus, und der von Johann Heinrich Voß bei Carl Bohn soll bis dato der prinzipalste von allen sein; und also ist der Mensch prinzipaler als alle Tiere.«

Den Pythagoras betreffend

Hinz und Kunz

H. Sie machen vom Pythagoras viel Wesen,
Als wär' ein solcher Mann noch nie gewesen.
Er ist vielleicht ein Lumen bei den Alten;
Doch sollt' er uns die Stange halten?
Was meinst du, Kunz, auf deine Ehr'?

K. Das tät' er schwerlich, Herr Kompeer!

Die Geschichte von Goliath und David

In Reime gebracht

1.

War einst ein Riese Goliath,
Gar ein gefährlich Mann!
Er hatte Tressen auf dem Hut
Mit einem Klunker dran,
Und einen Rock von Drap d'argent
Und alles so nach advenant.

2.

An seinen Schnurrbart sah man nur
Mit Gräsen und mit Graus,
Und dabei sah' er von Natur
Pur wie der – aus.

Sein Sarraß war, man glaubt es kaum,
So groß schier als ein Weberbaum.

3.

Er hatte Knochen wie ein Gaul
Und eine freche Stirn,
Und ein entsetzlich großes Maul
Und nur ein kleines Hirn;
Gab jedem einen Rippenstoß
Und flunkerte und prahlte groß.

4.

So kam er alle Tage her
Und sprach Israel Hohn.
»Wer ist der Mann? Wer wagt's mit mir?
Sei Vater oder Sohn,
Er komme her, der Lumpenhund,
Ich box 'n nieder auf den Grund.«

5.

Da kam in seinem Schäferrock
Ein Jüngling zart und fein;
Er hatte nichts als seinen Stock,
Als Schleuder und den Stein,
Und sprach: »Du hast viel Stolz und Wehr,
Ich komm' im Namen Gottes her.«

6.

Und damit schleudert' er auf ihn
Und traf die Stirne gar;
Da fiel der große Esel hin,
So lang und dick er war.
Und David haut' in guter Ruh'
Ihm nun den Kopf noch ab dazu.

Trau nicht auf deinen Tressenhut
Noch auf den Klunker dran!

Hinz und Kunz

H. Voltaire hat wenig seinesgleichen,
Er ist klug, Kunz, und weiß uns seinen Brei
Gar sanft und schön ins Maul zu streichen.
Was mag's doch sein um die Freigeisterei?

K. Sie ist ein Rohr, so wahr ich ehrlich bin!
Wer sich drauf lehnt behende,
Dem fährt es durch die Rippen hin,
Und nimmt ein klaatrig Ende.

Hinz und Kunz

H. Hast eine edle Tat getan!
Dafür will ich Dir lohnen:
Vor Mann und Weib und Weib und Mann,
Die in Europa wohnen,
Dich loben öffentlich darob.

K. Werd' ich denn edler, besser durch das Lob?

H. Wie? edler, besser? – Nein.

K. So laß es lieber sein.

Einige andere Kleinigkeiten

Pati hostilia, ne indignetur qui fecit.
T. Livius

»Ob Du der Klügste seist, daran ist wenig gelegen.
Aber der Biederste sei.« *Goethe*

– Egomet mi ignosco, Maenius inquit.
Stultus et improbus hic amor est, dignusque notari!
Horatius

In Büchern von der Alkümei
Hab' ich öfter gelesen: es sei
Einmal ein Mann gewesen,
(Seinen Namen hab' ich nicht gelesen)
Der hab' aus Weisheit und aus Lust
Einer Jungfer auf die bloße Brust
Mir nichts, dir nichts eine Kröte gesetzet
Und sich daran ergötzet.

Die Sache stand mir so auf Schrauben,
Und ich hab's immer nicht können glauben.
Wie könnte jemand doch zur Lust
So umgehn mit einer bloßen Brust!
Und sei sie noch so gelb, noch so hölzern und hart;
Eine bloße Brust ist immer doch zart.
Doch alldieweil zwei große berühmte Männer,
Der Wissenschaften Freunde und Kenner
Und alles Edlen hohe Gönner,
– – – – – – – – – –
– – – – – – – – – –
Blank und bloß und ohne Schrauben;
Muß ich die Sache auch wohl glauben.
Doch tut es leid mir um den Mann,
Und wollt' ich gern, er hab' es nicht getan.

Der berühmte Almanach

(Schillers Musenalmanach für 1797, p. 145)

»Fallen ist der Sterblichen Los. So fällt hier der Schiller,
Wie der Meister; doch stürzt dieser gefährlicher hin.«

Der Wilhelm

Wie er so leidig spielt mit Namen!
Nennt seinen Liebling Nickel und seine Nickels Damen.

Besonderer Tick

(Pag. 243 u. 259)

Sie sprechen, halter, mit Entzücken
Von »Stock und Büttel« zu Petern und Paul.
Und sehen sie mit Geist »entblößte Schultern und Rücken«,
Läuft ihnen das Wasser ins Maul.

Das Distichon

(Nach pag. 67)

Im Hexameter zieht der ästhetische Dudelsack Wind ein;
Im Pentameter drauf läßt er ihn wieder heraus.

Vorfall

Ein Philosph, ein kritischer Geselle,
Fuhr keck und lustig durch das Land,
In einem Phaeton, mit Postulaten bespannt;
Und ging's auf der Chaussee behende hin und schnelle.
Doch endlich kam er auch an eine tiefe Stelle –
Und, Pump! der Wagen stille stand.
Der Imperativ auf dem Bock
Zog Ehr' und Amt zu Rate
Und häuete mit seinem Knotenstock
Fast sehr die armen Postulate;
Und stieß und stachelte sie gar
Und blieb doch immer, wo er war.
Ein Bauer kam herangekrochen
Und sah ihm zu: Freund, Freund, wo denkt Er hin?
Die Mähren haben nichts in 'n Knochen.
Wie sollen sie denn ziehn?

Die Tabulae votivae etc. und die Xenien etc.

Dies konnten sie tun, und das können sie sagen!
Möchte sie alle zum T** jagen.

Wilhelm Meister

Er singt und pfeift und spielt mit dem Zügel,
Und sinnt und sinnt, wohin er will: –
Und fährt durch dick und dünn und über Berg und Hügel . . .
Und hält bei Vetter Michel still.

Eignes Fett

(pag. 233)

»Nimm's nicht übel, daß nun auch Deiner gedacht wird.
Verlangst Du das Vergnügen umsonst, daß man den Nachbar vexiert.«

Goethe

(pag. 70)

Laßt den Witzling uns besticheln!
Glücklich wenn ein deutscher Mann
Seinem Freunde, Vetter Micheln,
Guten Abend bieten kann.

Auch ein literarischer Tierkreis

Erster Quadrant

1. Der Widder

Ich Widder, der sentimentale,
Esse mein Futter an der Saale,
Ich mache so Drama und Gedicht,
Und meine Hörner gehören mir fast nicht.

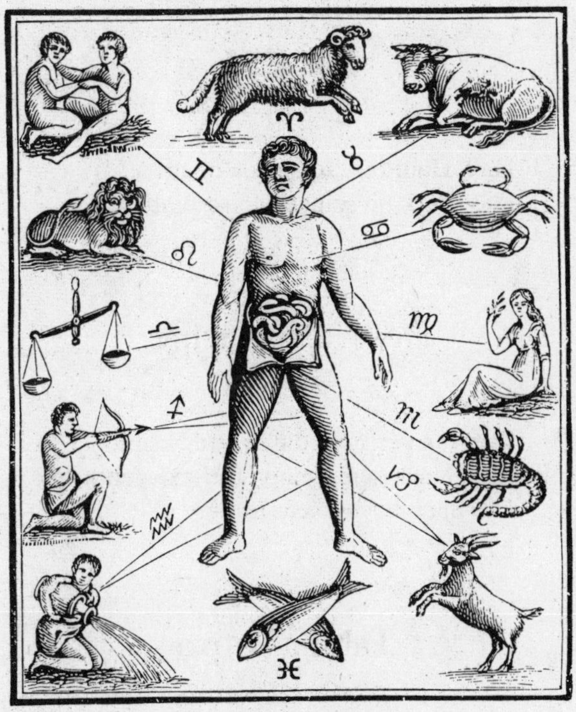

2. Der Stier

Ich, der reale Stier an der Ilm,
Bin viel ein ärgerer Schelm.
Meine Hörner und Knochen sind voll,
Und ich befinde mich recht wohl.

3. Die Zwillinge

Hier sind wir nun mit unsern zweierlei Flammen
Wie zwei Naslöcher zusammen;
Und scheinen unsern Zwitterschein,
Von oben ins Gelag hinein.

Sein politischer Pfeffer

Mir scheint der Pfeffer gar nicht übel.
Doch grade der hat ihm den Tod getan.
Das andre ginge alles noch wohl an;
Nur – dieser, dieser, dieser Mann! –
Und singt nicht mit aus ihrer neuen Fibel.

Die Erde

Hail, Hail! Ihr Heilige da oben,
Das Werk tut seinen Meister loben.

Der Nachtwächter

Der Tag vertreibt die finstre Nacht:
Hab' Euch den »reinen Reflex« gebracht.
Der Spaß hat nun ein Ende.

Tabula votiva

»Was der Gott mich gelehrt, was mir durchs Leben geholfen,
Häng ich, dankbar und fromm, hier in dem Heiligtum auf.«

Du sollst nicht Heiliges anrühren!
Das Gute nicht unnützlich führen!
Du sollst den Schmetterling verachten!
Du sollst nach Sein im Herzen trachten!
Du sollst das Schöne nützlich wenden!
Du sollst nicht Freundes Antlitz schänden!

Der Schriftsteller und der Mensch

Er schrieb. Sie beteten den jungen Schreiber an –
Und es war um den Menschen getan!
O, hättest Du den Götzen nicht geschrieben;
So wären Deine Götter in Dir geblieben.

Der Kain

Nichts Großes bringt er Euch. Er hat den bessern Abel
Erwürgt; und irret über Land und Meer,
Unstät und flüchtig, nun umher;
Und seine ganze Kraft ist nur in seinem Schnabel.

Klage

oder: Die Götter und der Mensch

Sie liebten ihn, vertrauten ihre Gaben
Ihm an und hatten ihm ihr Kleinod zugedacht.
Doch er verschmähet sie, will nichts von ihnen haben
Und glaubt nicht an ihr Glück, an ihre Lieb' und Macht;
Will lieber darben Tag und Nacht
Und lieber irre gehn und wie die Henne kratzen
In Sand und Spreu, und treibt sich ewig um
In Kunstgespinnst und genialischen Fratzen
Und schwatzt und hört nicht auf zu schwatzen.
Du lieber »Chinese in Rom«!

Ernst und Kurzweil,

von meinem Vetter an mich

Ich habe Euch in meiner Antwort unterm 22. ultimi von den »schönen Künsten und Wissenschaften« allbereits gründlichen Bericht getan, wie Ihr's etwa vergessen habt, an besagtem Ort nachsehen könnt; will aber gerne ferner dienen und wenn's, wie Ihr sagt, die Notdurft erfordert, weitern Bericht tun.

Der Inhalt oder der Sinn meines Vorigen lief darauf hinaus: daß z. E. eine Gluckhenne, die mit ihren Küchlein in ihrer Einfalt auf dem Hofe herumgeht, wenn der Habicht daher geschnellt kommt, ohne alle Anweisung und ohne die Absicht, sich hören zu lassen, allemal unfehlbar den rechten Schrei tue.

Nun gab es aber unter den Hühnern des Hofes einige ästhetische Kannengießer, die bemerkt haben wollten: daß in solchem Fall eine Henne

aus C moll schreie: wenn sie ihre Küchlein unter sich sammeln will, aus A dur; und wenn sie ein Ei gelegt hat, aus D dur u. s. w.

Diesen schlauen Bemerkungen zufolge operierten sie nun weiter und setzten gewisse Tonarten und Modulationes fest, wie es lauten müsse, wenn's so lassen sollte und die andern Hühner glauben sollten: der Habicht komme, oder eine Henne wolle ihre Küchlein unter sich sammeln, oder es sei ein Ei gelegt worden u. s. w., und das nannten sie die »schönen Künste und Wissenschaften«.

Die Sache fand Beifall und der ganze Hühnerhof studierte die schönen Künste und Wissenschaften und lernte die Modulationes.

Da ereignete sich nun aber ein gewisser Kasus vielfältig, den niemand vorhergesehen hatte. Es ereignete sich nämlich der Kasus vielfältig, daß eine Henne aus C moll intonierte, ohne den Habicht zu sehen. Und die Kapaunen und Poularden schrien und kanterten den ganzen Tag aus A dur und aus D dur. Und das gab viel Verwirrung und ein närrisch Gequick und Wesen.

Du hast recht, Vetter, es wird in diesen Jahren mit Empfindungen und Rührungen ein Unfug getrieben, daß sich ein ordentlicher Kerl fast schämen muß, gerührt zu sein; indes wirst Du doch Spaß verstehen und den

Respekt für Deinen Landesherrn nicht verlieren, weil es auch Pique- und Treff-Könige gibt.

Wahre Empfindungen sind eine Gabe Gottes und ein großer Reichtum, Geld und Ehre sind nichts gegen sie; und darum kann's einem leid tun, wenn die Leute sich und andern was weis machen, dem Spinngewebe der Empfindelei nachlaufen und dadurch aller wahren Empfindung den Hals zuschnüren und Tür und Tor verriegeln.

Will Dir also über diese ästhetische Saalbaderei und überhaupt über Ernst und Empfindung und seine Gebärde einigen näheren Bericht und Weisung geben, wenigstens zur Beförderung der ästhetischen Ehrlichkeit, und daß Du auch den Vogel besser kennen mögest; denn so hoch auch die schönen Künste und Wissenschaften getrieben sind, so haben doch Ernst und Kurzweil jedwedes seine eigne Federn. Meine Weisung ist kurz die: daß Ernst Ernst sei und nicht Kurzweil, und Kurzweil Kurzweil sei und nicht Ernst. Die Sache wird sich aber besser in Exempeln abtun lassen; und zwar will ich die Exempel an Dir statuieren, da Du doch ohne Dein Verschulden bei vielen in dem Verdacht der Poeterei stehest, und sie Dich für einen erzempfindsamen Balg halten sollen.

Zum Exempel also, Du führest mit Extrapost durch 'n Dorf oder Flekken, und der Postillon fiele unter die Pferde und bräch 's Bein, wie wir ja auf unseren Reisen den Fall gehabt haben. Nun, so sitz nicht auf dem Wagen und wimmere wie 'n Elendstier, kriege keine Konvulsions und reiß Dir auch die Haare nicht aus; sondern steige flugs, aber vorsichtig herunter, bringe den Schwager unter den Pferden heraus und sieh, ob das Bein wirklich ab ist. Und wenn es damit seine Richtigkeit hat, so suche den Feldscher im Ort auf, zahl ihm, wenn du willst und kannst, die Taxe für den Beinbruch und noch etwas darüber, daß er's fein säuberlich mache; und komme denn ohne alles Weitere zu Deinem Schwager zurück und blase ihm eins auf seinem Horn vor, bis der Feldscher nachkomme.

Eine andre Auflösung

Szene: Ein Hügel in Schlaraffenland

Du stehst da hier auf dem Hügel mit offenem Munde, und es will Dir eine gebratene Taube hineinfliegen, und Du willst das nicht haben.

In solchen Umständen könntest Du nun freilich die Sturmglocke in Schlaraffenland anziehen, daß alle Leute mit Leitern und Ofengabeln kämen und gegen die gebratene Taube aufmarschierten. Du kannst aber viel kürzer dazu kommen. Mach's Maul zu; so kann sie nicht hinein.

Die alten Lateiner pflegten die Sache so auszudrücken:

Quod fieri potest per pauca,
Non debet fieri per plura.

Drittes Exempel

Szene: Der 65ste Grad nördlicher Breite

Die See ist sehr stürmisch, wie Du siehst, und das Schiff linker Hand leidet große Not und will sinken. Du bist mit auf dem andern Schiff und siehst die armen Nachbarn die Hände ausstrecken und um Hilfe schreien.

Bist Du nun ein ästhetischer Seifensieder, so setz dich hin und mache: eine Elegie auf den Untergang des andern Schiffs, samt wie die Leute geschrien, und was Dein Herz für Mitleid gefühlt habe u.s.w. Ist's Dir aber Ernst mit dem Mitleid, so geh und bitte den Schiffer, daß er das Boot daran wage. Hängt den Poeten am Mast, daß er Euch nicht im Wege sei, wenn Ihr 's Boot aussetzt, und steige flugs und fröhlich mit einigen Matrosen hinein, die armen Leute zu holen.

Der Dir den Mut dazu gab, wird Dir auch glücklich durch Sturm und Wellen hin und her helfen.

Viertes Exempel

Stellt das Haus eines berühmten Gelehrten vor, und der bist Du wieder, versteht sich, und die beiden Herren vor der Tür wollen gern die Ehre haben, Dir aufzuwarten.

Unter uns gesagt, 's ist eine Schwachheit von den beiden Herren, daß

sie den berühmten Gelehrten sehen wollen; denn was ist an so einem armen Sünder zu sehn? Indes, sie wollen Dich sehen, und Du mußt heraus.

Nun supponiere ich: Du bist demütig oder willst es doch gerne sein. Denn wenn Du ein vorsätzlich eitler aufgeblasener Mensch bist, so kannst Du für Dich bleiben, und ich werde wohl meine Exempel mit Dir nicht verderben. Also Du hast Demut lieb, und es ist die Frage: wie Du Dich zu komportieren habest, wenn's Dein Ernst ist.

So viel begreifst Du vorläufig, daß Du nicht immer stehen und Dir den Bart streichen mußt. Übrigens kommt es mir lustig vor, daß ich Dir vorschreiben soll, wie Du aussehen mußt, wenn die beiden Herren hereintreten; und will ich lieber einen Ausfall tun nach einer andern Seite hin. Sieh, man kann eine Tugend lieben und sie auf gewisse Weise auch haben; aber sie ist noch nicht feuerfest. Unter den und jenen Umständen wankt sie und bröckelt ab, und der Feind guckt durch die Bresche in die Festung. So kannst Du nach unserm Exempel zwischen Deinen vier Wänden und in Deinem Lehnstuhl Demut haben; Du kannst wirklich überzeugt sein: daß dies und das nicht bedeutende Dinge sind, wovon die Menschen viel Aufhebens machen; daß nur Eins sei, das wahrhaftig lobenswert ist, und daß gerade dabei Menschenlob am leichtesten entbehrt werden kann, usw. Du kannst, sage ich, davon in Deinem Lehnstuhl überzeugt sein und mit Ehren herauskommen. Wenn Dir aber die beiden Herren mit tiefen Verbeugungen erzählen: wie der Schweif Deines Ruhms sich von Zenith bis Nadir erstrecke; wenn sie eine Handvoll Räuchwerk nach der andern vor Dir abbrennen; so kann von dem langen Schweif und dem vielen Rauch Deiner Überzeugung der Kopf schwindlicht werden. In solchem Falle pflegt man nun den ersten besten Strohhalm von der Erde aufzuheben, um dem Feind eine Diversion zu machen. Wenn Du also merkst, daß Dir Dein Konzept verrückt werden will, so erzähle ihnen geschwind von dem großen Horn, das in der Unstrut gefunden worden, oder von dem großen Banquerot in Bassora, und daß die Banquerots gewöhnlich daher kommen, daß mehr ausgegeben als eingenommen wird usw. Du mußt aber, damit keine Schelmerei daraus werde, sobald die beiden Herren weg sind, mit doppeltem Ernst daran gehen, durch neue Verhacke und Pallisaden ähnlichen Unglücksfällen vorzubauen. Hast Du das alles nicht nötig, desto besser für Dich und auch für die zwei Herren. Denn wahre unverstellte Demut ist sehr lieblich, und wenn sie Dir je in Deinem Leben vorgekommen ist, mußt Du ihre Gebärde noch in frischem Andenken haben.

Fünftes Exempel

Ponamus, der da auf der Anhöhe im Morgendämmer bist Du und siehst hinaus ins Meer, und nun steigt die Sonne aus dem Wasser hervor! – Und das rührte Dein Herz, und Du könntest nicht umhin, auf Dein Angesicht niederzufallen; . . . so falle hin, mit oder ohne Tränen, und kehre Dich an niemand und schäme Dich nicht. Denn sie ist ein Wunderwerk des Höchsten und ein Bild desjenigen, vor dem Du nicht tief genug niederfallen kannst. Bist Du aber nicht gerührt, und Du mußt drücken, daß eine Träne komme, so spare dein Kunstwasser und laß die Sonne ohne Tränen aufgehen.

Sechstes Exempel

Der Kerl da mit der spitzen Nase war vor Jahren Dein Nachbar, hat Dir ohne Deine Schuld alles gebrannte Herzeleid angetan und hat durch Lügen und Trügen Dich um Haus und Hof gebracht. Du hast 'n Haus wieder, er aber hat keins, wie es auch zu gehen pflegt – und nun triffst Du ihn hier in Schnee und Regen auf der Landstraße bettelnd, und sein Weib und seine Kinder liegen halb nackt im Graben.

Kannst Du ihm nicht vergeben und vergessen, nun so reite vorbei und sieh nicht hin. Denkst Du aber in und bei Dir selbst, daß der Beleidiger immer am übelsten daran ist, und daß Du willfährig sein sollst Deinem Widersacher bald, dieweil Du bei ihm auf dem Wege bist; denkst Du, wie viel uns Gott vergeben muß, und Du siehst seine Sonne über Dir und ihm am Himmel stehen, und Dir fährt's durchs Herz; – nun so fas'le auch nicht und mach's ihm nicht sauer. Geh auf ihn zu, gib ihm die Hand und erkundige Dich, wie ihm könne geholfen werden. – Und wenn Du weggehst, decke das Weib und die Kinder mit Deinem Mantel zu.

Nun Vetter, Gott bewahre Dich für einen Nachbar, der Dir so viel Böses tue und Dir so viel Verdruß mache. Aber glaube mir, wenn Du so ohne Mantel weiterreitest; es ist alles reichlich bezahlt, und mancher würde

Dich beneiden, wenn er's wüßte, und sich wundern, was in der Großmut stecke. Und doch hat er vielleicht 'n ganzes Alphabet in Prosa und in Versen von der Großmut und Feindesliebe ans Licht gestellt.

Leichtfertige Schriften und die 'n Verderb der Welt sind, geraten gewöhnlich am besten weil ihre Verfasser diese Empfindungen haben und mit sogenannter Begeisterung schreiben. Wenn sie aber Empfindungen anderer Art schreiben wollen, so will's nicht fort, und sie müssen sich hineinsetzen, wie das genannt wird. Verdirb Du Dir Deine Zeit nicht mit dem Hineinsetzen. Wenn ein großer edler Charakter was Liebenswürdiges und Schönes ist, so laß Dir's sauer um ihn werden. Es ist 'n ander Ding: einen zu haben als: einen aufs Papier und auf dem Theater hinzuklecksen, und wenn Du noch so gut und *con amore* klecksen kannst.

Ich könnte Dir der Exempel leicht mehr machen, aber Holzschnitte kosten Geld, und Du kannst sie Dir ebenso leicht selbst machen.

Übrigens wirst Du an diesen Ernst- und Kurzweil-Exempeln bemerkt haben: erstlich, daß Ernst ganz natürlich sei.

Und so ist es auch. Die wahrsten Empfindungen sind immer die allernatürlichsten, auch in der Religion. Denn es gibt auch in der Religion Kurzweil und Ernst.

Zweitens wirst Du bemerkt haben: daß wahre Empfindung an und in sich selbst genug habe und die Tür ihres Kämmerleins hinter sich zuschließe; daß Kurzweil hingegen nach außen hantiere und Tür und Fenster öffne.

Und so verhält es sich in Wahrheit auch mit den höhern Empfindungen. Und wo so nach Menschenbeifall geangelt wird, da ist's nicht recht rein und richtig.

Kleine Geschichtchen,

samt was man daraus lernen soll

Es war 'nmal ein König in Persien, der hieß Kulichan, 'n rechter Unhold gegen die Menschen. Den Mogolen, seinen Nachbarn, fiel er ins Land und nahm ihnen alles weg, was sie hatten, und schleppte es nach Persien.

Die eroberten Schätze machten ihn nicht besser, und er wütete noch ärger wie vor. Als er's nun so gar arg machte, vergaßen einige Große des Landes ihrer Pflicht, machten einen Aufruhr und setzten ihm das Messer an die Kehle. Da hätte er's gerne besser gehabt und schrie und flehte: »Barmherzigkeit, Barmherzigkeit.« Die Aufrührer gaben ihm aber zur Antwort: » Du hast in Deinem Leben keinem Menschen Barmherzigkeit getan; so soll Dir, Hund, auch keine widerfahren.« Und damit fuhr das Messer durch die Kehle.

Was soll man daraus lernen?

Antwort: Daß man Barmherzigkeit tun soll, ehe das Messer an der Kehle sitzt.

Es war 'nmal ein ich weiß nicht wer, der war ich weiß nicht wo, und wollte sehen ich weiß nicht was.

Voll so arg ist's nicht, aber sehr viel weiß ich doch wirklich von dem Geschichtchen nicht, das ich erzählen will. Also – Es war 'nmal ein Europäer, der war in Amerika und wollte den berühmten Wasserfall eines ge-

wissen Flusses sehen. Zu dem Ende handelte er mit einem Wilden, daß der ihn hinführte, denn das Land war ungebaut und es gingen da keine Ordinari- noch Küchenposten. Als die beiden ihren Weg vollendet hatten und an den Wasserfall hinkamen – machte der Europäer große Augen und untersuchte, und der Wilde legte sich, so lang er war, auf sein Angesicht nieder und blieb so eine Zeitlang liegen. Ihn fragte sein Reisegefährt: wozu und für wen er das tue? Und der Wilde gab zur Antwort: für den großen Geist.

Was soll man daraus lernen?

Antwort: Den Unterschied zwischen Natur und Kunst.

Es war 'nmal ein kleiner Konrad, des alten Konrads Sohn, der wollte sein väterliches Reich Sizilien, das der dritte Mann einem andern gegeben hatte, mit Gewalt wieder nehmen; verlor aber die Schlacht gegen den andern, Karl genannt, und wurde gefangen, und ein Prinz Friederich, der aus Vetter- und Freundschaft mit ihm gezogen war, desgleichen. Karl ließ beide zum Tode verurteilen, und das Urteil wurde auf dem Markt zu Neapel vollzogen. Friederich von Österreich mußte zuerst herhalten, und Konradino, der ca. 17 Jahr alt war, sah zu, nahm den abgehauenen Kopf seines Freundes von der Erde auf und küßte ihn; und wurde denn auch enthauptet. Übrigens war er der letzte der Hohenstaufen.

Was soll man daraus lernen?

Antwort: Daß man kein Hohenstaufe sein soll.

Es war 'nmal ein Polycarpus, der war ein Christ und zugleich Bischof von Smyrna, und den verfolgten deswegen die Heiden und schleppten ihn vor den Richter, daß er verbrannt würde, und der Richter tat ihm den unverschämten Antrag, daß er Christum lästern sollte. »Ich diene ihm nun sechsundachtzig Jahre«, antwortete Polycarpus, »und er hat mir kein Übel getan. Wie sollt' ich denn meinen Herrn und Heiland lästern?« Indes war er's gerne zufrieden, daß er verbrannt würde, und das geschah denn auch.

Was soll man daraus lernen?

Antwort: Daß das eine gute Herrschaft sein muß, für die man nach sechsundachtzigjährigem Dienst noch gerne durchs Feuer gehen will.

Der geneigte Leser wird vielleicht bemerkt haben oder noch bemerken, daß ich in diesem Teil etwas gelehrter bin als in den vorigen Teilen. Das kommt von den Stunden her, die mein Vetter von Zeit zu Zeit mit mir hält. Damit man seine Methode sehe, will ich doch eine zur Probe hersetzen.

»Guten Morgen, Herr Vetter.«

»Guten Morgen. Hast Du gut geschlafen?«

»Recht gut.«

»Nun so wirst Du gestern vernünftig gelebt und beschlossen haben?«

»Ich hoffe ja.«

»Dabei bleib. Es hat's kein Mensch mehr Vorteil als Du. Komm, setze Dich her. Wollen Gott danken, daß wir gut schlafen können.«

»Aber ich habe um Mitternacht geträumt.«

»Das hast Du gut gemacht. Sieh, grade so ist das menschliche Leben. Davon sind auch Anfang und Ende nur natürlich, und die Mitte ist Rausch und Traum!

Das Übrige morgen. Gehab dich wohl. ––––– Heda, komm zurück.

Sieh, da steht ein Hut Zucker unter der Bank, den ich nach dem Frieden gekauft habe. *Faites-moi la grâce, cher Cousin, d'en couper le dessus,* und gib's mir her. – Und nun sag mir aus dem Rumpf: wie lang das Stück ist, das Du mir gegeben hast.«

»Das ist ja leicht.«

»Wenn Du's noch weißt, freilich. Wenn man's weiß, ist alles leicht, und wenn man's nicht weiß, nichts. Weißt Du's denn aber?«

»Ist die verlangte Länge nicht die vierte Proportional-Größe minus der Höhe des Rumpfes, zu der Differenz der beiden Semi-Diameter, der Höhe des Rumpfs und dem größern Semi-Diameter?«

»Bravo! Weil Du denn so gut kapiert und behalten hast; so nimm den Rumpf. Er soll Deiner sein.«

»Will der Herr Vetter nicht lieber den Rumpf für sich behalten? Ich habe ja auch die Spitze nur ausgerechnet.«

»Da hast Du die Spitze dazu. Ein Dozent der freien Künste muß kein Filz sein.

Der Zuckerhut war Dir so zugedacht, itzt hast Du ihn verdient und brauchst mir nicht dafür zu danken.«

Qui proficit in litteris et deficit in moribus, plus deficit quam proficit.

Zu Deutsch: wer nur die Spitze des Zuckerhutes begehrt, ist besser, als wer sie nur ausrechnen kann. Jener soll den Rumpf, und dieser die Spitze haben; wer aber beides kann, dem gebührt der ganze Hut.

Addies. Grüße Frau und Kinder, und komme morgen nicht zu spät. Wir haben wichtige Sachen vor der Hand.

Urians Reise um die Welt

mit Anmerkungen

Wenn jemand eine Reise tut,
So kann er was verzählen;
Drum nahm ich meinen Stock und Hut
Und tät das Reisen wählen.

Tutti

Da hat Er gar nicht übel dran getan;
Verzähl' Er doch weiter, Herr Urian!

Zuerst ging's an den Nordpol hin;
Da war es kalt, bei Ehre!
Da dacht' ich denn in meinem Sinn,
Daß es hier besser wäre.

Tutti

Da hat Er gar nicht übel dran getan;
Verzähl' Er doch weiter, Herr Urian!

In Grönland freuten sie sich sehr,
Mich ihres Orts zu sehen,
Und setzten mir den Trankrug her;
Ich ließ ihn aber stehen.

Tutti

Da hat Er gar nicht übel dran getan;
Verzähl' Er doch weiter, Herr Urian!

Die Exquimaux sind wild und groß,
Zu allem Guten träge;
Da schalt ich Einen einen Kloß
Und kriegte viele Schläge.

Tutti

Da hat Er gar nicht übel dran getan;
Verzähl' Er doch weiter, Herr Urian!

Nun war ich in Amerika;
Da sagt' ich zu mir: Lieber!
Nordwestpassage ist doch da;
Mach dich einmal darüber!

Tutti

Da hat Er gar nicht übel dran getan;
Verzähl' Er doch weiter, Herr Urian!

Flugs ich an Bord und aus ins Meer,
Den Tubus festgebunden,

Und suchte sie die Kreuz und Quer,
Und hab' sie nicht gefunden.

Tutti

Da hat Er gar nicht übel dran getan;
Verzähl' Er doch weiter, Herr Urian!

Von hier ging ich nach Mexiko;
Ist weiter als nach Bremen,
Da, dacht' ich, liegt das Gold wie Stroh;
Du sollst 'n Sack voll nehmen.

Tutti

Da hat Er gar nicht übel dran getan;
Verzähl' Er doch weiter, Herr Urian!

Allein, allein, allein, allein,
Wie kann ein Mensch sich trügen!
Ich fand da nichts als Sand und Stein
Und ließ den Sack da liegen.

Tutti

Da hat Er gar nicht übel dran getan;
Verzähl' Er doch weiter, Herr Urian!

Drauf kauft' ich etwas kalte Kost,
Und Kieler Sprott und Kuchen,
Und setzte mich auf Extrapost,
Land Asia zu besuchen.

Tutti

Da hat Er gar nicht übel dran getan;
Verzähl' Er doch weiter, Herr Urian!

Der Mogul ist ein großer Mann
Und gnädig über Maßen
Und klug; er war itzt eben dran,
'n Zahn ausziehn zu lassen.

Tutti

Da hat Er gar nicht übel dran getan;
Verzähl' Er doch weiter, Herr Urian!

Hm! dacht' ich, der hat Zähnepein,
Bei aller Größ' und Gaben!
Was hilft's denn auch noch: Mogul zu sein?
Die kann man so wohl haben.

Tutti

Da hat Er gar nicht übel dran getan;
Verzähl' Er doch weiter, Herr Urian!

Ich gab dem Wirt mein Ehrenwort,
Ihn nächstens zu bezahlen;
Und damit reist' ich weiter fort
Nach China und Bengalen.

Tutti

Da hat Er gar nicht übel dran getan;
Verzähl' Er doch weiter, Herr Urian!

Nach Java und nach Otaheit,
Und Afrika nicht minder;
Und sah bei der Gelegenheit
Viel Städt' und Menschenkinder;

Tutti

Da hat Er gar nicht übel dran getan;
Verzähl' Er weiter doch, Herr Urian!

Und fand es überall wie hier,
Fand überall 'n Sparren,
Die Menschen grade so wie wir
Und eben solche Narren.

Tutti

Da hat Er übel übel dran getan;
Verzähl' Er nicht weiter, Herr Urian!

Eine Parabel

Es war eine Zeit, wo die Menschen sich mit dem, was die Natur brachte, behelfen und von Eicheln und andrer harter und schlechter Kost leben mußten. Da kam ein Mann mit Namen Osiris von ferne her und sprach zu ihnen: Es gibt eine bessere Kost für den Menschen und eine Kunst, sie immer reichlich zu schaffen; und ich komme, Euch das Geheimnis zu lehren. Und er lehrte sie das Geheimnis und richtete einen Acker vor ihren Augen zu, und sagte: »Seht, das müßt Ihr tun! Und das Übrige tun die Einflüsse des Himmels!« Die Saat ging auf und wuchs und brachte Frucht, und die Menschen waren des sehr verwundert und erfreut und bauten den Acker fleißig und mit großem Nutzen. In der Folge fanden einige von ihnen den Bau zu simpel, und sie mochten die Beschwerlichkeiten der freien Luft und Jahrzeiten nicht ertragen. Kommt, sprachen sie, laßt uns den Acker regelrecht und nach der Kunst mit Wand und Mauern einfassen und ein Gewölbe darüber machen und denn darunter mit Anstand und mit aller Bequemlichkeit den Ackerbau treiben; die Einflüsse des Himmels werden so nötig nicht sein, und überdem sieht sie kein Mensch. Aber, sagten andere, Osiris ließ den Himmel offen und sagte: »Das müßt Ihr tun! Und das Übrige tun die Einflüsse des Himmels!« Das tat er nur, antworteten sie, den Ackerbau in Gang zu bringen; auch kann man noch den Himmel an dem Gewölbe malen. Sie faßten darauf ihren Acker regelrecht und nach der Kunst mit Wand und Mauern ein, machten ein Gewölbe darüber und malten den Himmel daran. – Und die Saat wollte nicht wachsen! Und sie bauten und pflügten und düngten und ackerten hin und her. – Und die Saat wollte nicht wachsen! Und sie ackerten hin und her.

Und viele von denen, die umherstanden und ihnen zusahen, spotteten über sie! Und am Ende auch über den Osiris und sein Geheimnis.

Der Bauer, nach geendigtem Prozeß

Gottlob, daß ich ein Bauer bin;
Und nicht ein Advokat,
Der alle Tage seinen Sinn
Auf Zank und Streiten hat.

Und wenn er noch so ehrlich ist,
Wie sie nicht alle sind;
Fahr' ich doch lieber meinen M . . .
In Regen und in Wind.

Denn davon wächst die Saat herfür,
Ohn' Hilfe des Gerichts;
Aus nichts wird etwas denn bei mir,
Bei ihm aus etwas nichts.

Gottlob, daß ich ein Bauer bin;
Und nicht ein Advokat!
Und fahr' ich wieder zu ihm hin,
So breche mir das Rad!

Eine Fabel

Vor etwa achtzig, neunzig Jahren,
Vielleicht sind's hundert oder mehr,
Als alle Tiere hin und her
Noch hochgelahrt und aufgekläret waren,

Wie jetzt die Menschen ohngefähr;
– Sie schrieben und lektürten sehr,
Die Widder waren die Skribenten,
Die andern: Leser und Studenten,
Und Zensor war: der Brummelbär –

Da kam man *supplicando* ein:
»Es sei unschicklich und sei klein,
Um seine Worte und Gedanken
Erst mit dem Brummelbär zu zanken.

Gedanken müßten zollfrei sein!«
Der Löwe sperrt den Bären ein

Und tat den Spruch: »Die edle Schreiberei
Sei künftig völlig frank und frei!«

Der schöne Spruch war kaum gesprochen,
So war auch Deich und Damm gebrochen.
Die klügern Widder schwiegen still,
Laut aber wurden Frosch und Krokodil,
Seekälber, Skorpionen, Füchse,
Kreuzspinnen, Paviane, Lüchse,
Kauz, Natter, Fledermaus und Star
Und Esel mit dem langen Ohr etc. etc.
Die schrieben alle nun und lieferten Traktate;
Vom Zipperlein und von dem Staate,

Vom Luftballon und vom Altar,
Und wußten's alles auf ein Haar,
Bewiesen's alles sonnenklar
Und rührten durcheinander gar,
Daß es ein Brei und Greuel war.

Der Löwe ging mit sich zu Rate
Und schüttelte den Kopf und sprach:
»Die besseren Gedanken kommen nach;
Ich rechnete, aus angestammtem Triebe,
Auf Edelsinn und Wahrheitliebe –
Sie waren es nicht wert, die Sudler, klein und groß;
Macht doch den Bären wieder los!«

Es war einmal ein Edler, des Freunde und Angehörige durch ihren Leichtsinn um ihre Freiheit gekommen und in fremdem Lande in eine harte Gefangenschaft geraten waren. Er konnte sie in solcher Not nicht wissen und beschloß, sie zu befreien.

Das Gefängnis war fest verwahrt und von inwendig verschlossen, und niemand hatte den Schlüssel.

Als der Edle sich ihn nach vieler Zeit und Mühe zu verschaffen gewußt hatte, band er dem Kerkermeister Hände und Füße und reichte den Gefangenen den Schlüssel durchs Gitter, daß sie aufschlössen und mit ihm heimkehrten. Die aber setzten sich hin, den Schlüssel zu besehen und darüber zu ratschlagen. Es wurde ihnen gesagt: der Schlüssel sei zum Aufschließen, und die Zeit sei kurz. Sie aber blieben dabei zu besehen und zu ratschlagen; und einige fingen an, an dem Schlüssel zu meistern und daran ab- und zuzutun.

Und als er nun so nicht mehr passen wollte, waren sie verlegen und wußten nicht, wie sie ihm tun sollten. Die andern aber hatten's ihren Spott, und sagten: der Schlüssel sei kein Schlüssel, und man brauche auch keinen.

Die Leser werden sich erinnern, daß, wo ich nicht irre, der König von Frankreich, Ludwig der Vierzehnte, der auf seinen ewigen Feldzügen und Kriegen manche Bibliothek in Europa beschädigt und ruiniert hatte, Leute nach Asien geschickt hat, um andere Bücher wieder zu suchen. Nämlich man konnte wohl denken, daß in einem so großen Lande, als Asien ist, Schriften und Bücher sein müßten. Man wußte das auch aus den alten arabischen, griechischen und lateinischen Schriftstellen. So hatte auch Alexander, den sie den Großen nennen, in Persien bei den Priestern Bücher und Schriften angetroffen, davon er ein Teil verbrannt und ein Teil geraubt und mitgenommen hat, als ob man bei andrer Leute Sachen nur so zulangen und mitnehmen könnte. Ist aber auch kein Segen dabei gewesen, denn kein Mensch hat weiter von diesen Büchern und Schriften gehört noch erfahren, wo sie hingekommen und was aus ihnen geworden wäre.

Die Geschichte des griechischen Jünglings ist bekannt: der kam, auch seines Weges und seines Glücks gewiß, das Haar nach dem Sinn der Zeit mit Rosen bekränzt, in den Hörsaal eines Weisen, der von dem unsterblichen Geist, der im Menschen ist, und von seinem wahren Glück redete. Und als er ihm eine Zeitlang zugehört hatte, riß er heimlich und verstohlen eine Rose nach der andern herunter und warf sie an die Erde.

Nachricht von der neuen Aufklärung

Zweite Pause, die Philosophie betreffend

Mit Ehr' und Reverenz gesprochen,
So ist in der Philosphei
Der Deich auch heuer durchgebrochen,
Und neues Licht weht frank und frei.
Scheint eine Art von Mondenlicht;
Es flimmert so und wärmet nicht.

Sonst ließ man sich Erfahrung leiten,
Prüft' und bewährte dran sein Licht;
Jetzt kann man's ohne sie bestreiten
Und setzt, was sein kann oder nicht.
Was sie nicht sehn von vornherein,
Darf sich nicht unterstehn, zu sein.

– So wär', in ihr Verhör genommen,
Die heilige Religion
Beinahe übel angekommen,
Gleich Myrons Kuh. Es klatschte schon
Der schlaue Hirt und stieß daran
Und sah sie für sein Rindvieh an.

Du lieber Klatscher, laß Dir sagen,
Daß Du die Sache nicht verstehst.
Die Freundin ist nicht zu erfragen
Auf jenem Wege, den Du gehst;
Denn Leben, wie der Weise spricht,
Ist, und – es demonstriert sich nicht. –

Es hat der Scharfsinn unsrer Zeiten
Den neuen großen Fund gemacht:
»Die Dinge sind nicht, was sie deuten!«
Ein jeder nehme sich in acht,
»Krank ist in sich vielleicht gesund,
Die Sonn' in sich ein Pudelhund.«

Drum spann Vernunft wie eine Spinne
Sich ihren eignen Weg und Steg,

Warf Positives, Rat der Sinne,
Was niet- und nagelfest ist, weg:
Und machte alles hakenrein,
Aus sich heraus, in sich hinein.

Das brachte Licht! . . . Mit Adlers Schnelle
Fuhr es durch alle, klein und groß. –
Doch fehlte Einheit noch der Quelle,
Daraus der neue Zauber floß;
Allendlich aber kam ein Mann,
Der diese Einheit auch ersann.

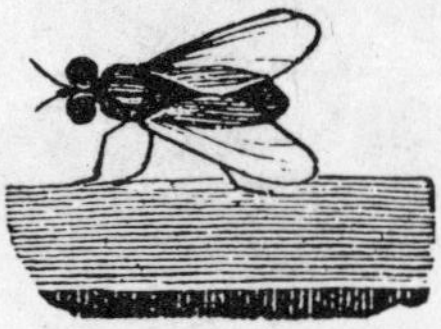

Nun ist an weiter nichts gelegen;
Wir laufen grundaus unsern Lauf,
Baun unsre Welten und zerlegen
Und haspeln ab und haspeln auf.
Ein jeder mache selbst den Schluß,
Was das für Segen bringen muß.

Der Wandsbecker Bote

Till, der Holzhacker

Zur Erläuterung der neuen philosophischen Methode: die Reinheit in unsre Willkür aufzunehmen

Till hackte Holz auf Mord und Brand,
(Der Mond am Himmel vor ihm stand)
Husch auf, husch kräftig nieder;
Da fuhr ihm ’s Beil, bei Ja und Nein,
Vom Schaft und in den Mond hinein,
Hinein und kam nicht wieder.

»Feirabend«, sprach Till, »alleweil!
Denn hack’ mir einer ohne Beil,
Koch’ einer ohne Kohlen! –
Weil Till denn ohne Beil nichts kann;
So muß er, halter, wohl daran
Und muß es wieder holen.«

Gesagt, getan. Er geht zur Stund’
Und nimmt die Leiter von der Wand,

Wirft von sich Hut und Mütze
Und stellt die Leiter frank und frei
Vor sich hin, und – und eins, zwei, drei,
Bis oben auf die Spitze.

Da saß er, sah zum Mond hinan;
»Noch«, sagt er, »bin ich nicht daran,
Doch vivat meine Leiter!«
Und drehete, so wie er saß,
Sie um, als wie ein Stundenglas,
Und stieg allmählich weiter.

So fuhr er fort: bald ruht' er sich,
Dann dreht' er wieder um umd stieg
Und kam, nachdem er's oft getan,
Im Monde wohlbehalten an
Und setzte sich dort nieder.

Der Mond ist groß, ein wüster Ort,
Und mancher sucht vergebens dort;
Till'n sollte alles glücken.
Er ging kaum drei, vier Schritte weit,
So lag das Beil da groß und breit;
Und er steckt's in die Ficken.

Uns andern würd's in solcher Höh'
Wohl schwarz vor Augen, angst und weh;
Doch Till blieb keck und munter.
Er witterte nicht Furcht noch Fahr,
Und wie er aufgestiegen war,
So stieg er auch herunter.

Das Ding war also abgemacht;
Indes war es nun Mitternacht,
Und ihn fing's an zu grauen.
Da macht' er's Beil geschwinde fest
Am Schaft und lief damit zu Nest
Und sagt' es seiner Frauen.

Der Esel

Hab' nichts, mich dran zu freuen,
Bin dumm und ungestalt,
Ohn' Mut und ohn' Gewalt;
Mein spotten und mich scheuen

Die Menschen, jung und alt;
Bin weder warm noch kalt;
Hab' nichts, mich dran zu freuen,
Bin dumm und ungestalt;

Muß Stroh und Disteln käuen;
Werd' unter Säcken alt –
Ah, die Natur schuf mich im Grimme!
Sie gab mir nichts als eine schöne Stimme.

Grabschrift auf Noah

Ich hab' an Euch gedacht, ich habe
Den Wein erfunden, Kinder!
So kommt und trinkt an meinem Grabe
Und denkt an den Erfinder.

Was die Zeit mich gelehrt hat

Lebensweisheiten

O! Eigendünkel und Stolz ist eine feindselige Leidenschaft; Gras und Blumen können in der Nachbarschaft nicht gedeihen.

In dem Lande, wo die Dichter in Nachahmer und Schmeichler der herrschenden Neigungen, und Weise in Professores der Dialektik ausarteten, wurde die Musik aus einer heiligen Nonne eine verzärtelte liederliche Dirne.

Einem jeglichen Menschen ist Arbeit aufgelegt nach seinem Maße, aber das Herz kann nicht dran bleiben; das trachtet immer zurück nach Eden und dürstet und sehnt sich dahin.

Aus dem Englischen

Es legte Adam sich im Paradiese schlafen;
Da ward aus ihm das Weib geschaffen.
Du armer Vater Adam, du!
Dein erster Schlaf war deine letzte Ruh'.

Wenn einer 'n Buch geschrieben hat, und man liest in dem Buch und 's wirkt so sonderbar, als ob man in Doktor Fausts Mantel davon sollte, daß man aufsteht und sich reisefertig macht, und, wenn man wieder zu sich selbst kommt, dankbar zum Buche zurückkehrt; dann, sollt' ich glauben, habe der Autor mit Genie geschrieben.

Die Sterne und hohen Ehrentitel sind beim Verdienst, was der Wetterhahn beim Winde ist.

Das Seinige treu tun, pflegte meine Mutter zu sagen, ist 'n Stern, der auf der bloßen Brust sitzt, die andern sitzen nur am Latz.

Denn alle Zeit Wein oder Wasser trinken ist nicht lustig, sondern zuweilen Wein, zuweilen Wasser trinken, das ist lustig: also ist's auch lustig, so man mancherlei lieset.

Es gibt einige Schriftsteller, die bei der freien Miene, die sie annehmen, bess're Gesinnungen haben, als man ihnen zutrauen sollte.

Man muß die Menschen mit Sanftmut und Geduld tragen, wenn es anders nicht Kurzweil, sondern Ernst ist, daß man das Ihre und nicht das Seine sucht.

Der Arzt legt sich nicht gerne zum Kranken ins Krankenbette.

Die Wahrheit ist die Tochter des friedlichen Himmels, sie flieht vorm Geräusch der Leidenschaften und vor Zank. Wer sie aber von ganzem Herzen liebhat und sich selbst verleugnen kann, bei dem kehrt sie ein, den übereilt sie des Nachts im Schlaf und macht sein Gebein und sein Angesicht fröhlich.

Ich will so viel sagen, daß man in einem jeden Buch Ketzereien finden kann, wenn man sie darin suchen wollte.

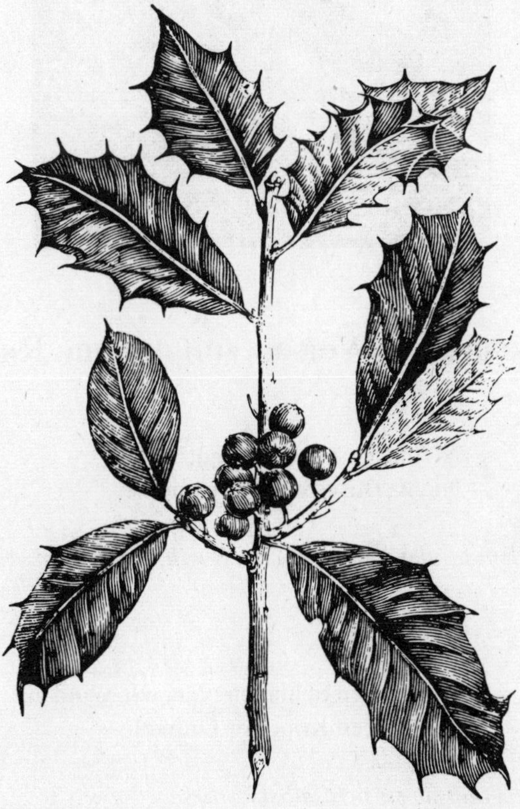

Denksprüche alter Weisen, mit meinen Randglossen

Nichts Böses tun, ist gut;
Nichts Böses wollen, ist besser.

Und dem Gentleman, der's nicht tut noch will, muß wohl recht gut zumute sein!

Den leeren Schlauch bläst der Wind auf;
Den leeren Kopf der Dünkel.

Drücke sie beide, daß sie zu sich selbst kommen.

Gib dem Narren Gift!
Das heißt: rühm' ihn.

Gib dem Narren keinen Gift; denn es ist auf den Apotheken verboten.

Sei das,
Was du von andern willst gehalten sein.

Denn wenn du 'n Esel bist, so bist du 'n Esel, ob auch alle Menschen dich einen Löwen hielten.

Die Welt ist ein Schauplatz,
Du kommst, siehst und gehst vorüber.

Und wirst vom Schauplatz vergessen, wer du auch seist. Mach aber, daß dich das wenig kümmern dürfte.

Der Großprahler ist wie ein gemaltes Schwert;
Beide können nicht gebraucht werden.

Und doch werden beid' oft in vergoldeten Rahmen gefaßt.

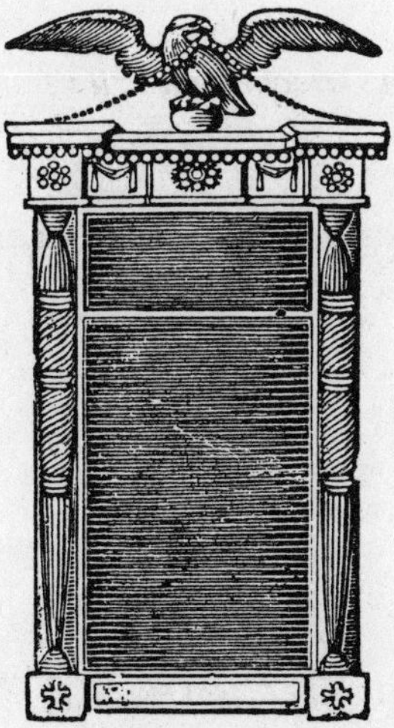

Zeuge Kinder, die unsterblich sind,
Nicht, die im Alter deines Leibes,
Die deiner Seele pflegen in der Ewigkeit!

Und wisse, einige Kinder gehen hier schon heraus ins Publikum, ihren Vater berühmt zu machen; andere werden heimlich gezeugt und kommen hier gar nicht zu Gesicht, aber ihrer keines geht verloren, sondern sie werden ins lieben Gottes sein Fündelhaus eingeschrieben, spielen einmütig um ihres Vaters Grab, weil er schläft, und schreien: »Hurrah!« wenn er wieder aufersteht.

Das Weib muß nicht zu Wort kommen,
Denn das ist eine schreckliche Sache.

Ist nur von den Weibern in Griechenland zu verstehen.

Der Adel besteht in Stärke des Leibes bei Pferden,
Bei Menschen in guter Denkart.

Gilt auch bei unserm Adel.

Die Götter haben große Geschenke zu vergeben,
Aber das größte von allen ist die Tugend.

Ich glaube, lieber Herr! Hilf meinem Unglauben.

Das Geld eines Geizigen ist wie eine untergehende Sonne;
Kein Mensch hat genug davon.

Hui der künftigen Morgenröte in der Hand eines bessern Erben!

Es ist besser, daß ein Narr beherrscht werde,
Denn daß er herrsche.

Weiß keine Glosse.

Versprich nicht Großes;
Tue was Großes.

Schwatze nicht von der Weisheit,
Sei weise.

Wem die Götter Reichtum und Verstand geben, der ist glücklich,
Denn er kann viel Gutes machen.

Wem die Götter keins von beiden geben, der kann – Randglossen machen.

Alles hat seine Zeit, Sterben und Geboren werden und Freien und sich Freien lassen.

An Herder, 1772

Es geht mit uns großen Leuten wie mit den Kindern; sie könnten immer gute Tage in der Schule haben und einen freundlichen Schulmeister, und es geht selten ein Tag hin, – an dem nicht Tränen vergossen würden –, und der Vater im Himmel hat den Menschen gewiß nicht zum Weinen erschaffen, er schuf sie ja ein Männlein und ein Fräulein.

Der Mensch ist freilich mehr als Tier, aber er ist auch Tier und hat tierische Zufälle. Das heißt, er hängt mehr oder weniger von seinem jedesmaligen Zustand ab und von den sinnlichen Eindrücken, die ihm gegenwärtig sind.

Der Deutsche sollte den Wert der Rührungen durch Mark und Bein, welche die gute Art des Trauerspiels gewährt, nicht so verkennen, daß er geneigt sei, sie gegen das leichte Spiel und die Fratzen der Operette zu vertauschen und einen Edelstein, der seinem Hause ansteht, für eine parfümierte Glasblume hinzugeben.

Die Menschenkinder haben die Sprache, wissen aber nicht, wie und woher? Ob ein Engel vom Himmel sie gebracht habe? Oder ob sie auf Erden ausgebrütet worden?

Bös muß man freilich von keiner Nation sprechen; die Klugen halten sich allenthalben stille, und wer wollte um der lauten Herren willen 'n ganzes Volk lästern?

Die Wahrheit kommt mir vor als ein heiliges Land, das in einem Zauberzirkel liegt.

An Herder, 1775

Die Schriftsprache ist ein infamer Trichter, darin Wein zu Wasser wird.

An Herder, 18. April 1776

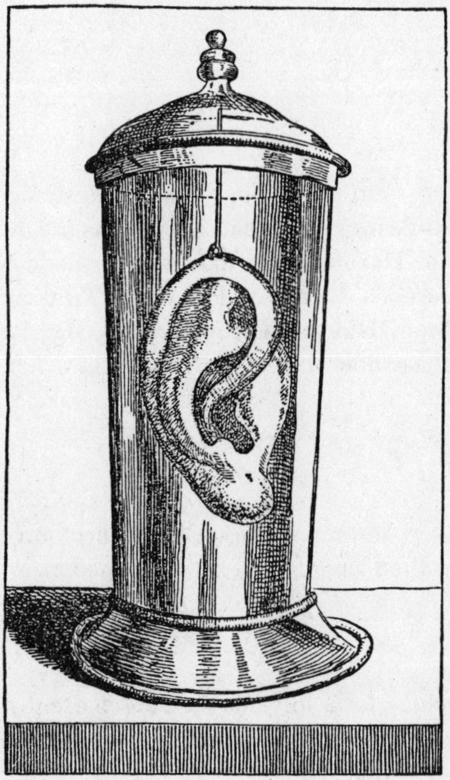

Die Genügsamkeit ist ein groß Ding und steht fest; sie hat keine Neider und Verfolger, und deswegen scheint sie uns auch den Göttern am ähnlichsten zu machen. Dazu erwirbt man sich gesunde Konstitution nicht durch Liebepflegen noch durch viel Essen und Trinken, wohl aber durch Mangel, der die Menschen zur Tugend treibt. Die mancherlei und ausschweifenden Wollüste aber treiben die Seele schwacher Menschen wie an Stricken.

Heutiges Tages sagen und schreiben viele Gelehrte mehr als sie wissen, in den alten Zeiten wußten einige mehr als sie schrieben.

Hmm! 's ist 'n rechtes Leid mit den Leidenschaften! man könnt' in der Welt leben wie ein Kind an Mutterbrust, wenn sie uns das Spiel nicht verderbten; aber sie verderben's!

Aber hör, man muß auch nicht jedem Narren geben, der einen anpfeift. Die Leut' wollen alle gern haben, und ist doch nicht immer gut. Mangel ist überhaupt gesunder als Überfluß, und traun, glaube mir, 's ist viel leichter zu geben, als recht zu geben.

Das Heiraten kommt mir vor wie 'n Zuckerboltje oder -bohne; schmeckt anfangs süßlicht, und die Leute meinen denn: es werde ewig so fortgehen. Aber das bißchen Zucker ist bald abgeleckt, sieht Er, und denn kommt inwendig bei den meisten 'n Stück *Assa foetida* oder Rhabarber, und denn lassen sie 's Maul hängen.

Ein Mensch ist kein Schurke, wenn er 'n großes Maul hat, sondern wenn er 'n Schurke ist, so hat er 'n großes Maul. Er wird freilich mit dem großen Maul auch wohl 'n Schurke bleiben, aber er kann's doch ebensogut auch nicht bleiben, als wenn er gar kein Maul, sondern statt dessen etwa einen Schnabel hätte oder gar rund zugewachsen wäre.

Doch die Menschen haben verschiedene Gaben, und daß ich aus jedem Gesicht nicht sehen kann, beweist nichts weiter, als daß ich nicht daraus sehen kann, und darum kann's doch vielleicht ein anderer.

Schließlich habe ich noch anführen wollen, daß der Vortrag der Bonmots verschieden sei. Mancher nämlich reißt das Maul ellenweit dabei auf und hält sich die Seiten, und mancher kontinuiert ein ganz trockenes ehrbares Gesicht. Der erste findet gewöhnlich den meisten Beifall, und der letzte ist doch eigentlich der Virtuose, mein Herr Rohrdommel!

Die Poeten sind gewöhnlich Spötter und schlechte Heilige.

Ein Fürst muß in allen Stücken groß und frei sein. Er ist der Gärtner in seinem Garten, und wo er eine schöne Blume sieht, wenn sie auch schon an jemandes Busen säße, da nimmt er sie mit hoher Hand und geht weiter.

Klein und niedrig muß der Mensch zuvor sein, sonst kann er nicht groß und gut werden. Die Schmeichler machen's umgekehrt, und es ist schwer, ihnen zu entrinnen.

Lückenbüßer

Man will bemerken, daß die Stummen
Nicht deutlich sprechen, sondern brummen.

Die Wahrheit ist ein Riese, der am Wege liegt und schläft; die vorüber gehen, sehn seine Riesengestalt wohl, aber ihn können sie nicht sehen und legen den Finger ihrer Eitelkeit vergebens an die Nase ihrer Vernunft. Wenn er den Schleier wegtut, wirst Du sein Antlitz sehen. Bis dahin muß unser Trost sein, daß er unter dem Schleier ist, und gehe Du ehrerbietig und mit Zittern vorüber und klügle nicht, lieber Vetter etc.

Pasteten hin, Pasteten her,
Was kümmern uns Pasteten?
Die Kumme hier ist auch nicht leer
Und schmeckt so gut, als *bonne chère*
Von Fröschen und von Kröten.

Und viel Pastet und Leckerbrot
Verdirbt nur Blut und Magen.
Die Köche kochen lauter Not,
Sie kochen uns viel eher tot;
Ihr Herren, laßt euch sagen!

Schön rötlich die Kartoffeln sind
Und weiß wie Alabaster!
Sie däun sich lieblich und geschwind
Und sind für Mann und Frau und Kind
Ein rechts Magenpflaster.

Esse ein jeder, was er will und was er hat; aber mit wenig zufrieden sein und wenig bedürfen ist doch edler!

Eine Gesellschaft von Menschen, die ihre Ruhe und ihr Glück in dieser Welt nicht finden und es deswegen in einer andern suchen, eine solche Gesellschaft, wenn sie mit Ernst und Wahrheit fährt, ist sehr respektabel; und wenn jemand, der Geld hat und es weggeben kann, einer solchen Gesellschaft eine Gelegenheit macht, wo sie abgesondert und um die notwendigen Bedürfnisse unbekümmert leben kann, so wüßte ich nicht, was dagegen zu sagen wäre.

Wenn nun allen Menschen statt des Odems eine Lohe zum Munde aus- und einführe? – So würden die Pulvermühlen vor der Hand müssen stille liegen.

Die Klöster sollen eben die Menschen, die Klostergesinnungen haben, von den übrigen absondern, die sie nicht haben.

Der Edelmann gilt überall, ist kurrente Münze unter Autorität des Landesherrn, ist öffentliches Gut, daran alle Menschen ein Recht, und zu dem sie alle Vertrauen haben.

Dies nun hat, an und für sich, nichts zu sagen. Denn wenn unsre Vernunft nur in der Wüsten der materiellen Natur einigen Bescheid weiß und geben kann, so geht eigentlich da, wo sie die Zähne bleckt und die Hände übern Kopf zusammenschlägt, das gelobte Land allererst an, und wenn auf dem Acker landesüblicher Gelehrsamkeit die Weisheit nicht wächst, wie das wohl schwerlich der Ackerleute einer in Ernst denken wird, so müssen natürlich Winke und Äußerungen von ihr wunderbar dünken.

Die Sinnesart eines Schriftstellers; was ihn treibt; was er will; ist über ihn der sicherste und beste Meilenzeiger, den auch gewöhnlich ein jeder, freilich sehr oft nicht zu seinem Vorteil und wider sein Wissen und Willen, für kundige Leser seiner Karte beifügt.

Der Schmeichler buhlt um Beifall, macht die Menschen groß in ihrem Sinn, und sie werden klein, der bessre Mann macht sie klein, auf daß sie groß werden.

Es gibt zwei Wege, die Bilanz in seinem *Credit* und *Debet* zu erhalten; einer, wenn die Einnahme vermehrt, und der andre, wenn die Ausgabe vermindert wird. Der letztere ist wohltätig und kann den kleinen und großen Kameralisten nicht genug angepriesen werden. So gibt es auch zwei Wege, in seinem Herzen die Bilanz zu erhalten; der eine: wenn man alles hat, was man wünscht! und der andere: wenn man nicht mehr wünscht, als man hat. Jener ist mühsam und mißlich, und dieser probat und in eines jeden Hand.

Was Du mit Deinen zwei Augen sehen willst, das muß auch mit Deinen zwei Augen können gesehen werden; was aber mit Deinen zwei Augen gesehen werden kann, das ist äußerlich; und was äußerlich ist, das ist nicht innerlich.

Auch möget Ihr aus dem Äußerlichen das Innerliche wohl wahrnehmen und vielleicht kluge Vermutungen machen. Ich sage nur davon, daß das Innerliche selbst nicht mit Euren zwei Augen gesehen werden kann, und daß Ihr sie, was das anlangt, sicher zumachen könnt, ohne etwas zu verlieren.

Alle Menschen wollen gern glücklich sein, sie mögen in Häusern oder in Hütten wohnen, mögen nackt oder bekleidet einhergehn, vom Raub leben oder das Feld bauen, Baal oder Bel opfern. Nun aber liegt für uns das Land des Friedens und der Glückseligkeit im Verborgenen. Wir ahnen nur und suchen, 'n jeder auf seinem Wege, und gehen irre. Zwar die bessern Menschen werden des Irrtums wohl inne, kehren um und setzen sich reuig auf einen Stein am Wege. Aber was sind sie damit gebessert?

Sie wissen wohl, was sie nicht gefunden haben, wo sie das aber finden sollen, wissen sie nicht; und so trieben sie auch auf dem wilden Meer ohne Rat und Ruder, und die Nacht kommt heran. Denn über dem Irren und Fragen und Forschen werden wir immer älter, kömmt uns der Tod immer näher, und man will doch gerne wissen, woran man ist.

Alles solch Glück ist mehr mühseliges Hinstreben zum Genießen als wirklicher Genuß, ist keine Flamme, die aus sich selbst brennt, sondern man muß beständig neue Reiser anlegen, neues Öl zugießen, daß sie nicht verlösche, und am Ende verlöscht sie ja doch. Nein, Vetter, es muß für den Menschen eigenes Glück geben! Und was man auswärts erbetteln muß und nicht behalten kann, ist ja nicht eigen.

Daß der Mensch keinen Hausfrieden in sich hat, das mein ich; daß es uns so lieblich dünken kann und uns doch betrügt und hinterher wurmt und graue Haare macht; daß man das Bessere wissen kann und das Unedle tun; daß wir von uns selbst gerissen und gehudelt werden! – Und uns selbst bringen wir allenthalben hin, uns selbst treffen wir überall an.

Wohl ist die Tugend ein Kleinod; und gebe Gott, daß die Menschen das nicht bloß sagten. Sie würden wohl an sich tun! denn wenn der Geist das Feld behält und sein Recht behauptet, das freut Gott und Menschen, und Du kannst denken, daß der, in dem es geschieht, nicht leer dabei ausgehe! Wohl ist die Tugend ein Kleinod für den Menschen; das schönste und köstlichste Kleinod in dieser Welt, womit er sich schmücken, und das einzige, wodurch er sich wirklich groß und bewundernswert machen kann. Wie der Bart das Wahrzeichen des Mannes, so ist sie das Wahrzeichen des Menschen, und wer es nicht an sich hat, der ist unehrlich und ein Leibeigner.

O Vetter, wenn Dir ein Mensch vorkömmt, der sich so viel dünkt und so groß und breit dasteht; wende Dich um und habe Mitleiden mit ihm. Wir sind nicht groß, und unser Glück ist, daß wir an etwas Größeres und Bessers glauben können.

Und wir haben noch unsre verkehrten Begriffe vom Geld, vom Menschen und dem Reich Gottes. Was meinst Du, wenn wir das alles mit andern

Augen ansehen könnten? Da würden wir erst seine Antwort verstehen, und die Fülle von Gnade und Wahrheit, die in ihr ist.

Wer einmal geschrieben hat, kann hernach schwerlich schweigen; das »Kücklein im Ei« rührt sich immer, pickt und will heraus.

Alle Menschen haben eine Ahnung und Idee der Wahrheit in sich; in einigen aber rührt sich der heilige Trieb zu Erkenntnis lebendiger.

Wenn einer indes die Wahrheit um ihrer selbst willen suchte und sie so nicht fand; so ist das Unglück genug für ihn, ohne daß wir ihn noch höhnen dürfen. Doch können wir an seinem Exempel lernen.

Es ist in der Tat ein sonderlich Ding um das Siegesgeschrei der Parteien, und die Menschen verraten sich selbst. Wenn sie, wie sie alle sagen, wirklich für die Wahrheit föchten; so müßten sie gleich laut schreien, der Sieg möchte fallen an welche Seite er wollte, und eigentlich sollten allemal beide Parteien das *Te Deum* gemeinschaftlich singen.

Die Weiber sind geschmeidige gute Geschöpfe, und wenn Du von einer hörst, die ihrem Manne krumme Sprünge macht, kannst Du allemal zehn gegen eins wetten, daß er sich gegen sie nicht beträgt, wie's einem christlichen Ehemann wohl zusteht.

Nun gibt es aber Leute, die alles lästern, was sie nicht begreifen, die sich zu klug dünken, zu glauben und zu dumm sind, zu wissen; arme Leute, welche die Vorteile beider Parteien entbehren und für sich keinen andern haben, als daß sie ihr Lebelang diskurieren und von Leuten, die noch dümmer sind als sie, für große Geister gehalten werden. Diese Klasse von Menschen ist von je her in der Welt gewesen und wird bis je und je darin bleiben.

Wir können zwar mit unsern Gedanken vom Nord- bis an den Südpol und bis an das äußerste Meer fliegen, aber das fühlen wir doch, daß die Quelle unsrer Gedanken in unserm Kopf ist; wir können zwar unsre Liebe bis an der Welt Ende und bis über die Sterne hin ausströmen, aber das fühlen wir doch, daß die Quelle unsrer Liebe in unserm Herzen ist.

Wenn also wir Menschen ein angebornes Verlangen nach Unsterblichkeit haben; so ist klar, daß wir in unsrer itzigen Lage nicht sind, wo wir sein sollten. Wir zappeln auf dem Trocknen, und es muß irgendwo ein Ozean für uns sein.

Wenn also der Mensch Ideen und Ahnungen hat von Unsterblichkeit, Unendlichkeit, höchster Weisheit, Gerechtigkeit, Güte – muß denn nicht der Keim zu dem allen in seinem Wesen sein?

Es sind denn im Menschen die Ruinen eines großen heiligen Wesens; und es gibt ein Glück für ihn, das der Rost und die Motten nicht fressen, und das die Welt mit aller ihrer Herrlichkeit nicht geben und mit all ihrem Trotzen nicht nehmen kann.

Wovon im Leben gewöhnlich die Rede ist, und was bei den Menschen, nach ihren Werken zu urteilen, als das höchste Gut geachtet wird, läuft auf diese drei Stücke hinaus, nämlich: Reichtum, Ehre und Wollust. Durch diese drei Dinge wird aber das Gemüt so zerstreut, daß es auf keine Weise an ein anderes Gut denken kann.

Denn weder vor Gericht noch im Kriege muß weder ich noch irgendein anderer alles tun, was er kann, damit er nur dem Tode entrinne. In Schlachten zeigt es sich ja vielfältig, daß einer dem Tode leicht entrinnen kann, wenn er die Waffen von sich wirft und die Verfolgenden um Gnade anfleht. Und so gibt es in den verschiednen Gefahren mehr als eine Art, dem Tode zu entrinnen, wenn einer sich erlauben will, alles zu tun und zu sagen. Wahrlich, dem Tode zu entrinnen, das ist nicht schwer; aber der Schande zu entrinnen, das ist viel schwerer; denn sie läuft schneller als der Tod.

Die Götter haben viele Geschenke, aber die Tugend ist von allen das größte.

An Herder, 21. April 1783

Suche Du seinerseits ihre Liebe und Gütlichkeit möglichst zu verdienen und nimm jede Äußerung und Bezeugung von ihrer Seite als unverdient. Dies ist die sicherste und beste Manier und Prozedur bei Menschen und auch bei und gegen Gott und dabei erkaltet die erste Liebe nicht und kann was Solides daraus werden.

An die Tochter Caroline, 26. Juni 1795

Wenn man von jemand etwas haben, ihn zu etwas bereden will, so verdirbt man oft die Sache, wenn man ihm geradezu und mit Gewalt auf den Leib rückt. Die ganze Natur widersteht dem Druck und bäumt sich dagegen. So bäumt sich der Mensch auch gegen Gewalt, und es gelingt oft viel leichter und besser, wenn man ihm von der Seite kommt, ihn mit Glimpf, guter Wendung, Vertröstung etc. umgeht. – Dies, meinstest Du, sollte man auch bei sich selbst anwenden. Und es tut in gewissen Fällen wirklich gute Dienste, sonderlich dem augenblicklichen Ausbruch zu wehren, auch böse Gewohnheiten abzulegen etc. Gründlich heilen tut es freilich nicht; aber es kann als ein Opiat dienen, bis die Kräfte sich gesammelt haben.

Alle Wege, die zu etwas Ernsthaftem führen, sind nicht gebahnt und lustig; und so gehe ein jeder den Weg, der ihm am meisten frommet.

Ein jeder ist sich selbst der nächste und muß selbst für sich antworten, was gehen ihn andre Leute an. Darum gehe ein jeder seinen Weg und tue, was ihm am meisten frommt.

Ein jedweder hat wohl seine Art, den Willen zu stärken und zu üben. Doch ist allen Ernst und Entschlossenheit not; denn die sinnliche Natur, die bei allen im Wege steht, ist schwer zu überwinden. Ihr wachsen für einen abgehauenen Kopf drei andre wieder; und der Mensch ist ihr Freund und redet ihr immer das Wort; und ist behende und schlau, Künste und Auswege zu finden, um sie zu retten.

Wenn wir nun einen rechtlichen Menschen beleidigt haben; so ist er beleidigt, und ein zartes Gemüt kann es nicht vergessen. Reue und Zeit heilen wohl die Wunde; aber die Narbe bleibt und fordert noch immer etwas von uns. Was denn jene Beleidigung! – »Für die Gesunden und Starken ist kein Rat, denn die Gerechtigkeit Gottes ist unerbittlich.« – Aber für die Kranken hat Gott hinter ihrem Rücken Gedanken des Friedens gehabt und durch ein kündlich großes Geheimnis seine Gerechtigkeit in seine Liebe eingewickelt. – Die Ehebrecherin wurde nicht verdammt, und die große Sünderin durfte seine Füße küssen.

In summa, mit jenem Sinn im Herzen und im Glauben an den Stiller unsers Haders kann der Mensch, ohne hergestellt zu sein, ein gutes Gewissen haben und ruhig abwarten, daß ihm vom Himmel gegeben werde, was sich der Mensch nicht nehmen kann.

Aber *selig* ist der Mensch, der mit sich selbst im Frieden ist und unter allen Umständen frei und unerschrocken auf und um sich sehen kann! Es gibt auf Erden kein größer Glück. Wer doch sich und andre danach recht lüstern machen könnte!

Wenigstens sollten Gelehrte sich doch als Leute von guten Sitten betragen; die schiefen und krummen Urteile sind nicht immer in ihrer Macht, weil sie auch urteilen, was sie nicht verstehen. Man sollte freilich fast sagen, es wäre auch besser, wenn sie mit solchen Urteilen zu Hause blieben.

Und da dünkt mich, sollten wir nicht ein jeder das Seine noch Ärgernis und Parteien suchen; sondern alle als Freunde einfältiglich den einen Weg hingehen und nicht eher weise sein, bis wir es wären.

Wer Belehrung und Überzeugung hat, der kann von Bekehrung und Überzeugung urteilen; die andern sollen schweigen.

Eigentlich kann man nur geben, was man hat, und bisweilen hat man nicht, was man meint zu haben. Freilich, die Wahrheit sollte immer und in allen Fällen uns leiten – aber gewöhnlich leiten wir sie; und denn meinen wir wohl, sie zu haben, wir haben sie aber nicht. Indes wird das so genau nicht genommen, und der Wohlstand erfordert, daß man die Wahrheit wenigstens verspreche.

Der Mensch, liebes Kind, hat eine Erkenntnis *a priori* und eine *a posteriori,* Vernunft und Erfahrung. Diese beide arbeiten sich einander in die Hand und bringen denn eben so viel zu wege, als der Mensch zur Leibes Nahrung und Notdurft braucht. Denke gern über beide und ihre gemeinschaftliche Arbeit und Verbesserung nach. Nur trenne sie nicht; denn sie sind Mann und Frau und müssen beisammen sein zu einer vernünftigen Haushaltung, und wenn legitime Kinder sollen geboren werden.

Und man holt recht gut Luft, ohne zu wissen, wie sie geholt werden muß und geholt wird.

Mit unsrer Wissenheit ist es anders beschaffen. Sie ist von der Stirne bis zur Brust unterworfen und abhängig, und ihre Füße liegen in dem Stock der Zeit und des Raums. Aber unser Scharfsinn und Industrie sind uner-

schöpflich. Wir suchen zu entfliehen, über Land oder über Meer – und wenn wir auch den Stock selbst zum Kiel eines Dreimasters brauchen sollten.

Der Mensch kann die Wahrheit verkennen, verachten und aufhalten; aber wie umwegs oder verkehrt er es auch treibe, so irrt er sich nur, und mitten in solchem Treiben sucht und meint er sie. Er kann ihr'r nicht entbehren; und es ist nicht möglich, wenn sie ihm erscheint, daß er sein Haupt nicht vor ihr beuge.

Irren ist menschlich, Andres! Aber die Wahrheit ist unschuldig. Sie ist immer bereit und immer wert und wird auch wohl am Ende Recht behalten.

Das Herz hat auch seine Rechte und läßt nicht mit sich spielen wie mit einem Vogel.

Edel ist: Ahnung der Heimat; das Gute in Feindes Land; der König im Gefängnis. Wer Freude am Guten hat und gerne gut wäre und mit sich kämpft und streitet, daß er's sei; der ist ein edler Mann.

Was soll ich Dir viel auseinandersetzen? Du weißt ja, besser als ich, wie es geht. Man will gern immer – das Eitle nicht lieb haben, unparteiisch sein, nicht böse werden, wenn man beleidigt wird, geistlich gesinnt sein u.s.w.; aber man kann es nicht. Wenn auch auswendig, so geht es doch inwendig nicht rein ab. Und wenn auch das Feld behalten wird, so ist darum doch kein Friede. Der Feind bleibt im Lande, und man muß sich placken und plagen mit dem Gefangenen.

All Fehd' ein Ende und rein Haus machen: das ist die Weisheit Gottes, welche die Edeln gelüstet zu schauen, die Weisen wissen und die Toren verachten.

Edel ist also nicht gut; aber es ist darum edel und nichts Gemeines, und ihm gebührt Ehre und Achtung von jedermann, wo es sich sehen läßt.

Ohne Kampf und Verleugnung gibt es keinen Adel und wahren Wert für den Menschen, und ohne Kampf kennt er die Kluft nicht, die in unserm Inwendigen zwischen Wollen und Sein, zwischen edel und gut befestigt ist, und kann sie nicht kennen.

Erfahrung macht den Meister. Und nur die, welche sich in den Defileen und Labyrinthen jener großen Kluft versucht und mit den seltsamen Wun-

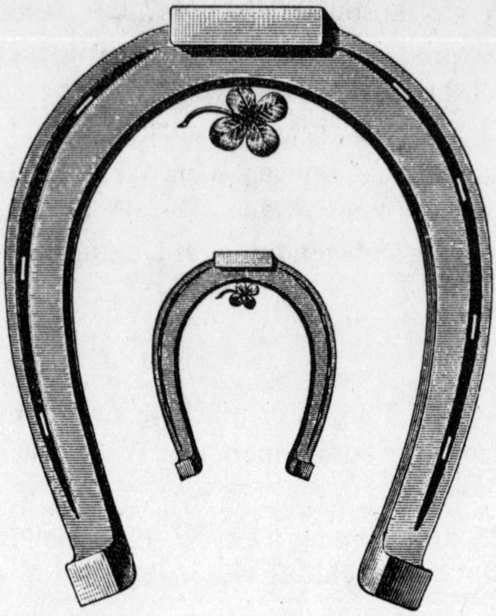

dern und mancherlei Ungeheuern vor den Toren des Friedens gekämpft und sich selbst daran gewagt haben, nur die können wissen: ob es dort Mühe und Fährlichkeit hat, und ob man dort eines heiligen Zweiges bedarf oder nicht.

Der Mensch trägt in seiner Brust den Keim der Vollkommenheit und findet außer ihr keine Ruhe. Und darum jagt er ihren Bildern und Konterfeis in dem sichtbaren und unsichtbaren Spiegel so rastlos nach und hängt sich so freudig und begierig an sie an, um durch sie zu genesen. Aber Bilder sind Bilder. Sie können, wenn sie getroffen sind, sehr angenehm überraschen und täuschen, aber nimmermehr befriedigen. Befriedigen kann nur das Wesen selbst, nur freies Licht und Leben – und das kann ihm niemand geben, als der es hat.

Wenn doch alle Menschen glauben könnten und glauben wollten, daß ehrlich und edel lange währt!

An Ruösch, 12. Januar 1798

Du hast denn erfahren, daß man einen haben muß, zu dem man beten kann, und daß es ein großes Glück ist, wenn man den einen immer zum Freund behalten und Freudigkeit zu ihm und eine freie Stirn hat, wenn man ihn braucht.

An die Tochter Anna, 16. Juli 1798

Es gibt doch die gesunde Vernunft, daß das, was den in dem Boden der Sinnlichkeit erdrückten Geist lösen soll, etwas Wesentliches, das seiner Natur und rein ist, sein müsse, und daß das nicht Worte und Regeln tun können.

An die Tochter Anna, 28. Februar 1799

Nun, Gott wird Rat schaffen, unsre Weisheit schießt allemal zu kurz und wir treffen selten das Ziel.

An die Tochter Anna, 8. Juli 1799

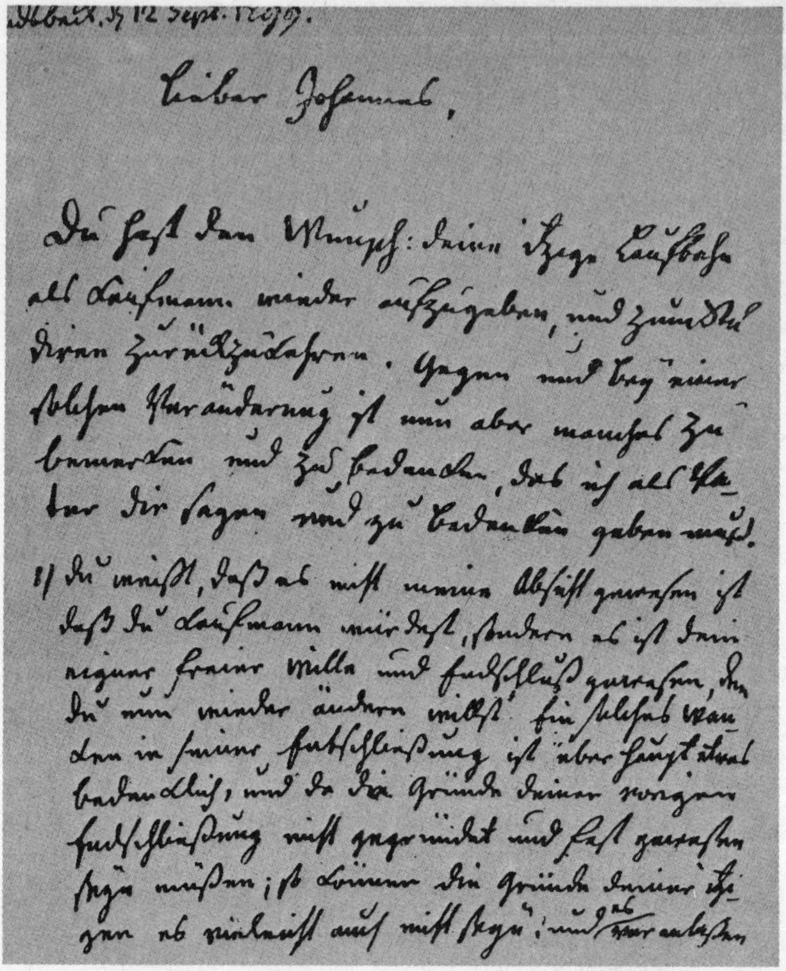
Wbeck. d. 12 Sept. 1799.

Lieber Johannes,

Du hast den Wunsch: deine itzige Laufbahn
als Kaufmann wieder aufzugeben, und zum Stu-
dieren zurückzukehren. Gegen und bey einer
solchen Veränderung ist nun aber manches zu
bemerken und zu bedenken, das ich als Va-
ter dir sagen und zu bedenken geben muß.
1) Du weißt, daß es nicht meine Absicht gewesen ist
daß Du Kaufmann würdest, sondern es ist dein
eigner freier Wille und Entschluß gewesen, den
Du nun wieder ändern willst. Ein solches Wan-
ken in seiner Entschließung ist überhaupt etwas
bedenklich, und da die Gründe deiner vorigen
Entschließung nicht gegründet und fest gewesen
seyn müssen; so können die Gründe deiner itzi-
gen es vielleicht auch nicht seyn: und

Übrigens genießen wir jeden Tag und Augenblick Wohltaten, die wir nicht verstehen. Wir werden geboren und gesäugt und holen Odem und verstehen nichts. Wir verstehen auch die leibliche Medizin nicht, die wir einnehmen, und doch hilft sie uns und rettet uns bisweilen das Leben.

Ein ehrlicher Mann kann nicht glauben, was er nicht glauben kann. Will er aber andre Leute auch nicht glauben lassen und eine Sache leugnen und bestreiten, die so viele gescheite und tugendhafte Menschen glauben und geglaubt haben, so ist das nicht gut, und man muß ihn der edlen Bescheidenheit erinnern. Und wenn er gar beweisen will, daß die Sache nicht möglich sei, so muß man ihm grade ins Gesicht lachen.

An meinen Sohn Johannes, 1799

Gold und Silber habe ich nicht;
was ich aber habe, gebe ich Dir.

Lieber Johannes!

Die Zeit kommt allgemach heran, daß ich den Weg gehen muß, den man nicht wieder kömmt. Ich kann Dich nicht mitnehmen; und lasse Dich in einer Welt zurück, wo guter Rat nicht überflüssig ist.

Niemand ist weise von Mutterleibe an; Zeit und Erfahrung lehren hier und fegen die Tenne.

Ich habe die Welt länger gesehen als Du.

Es ist nicht alles Gold, lieber Sohn, was glänzt, und ich habe manchen Stern vom Himmel fallen und manchen Stab, auf den man sich verließ, brechen sehen.

Darum will ich Dir einigen Rat geben und Dir sagen, was ich funden habe und was die Zeit mich gelehrt hat.

Es ist nichts groß, was nicht gut ist; und nichts wahr, was nicht besteht.

Der Mensch ist hier nicht zu Hause, und er geht hier nicht von ungefähr in dem schlechten Rock umher. Denn siehe nur, alle andren Dinge hier mit und neben ihm sind und gehen dahin, ohne es zu wissen; der Mensch ist sich bewußt, und wie eine hohe bleibende Wand, an der die Schatten vorübergehen. Alle Dinge mit und neben ihm gehen dahin, einer fremden Willkür und Macht unterworfen, er ist sich selbst anvertraut und trägt sein Leben in seiner Hand.

Und es ist nicht für ihn gleichgültig, ob er rechts oder links gehe.

Laß Dir nicht weismachen, daß er sich raten könne und selbst seinen Weg wisse.

Diese Welt ist für ihn zu wenig, und die unsichtbare sieht er nicht und kennt sic nicht.

Spare Dir denn vergebliche Mühe, und tue Dir kein Leid und besinne Dich Dein.

Halte Dich zu gut, Böses zu tun.

Hänge Dein Herz an kein vergänglich Ding.

Die Wahrheit richtet sich nicht nach uns, lieber Sohn, sondern wir müssen uns nach ihr richten.

Was Du sehen kannst, das siehe, und brauche Deine Augen, und über das Unsichtbare und Ewige halte Dich an Gottes Wort.

Bleibe der Religion Deiner Väter getreu und hasse die theologischen Kannengießer.

Scheue niemand so viel als Dich selbst. Inwendig in uns wohnt der Richter, der nicht trügt, und an dessen Stimme uns mehr gelegen ist als an dem Beifall der ganzen Welt und der Weisheit der Griechen und Ägypter. Nimm es Dir vor, Sohn, nicht wider seine Stimme zu tun; und was Du sinnst und vorhast, schlage zuvor an Deine Stirne und frage ihn um Rat. Er spricht anfangs nur leise und stammelt wie ein unschuldiges Kind; doch wenn Du seine Unschuld ehrst, löset er gemach seine Zunge und wird Dir vernehmlicher sprechen.

Lerne gerne von andern, und wo von Weisheit, Menschenglück, Licht, Freiheit, Tugend etc. geredet wird, da höre fleißig zu. Doch traue nicht flugs und allerdings, denn die Wolken haben nicht alle Wasser, und es gibt mancherlei Weise. Sie meinen auch, daß sie die Sache hätten, wenn sie davon reden können und davon reden. Das ist aber nicht, Sohn. Man hat darum die Sache nicht, daß man davon reden kann und davon redet. Worte sind nur Worte, und wo sie so gar leicht und behende dahinfahren, da sei auf Deiner Hut, denn die Pferde, die den Wagen mit Gütern hinter sich haben, gehen langsameren Schrittes.

Erwarte nichts vom Treiben und den Treibern; und wo Geräusch auf der Gassen ist, da gehe fürbaß.

Wenn Dich jemand will Weisheit lehren, da siehe in sein Angesicht. Dünkt er sich noch, und sei er noch so gelehrt und noch so berühmt, laß ihn und gehe seiner Kundschaft müßig. Was einer nicht hat, das kann er auch nicht geben. Und der ist nicht frei, der da will tun können, was er will, sondern der ist frei, der da wollen kann, was er tun soll. Und der ist nicht weise, der sich dünkt, daß er wisse; sondern der ist weise, der seiner Unwissenheit inne geworden und durch die Sache des Dünkels genesen ist.

Was im Hirn ist, das ist im Hirn; und Existenz ist die erste aller Eigenschaften.

Wenn es Dir um Weisheit zu tun ist, so suche sie und nicht das Deine, und brich Deinen Willen und erwarte geduldig die Folgen.

Denke oft an heilige Dinge und sei gewiß, daß es nicht ohne Vorteil für Dich abgehe und der Sauerteig den ganzen Teig durchsäuere.

Verachte keine Religion, denn sie ist dem Geist gemeint, und Du weißt nicht, was unter unansehnlichen Bildern verborgen sein könne.

Es ist leicht zu verachten, Sohn; und verstehen ist viel besser.

Lehre nicht andre, bis Du selbst gelehrt bist.

Nimm Dich der Wahrheit an, wenn Du kannst, und laß Dich gerne ihretwegen hassen; doch wisse, daß Deine Sache nicht die Sache der Wahrheit ist, und hüte, daß sie nicht ineinander fließen, sonst hast Du Deinen Lohn dahin.

Tue das Gute vor Dich hin und bekümmre Dich nicht, was daraus werden wird.

Wolle nur einerlei, und das wolle von Herzen.

Sorge für Deinen Leib, doch nicht so, als wenn er Deine Seele wäre.

Gehorche der Obrigkeit und laß die andern über sie streiten.

Sei rechtschaffen gegen jedermann, doch vertraue Dich schwerlich.

Mische Dich nicht in fremde Dinge, aber die Deinigen tue mit Fleiß.

Schmeichle niemand und laß Dir nicht schmeicheln.

Ehre einen jeden nach seinem Stande und laß ihn sich schämen, wenn er's nicht verdient.

Werde niemand nichts schuldig; doch sei zuvorkommend, als ob sie alle Deine Gläubiger wären.

Wolle nicht immer großmütig sein, aber gerecht sei immer.

Mache niemand graue Haare, doch wenn Du Recht tust, hast Du um die Haare nicht zu sorgen.

Mißtraue der Gestikulation, und gebärde Dich schlecht und recht.

Hilf und gib gerne, wenn Du hast, und dünke Dir darum nicht mehr; und wenn Du nicht hast, so habe den Trunk kalten Wassers zur Hand und dünke Dir darum nicht weniger.

Tue keinem Mädchen Leides und denke, daß Deine Mutter auch ein Mädchen gewesen ist.

Sage nicht alles, was Du weißt, aber wisse immer, was Du sagest.

Hänge Dich an keinen Großen.

Sitze nicht, wo die Spötter sitzen, denn sie sind die elendesten unter allen Kreaturen.

Nicht die frömmelnden, aber die frommen Menschen achte und gehe ihnen nach. Ein Mensch, der wahre Gottesfurcht im Herzen hat, ist wie die Sonne, die da scheint und wärmt, wenn sie auch nicht redet.

Tue was des Lohnes wert ist, und begehre keinen.

Wenn Du Not hast, so klage sie Dir und keinem andern.

Habe immer etwas Gutes im Sinn.

Wenn ich gestorben bin, so drücke mir die Augen zu und beweine mich nicht.

Stehe Deiner Mutter bei und ehre sie, so lange sie lebt, und begrabe sie neben mir.

Und sinne täglich nach über Tod und Leben, ob Du es finden möchtest, und habe einen freudigen Mut; und gehe nicht aus der Welt, ohne Deine Liebe und Ehrfurcht für den Stifter des Christentums durch irgend etwas öffentlich bezeugt zu haben.

Dein treuer Vater.

Das weißt Du so gut als ich. Was ist das, was unsern Augen das unendliche und wahre Gute immer gleichsam verbirgt und bedeckt und, wenn wir es auch betrachten und lieben wollen, sich immer dazwischen stellt? – Nicht wahr, das Endliche, das Unwahre, das Nichtgute. Dinge, die unsrer Liebe nicht wert sind, die wir verachten, und uns ihrer nicht selten vor andern Leuten schämen; und an die wir doch wider unsern Willen hangen und halten, oder vielmehr die uns halten und uns unglücklich machen.

Jawohl, unglücklich machen! Denn, was flösse aus dieser Quelle nicht her! Alles, groß und klein, was die Menschen hier plagt, Eitelkeit und Laune, Herrschsucht und Trotz, Geiz und Wollust, und alle Schande und Laster etc., was ist es anders als Anhänglichkeit an Dinge, die nichts können und nichts sind und die Menschen doch vom Bessern abhalten.

Gott ist in allen Augenblicken gleich liebenswürdig, wie die Sonne in allen Augenblicken die Sonne ist und ihre Strahlen immer mit gleicher Herrlichkeit und Fülle um sich breitet.

Der Mensch ist für eine freie Existenz gemacht, und sein innerstes Wesen sehnt sich nach dem Vollkommnen, Ewigen und Unendlichen als seinem Ursprung und Ziel. Er ist hier aber an das Unvollkommne gebunden, an Zeit und Ort; und wird dadurch gehindert und gehalten und von dem väterlichen Boden getrennt.

Und darum hat er hier keine Ruhe, wendet und müht sich hin und her, sinnt und sorgt und ist in beständiger Bewegung zu suchen und zu haben, was ihm fehlt und ihm in dunkler Ahnung vorschwebt.

Da er sich aber nicht anders als in und mit seinem Hindernis bewegen kann; so ist sein Mühen umsonst und vergebens, was er auch tue und welchen Fleiß er auch anwende. Er kann rundum in seinem Zirkel Entdeckungen machen, viel und mancherlei finden, Schönes und Nützliches, Scharfsinniges und Tiefsinniges; aber zu dem Vollkommnen kann er, sich selbst gelassen, nicht kommen; denn er bringt, wie gesagt, gerade was ihm im Wege ist und hindert, in alles mit, was er beginnt und tut, und kann nicht über sich selbst hinaus.

Ein gülden A B C

Armut des Geistes Gott erfreut;
Armut und nicht Armseligkeit.

Besprich Dich nicht mit Fleisch und Blut,
Fahr zu, gleich zu, wie Paulus tut.

Creuz ist ein Kraut, wenn man es pflegt,
Das ohne Blüte Früchte trägt.

Dürst nicht nach Rache und nach Blut;
Vergeben wäre wohl so gut.

Ein edles Herz glänzt hell und hold,
Ein gutes ist gediegen Gold.

Für was Du Gutes hier getan,
Nimm keinen Lohn von Menschen an.

Geduldig sein – Herr, lehr' es mich,
Ich bitte Dich, ich bitte Dich.

Hau Deinen Götzen mutig um,
Er sei Geld, Wollust oder Ruhm.

In Dir ein edler Sklave ist,
Dem Du die Freiheit schuldig bist.

Kämpf und erkämpf Dir eignen Wert;
Hausbacken Brot am besten nährt.

Liebt Euch auf Erden, liebt und wißt,
Daß Gott im Himmel Liebe ist.

Merk auf die Stimme tief in Dir;
Sie ist des Menschen Kleinod hier.

Nimm wahr der Zeit; sie eilet sich
Und kommt nicht wieder ewiglich.

O Herr, lehr uns bedenken wohl,
Daß wir sind sterblich allzumal.

Parabeln sind wohl fein und schön,
Doch muß sie einer auch verstehn.

Quäl nicht Dein Herz ohn' Unterlaß,
Ein freier Mut gefällt Gott baß.

Recht halte heilig bis in 'n Tod,
So bleibt ein Freund Dir in der Not.

Straf keck das Böse ins Gesicht;
Vergiß Dich aber selber nicht.

Treib Tugend jeden Augenblick;
Wer nicht vorangeht, geht zurück.

Und wenn sie alle Dich verschrein,
So wickle in Dich selbst dich ein.

Verlaß Dich nicht auf diese Welt;
Sie ist Schaum, der zusammenfällt.

Wie wird es dann, o dann uns sein,
Wenn wir der bessern Welt uns freun?

In Sturm die Sonne spiegelt nicht
Im Meer ihr heilig Angesicht.

Zerbrich den Kopf Dir nicht zu sehr,
Zerbrich den Willen; das ist mehr.

Ein silbern dito

Aus nichts wird nichts, das merke wohl,
Wenn aus Dir etwas werden soll.

Betrüge nicht; Du hast nicht Rast
Noch Ruh', wenn Du betrogen hast.

Cränz einen Welterob'rer nicht,
Schlepp lieber ihn zum Hochgericht.

Dring und durchdringe die Natur;
Wer sie durchdringt, beherrscht sie nur.

Erleuchtet das Jahrhundert ist;
Der Esel Stroh und Disteln frißt.

Fahr nicht zu hoch her, eitler Mann;
Noch hast Du's letzte Hemd nicht an.

Greif nicht leicht in ein Wespennest;
Doch, wenn Du greifst, so stehe fest.

Häng an die große Glocke nicht,
Was jemand im Vertrauen spricht.

Im Anfang war die Erde leer,
Am Ende sind's die Köpfe mehr.

Kratz nicht im Staube wie ein Tier,
Der Kopf sitzt ja noch oben Dir.

Leih dem in Not, und sei bereit;
So hast Du zwei zugleich erfreut.

Mach keines Glauben Deinen Spott;
Ein jeder glaubet sich und Gott.

Nichts ist so elend als ein Mann,
Der alles will und der nichts kann.

Oft galt das Faustrecht statt der Pflicht;
In unsern Jahren gilt es nicht.

Pfeif immer auf dem Finger nicht;
Die Narren tun’s, wie Sirach spricht.

Querfeldein braust der Waldstrom wohl;
Der Bach im Wege bleiben soll.

Rebecca wählen ist Geschmack;
Nicht wahr, Kollege Isaak?

S

Sir Newton war ein großer Mann,
Ein Tropfen aus dem Ozean.

T

Trag Deine Tugenden nicht Schau,
Und ehr und liebe Deine Frau.

U

Umsonst ist's, frühe aufzustehn;
Und besser, früh zu Bette gehn.

V

Vor Kritikastern hüte Dich;
Wer Pech angreift, besudelt sich;

W

Wer Pech angreift, besudelt sich;
Vor Kritikastern hüte Dich.

X

Xerxes verließ sich auf sein Herr;
Allein das Heer auf ihn nicht sehr.

Ygreck ein böser Buchstab ist;
Bei ihm hilft nicht Gewalt noch List.

Zuletzt nehmt noch die Warnung an:
Daß keinem Schelm man trauen kann.

Mit Wort und Weise müssen die Leser vorlieb nehmen. Man kann nicht dazu, daß man nicht mehr jung ist, wenn man alt ist. Was aber den Inhalt anlangt, der doch bei einer Schrift die Hauptsache ist, da meine ich, Wort gehalten zu haben. Und wenn einige Leser etwas anders erwartet haben, so ist der Bote unschuldig daran, ist auch unverlegen darüber. Ihn gereut seine Überzeugung nicht, und er weiß auch am Grabe für sich und seine Leser nichts Bessers.

Es ist eine Wahrheit und nur Eine. Die läßt sich mit Gewalt nichts nehmen und drängt sich niemand auf; sie teilt sich aber mit, mehr oder weniger, wenn sie mit Demut und Selbstverleugnung gesucht wird, »mit Furcht und Zittern« sagt der Apostel. Die ihr Gewalt tun und eigenmächtig Wahrheit machen wollen, die martern sich vergebens und sind ein Rohr in der Wüsten, das der Wind hin und her weht. Menschliche Werke, wie alle Dinge dieser Welt, wanken und verändern Gestalt und Farbe. Die Wahrheit bleibt und wankt nicht. – Und wer ihr einfältig und beharrlich anhängt, der wittert Morgenluft und hält sich an das, was er hat – bis er mehr erfahren wird.

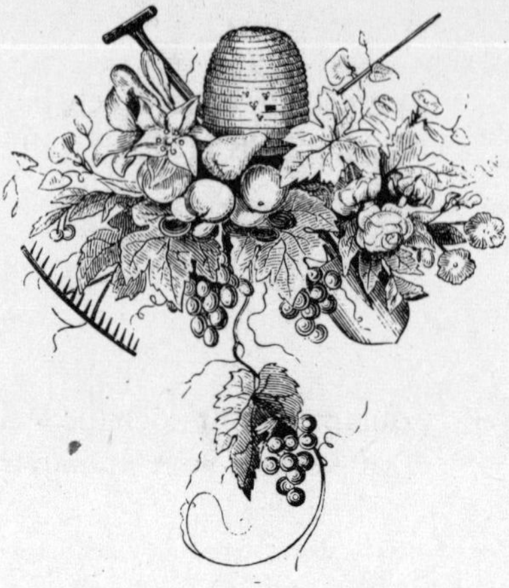

Es ist eigentlich schlecht um die Schriftsteller bestellt, die erst von andern erfahren müssen, was sie wollen, und es ist viel besser, wenn einer das selbst weiß; und bisweilen ist es gut, wenn er's auch sagt.

Es erfordert nämlich Geduld, Ruhe und Deferenz, zu den Füßen der Erfahrung zu sitzen und auf ihre Winke zu warten, sich oft sein Konzept, wenn man sie meint verstanden zu haben, wieder von ihr verrücken und sich überhaupt von ihr hudeln, placken und plagen zu lassen.

Vernunft und Erfahrung sind hier einmal Mann und Frau. Wenn die beide einträchtig und ordentlich miteinander leben und haushalten, so hängt der Himmel nicht gleich und immer voll Geigen; aber man krüppelt sich hin und bringt doch mit der Zeit einige Pfennige für die Nachkommen zusammen.

Man kommt auch mit dem Unverzagen weiter als mit dem Verzagen, und das Beste muß uns wohl bleiben.

An die Tochter Anna, 14. September 1805

Der Fehler steckt wohl zum Teil darin, daß wir immer die Besserung von anderen erwarten, statt daß ein jeder bei sich anfangen sollte.

An die Tochter Anna, 5. Februar 1806

Stolz, Selbstsucht und Eigendünkel sind dem Glauben zuwider; er kann nicht hinein, weil das Faß schon voll ist.

Mancher spricht von einem guten Gewissen, wenn er sich keiner Schand- und Freveltat bewußt ist. Aber das gute Gewissen hängt nicht sowohl mit einzelnen Handlungen als mit der ganzen inwendigen Gestalt und Verfassung des Menschen zusammen.

Die Menschen bekümmern sich nicht immer um das *bessere Gesetz,* und auch die sich darum bekümmern und sich angelegen sein lassen, durch den Geist des Fleisches Geschäfte zu töten, auch die sind nicht los von dem Gesetz der Sünde und des Todes und sind nicht geistlich gesinnt.

Man glaubt wohl in gewissen Augenblicken, geistlich gesinnt zu sein und nur das Unsichtbare liebzuhaben; aber die Täuschung währt nicht lange, und man wird bald wieder inne, daß man eigentlich das Sichtbare und Zeitliche meine.

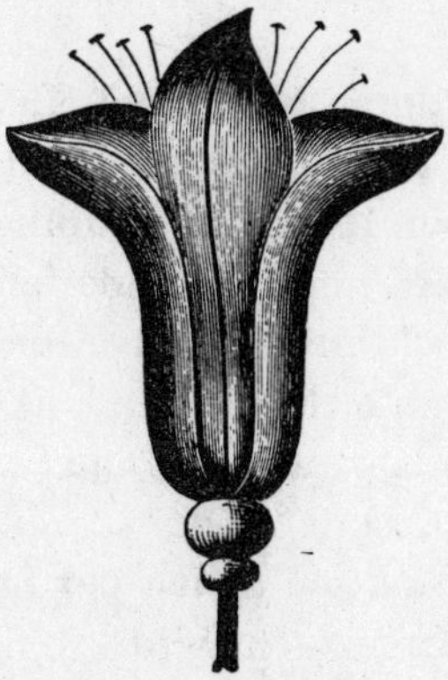

Uneigennützigkeit ist und bleibt in dieser Welt eine große und edle Eigenschaft; und die Liebe zu Gott um seinetwillen oder die reine Liebe kann, da seine Liebenswürdigkeit unendlich ist, nicht rein genug sein. In der Ewigkeit, wo alle alles besitzen und kein Eigennutz ist, ergießt sich und strömt diese Liebe ungestört in Ewig und Unendlich und macht die Seligkeit des Himmels. Aber hier in der Zeit, der Heimat alles Eigennutzes, ist es anders; das weiße und schwarze Pferd, die nach dem Plato hier vor unserm Wagen gespannt sind, oder die Doppelgestalt, die wir hier anhaben, setzt uns vielen Störungen, Schwierigkeiten und Mißgriffen aus. Wir können und sollen, so lange wir »der Eitelkeit unterworfen sind«, dem zeitlichen Interesse nicht gar entsagen, aber die Grenzlinie zwischen diesem und dem höhern Interesse ist schwer zu treffen, die menschliche Seele schwankt hin und her und tut zu viel oder zu wenig; die meisten verfallen diesseits; und die sich ihrer Herkunft lebendiger bewußt sind und sich lebendiger nach der »Freiheit der Kinder Gottes sehnen«, halten sich an der andern Seite.

Wenn nun eine solche, durch Natur und Kunst feingestimmte fromme Seele Tag und Nacht auf dem vaterländischen Boden wandelt und sich ohne sicheres Geleite diesen Ideen und Empfindungen überläßt; so kann sie leicht der Einbildungskraft in die Hände fallen, sich in einen Zustand hineinträumen, darin sie nicht ist, eine Kasuistin werden, allerhand Kasus, die in sich unmöglich und zu nichts gut sind, aussinnen und so jene Ideen und Empfindungen zu fein und aus Kraft und Saft spinnen. Und dies schadet ihr und, wenn sie davon spricht oder schreibt, andern noch mehr, die nicht verstehen was sie lesen und denen der Stab, dessen sie noch nicht entraten können, verdächtig gemacht wird.

Bertram. Guten Morgen denn! – Ihr seht so heiter aus, Vater.
A. Wer kann mürrisch sein, wenn man so freundlich geweckt worden ist?
Bertram. Aber was meint Ihr, wie die Sonne gestaltet sei, oder was sie eigentlich für eine Gestalt habe?
A. Mir scheint sie rund zu sein. Doch weit weg ründet sich alles; die Ecken und Spitzen verlieren sich in der Ferne.
Aber wie kommst Du auf die wunderliche Frage, so früh morgens?
Bertram. Ich habe den Kopf voll von gestaltet und Gestalten, von wegen eines Traums, den ich diese Nacht gehabt habe und den ich Euch doch erzählen muß.
A. Wie? Träumen die Gelehrten auch, Sohn?
Bertram. Ja, Vater, sie träumen auch.

So ist es mit uns Menschen.

Wo wir uns nicht schämen sollten, da schämen wir uns; und wo wir uns schämen sollten, da schämen wir uns nicht.

Wie die Ebbe und Flut an den Küsten des Meeres und in den Mündungen der Flüsse, aufs Geratewohl, Inseln und Sandbänke von verschiedener mannigfaltiger Gestalt und Größe bildet und wieder zerstört; so bilde die große allgemeine Welt-Ebbe und Flut die Körper der Geschöpfe in verschiedener mannigfaltiger Gestalt und Größe und zerstöre sie auch wieder. Mehr ließe sich davon nicht sagen, und alles weitere sei Götzendienst und Täuschung und Aberglauben.

Überhaupt Worte sind Worte, und man kann dabei nicht genug auf seiner Hut sein. Wo sie wirkliche Gegenstände haben, da geht alles ziemlich gut und sicher; wo sie aber mit abstrakten Begriffen umgehen, da wird guter Rat teuer.

Die *Clerici* wissen und sagen von einem Steigen der Natur von den niedrigsten Wesen zu höhern und so fort zu höhern – und was sie weiter sagen – . . .

Und hier sind Worte und Phrasen die leibhaften Cartesianischen Teufelchen. Man sieht sie mit Vergnügen auf- und absteigen und bewundert die Erfindung. Übrigens wird nichts damit ausgerichtet, nichts dabei verloren noch gewonnen. Auch gewöhnlich sind sie den Erfindern selbst nur bei gutem Wetter interessant und halten nicht, wenn's trübe wird und Ernst gilt.

Bertram. Aber Vernunft ist doch eine hohe Gabe!
A. Mehr als eine Gabe. Sie ist, sozusagen, ein Teil des Gebers. Aber sie ist, wie Vulkan, durch den Fall lahm geworden. Zwar hat sie immer noch ihren Mut, wirft immer noch Strahlen von sich; und wo sie unterrichtet ist und sich *au fait* setzen kann, tut sie noch Wunderdinge. Nur sie geht an Krücken und krüppelt. – Weiß aber jemand sie gesund zu machen; so wirft sie alles von sich und bedarf durchaus keines Dinges als ihrer selbst, um hell und klar vor und hinter sich zu sehen.

An sich könnten Vernunft und Glaube gerne gemeinschaftlich wie Freunde miteinander leben; doch die meiste Zeit und fast immer entstehen daraus böse Händel.

Bertram. Aber wenn auch in bestimmten Buchstaben ein bestimmter Sinn wäre; so frage ich immer wieder, wer wird ihn finden?

A. Freilich, wer wird ihn finden?

Scharfsinn allein richtet es nicht aus; und wenn sonst nichts zu Hilfe kommen könnte, so würde es um die Erkenntnis, die daraus geschöpft werden soll, sehr mißlich stehen.

Wenn der Mensch in dieser Welt zu Hause wäre und es im Grabe mit ihm alle und aus wäre, so wüßte ich keinen Trost; aber es ist im Grabe nicht mit ihm alle und aus. Und es ist hier in der Welt von Anfang bis zu Ende im Grunde nichts als Jammer und Krüppelei. Zwar auf der Oberfläche spielen bunte Farben und verhehlen es uns und verführen uns, daß wir nur spät hinter die Wahrheit kommen. Und was uns dazu behilflich ist, das ist kein Unglück für uns.

An Bokelmann, 10. August 1812

Etwas Festes muß der Mensch haben, daran er zu Anker liege, etwas das nicht von ihm abhange, sondern davon er abhängt. Der Anker muß das Schiff halten; denn wenn das Schiff den Anker schleppt, so wird der Kurs mißlich und Unglück ist nicht weit.

Am Ende ist und bleibt auch der Mensch selbst die Hauptsache für sich und es mag wohl viel Unheil in der Welt daher entstanden sein und entstehen, daß man sich mehr um andre als um sich selbst bekümmert hat.

An Hoffmann, 7. September 1813

Aus einem alten Faß sprudelt der Dank nicht so, wie der Most aus einem frischen Schlauch, aber er ist darin, bis das Faß bricht.

An Nicolovius, 29. März 1814

Die Haut ist einem doch näher als das Hemd, man mag sollen und wollen oder nicht.

An den Sohn Johannes, 30. Mai 1814

Es ist so
dunkel in des
Todes Kammer

Wie unaussprechlich süß ist jede Träne, die man beim Grabe oder überhaupt beim Unglück seines Freundes weint.

An Gerstenberg, 18. Oktober 1761

Auf den Tod des Bruders Josias

Ich mag heute nicht im Dichterschmuck erscheinen,
Mein Lied sei traurig, wie mein Herz!
O lieber Leser, höre meinen Schmerz
Und habe Lust, mit mir zu weinen!
GOtt hatte, GOtt, der's mitten in dem Leide,
Wodurch er uns zu strafen scheint,
Doch treu und redlich mit uns meint,
(Ich glaub es fest, und das ist meine Freude)
Mir einen Bruder hier geschenkt.
Sein Herz war stets von schönen Trieben voll,
Er war so fromm, so sorgsam für mein Wohl,
Er hat mich oft vom Bösen abgelenkt.
Und dieser Redliche – sag's traurig, mein Gedicht,
Er starb in meinem Arm – – dort ist er eingegraben –
O GOtt – nein – nein – ich will ihn nicht wieder haben –
Ach – zürn auf diese Träne nicht! – –

An – als Ihm die – starb

Der Säemann säet den Samen,
Die Erd' empfängt ihn, und über ein kleines
Keimet die Blume herauf –

Du liebtest sie. Was auch dies Leben
Sonst für Gewinn hat, war klein Dir geachtet.
Und sie entschlummerte Dir!

Was weinest Du neben dem Grabe,
Und hebst die Hände zur Wolke des Todes
Und der Verwesung empor?

Wie Gras auf dem Felde sind Menschen
Dahin, wie Blätter! Nur wenige Tage
Gehn wir verkleidet einher!

Der Adler besuchet die Erde,
Doch säumt nicht, schüttelt vom Flügel den Staub und
Kehrt zur Sonne zurück!

Bei einem Begräbnis

Ich kam diese Tage durch Altona, und man begrub grade einen Toten. Da ging ich mit heran, ich mag gerne ein Grab sehen, und wenn so ein Auge voll Tränen noch einmal auf den Sarg hinabblickt, oder sich einer umwendet und dasteht und nicht weinen kann. Mir kommt dabei wohl manchmal eine Träne ins Auge, aber eigentlich bin ich doch fröhlich, wenn ich so jemand begraben helfe. Und warum sollte ich auch nicht fröhlich sein, liegt er doch nun und hat Ruhe – und mir geht das Herz schon auf, wenn ich nur Roggen säen sehe und an die Stoppeln und den Erntetanz denke. Aber wieder auf den seligen Professor zu kommen, so erzählten die Leute, die neben mir standen, daß er in seinem Testament seinen Erben befohlen habe, nicht seine Leiche in einem prächtigen Totenkleide zur Schau zu stellen noch mit unnützem Gepränge zur Erde zu bestatten;

sondern das Geld, was ein solcher Aufwand nach seinem Stande und Vermögen würde gekostet haben, an Notleidende auszuteilen. Gut, dachte ich, das ist einmal ein vernünftig Stück von einem Gelehrten. Es ist ein rührender, heiliger, schöner Anblick, einer Leiche ins Gesicht zu sehen; aber sie muß ohne Flitter-Staat sein. Die stille blasse Todesgestalt ist ihr Schmuck, und die Spuren der Verwesung ihr Halsgeschmeide und das erste Hahnengeschrei zur Auferstehung.

An den Tod

An meinem Geburtstage

Laß mich, Tod, laß mich noch leben! –
Sollt' ich auch wenig nur nützen,
Werd' ich doch weniger schaden,
Als die im Fürstenschoß sitzen
Und üble Anschläge geben
Und Völkerfluch auf sich laden;
Als die die Rechte verdrehen,
Statt nach dem Rechten zu sehen;
Als die die Buße verkünden
Und häufen Sünden auf Sünden;
Als die da Kranke zu heilen,
Schädliche Mittel erteilen;
Als die da Kriegern befehlen
Und grausam ihnen befehlen;
Der Helden Kriegskunst nicht nützen,
Um Länder weise zu schützen.
Tod, wenn sich diese nicht bessern,
Nimm sie aus Häusern und Schlössern!
Und wenn du sie nun genommen,
Dann Tod, dann sei mir willkommen.

Tod

's soll Leute geben, heißen starke Geister, die sich in ihrem Leben den Hain nichts anfechten lassen und hinter seinem Rücken wohl gar über ihn und seine dünnen Beine spotten. Bin nicht starker Geist; 's läuft mir, die Wahrheit zu sagen, jedesmal kalt über'n Rücken, wenn ich Sie ansehe. Und doch will ich glauben, daß Sie 'n guter Mann sind, wenn man Sie genug kennt; und doch ist's mir, als hätt' ich eine Art Heimweh und Mut zu Dir, Du alter Ruprecht Pförtner! daß Du auch einmal kommen wirst, meinen Schmachtriemen aufzulösen und mich auf bess're Zeiten sicher an Ort und Stelle zur Ruhe hinzulegen.

Die Alten soll'n ihn anders gebildet haben: als 'n Jäger im Mantel der Nacht, und die Griechen: als 'n »Jüngling, der in ruhiger Stellung mit gesenktem trüben Blick die Fackel des Lebens neben dem Leichnam auslöscht«. Ist 'n schönes Bild und erinnert einen so tröstlich an Hain seine Familie und namentlich an seinen Bruder: wenn man sich da so den Tag über müde und matt gelaufen hat und kommt nun den Abend endlich so weit, daß man's Licht auslöschen will – hat man doch nun die Nacht vor sich, wo man ausruhen kann! und wenn's denn gar den andern Morgen Feiertag ist!! 's ist das wirklich ein gutes Bild vom Hain; bin aber doch

lieber beim Knochenmann geblieben. So steht er in unsrer Kirch', und so hab' ich 'n mir immer von klein auf vorgestellt, daß er auf'm Kirchhof über die Gräber hinschreite, wenn eins von uns Kindern 's Abends zusammenschauern tat, und die Mutter denn sagte: der Tod sei übers Grab gegangen. Er ist auch so, dünkt mich, recht schön, und wenn man ihn lange ansieht, wird er zuletzt ganz freundlich aussehen.

An S. bei – Begräbnis

Auch ihn haben sie bei den andern begraben,
Und er kommt nun nicht wieder zu uns!
Liegt nun im Grab' und verweset,
Und kommt nicht wieder zu uns!
Und so werden sie alle begraben werden,
Und verwesen im Grabe zu Staub!
Freund, laß mich hingehn und weinen;
Mir ist's so trüb um das Herz.
Ach! wenn S. ach! wenn auch dich sie begrüben,
Und ich suchte und fände dich nicht! –
Ich will ihm opfern und flehen,
Daß lange dein schone der Tod.

Bei dem Grabe Anselmos

Daß ich dich verloren habe,
Daß du nicht mehr bist,
Ach! daß hier in diesem Grabe
Mein Anselmo ist,
Das ist mein Schmerz! das ist mein Schmerz!!!
Seht, wir liebten uns, wir beide,
Und, so lang' ich bin, kommt Freude
Niemals wieder in mein Herz.

Dero Ermunterungsschreiben vom 23. März habe ich gelesen, da ich eben von einem Kirchhofe kam und einige Veilchen von dem Grabe eines Freundes gepflückt hatte.

Mir war dabei eingefallen, wie gern er diente und nützte, und wie gerne er Freuden machte, als er noch lebte, und mich däuchte, als ob ich noch sein in der sanften Farbe und dem lieblichen Geruche der Veilchen genösse, als ob seine Gestalt durch die Verwesung verherrlicht vor mir stünde und das Grab freundlich segnete und für mich einweihte und die Blumen und Grashalmen auf demselben zählte.

Mit diesem Gedanken also las ich Ihren Triumphbrief über die Wiederentdeckung der verlornen Kunst der Egypter.

Und, verzeihen Sie mir's! Ich konnte mich nicht darüber freuen, daß ich für 150 Reichstaler, hart wie der Fels und angenehmer als die Veilchenflur duftend, die schönste marmorne Statue vorstellen könnte; daß ich durch graue Zeiten hindurch für die Verwesung sicher sein sollte. Daß ich meine Schönheit (ich bin ja ein Mann!) nicht verlieren, meine Gestalt und Lineamente durch viele Zeitalter unverändert behalten würde.

Nein, lieber Herr, werden Sie immer für 150 Reichstaler eine schöne marmorne Statue, ich will um Gottes willen verwesen!

Ich sollte auf den Gedanken stolz sein, daß ein Enkel 3773 zum andern bei meiner Mumie sagen könnte, das war ein Mann, der 1773 lebte und noch zu leben scheint! Was gehen mich die Enkel an? und könnte es dem Enkel nicht ebenso wohl einfallen, Epigramme auf meine Mumie zu machen und z. E. zu sagen, daß ich auch 1773 nur zu leben schien? –

Ich wünsche freilich, daß alle Leichname, die in Städten beigescharret werden und durch ihre Verwesung den Lebenden mehr oder weniger schaden, Mumien sein möchten; aber von dem, auf dessen Grabe ein Grashalm wachsen kann, wünsche ich's nicht.

Bei dem Grabe meines Vaters

Friede sei um diesen Grabstein her!
Sanfter Friede Gottes! Ach, sie haben
Einen guten Mann begraben,
Und mir war er mehr;

Träufte mir von Segen, dieser Mann,
Wie ein milder Stern aus bessern Welten!
Und ich kann's ihm nicht vergelten,
Was er mir getan.

Er entschlief; sie gruben ihn hier ein.
Leiser, süßer Trost, von Gott gegeben,
Und ein Ahnden von dem ew'gen Leben
Düft' um sein Gebein!

Bis ihn Jesus Christus, groß und hehr!
Freundlich wird erwecken – ach, sie haben
Einen guten Mann begraben,
Und mir war er mehr.

Ich mag wohl Begraben mit ansehn, wenn so ein rotgeweintes Auge noch einmal in die Gruft hinabblickt, oder einer sich so kurz umwendet und so bleich und starr sieht und nicht zum Weinen kommen kann. 's pflegt mir denn wohl selbst nicht richtig in 'n Augen zu werden, aber eigentlich bin ich doch fröhlich. Und warum sollt ich auch nicht fröhlich sein; liegt er doch nun und hat Ruhe! und ich bin darin 'n närrischer Kerl, wenn ich Weizen säen sehe, so denk' ich schon an die Stoppeln und den Erntetanz. Die Leut' fürchten sich so vor einem Toten, weiß nicht warum. Es ist ein rührender heiliger schöner Anblick, einer Leiche ins Gesicht zu sehen; aber sie muß ohne Flitterstaat sein. Die stille blasse Todesgestalt ist ihr Schmuck, und die Spuren der Verwesung ihr Halsgeschmeide und das erste Hahnengeschrei zur Auferstehung.

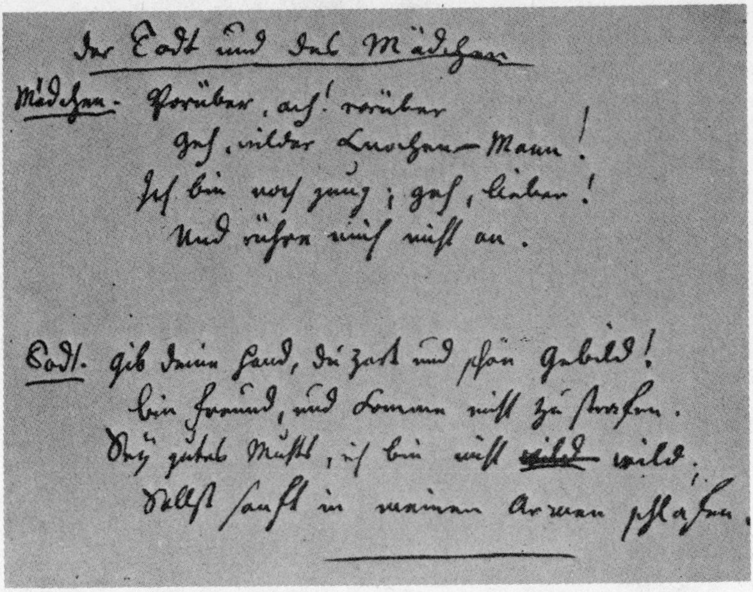

Der Todt und das Mädchen
Mädchen. Vorüber, ach! vorüber
geh, wilder Knochen-Mann!
Ich bin noch jung; geh, lieber!
Und rühre mich nicht an.

Todt. Gib deine Hand, du zart und schön Gebild!
bin Freund, und komme nicht zu strafen.
Sey gutes Muths, ich bin nicht ~~wild~~ wild.
Sollst sanft in meinen Armen schlafen.

Der Tod und das Mädchen

Das Mädchen. Vorüber! Ach, vorüber.
Geh, wilder Knochenmann!
Ich bin noch jung, geh Lieber!
Und rühre mich nicht an.

Der Tod. Gib deine Hand, du schön und zart Gebild!
Bin Freund, und komme nicht, zu strafen.
Sei guten Muts! ich bin nicht wild,
Sollst sanft in meinen Armen schlafen!

Ich habe in der Zeit keinen bessern Freund kennen lernen als den Freund Hain, und so bleib' ich beim Alten. Er ist oben in seinem Amt und Beruf vorgestellt, und will ich nur dazu sagen: daß er, wenn er sich so in ein Bett hereinhängt, für den, der darin liegt, eine ernsthafte Erscheinung sei.

Marschierte neulich mit ein'm Kamraden durch 'n Dorf neben der Kirch' hin; die Tür zum Gottesacker stand offen, und wir gingen h'nein. 's ist mit dem menschlichen Herzen wie mit 'm Meer. Da gibt's von Zeit zu Zeit Windstillen, und denn müssen die Schiffleute zu Anker liegen. Ich hasse nun aber das zu Anker liegen und nehme bei solchen Umständen alle Gelegenheit wahr, wieder flott zu werden und einen frischen Kühlwind in meine Segel zu treiben, und so pfleg' ich denn h'nein zu gehn, wenn so 'ne Gottsackertür offen steht; da sind Grabhügel und Kreuze mit Grabschriften und schönen Sprüchen dran, und so gibt ein Gedank' den andern; und 's Herz fängt ein'm wieder an zu pulsieren und zu sich selbst zu kommen.

Was ich meinem Hochgeehrten Herrn Vetter eigentlich erzählen wollt', ist noch nicht gewesen, sondern kommt nun erst und betrifft die Sprüch' an den Kreuzen. Ich kannte sie nämlich alle schon und wußte sie auswendig, aber hier an 'n Kreuzen leuchteten sie mir ganz anders ein, noch eins so kräftig, und als wenn sie mit feurigen Buchstaben geschrieben wären. Weiß nicht, mir wackelte eine Trän' im Aug', ob's darum so schien, oder wie's war. So viel hab' ich aber draus gemerkt, daß man nicht immer und von jeher aufgelegt ist, einen Spruch zu verstehen, und auch wohl nicht zu übersetzen.

Parentation über Anselmo,

gehalten am ersten Weihnachttage,

NB. nicht in der Kirche, sondern nur im Zimmer neben dem offenen Sarge, und war niemand da als Andres.

Andres, hier liegt er! Aber er hört und sieht uns nicht mehr. Anselmo ist tot, unser lieber Anselmo! Wie ist Dir zumut, Andres?

Er pflegte, wie Du weißt, die Welt 'n Krankenhospital zu nennen, darin die Menschen bis zu ihrer Genesung verpflegt werden. Er ist nun genesen und hat seinen Hospitalkittel ausgezogen. Und wir stehn neben dem Kittel und haben ihn nicht mehr und finden so einen Anselmo nicht wieder.

Wie ist Dir zumute, Andres?

Er war so fromm und geduldig, und die Engel haben seine Seele gewiß gerade in Abrahams Schoß getragen.

Sieh her! Er sieht noch aus, als da er lebte, nur hat ihn der Tod blaß gemacht. Der Tod macht blaß, Andres!

Hast Du wohl eher eine Leiche in voller Verwesung gesehen?

So lange noch die Gestalt da ist, dünkt's einen, als wäre der Freund noch nicht ganz verloren. Er wohnt zwar jenseits des Wassers, daß wir nicht zu ihm können; doch wohnt er noch da, und wir können doch seinen Schornstein rauchen sehen. Aber auch das darf nicht so bleiben, eh' es wieder vorwärts gehen kann; das hat Gott so geordnet. Anselmo muß ganz weg aus unsern Augen, muß Asche und Staub werden.

Ich bin so betrübt, Andres. Wollte Dich gerne trösten, aber ich kann nicht. Lehne Dich an die Wand oder in eine Ecke, und weine Dich satt; ich will mich hier hinsetzen und 'n Kopf wider den Sarg stützen. . .

Es ist doch alles eitel und vergänglich, Sorge, Furcht, Hoffnung, und zuletzt der Tod!

Die Zeit wird kommen, Andres, wo sie uns auch in Leinen wickeln und in einen Sarg legen. Laß uns tun, lieber Junge, was wir denn gerne möchten getan haben, und unser Vertrauen auf Gott setzen!

– Und nun Abschied nehmen, Andres. Wir können ihm doch nichts mehr helfen.

Ich habe hier einen Blumenstrauß, den will ich ihm noch in den Sarg legen; schenk Du ihm Dein kleines Silberkreuz und leg's ihm auf die Brust. Und denn wollen wir beide hintreten und ihn zu guter Letzt noch einmal ansehen.

Anselmo! Lieber Anselmo mit Deinen blassen gefalteten Händen, schlafe wohl! Gott sei mit Dir!! O Du lieber Herzens-Anselmo!!! Gott sei mit Dir!!!!

– Wir werden uns wieder sehen –

Und komm, Andres, und guten Muts! Mußt nun recht guten Muts sein. Unser Herr Christus ist auch heute geboren.

Nach der Krankheit
1777

Ich lag und schlief; da fiel ein böses Fieber
Im Schlaf auf mich daher
Und stach mir in der Brust und nach dem Rücken über
Und wütete fast sehr.

Es sprachen Trost, die um mein Bette saßen;
Lieb Weibel grämte sich,
Ging auf und ab, wollt' sich nicht trösten lassen
Und weinte bitterlich.

Da kam Freund Hain: »Lieb Weib, mußt nicht so grämen,
Ich bring' ihn sanft zur Ruh'«;
Und trat ans Bett, mich in den Arm zu nehmen,
Und lächelte dazu.

Sei mir willkommen, sei gesegnet, Lieber!
Weil du so lächelst; doch
Doch, guter Hain, hör an, darfst du vorüber,
So geh und laß mich noch!

»Bist bange, Asmus? – Darf vorübergehen
Auf dein Gebet und Wort.
Leb also wohl, und bis auf Wiedersehen!«
Und damit ging er fort.

Und ich genas! Wie sollt' ich Gott nicht loben!
Die Erde ist doch schön,
Ist herrlich doch wie seine Himmel oben
Und lustig drauf zu gehn!

Will mich denn freun noch, wenn auch Lebensmühe
Mein wartet, will mich freun!
Und wenn du wiederkömmst, spät oder frühe,
So lächle wieder, Hain!

An die Frau B . . . r

Daß Du so gut gestorben bist,
Und all Dein Leid und alle Deine Plagen
Bis in den Tod, wie's Gottes Wille ist,
Mit stillem Mut und mit Geduld getragen;
Daß Du – O zürne nicht im Himmel, wo Du bist!
Ich will nicht loben und nicht klagen;
Ich wollt' es bloß an Deinem Grabe sagen,
Weil es die reine Wahrheit ist.

Schlußlied

Brüder! streckt nun die Gewehre,
Unser Tagwerk ist getan.
O wer doch vollendet wäre
Und ein wirklich freier Mann!
Tag und Nacht in Freud' und Schmerzen
Such' ein jeder es von Herzen,
Geb' noch hier darauf sein Wort
Und geh' dann in Frieden fort.

Gute Nacht und fröhlich Leben!
Eh' wir auseinandergehn;
Gute Nacht! – und Gott wird geben,
Daß wir uns hier wiedersehn!
Würde einer hingenommen,
Sollt' er hier nicht wiederkommen,
Hätte Gott das so bedacht,
Auch dem Bruder gute Nacht.

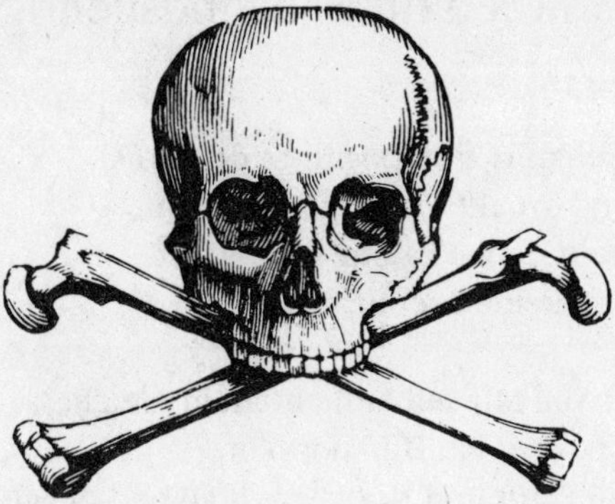

Über ein Sprichwort

Unter andern tiefsinnigen Sprichwörtern und Rätseln, dadurch die Alten unterrichten und bessern wollten, ist auch eins: man soll auf einem Grabe nicht schlafen! und eben von dem ist hier die Rede.

Wenn ein Spruch tiefsinnig ist, so schwimmt der Sinn nicht oben auf; und denn pflegt er ziemlich sicher zu sein . . .

Es sind freilich viele Gräber, um die sich niemand rote Augen weint; aber manchmal wird doch auch einer begraben, der einem andern nahe abgeht. Dieser andre denkt mit nassen Augen an den Begrabenen, und sein Grab ist ihm Heiligtum. Du wärest wohl grausam, wenn Du es entweihen und Dich zum Schlafen darauf ausstrecken könntest! – und Du sollst nicht grausam sein.

Wenn der Mensch im Grabe liegt und der Grabhügel ihm errichtet ist, so ist sein Los entschieden. *Alea jacta est.* Wir, die wir vorübergehen, können freilich dies Los nicht ändern, sondern bei dem, was geworfen ist, bleibt's. Es wäre aber doch zu hölzern, wenn sich einer auf den Würfel wollte schlafen legen.

Die Verwesung ist und bleibt immer eine sehr nachdenkliche und ernsthafte Sache. Gewißlich geht kein Engel gleichgültig an einem Grabhügel vorbei! und der ist doch eigentlich über die Grabhügel weg und hat für seine Person dabei nichts zu gewinnen noch zu verlieren. Der Mensch ist noch nicht so ganz darüber weg und hat noch allerlei dabei zu bedenken, daran ihm gelegen ist. Muß denn so ein alter guter Vater, der den Leichtsinn der Menschen kennt, muß denn der nicht das Gesetz machen: daß man auf einem Grabe nicht schlafen soll?

Ein Lied für Schwindsüchtige

Weh mir! Es sitzt mir in der Brust
Und drückt und nagt mich sehr;
Mein Leben ist mir keine Lust
Und keine Freude mehr.

Ich bin mir selber nicht mehr gleich,
Bin recht ein Bild der Not,
Bin Haut und Knochen, blaß und bleich,
Und huste mich fast tot.

Die Luft, drein herrlich von Natur
Gott seinen Segen senkt,
Und daraus alle Kreatur
Mit Heil und Leben tränkt;

Die ist für mich nicht frei, nicht Heil.
Mein Atem geht schwer ein:
Ich muß um mein bescheiden Teil
Mich martern und kastein.

Und doch labt's und erquickt's mich nicht,
Macht's mir nicht frischen Sinn;
Die Blume, die der Wurm zersticht,
Welkt jämmerlich dahin!

Auch Schlaf, der alle glücklich macht,
Will nicht mein Freund mehr sein
Und lässet mich die ganze Nacht
Mit meiner Not allein.

Die Ärzte tun zwar ihre Pflicht
Und fischern drum und dran;
Allein sie haben leider nicht
Das, was mir helfen kann.

Mein' Hilf' allein bleibt Sarg und Grab.
O sängen an der Tür

Sie schon und senkten mich hinab!
Wie leicht und wohl wär's mir!

O sängen doch an meiner Tür
Sie laut: »Ich hab' mein Sach' etc.«
Und trügen mich und folgten mir
In langer Reihe nach,

Rund um die Kirch' ans Grab heran,
Und senkten mich hinein! –
Ich läg' und hätte Ruhe dann
Und fühlte keine Pein.

Doch ich will leiden, bis Gott ruft,
Gern leiden bis ans Ziel.
Nur deinen Trost! Und etwas Luft!
Du hast der Luft so viel.

Vor einiger Zeit starb mir meine Mutter. Sie hielt vorher viel aus, still und gelassen, wie sie immer war, und konnte nicht leben und nicht sterben. Einige Tage vor ihrem Ende reisten wir alle noch zu ihr und standen da um ihr Bett und sahen sie an, einer so klug wie der andre. Ich wollte mir mein Herz gerne trösten und wollte ihr noch so gerne was zuliebe tun; aber essen und trinken mochte sie nicht mehr, mochte auch sonst nichts mehr. Ich dachte an alle die großen und kleinen Erfindungen der Menschen, davon Du mir gesagt hast: an die Seelenlehre, an Newtons Attraktionssystem, an die Allgemeine Deutsche Bibliothek, an die *Genera Plantarum,* an den *Magister Matheseos,* an den *Calculum infinitorum,* an die grade und schiefe Aszension der Sterne und ihre Parallaxen etc., aber es wollte mir alles nichts verschlagen – und sie lag *out of reach!,* lag am Abhang und sollte hinunter! und ich konnte nicht einmal sehen, wo sie hinfiel. – – Da befahl ich sie Gott und ging hinaus . . . und machte ein Sterbegebet, daß sie's ihr vorläsen. Es war meine Mutter und hatte mich immer so lieb gehabt, und ich konnte doch nichts anders! –

Der Tod ist 'n eigener Mann, Er streift den Dingen dieser Welt ihre Regenbogenhaut ab und schließt das Auge zu Tränen und das Herz zur Nüchternheit auf! Man kann sich von ihm freilich auch verblüffen lassen und des Dinges zu viel tun, und gewöhnlich ist das der Fall, wenn man bis dahin zu wenig getan hat. Aber er ist 'n eigener Mann und ein guter *professor moralium!* Und es ist ein großer Gewinn, alles, was man tut, wie vor seinem Katheder und unter seinen Augen zu tun.

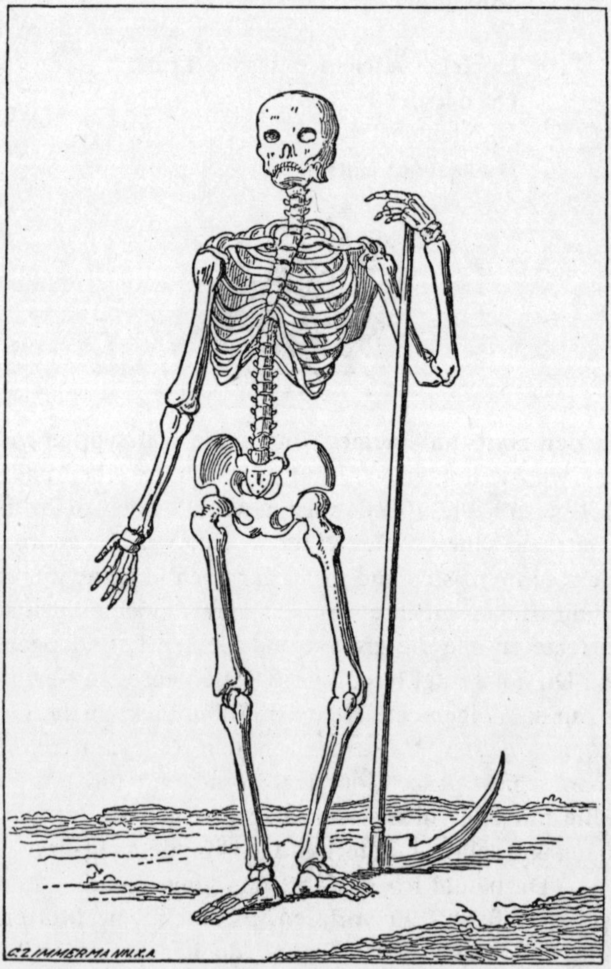

Die Mutter am Grabe

Wenn man ihn auf immer hier begrübe,
Und es wäre nun um ihn geschehn;
Wenn er ewig in dem Grabe bliebe,
Und ich sollte ihn nicht wiedersehn,
Müßte ohne Hoffnung von dem Grabe gehn –
Unser Vater, o du Gott der Liebe!
Laß ihn wieder auferstehn.

Der Vater

Er ist nicht auf immer hier begraben,
Es ist nicht um ihn geschehn!
Armes Heimchen, Du darfst Hoffnung haben,
Wirst gewiß ihn wiedersehn
Und kannst fröhlich von dem Grabe gehn,
Denn die Gabe aller Gaben
Stirbt nicht und muß auferstehn.

Wenn wir nun sichtbarlich keine Erfahrung von Tod und Sterben haben als in und an der Natur; so ist wenigstens seine Sterblichkeit durch nichts erwiesen. Und wir, die wir ihn unsterblich glauben, haben den Beweis seiner Unsterblichkeit nicht zu führen, sondern die andre Partei muß beweisen, daß er sterblich sei...

Der Tod wird zwar als ein Knochenmann gemalt, aber er ist eigentlich kein Mann; sondern was wir Tod und Sterben in der Natur nennen, ist ein Effekt, eine Erscheinung, die an dem Dinge, das stirbt, durch andre Naturkräfte hervorgebracht wird. So weit also der Mensch der Natur angehört, kann er freilich durch die Kräfte der Natur sterben, und sie läßt sich auch ihr Recht nicht nehmen. Aber da ist etwas anders im Menschen, wie sollte das durch die Kräfte der Natur sterben können? Es ist ja über die Natur und etwas anders.

Als der Sohn unsers Kronprinzen, gleich nach der Geburt, gestorben war

Mit den vielen andern, Groß und Kleinen,
Klag' ich schmerzlich Deinen Tod;
Will bei Deinem Sarge satt mich weinen
Und die Augen rot.

Nicht: daß Du Dich nicht, nach Herzensgnüge,
An die holde Mutter schmiegst,
Und daß Du, statt freundlich in der Wiege,
Tot im Sarge liegst; –

Hier ist Vorplatz nur, spät oder frühe
Gehn wir alle weiter ein,
Und es lohnt sich wahrlich nicht der Mühe,
Lange hier zu sein;

Nicht: daß Du des Vaters Glanz hienieden
Und sein Königreich nicht sahst,
Und daß Du die Krone, Dir beschieden,
Nicht getragen hast; –

Ach, die Kronen sind nicht ohne Bürden,
Sind nicht ohn' Gefahren, Kind!
Und es gibt für Menschenkinder Würden,
Die noch größer sind;

Sondern: daß wir hier ein Land bewohnen,
Wo der Rost das Eisen frißt,
Wo durchhin, um Hütten wie um Thronen,
Alles brechlich ist;

Wo wir hin aufs Ungewisse wandeln
Und in Nacht und Nebel gehn,
Nur nach Wahn und Schein und Täuschung handeln
Und das Licht nicht sehn;

Wo im Dunkeln wir uns freun und weinen
Und rund um uns, rund umher,
Alles, alles, mag es noch so scheinen,
Eitel ist und leer.

O du Land des Wesens und der Wahrheit,
Unvergänglich für und für!
Mich verlangt nach dir und deiner Klarheit;
Mich verlangt nach dir.

Gott lehre uns täglich bedenken, daß wir sterben müssen und mache uns durch Liebe, Freude, Friede, Geduld, Freundlichkeit und die anderen Früchte des Geistes den Tod, wenn er uns kommt, leicht und selig und sanft.

An die Tochter Caroline, 29. Mai 1795

Der Tod

Ach, es ist so dunkel in des Todes Kammer,
Tönt so traurig, wenn er sich bewegt,
Und nun aufhebt seinen schweren Hammer
Und die Stunde schlägt.

Wenn man ein Kind schwer krank hat, das man gerne behalten will, wie man da geht und die Hände ringt und immer hofft, auch wenn man nicht mehr kann und sollte. Man hofft noch immer und hört auch nicht auf, so lange die Kranke noch lebendig und im Bette ist. Wenn sie aber auf dem Brett liegt, wenn der Sarg kommt und die Träger, und die Tote herausgetragen wird, denn muß man wohl aufhören und bleibt denn nichts übrig, als hinter dem Sarg herzugehen und zu weinen.

Bei ihrem Grabe

Diese Leiche hüte Gott!
Wir vertrauen sie der Erde,
Daß sie hier von aller Not
Ruh' und wieder Erde werde.

Da liegt sie, die Augen zu,
Unterm Kranz, im Sterbekleide! . . .

Lieg und schlaf in Frieden Du,
Unsre Lieb' und unsre Freude!

Gras und Blumen gehn herfür,
Alle Samenkörner treiben,
Treiben – und sie wird auch hier
In der Gruft nicht immer bleiben.

Ausgesä't nur, ausgesä't
Wurden alle die, die starben;
Wind- und Regen-Zeit vergeht,
Und es kommt ein Tag der Garben.

Alle Mängel abgetan
Wird sie denn in bessern Kränzen
Still einhergehn und fortan
Unverweslich sein und glänzen.

Friede dem Entschlafenen! –

Ihren Schmerz haben wir geteilt, liebe Frau Herder, und Ihren Verlust. Ich hätte ihn in dieser Welt gerne noch einmal gesehen und gesprochen. Es sind nun über 30 Jahre, daß ich ihn zuerst sah und lieb gewann. Ich hätte ihn gerne noch einmal gesprochen. Friede dem Entschlafenen! Er kommt nicht wieder zu uns, aber wir kommen zu ihm. Und das ist der Trost, mit dem Sie sich trösten müssen. Es gibt keinen andern, und ich denke, es brauche auch keines andern, wenn der erste Choc vorüber ist, dem man sein Recht lassen muß.

Gott walte über Sie und Ihre Kinder. Grüßen Sie alle herzlich von uns, sonderlich den Wilhelm, den wir sehr bedauert haben, daß er sein liebes artiges Frauchen so bald hat verlieren müssen. Meine Frau Rebecca kränkelt noch immer, doch fange ich an zu hoffen, daß sie den kritischen Zeitpunkt überstehen und, will Gott, noch einmal wieder gesund werden solle. Ich sähe sie auch ungern vor mir hingehen. Gottes Wille geschehe, der ist und bleibt immer der beste. Sie grüßt Sie und bedauert Sie herzlich und aberherzlich.

Gott sei mit Ihnen, liebe Frau Herder, und wenn Sie uns einmal wieder schreiben, schreiben Sie uns doch etwas von Herders letztem Segen und Stunden.

Wir können nicht, aber wenn wir Ihnen und den Ihrigen dienen könnten, wir täten es gerne.

An Caroline Herder, 1. Februar 1804

Wir wollen Ihnen nicht im Wege sein, Sie sollen ungestört und ungehindert weinen. Tränen ziemen einer Mutter, die ihrem Kinde in ein anderes Land nachsieht, und sind überhaupt ein schönes Angebinde auf die Reise. Auch die Reisenden selbst, wenn sie sich umsehen können, sehen sie vermutlich nicht ungerne wiewohl aus einem sehr verschiedenen Gesichtspunkt. Denn in dem andern Lande fallen die Dinge gar anders in die Augen. Was dann aber für Rat? Selig sind, die dem Lande des Scheins und der Täuschung glücklich entronnen sind und auf festem Grund und Boden stehen; Gott helfe uns und fördere unsern Weg zu unseren vorangegangenen Kindern!

An die Gräfin Bernstorff, geb. Stolberg, 16. Juni 1804

Liebe betrübte Fanny!

Wir Endesunterschriebenen Nachbarn wissen aus Erfahrung, wie Ihnen zumute ist, und haben treues Mitleid mit Ihnen; Sie wissen auch, daß unter solchen Umständen alle Trostgründe aus dieser Welt kümmerlicher Behelf sind, und wollen Sie auch damit nicht trösten. In Sachen, wo es Ernst gilt, gibt es keinen andern Trost als in der Religion, deren Werk und Kraft man vorher schon kennt oder bei solcher Gelegenheit kennen lernt. Wenn uns von guter Hand gesagt wird, daß kein Haar von unserm Haupte fällt ohne den Willen des Vaters, so kann man fest vertrauen, auch wo man ihn nicht versteht und bei seinen Wegen zu verlieren scheint. Und Ihr kleiner Fritz ist nicht verloren, er ist nur wie ein Vöglein über die Mauer in einen andern Garten geflogen und da sollen Sie ihn wieder haben. So gut er auch in Ihren Händen war, so ist er nun in bessern, und er hat die lange gefährliche Reise nicht zu machen, von der man schwerlich mit der Unschuld zurückkommt, mit der Ihr Fritz heimgezogen ist. Gönnen Sie ihm das und entbehren Sie seiner gern eine Zeitlang dafür. Als unsere Kinder starben, weinten wir auch um sie und doch nähmen wir sie, wenn es uns frei gestellt würde, nicht wieder zurück zu uns und denken lieber daran, zu ihnen zu gehen. So wird es Ihnen auch werden, wenn der erste Schmerz überstanden ist. Und das wünschen wir Ihnen, denn man befindet sich wohl dabei, wenn man die Augen nicht bloß auf diese Welt richtet.

An eine Freundin in Hamburg, 1808

Es kommen Nachbarn, Ihnen die Hand zu drücken und mit Ihnen zu weinen, als über die weiland ähnliche Leiden ergangen sind. Sie mögen wohl weinen und die Hände ringen, denn es tut weh. Das Lamm, das aus unserm Becher trank und in unsern Armen schmeichelte, tot ausgestreckt, das Vögelchen, das uns aus unserm Munde aß, auf unsern Schoß hüpfte und sang, davon und aus unsern Augen wegfliegen zu sehen. – Aber es flog nur über die Mauer und singt in einem andern Garten. – Es kommt nicht wieder zu uns, aber wir kommen zu ihm! Und wer wollte es diesseits der Mauer zurückwünschen, unter die tausend Fährlichkeiten und Schmach, sonderlich zu dieser unserer Zeit. Sind doch die Erwartungen und alle die schönen Aussichten, die man sich etwa gemacht und erdacht, Träume, die kein wahres Wesen haben und nicht der Mühe wert sind, wenn man sie mit dem vergleicht, was wir eigentlich sind und sein sollten, mit dem, was allein wahr und schön ist!

An die Gräfinnen Dernath und Rantzow,
5. Juni 1809

Sterben und Auferstehn

Du Menschenkind, sieh um Dich her . . .
Und weißt Du eine Lehre,
Die größer und die tröstlicher
Für uns hienieden wäre? –

Dort, wo die Siegespalmen wehn,
Ist Sein nur, ist kein Werden,
Kein Sterben und kein Auferstehn
Wie hier bei uns auf Erden.

Dort freun sie ewig ewig sich,
Ist ewig Licht und Friede,
Das Leben quillt dort mildiglich
Aus sich und wird nicht müde.

Doch dieser Unterwelt ist nicht
Solch glorreich Los gegeben;
Hier ist ohn' Finsternis kein Licht,
Und ohne Tod kein Leben.

Der Löwe liegt und fäult und schwellt –
Dann geht vom Fresser Speise;

Der Same in die Erde fällt
Und stirbt – und keimt dann leise.

Und die Natur ein Spiegel ist;
Es wird darin vernommen:
Was Deinem Geist Du schuldig bist,
Soll er zum Leben kommen.

Willst Du wahrhaftig glücklich sein,
Auf festem Grunde bauen;

Mußt Du den Dornenweg nicht scheun
Der Rosenbahn nicht trauen.

Einst war ein großer Mann bedacht,
Uns darin einzuweihen,
Und führte durch die lange Nacht
Das Volk zum Fest der Maien.

Drum spare Dir viel Ungemach,
Du Menschenkind, und höre
Und denke der Verleugnung nach
Und jener großen Lehre.

In uns ist zweierlei Natur,
Doch Ein Gesetz für beide;
Es geht durch Tod und Leiden nur
Der Weg zur wahren Freude.

Auf O – – o R – – s Grab

Aus einer Welt voll Angst und Not,
Voll Ungerechtigkeit und Blut und Tod
Flüchtete die fromme reine Seele
Sich ins bessre Land zu Gott;
Und der Leib in diese dunkle Höhle,
Auszuruhen bis zum Wiedersehn.
O der Christ ist immer groß und schön,
Doch im Tod in seiner größten Schöne.
Wandrer, bleib am Grabe stehn,
Lerne hier, was eitel ist, verschmähn;
Weine eine stille Träne!
Und denn kannst Du weitergehn.

P** und E**** bei dem Begräbnis ihres J***

So wie ein Ackersmann die Saat
Auf seinen Acker streut,
Und, wenn er sie gestreuet hat,
Sich auf die Ernte freut;

So freuen auch mit Tränen wir
Uns auf den Erntetag
Und bringen unsern Knaben hier
Hin in sein Schlafgemach;

Daß er nach Ungemach und Not,
Die langsam ihn verzehrt,
Nun Ruhe habe, bis ihn Gott
In seiner Ruhe stört;

Wenn die Triumphposaune schallt
Und er in seiner Gruft
Die Stimme hört, die mit Gewalt
Durch alle Gräber ruft;

Und dann hervorgeht, jung und schön,
Nachdem es Gott gefällt;
Und wir ihn fröhlich wiedersehn
In einer bessern Welt,

Wie wir ihn hier im Elend sahn,
Und er uns ungetrübt,
Uns ohne Ende lieben kann,
Wie er uns hier geliebt. –

Schlaf wohl denn, bis die Stimme ruft!
Wir gönnen Dir Dein Glück
Und gehen heim von Deiner Gruft
Und lassen Dich zurück.

Auf einen Selbstmörder

Videre verum, atque uti res est dicere

Er glaubte sich und seine Not
Zu lösen durch den Tod.
Wie hat er sich betrogen!

Hier stand er hinterm Busch versteckt;
Dort steht er bloß und unbedeckt,
Und alles, was ihn hier geschreckt,
Ist mit ihm hingezogen. –
Wie hat er sich betrogen!

Wer der Welt Freund sein will, der wird Gottes Feind sein. Der natürliche Mensch muß sterben, wenn der geistliche leben soll. »Es sei denn, daß das Weizenkorn in die Erde falle und ersterbe, so bleibet es alleine: wo es aber erstirbet, so bringet's viel Früchte.« Ohne Sterben ist kein Auferstehn und ohne Tod kein Leben. Wer anders predigt, der predigt, Menschen zu gefallen, und ist nicht Christi Knecht.

Aber der natürliche Mensch geht ungerne zu Grabe.

Ich habe wieder gesehen, was ich schon wußte, daß es ein sehr ernsthaftes Ding ist, zu sterben. Gott helfe uns, wenn die Reihe an uns kommt!

An den Sohn Fritz, 27. Oktober 1813

Nicht um den Entschlafenen. – Er ist in Ruhe und in besseren Händen als in Deinen und Gustgen ihren und wir wissen, welcher Unruhe und Gefahr und Mühe des Lebens er entgangen ist. Es könnte doch sein, daß er unter Dornen gefallen wäre. Nicht um den Entschlafenen – aber Ihr, die Ihr in Tränen seid, Perthes, der ihn kaum sah, und Du und Gustgen, die Ihr an ihn gewöhnt und immer mit und um ihn wart, Ihr dauert uns in der Seele. Doch hebt die Augen auf!

Gott gab Dir den holden Knaben, daß Du ihn eine Zeitlang in Deinen Armen hättest und Dich an ihm freutest, und er nahm ihn wieder zu sich, daß er bewahrt wäre vor der Welt und ihren Dornen. Er kommt nicht wieder zu Dir, doch Du kommst zu ihm, wo er in besserer Gesellschaft in Gottes Garten spielt. – Und hat Gott nicht Macht zu tun mit den Seinigen, was er will, und wolltest Du scheel, da er so gütig ist.

Liebe Caroline, als Christiane und der kleine Matthias starben, habe ich auch bitterlich geweint; doch als die ersten bitteren Stunden vorüber waren, wurde es heller um mich und in Wahrheit, ich wünschte sie nicht wieder zurück. Alle Trübsal, wenn sie da ist, dünkt sie uns nicht Freude, sondern Traurigkeit zu sein, doch wenn sie mit Ergebung getragen ist, wirkt sie Reue, die niemand gereut.

Wäre es nicht geraten, daß Ihr hierher kommt und Du das Haus und den Ort verließest, wo Du den ganzen bitteren Schmerz ausgehalten hast. Kommt hierher, und wir wollen an Euch tun, was wir können, und Mama bedarf einer mündlichen Mitteilung, denn ihr Herz ist sehr voll von Bernard und seiner Mutter.

An die Tochter Caroline, 24. Januar 1814

Wie ist die Welt so stille

Religion und Philosophie

Am Karfreitagmorgen

Bin vorige Nacht unterwegen gewesen. Etwas kalt schien einem der Mond auf den Leib, sonst war er aber so hell und schön, daß ich recht meine Freude dran hatt' und mich an ihm nicht konnte satt sehen. Heut' nacht vor tausendachthundert Jahren schienst du gewiß nicht so, dacht' ich bei mir selbst; denn es war doch wohl nicht möglich, daß Menschen im Angesicht eines so freundlichen sanften Monds einem gerechten unschuldigen Mann Leid tun konnten! –

Aber der Geist der Religion wohnt nicht in den Schalen der Dogmatik, hat sein Wesen nicht in den Kindern des Unglaubens, noch in den ungeratenen Söhnen und übertünchten Gräbern des Glaubens, läßt sich wenig durch üppige glänzende Vernunftgründe erzwingen, noch durch steife Orthodoxie und Mönchswesen. Und für Kinder, deren Herz durch die Religion gebessert werden soll, ist freilich der simpelste und kräftigste Ausdruck der beste. Wenn ich bei der Quelle stehe, warum soll ich nicht aus der Quelle trinken; so bin ich doch sicher vor dem Unrat am Eimer. Es ist Ehre für einen Mann und für ein Volk, wenn es strenge und eifrig für seine Religion ist, aber es ist doch auch Billigkeit, zu untersuchen, ehe man eifert.

Gott wollte den unverdorbenen Urahnen offenbaren, daß Er Himmel und Erde und alles das Gute und Schöne, was sie an Himmel und Erde um sich sahen, erschaffen habe, und weil die ersten Menschen Sinne und Leidenschaften waren, und Sinne und Leidenschaften, wie der Rhapsodist sagt, nicht als Bilder reden noch verstehen, so knüpfte Gott seine Offenbarung an die Morgenröte, das schönste und freundlichste Bild unterm Himmel, das allen Völkern der Erde aufgeht und sie jeden Morgen an die Offenbarung und an ihren Schöpfer und Vater – gnädig, barmherzig und von großer Güte – mit Kraft und Leben erinnern könnte; oder vielmehr, Gott webte diese seine Offenbarung in die Buchstaben der Morgenröte, ins rötliche dramatische Gewand der Tagwerdung, daß sie zugleich in und mit der Schöne des Gewandes dem Menschen sinnlich würde und ihm tief in Auge und Herz fallen sollte. Nach diesem Gesichtspunkt fallen die Einwendungen und Zweifel von selbst weg, und alles geht natürlichen Gang, wie ein jeder, der Augen hat, alle Morgen sehen kann. Licht kommt vor der Sonne, Gras und Laub sieht er vor Sonne usw. Aber wozu nun die Abteilung in sechs Tage, und der Sabbat am siebenten? Ist offenbar, sagt unser Verfasser, Institut der Arbeit und Ruhe, und das Gebot an den Menschen: »Sechs Tage sollst du arbeiten und am siebenten ruhen«, in die Schöpfung der Welt verwebt und in stillem belehrenden Beispiel gegeben, denn Gott, dessen Bild und Gleichnis und Repräsentant der Mensch auf Erden sein soll, schuf sechs Tage die Welt und ruhte am siebenten.

Eine Korrespondenz zwischen mir und meinem Vetter

Angehend die Orthodoxie und Religionsverbesserungen

Hochgelahrter,
Hochzuehrender Herr Vetter!

Ich habe seit einiger Zeit so viel von biblischer und vernünftiger Religion, von orthodoxen und philosophischen Theologen ec. gehört, daß mir alles im Kopf rundum geht und ich nicht mehr weiß, wer recht und unrecht hat. Die Religion aus der Vernunft verbessern, kömmt mir freulich ebenso vor, als wenn ich die Sonne nach meiner alten hölzernen Hausuhr stellen wollte, aber auf der andern Seite dünkt mir auch die Philosophie 'n gut Ding und vieles wahr, was den Orthodoxen vorgeworfen wird. Der Herr Vetter tut mir einen wahren Gefallen, wenn Er mir die Sach' auseinandersetzt. Sonderlich ob die Philosophie ein Besen sei, den Unrat aus dem Tempel auszukehren; und ob ich meinen Hut tiefer vor einem orthodoxen oder philosophischen Herrn Pastor abnehmen muß. Der ich die Ehre habe, mit besonderem Estim zu verharren,
Meines Hochgelahrten
Hochzuehrenden Herrn Vetters
gehorsamer Diener und Vetter Asmus.

Antwort

Lieber Vetter,

Die Philosophie ist gut, und die Leute haben unrecht, die ihr so gar Hohn sprechen; aber Offenbarung verhält sich nicht zu Philosophie wie viel und wenig, sondern wie Himmel und Erde, Oben und Unten! Ich kann's Ihm nicht besser begreiflich machen als mit der Seekarte, die Er von dem Teich hinter seines sel. Vaters Garten gemacht hatte. Er pflegte gern auf dem Teich zu schiffen, Vetter, und hatte sich deswegen auf seine eigne Hand eine Karte von allen Tiefen und Untiefen des Teichs gemacht, und danach schiffte er nun herum, und's ging recht gut. Wenn nun aber ein Wirbelwind oder die Königin von Otahite oder eine Wasserhose Ihn mit seinem Kahn und mit seiner Karte aufgenommen und mitten auf dem Ozean wieder niedergesetzt hätte, Vetter, und Er wollte hier nun auch nach seiner Karte schiffen, das ginge nicht. Der Fehler ist nicht an der Karte, für den Teich war sie gut; aber der Teich ist nicht der Ozean, sieht Er. Hier müßte Er sich eine andre Karte machen, die aber freilich ziemlich in Blanko bleiben würde, weil die Sandbänke hier sehr tief liegen. Und, Vetter, schifft hier nur immer grade zu; auf'n Meerwunder mögt Ihr stoßen, auf den Grund stoßt Ihr nicht.

Hieraus mögt Ihr nun selbst urteilen, wie weit die Philosophie ein Besen sei, die Spinnweben aus dem Tempel auszufegen. Sie kann auf gewisse Weise 'n solcher Besen sein, ja; mögt sie auch einen Hasenfuß nennen, den Staub von den heiligen Statuen damit abzukehren. Wer aber damit an den Statuen selbst bildhauen und schnitzen will, seht, der verlangt mehr von dem Hasenfuß als er kann, und das ist höchst lächerlich und ärgerlich anzusehen. Paulus, der vieles in der Welt versucht hatte, der auch 'n Sadduzäer und *Fort Esprit* gewesen und hernach eines andern

war belehrt worden, bei allem seinem Enthusiasmus für das neue System, doch aber in seinem Brief an die Römer die Dialektik noch so gut treibt und versteht als einer: dieser alte erfahrne Mann sagt und bringt darauf seine alten Tage in viel Arbeit und Fährlichkeit zu und läßt sich fünfmal vierzig Streiche weniger eins darauf geben, »daß der Friede Gottes höher sei denn alle Vernunft!« – und so'n Gelbschnabel will raisonnieren.

Daß das Christentum alle Höhen erniedrigen, alle eigne Gestalt und Schöne nicht wie die Tugend mäßigen und ins Gleis bringen, sondern wie die Verwesung gar dahinnehmen soll, auf daß ein Neues daraus werde: das will freilich der Vernunft nicht ein; das soll es aber nicht, wenn's nur wahr ist. Wenn dem Abraham befohlen wurde, aus seinem Vaterland und von seiner Freundschaft und aus seines Vaters Haus auszugehen in ein Land, das ihm erst gezeigt werden sollte; meinst Du nicht, daß sich sein natürlich Gefühl dagegen gesträubt habe, und daß die Vernunft allerhand gegründete Bedenklichkeiten und stattliche Zweifel dagegen hätte vorzubringen gehabt? Abraham aber glaubte aufs Wort und zog aus. Und es ist und war kein anderer Weg; denn aus Haran konnte er das Gelobte Land nicht sehen, und Niebuhrs Reisebeschreibung war damals noch nicht heraus. Hätte sich Abraham mit seiner Vernunft in Wortwechsel abgegeben, so wäre er sicherlich in seinem Vaterland und bei seiner Freundschaft geblieben und hätte sich's wohl sein lassen. Das Gelobte Land hätte nichts dabei verloren, aber er wäre nicht hineingekommen. Seht, Vetter, so ist's, und so steht's in der Bibel.

Da also die heiligen Statuen durch die Vernunft nicht wieder hergestellt werden können; so ist's patriotisch in einem hohen Sinn des Worts, die alte Form unverletzt zu erhalten und sich für einen Tüttel des Gesetzes totschlagen zu lassen. Und wenn das ein orthodoxer Herr Pastor heißt; so könnt Ihr für so einen den Hut nicht tief genug abnehmen. Sie heißen aber noch sonst was orthodox.

Nun lebt wohl, lieber Vetter, und wünscht Frieden, laßt Euch übrigens über den Streit und das Feldgeschrei kein Haar nicht krümmen und braucht die Religion klüger als sie. – Da steht mir Potiphar's Weib vor Augen! Du kennst doch die Potiphar? Diese sanguinische und rheumatische Person packte den Mantel, und Joseph floh davon. Über das *Point saillant,* über den Geist der Religion kann nicht gestritten werden, weil den, nach der Schrift, niemand kennt als der ihn empfähet, und denn nicht mehr Zeit zu zweifeln und zu streiten ist.

Hast Du wohl eher die Evangelisten mit Bedacht gelesen, Andres? – Wie alles, was Er sagt und tut, so wohltätig und sinnreich ist! klein und stille, daß man's kaum glaubt, und zugleich so über alles groß und herrlich, daß einem 's Kniebeugen ankommt, und man's nicht begreifen kann. Und was meinst Du von einem Lande, wo seine herrliche Lehr' in eines jedweden Mannes Herzen wäre? Möchtst wohl in dem Lande wohnen?

Ich habe mir einen hellen schönen Stern am Himmel ausgesucht, wo ich mir in meinen Gedanken vorstelle, daß Er da sein Wesen mit seinen Jüngern habe. Ich segne den Stern in meinem Herzen und bet' ihn an, und oft wenn ich 's Nachts unterwegen an den Rabbuni denke und zu dem Stern aufseh', überfällt mich ein Herzklopfen und eine so kühne überirdische Unruhe, daß ich wirklich manchmal denke, ich sei zu etwas besserm bestimmt als zum Brieftragen; ich trag' indes immer den Weg hin und find's auch bald wieder, daß es mein Beruf sei.

Antwort an Andres auf seinen letzten Brief

Ich hätte mir eher des Himmels Einfall vermutet, als daß Du eine Astrologie schreiben würdest. Du hast zwar von jeher mit den Sternen Dein Fest gehabt und pflegtest es immer als eine besondre göttliche Wohltat anzusehen, wenn 's Abends der Himmel helle und so recht voll Sternen war; aber das, glaubt' ich, stecke so in Dir, sei Rührung und Freude über den großen herrlichen Anblick, weiter aber denkest Du nichts, und von Deinen Projekten und Deiner *Astrologia puriore* und *sublimiore* ist mir niemals 'n Wörtlein in den Sinn kommen. Du hast aber recht, Andres, ich habe dem Dinge nachgedacht, und die Astrologie fängt an, mir einzuleuchten.

Wenn alle Sandkörner auf der Erde Augen wären, so würden alle die Augen jedweden Stern über sich am Himmel sehen, und also fließen beständig aus jedwedem Stern Strahlen auf jedes Sandkorn der ganzen Erdveste herab: nun ist es aber allerdings sehr unwahrscheinlich, daß eine so große Menge einer Materie, die so schnell so weit herkommen kann und aus so schönen unvergänglichen Körpern kommt, ohne alle Wirkung sein sollte. Mich dünkt, der bloße Eindruck einer heitern Nacht lehrt's einen auch schon, daß die mit so unbeschreiblicher Freundlichkeit leuchtenden Sterne nicht kalte müßige Zuschauer sind, sondern Angehörige der Erde und Freunde vom Hause.

Was Du aus den Sternen sehen willst und was Du von ihren Kräften und Einflüssen vorbringst, das sind vor mir lauter böhm'sche Dörfer, kommt mir aber alles doch sehr gründlich vor, und ich wünsche mir von Herzen Deine andächtige fromme Empfindung, mit der Du von den Ster-

nen sprichst und darin alle Deine Ideen schwimmen wie Blumen im Morgentau und wie die Inseln im Meer. Die Himmelslichter sind doch wirklich, wie die Augen am Menschen, offnere oder zarter bedeckte Stellen der Welt, wo die Seele heller durchscheint.

Sehr anmutig ist's mir in Deinem Brief zu lesen gewesen, daß Deine Braut auch so an den Sternen hängt und in Deine Ideen entriert, und daß Ihr beide oft stundenlang den allumfunkelnden Sternhimmel anseht, ohne durch Eure Liebe in Eurer Andacht gestört zu werden. Sie muß gar eine gute Person sein, und Du bist 'n lieber Andres.

Alle Menschen sind Brüder, Gott hat sie alle gemacht, einen wie den andern, und gab ihnen diese Welt ein, daß sie sich darin bis weiter wie Brüder miteinander freuen und liebhaben und glücklich sein sollten. Sie konnten sich aber nicht vertragen und taten sich unter einander allerhand Unrecht und Herzeleid an; da wählte Gott die besten, die edelsten unter ihnen aus, die demütig, weise, gerecht, reinen Herzens, gültig, sanftmütig und barmherzig waren, und verordnete sie, bei den übrigen Vaterstelle zu vertreten. Und das sind die Fürsten, Kaiser und Könige.

Freilich müssen sie ihnen gehorchen in allen Stücken, ohne Widerrede, und nicht allein den gütigen und gelinden, sondern auch den wunderlichen. Aber eben weil sie das müssen, wählt Gott gute Leute zu Fürsten, die keinem Menschen etwas zu nahe tun können.

Ein guter Fürst fürchtet Gott und bittet von ihm Weisheit, daß er wohl regieren möge; und denn gibt ihm Gott Weisheit und salbt ihm sein Herz mit hoher himmlischer Gesinnung, und denn kann er alles und achtet keiner Mühe, vergißt sich und seine eigne Glückseligkeit ganz und gar und lebt und webt nur für sein Volk.

Täglich zu singen

Ich danke Gott und freue mich
Wie's Kind zur Weihnachtgabe,
Daß ich bin, bin! Und daß ich dich,
Schön menschlich Antlitz! habe;

Daß ich die Sonne, Berg und Meer
Und Laub und Gras kann sehen
Und abends unterm Sternenheer
Und lieben Monde gehen;

Und daß mir denn zumute ist,
Als wenn wir Kinder kamen

Und sahen, was der heil'ge Christ
Bescheret hatte, Amen!

Ich danke Gott mit Saitenspiel,
Daß ich kein König worden;
Ich wär' geschmeichelt worden viel
Und wär' vielleicht verdorben.

Auch bet' ich ihn von Herzen an,
Daß ich auf dieser Erde
Nicht bin ein großer reicher Mann
Und auch wohl keiner werde.

Denn Ehr' und Reichtum treibt und bläht,
Hat mancherlei Gefahren,
Und vielen hat's das Herz verdreht,
Die weiland wacker waren.

Und all das Geld und all das Gut
Gewährt zwar viele Sachen;
Gesundheit, Schlaf und guten Mut
Kann's aber doch nicht machen.

Und die sind doch, bei Ja und Nein!
Ein rechter Lohn und Segen!
Drum will ich mich nicht groß kastei'n
Des vielen Geldes wegen.

Gott gebe mir nur jeden Tag,
So viel ich darf zum Leben.
Er gibt's dem Sperling auf dem Dach;
Wie sollt' er's mir nicht geben!

Über das Gebet

An meinen Freund Andreas

Es ist sonderbar, daß Du von mir eine Weisung übers Gebet verlangst; und Du verstehst's gewiß viel besser als ich. Du kannst so in Dir sein und auswendig so verstört und albern aussehen, daß der Priester Eli, wenn er Dein Pastor loci wäre, Dich leicht in bösen Ruf bringen könnte. Und das sind gute Anzeigen, Andres. Denn wenn das Wasser sich in Staubregen zersplittert, kann es keine Mühle treiben, und wo Klang und Rumor an Tür und Fenstern ist, passiert im Hause nicht viel.

Daß einer beim Beten die Augen verdreht etc., find' ich eben nicht nötig, und halte ich's besser: natürlich! Indes muß man einen darum nicht lästern, wenn er nicht heuchelt; doch daß einer groß und breit beim Gebet tut, das muß man lästern, dünkt mich, und ist nicht auszustehen. Man darf Mut und Zuversicht haben, aber nicht eingebildet und selbstklug sein; denn weiß einer sich selbst zu raten und zu helfen, so ist ja das kürzeste, daß er sich selbst hilft. Das Händefalten ist eine feine äußerliche Zucht und sieht so aus, als wenn sich einer auf Gnade und Ungnade ergibt und 's Gewehr streckt etc. Aber das innerliche heimliche Hinhängen, Wellenschlagen und Wünschen des Herzens, das ist nach meiner Meinung beim Gebet die Hauptsache, und darum kann ich nicht begreifen, was die Leute meinen, die nichts von Beten wissen wollen. Ist ebensoviel, als wenn sie sagten, man solle nichts wünschen, oder man solle keinen Bart und keine Ohren haben. Das müßte ja 'n hölzerner Bube sein, der seinen Vater niemals etwas zu bitten hätte und erst 'n halben Tag deliberierte, ob er's zu der Extremität wollte kommen lassen oder nicht. Wenn der Wunsch inwendig in Dir Dich nahe angeht, Andres, und warmer Komplexion ist; so wird er nicht lange anfragen, er wird Dich übermannen wie 'n starker gewappneter Mann, wird sich kurz und gut mit einigen Lumpen von Worten behängen und am Himmel anklopfen.

Aber das ist eine andre Frage, was und wie wir beten sollen. Kennt jemand das Wesen dieser Welt, und trachtet er ungeheuchelt nur nach dem, was besser ist; denn hat's mit dem Gebet seine gewiesene Wege. Aber des Menschen Herz ist eitel und töricht von Mutterliebe an. Wir wissen nicht was uns gut ist, Andres, und unser liebster Wunsch hat uns oft betrogen! Und also muß man nicht auf seinem Stück stehen, sondern blöde und diskret sein und dem lieber alles mit anheimstellen, der's besser weiß als wir.

Ob nun das Gebet einer bewegten Seele etwas vermag und wirken kann, oder ob der *Nexus Rerum* dergleichen nicht gestattet, wie einige Herren Gelehrten meinen, darüber lasse ich mich in keinen Streit ein. Ich hab' allen Respekt für den *Nexus Rerum,* kann aber doch nicht umhin, dabei an Simson zu denken, der den *Nexus* der Torflügel unbeschädigt ließ und bekanntlich das ganze Tor auf den Berg trug. Und kurz, Andres, ich glaube, daß der Regen wohl kömmt, wenn es dürre ist, und daß der Hirsch nicht umsonst nach frischem Wasser schreie, wenn einer nur recht betet und recht gesinnt ist.

Das »Vaterunser« ist ein für allemal das beste Gebet, denn Du weißt, wer's gemacht hat. Aber kein Mensch auf Gottes Erdboten kann's so nachbeten, wie der's gemeint hat; wir krüppeln es nur von ferne, einer noch immer armseliger als der andere. Das schad't aber nicht, Andres, wenn wir's nur gut meinen; der liebe Gott muß so immer das Beste tun, und der weiß, wie's sein soll. Weil Du's verlangst, will ich Dir aufrichtig sagen, wie ich's mit dem »Vaterunser« mache. Ich denke aber, 's ist so nur sehr armselig gemacht, und ich möchte mich gerne eines Bessern belehren lassen.

Sieh, wenn ich's beten will, so denk' ich erst an meinen seligen Vater, wie der so gut war und mir so gerne geben mochte. Und denn stell' ich mir die ganze Welt als meines Vaters Haus vor; und alle Menschen in Europa, Asia, Afrika und Amerika sind denn in meinen Gedanken meine Brüder und Schwestern; und Gott sitzt im Himmel auf einem goldnen Stuhl und hat seine rechte Hand übers Meer und bis ans Ende der Welt ausgestreckt und seine Linke voll Heil und Gutes, und die Bergspitzen umher rauchen – und denn fang' ich an:

Vater Unser, der du bist im Himmel.
Geheiliget werde dein Name.

Das versteh' ich nun schon nicht. Die Juden sollen besondre Heimlichkeiten von dem Namen Gottes gewußt haben. Das lasse ich aber gut sein

und wünsche nur, daß das Andenken an Gott und eine jede Spur, daraus wir ihn erkennen können, mir und allen Menschen über alles groß und heilig sein möge.

Zu uns komme dein Reich.

Hiebei denk' ich an mich selbst, wie's in mir hin- und hertreibt und bald dies bald das regiert, und daß das alles Herzquälen ist und ich dabei auf keinen grünen Zweig komme. Und denn denk' ich, wie gut es für mich wäre, wenn doch Gott all Fehd' ein Ende machen und mich selbst regieren wollte.

Dein Wille geschehe wie im Himmel also auch
auf Erden.

Hiebei stell' ich mir den Himmel mit den heiligen Engeln vor, die mit Freuden seinen Willen tun, und keine Qual rühret sie an, und sie wissen sich vor Liebe und Seligkeit nicht zu retten und frohlocken Tag und Nacht; und denn denk' ich: wenn es doch also auch auf Erden wäre!

Unser täglich Brot gib uns heute.

'n jeder weiß, was täglich Brot heißt, und daß man essen muß, so lange man in der Welt ist, und daß es auch gut schmeckt. Daran denk' ich denn. Auch fallen mir wohl meine Kinder ein, wie die so gerne essen mögen und so flugs und fröhlich bei der Schüssel sind. Und denn bet' ich, daß der liebe Gott uns doch etwas wolle zu essen geben.

Und vergib uns unsre Schuld. als wir vergeben
unsern Schuldigern.

Es tut weh, wenn man beleidigt wird, und die Rache ist dem Menschen süß. Das kömmt mir auch so vor, und ich hätte wohl Lust dazu. Da tritt mir aber der Schalksknecht aus dem Evangelio unter die Augen: und mir entfällt das Herz, und ich nehm's mir vor, daß ich meinem Mitknecht vergeben und ihm kein Wort von den hundert Groschen sagen will.

Und führe uns nicht in Versuchung.

Hier denk' ich an allerhand Exempel, wo Leute unter den und jenen Umständen vom Guten abgewichen und gefallen sind, und daß es mir nicht besser gehen würde.

Sondern erlöse uns von dem Übel.

Mir sind hier die Versuchungen noch im Sinn, und daß der Mensch so leicht verführt werden und von der ebnen Bahn abkommen kann. Zugleich denk' ich aber auch an alle Mühe des Lebens, an Schwindsucht und Alter, an Kindesnot, Kaltenbrand und Wahnsinn und das tausendfältige Elend und Herzeleid, das in der Welt ist und die armen Menschen martert und quält, und ist niemand, der helfen kann. Und Du wirst finden, Andres! wenn die Tränen nicht vorher gekommen sind, hier kommen sie gewiß, und man kann sich so herzlich heraussehnen und in sich so betrübt und niedergeschlagen werden, als ob gar keine Hilfe wäre. Denn muß man sich aber wieder Mut machen, die Hand auf den Mund legen und wie im Triumph fortfahren:

Denn dein ist das Reich und die Kraft und die
Macht und die Herrlichkeit in Ewigkeit, Amen.

Abendlied

Der Mond ist aufgegangen,
Die goldnen Sternlein prangen
Am Himmel hell und klar;
Der Wald steht schwarz und schweiget,
Und aus den Wiesen steiget
Der weiße Nebel wunderbar.

Wie ist die Welt so stille,
Und in der Dämmrung Hülle
So traulich und so hold!
Als eine stille Kammer,
Wo ihr des Tages Jammer
Verschlafen und vergessen sollt.

Seht ihr den Mond dort stehen? –
Er ist nur halb zu sehen,
Und ist doch rund und schön!
So sind wohl manche Sachen,
Die wir getrost belachen,
Weil unsre Augen sie nicht sehn.

Wir stolze Menschenkinder
Sind eitel arme Sünder
Und wissen gar nicht viel;
Wir spinnen Luftgespinste
Und suchen viele Künste
Und kommen weiter von dem Ziel.

Gott, laß uns dein Heil schauen,
Auf nichts Vergänglichs trauen,
Nicht Eitelkeit uns freun!
Laß uns einfältig werden
Und vor dir hier auf Erden
Wie Kinder fromm und fröhlich sein!

Wollst endlich sonder Grämen
Aus dieser Welt uns nehmen

Durch einen sanften Tod!
Und, wenn du uns genommen,
Laß uns in Himmel kommen,
Du unser Herr und unser Gott!

So legt euch denn, ihr Brüder,
In Gottes Namen nieder;
Kalt ist der Abendhauch.
Verschon uns, Gott! mit Strafen,
Und laß uns ruhig schlafen!
Und unsern kranken Nachbar auch!

Der Mensch hat einen Geist in sich, den diese Welt nicht befriedigt, der die Treber der Materie, die Dorn und Disteln am Wege mit Gram und Unwillen wiederkäut und sich sehnt nach seiner Heimat. Auch hat er hier kein Bleiben und muß bald davon. So läßt es sich an den fünf Fingern abzählen, was ihm geholfen sein könne mit einer Weisheit, die bloß in der sichtbaren und materiellen Natur zu Hause ist. Sie kann ihm hier auf mancherlei Weise lieb und wert sein, nachdem sie mehr oder weniger Stückwerk ist; aber sie kann ihm nicht genügen. Wie könnte sie das, da es die körperliche Natur selbst nicht kann und sie ihn auf halbem Wege verläßt und, wenn er weggetragen wird, auf seiner Studierstube zurückbleibt, wie sein Globus und seine Elektrisiermaschine?

Solch' eine Weisheit wird freilich in keinem Buch gefunden, wird nicht um Geld gekauft noch mit Halbherzigkeit zwischen Gott und dem Mammon. Zeuch deine Schuhe aus, denn da du auf stehest, ist ein heilig Land! Aber sie ist, das wissen wir; und wer sich des Odems in seiner Nasen bewußt ist, nimmt das zu Herzen, und wenn er sie in der sichtbaren und materiellen Natur und in seinem eignen Dünkel nicht findet, läßt er sich guten Rat warnen und sucht sie auf einem andern Wege.

Motet

Der Mensch lebt und bestehet
Nur eine kleine Zeit;
Und alle Welt vergehet
Mit ihrer Herrlichkeit.
Es ist nur Einer ewig und an allen Enden,
Und wir in seinen Händen.
Und der ist allwissend.

Erstes Chor Hallelujah!

Und der ist heilig.

Zweites Chor Hallelujah!

Und der ist allmächtig.

Drittes Chor Hallelujah!

Und der ist barmherzig.

Alle Chöre

Ist barmherzig – Hallelujah! Amen!
Hallelujah ewig ewig ewig seinem Namen!
Ist barmherzig – Hallelujah! Amen!

Zum Exempel. Der Mensch wird in neun Monden unter dem Herzen seiner Mutter gebildet, lebt siebzig Jahr und wird denn wieder zur Erde, davon er genommen ist. Wir sehen solche bestimmte Perioden in mehrern Naturoperationen, die uns bekannt sind, und vielleicht haben's alle die andern auch, die uns nicht bekannt sind, größere und kleinere, bis auf

die gesamte Natur selbst von dem *Im Anfang* an, als Gott Himmel und Erde schuf, bis zu der Stunde, in welcher die Elemente zerschmelzen und Gott die Himmel wieder zusammenwickeln wird wie 'n Gewand. Nun soll einmal ein Mensch oder ein Engel dies alles kennen, soll davon nicht bestimmt sprechen, sondern nur deuten wollen und sagen: Alles hat seine Zeit; so ist Sinn in dem Spruch, und man sieht sich sehr kurz und ehrerbietig nach dem um, der ihn sagte. Oder: Wir Menschen laufen und rennen vom Mutterleibe an und immerdar und wissen nicht, was zu unserm Frieden dient. Nun soll einmal ein Mann sein, der das gefunden hat. Wenn nun der die Menschen, seine Brüder, um sich her ansieht: wie sie's so verkehrt treiben; an dem und jenem Irrsal, woran tausend und tausend vor ihnen betrogen und zuschanden worden sind, so fest halten und guten Rat nicht hören wollen; wenn nun der gutgesinnte Mann das ansieht, dem Unwesen gerne steuerte, aber nicht zu steuern vermag, und sich darüber mit unserm Spruch trösten wollte, so sind die Worte Goldes wert und wären etwa so zu übersetzen: »Wie sind doch die Menschen so verblendet, die edlen schönen Geschöpfe Gottes, zu so großer Ehre bestimmt! O wie anders könnten sie's haben, wenn sie selbst wollten! Doch die Stunde ihrer Verblendung wird vorübergehen, daß ihnen noch geholfen werde; alles hat seine Zeit.«

Aber Furcht Gottes und Furcht Gottes ist zweierlei; und hier liegt der Knoten, dadurch diese Lehre zweideutig und rätselhaft wird. Wir fürchten alle Gott, sprechen mit Ehrerbietung von ihm, hören mit Ehrerbietung von ihm sprechen etc., wollen ihn fürchten und tun uns wohl auch bei der und jener Gelegenheit mit seiner Furcht einigen Zwang an, und übrigens bleibt's beim Alten. Solch eine Furcht Gottes mag als eine feine äußerliche Zucht gelten, sonst aber ist sie der leibhafte Bediente hinten auf der Kutsche. Der steht da auch als ein Schild, daß honnette Leute im Wagen sind, gibt ein Zeichen, daß die Wachen heraustreten, macht die Kutschentür auf und zu etc., und übrigens gehen die Bestien vor dem Wagen ihren ehrbaren Trab oder wilden Galopp, wohin sie wollen, und der Herr dahinten muß immer mit fort und wird nicht gefragt. Wenn die Herrschaft recht gnädig ist, nimmt sie ihn wohl bei einfallendem Regenwetter zu sich in den Wagen.

Was soll solch eine Furcht Gottes? Was kann die für Wirkungen haben, und wie wäre sie die Hauptsumma aller Lehre?

Das war aber auch nicht die Furcht Gottes der Altväter, die uns in der

Schrift zum Muster dargestellt werden. Denn bei denen war die Gottesfurcht nicht Bedienter hinten auf dem Wagen, sondern Herrschaft und Kutscher zugleich. Ihnen war nichts so innig und heilig als sie; nichts so sauer, das sie ihretwegen nicht getan, nichts so süß, das sie ihretwegen nicht gelassen hätten. Joseph reißt sich aus den Armen eines schönen Weibes los und läßt einen Mantel im Stich, weil er ein so groß Übel nicht

tun kann und wider Gott sündigen. Abraham schlachtet, als Gott zu ihm sprach, seinen einzigen Sohn und bekümmert sich nicht um sein Vaterherz und seine Vernunft; – und so muß es sein, wenn was draus werden soll. Und Du, der Du Gottesfurcht schmähen willst, könne das; und denn komm und schmähe, so wollen wir Dir glauben. Sonst aber bist Du nur ein Faselhans, der nicht weiß, wovon er spricht, Du magst lästern oder loben.

Die wahre Furcht Gottes muß Empfindung, muß Wahrheit in uns sein;

dann ist sie wohltätig mit ihren Einflüssen und wunderbar in ihren Wirkungen, mehr und anders, als wir meinen oder verstehen.

Wenn wir den Begriff von Gott nur bloß mit der Imagination denken, daß er, wie die Heilige Schrift uns lehrt, der Schöpfer und Erhalter der sichtbaren und unsichtbaren Welt sei, der erste und der letzte, sein Stuhl der Himmel und die Erde seiner Füße Schemel, daß er in allem und durch alles sei, von der Tiefe des Meeres bis an die Zinne des Himmels allem Wesen gegenwärtig und nahe, daß seine gewaltige Hand alles hält und seine Augen Tag und Nacht über alle seine Geschöpfe und sonderlich über alle seine Menschen, auch hier über und um uns, unsichtbar offen stehen – wenn wir den Begriff nur bloß mit der Imagination denken, so fährt er uns kalt durch und macht uns Gott lieben und fürchten; was wird er tun, wenn er Empfindung und Wahrheit in uns ist?

Denn werden wir Gott nicht fürchten wollen, sondern wir werden ihn wahrhaftig fürchten, von ganzem Herzen, von ganzer Seele, von ganzem Gemüt und aus allen Kräften, in allem unserm Tun und Lassen, wenn wir aufstehen und wenn wir zu Bett gehen, um Mittag und um Mitternacht, wir schlafen oder wachen; wir werden das Bild des Allerbesten, des Allerweisesten, des Allergerechtesten, des Allerwahrhaftigsten, des Allerbarmherzigsten beständig wie unser Leben in uns tragen und werden verwandelt werden in dasselbige Bild von einer Klarheit zu der andern. – Und das Halten der Gebote Gottes wird unsre Freude sein und unser Glück zugleich; denn was sind seine Gebote anders als eine Hand am Wege, als schwarze und weiße Tonnen, die vor Verderben warnen und dich auf sicherste Fahrt in das Land des Heils weisen.

Aber ein jedes Ding nach seiner Art – denn so schön zum Exempel die Sterne auch sind, so denk' ich doch, das Schönste und Beste ist unsichtbar, wo wären sie sonst hergekommen; und da verläßt uns die Gelehrsamkeit! Dazu bleiben wir nicht ewig unter den Sternen, und unser Erdenleben ist nur eine ganz kleine Strecke auf der ganzen Bahn unserer Existenz; und da verläßt uns die Gelehrsamkeit! Und da ist doch der unrechte Ort, verlassen zu werden! So haben auch die guten Gelehrten immer gedacht; und die nicht so denken und sich mehr glauben, als sie sind, die lügen in ihren eigenen Beutel, und davon wird er nicht voll!

Du möchtest gern mehr von unserm Herrn Christus wissen. – – Andres! wer möchte das nicht?

Aber bei mir kömmst Du unrecht. Ich bin kein Freund von neuen Meinungen und halte fest am Wort. Sogar hasse ich das Kopfbrechen an Religionsgeheimnissen; denn ich denke, sie sind eben darum Geheimnisse, daß wir sie nicht wissen sollen, bis es Zeit ist.

Wenn wir ihn nicht selbst sehen können, Andres, so müssen wir denen glauben, die ihn gesehen haben. Mir bleibt anders nichts übrig.

Was in der Bibel von ihm steht, alle die herrlichen Sagen und herrlichen Geschichten sind freilich nicht er, sondern nur Zeugnisse von ihm, nur Glöcklein am Leibrock; aber doch das Beste, was wir auf Erden haben, und so etwas, das einen wahrhaftig freuet und tröstet, wenn man da hört und sieht, daß der Mensch noch was anders und bessers werden kann, als er sich selbst gelassen ist.

Und was in der Bibel von ihm steht, das hab' ich gelesen mehr als einmal und nehme es, so wie es da steht, ohne zu noch ab zu tun. Willst Du also davon mit mir schreiben und sprechen, so gut ich's kann und *salvo meliori judicio;* von Herzen gern! Ich weiß für mich nichts Liebers und Erfreulichers als von Hilfe und Errettung, und wem's anders ist, der muß nie in Not gewesen sein, noch andre darin gesehen haben. Ruft doch ein Weib, das ihren verlornen Groschen wieder funden hat, ihre Freundinnen und Nachbarinnen und spricht: »Freuet euch mit mir, denn ich habe meinen Groschen funden, den ich verloren hatte.« Und was ist das für eine Not, daraus man mit Geld errettet werden kann!

Besinnest Du Dich noch unsrer ersten Schiffahrt, als wir den neuen Kahn probierten und ich mitten auf dem Wasser herausfiel? – Ich hatte schon alles aufgegeben und dachte nur daran, wie mir der Tod schmecken und was meine arme Mutter sagen würde; da sah ich Deinen ausgestreckten Arm herkommen und hakte an! und ich seh' ihn noch immer, Andres, wenn ich nur von ungefähr Deinen Namen lese oder oft nur auf eine großes A stoße. Im Grunde war Deine Hilfe nur ein Palliativ; denn was damals ohne Dich das Wasser würde getan haben, das werden nun die andern Elemente noch tun, und Du wirst mich nicht retten. Aber ich kann doch den Arm nicht wieder vergessen! und ich glaube, daß er bei unsrer innigen Freundschaft die Hand viel mit im Spiel habe. Das ist hier einmal mit uns nicht anders: Not lehrt beten, und Hilfe und Errettung erfreut!

Und nun ein Erretter aus aller Not, von allem Übel! Ein Erlöser vom Bösen! Und nun ein Helfer, wie die Bibel den Herrn Christus darstellt, der umherging und wohl tat und selbst nicht hatte, wo er sein Haupt

hinlege; um den die Lahmen gehen, die Aussätzigen rein werden, die Tauben hören, die Toten aufstehen und den Armen das Evangelium gepredigt wird; dem Wind und Meer gehorsam sind, und der die Kindlein zu sich kommen ließ und sie herzte und segnete; der bei Gott und Gott war und wohl hätte mögen Freude haben, der aber an die Elenden im Gefängnis dachte und verkleidet in die Uniform des Elends zu ihnen kam, um sie mit seinem Blut frei zu machen; der keine Mühe und keine Schmach achtete und geduldig war bis zum Tode am Kreuz, daß er sein Werk vollende; der in die Welt kam, die Welt selig zu machen, und der darin geschlagen und gemartert wurde und mit einer Dornenkrone wieder hinausging! –

Andres, hast Du je was Ähnliches gehört, und fallen Dir nicht die Hände am Leibe nieder? Es ist freilich ein Geheimnis und wir begreifen es nicht; aber die Sache kömmt von Gott und aus dem Himmel, denn sie trägt das Siegel des Himmels und trieft von Barmherzigkeit Gottes . . .

Man könnte sich für die bloße Idee wohl brandmarken und rädern lassen, und wem es einfallen kann zu spotten und zu lachen, der muß verrückt sein. Wer das Herz auf der rechten Stelle hat, der liegt im Staube und jubelt und betet an.

Freilich gibt es Leute, Andres, die den Teufel leugnen; die, wie Doktor Luther sagt, »keine Sünde, kein Fleisch, keinen Teufel, keine Welt, keinen Tod, keine Fahr, keine Hölle haben, das ist, der keines glauben, ob sie wohl bis über die Ohren darin stecken.«

Die ganze Natur und Religion supponieren einen Teufel; Christus wird vom Teufel versucht, treibt Teufel aus, und seine Apostel sagen: daß er gekommen sei, die Werke des Teufels zu zerstören. – Und nun tritt einer auf und meint: es sei kein Teufel! – Das bedarf doch wohl keiner Antwort. Weiter sagst Du von den Wundergaben und dem Heiligen Geist, und daß die aufgehört hatten, weil sie, nachdem das Christentum gegründet sei, nicht mehr nötig wären! –

Das von den Wundergaben versteh' ich nicht, und Du mußt Dich an die Theologen wenden. Aber in die Gründung des Christentums und die Unnötigkeit des Heiligen Geistes kann ich mich nicht finden. Mich dünkt: der heilige Geist ist immer nötig, und wenn der fehlt, fehlt alles. In summa, ich glaube einfältig mit der christlichen Kirche: daß ich nicht aus eigener Vernunft noch Kraft an Jesum Christum meinen Herrn glauben oder zu ihm kommen kann; daß der heilige Geist zur Besserung jedes einzelnen Menschen unentbehrlich sei; und daß es ohne ihn keine Besserung, kein Leben und keine Seligkeit gebe.

Der Mensch

Empfangen und genähret
Vom Weibe wunderbar
Kömmt er und sieht und höret
Und nimmt des Trugs nicht wahr;

Gelüstet und begehret,
Und bringt sein Tränlein dar;
Verachtet und verehret,
Hat Freude und Gefahr;

Glaubt, zweifelt, wähnt und lehret,
Hält nichts und alles wahr;
Erbauet und zerstöret;
Und quält sich immerdar;

Schläft, wachet, wächst und zehret;
Trägt braun und graues Haar etc.
Und alles dieses währet,
Wenn's hoch kommt, achtzig Jahr.

Denn legt er sich zu seinen Vätern nieder,
Und er kömmt nimmer wieder.

Weihnacht-Kantilene

Coro

Euch ist heute der Heiland geboren, welcher ist Christus, der Herr.

Rezitativ

Maria war zu Bethlehem,
Wo sie sich schätzen lassen wollte;
Da kam die Zeit, daß sie gebären sollte,
Und sie gebar ihn –
Und als sie ihn geboren hatte

Und sah den Knaben nackt und bloß;
Fühlt sie sich selig, fühlt sich groß
Und nahm voll Demut ihn auf ihren Schoß
Und freuet sich in ihrem Herzen sein,
Berührt den Knaben zart und klein
Mit Zittern und mit Benedei'n,
Und wickelt ihn in Windeln ein ...
Und bettete ihn sanft in eine Krippe hin.
Sonst war kein Raum für ihn.

Choral

Den aller Weltkreis nie beschloß,
Der lieget in Marien Schoß.
Er ist ein Kindlein worden klein,
Der alle Ding erhält allein. Kyrieleis!

Grave

Vor Gott geht's göttlich her,
Und nicht nach Stand und Würden.
Herodem läßt er leer,
Mit seinem ganzen Heer;
Und Hirten auf dem Felde bei den Hürden
Erwählet er.

Rezitativ

Sie saßen da und hüteten im Dunkeln ihrer Herde
Mit unbefangnem frommem Sinn;
Da stand vor ihnen, an der Erde,
Ein Engel Gottes ... und trat zu ihnen hin,
Und sie umleuchtete des Herren Klarheit,
Und er sagte ihnen die Wahrheit.

Choral

Kyrie – – Eleison!

Rezitativ

Und eilend auf sie standen,
Gen Bethlehem zu gehn,
Und kamen hin und fanden,
Ohn' weiters zu verstehn,
Mirjam und Joseph beide,
Und in der Krippen lag, zu ihrer großen Freude,
In seinem Windelkleide
Auf Grummet von der Weide
Der Knabe wunderschön.

Coro 1

Im Anfang war das Wort,

Und das Wort war bei Gott,
Und Gott war das Wort.

Coro 2

Und das Wort ward Fleisch und wohnete unter uns.

Choral

Ein Kindelein so löbelich
Ist uns geboren heute,
Von einer Jungfrau säuberlich,
Zu Trost uns armen Leuten.
Wär' uns das Kindlein nicht geborn,
So wär'n wir allzumal verlorn,
Das Heil ist unser aller.

Coro

Das Heil ist unser aller.

Rezitativ

Die Väter hoffeten auf ihn mit Tränen und mit Flehn
Und sehnten sich, den Tag des Herrn zu sehn;
Und sahn ihn nicht.
Was Gott bereitete
Und von der Welt her heimlich und verborgen war,
Ward in der Zeiten Fülle offenbar.
»Und in der Krippen lag zu ihrer großen Freude,
In seinem Windelkleide
Auf Grummet von der Weide
Der Knabe wunderschön.«

Coro

Lasset uns ihn lieben, denn er hat uns zuerst geliebt.

Rezitativ

Die Weisen fielen vor ihm nieder
Und gaben ihre Schätze gern;
Und gaben Weihrauch, Gold und Myrrhen.
Sie sahen seinen Stern
Und kannten ihren Heiland, ihren Herrn,
Und ließen sich das Heu und Stroh nicht irren.

Choral

Er ist auf Erden kommen arm,
Daß er unser sich erbarm
Und in dem Himmel mache reich
Und seinen lieben Engeln gleich. Kyrieleis!

Affettuoso

Da liegt und schlummert er,
Die Äuglein zugetan!
– O du Barmherziger!
Komm alles um ihn her,
Und dien' und bet' ihn an.

Choral

Willkommen in dem Jammertal.
O bis willkommen tausendmal,
Bis tausendmal gesegnet!
Du teures, liebes, holdes Kind,
Es weht bei uns ein kalter Wind,
Und schneiet hier und regnet.
Wir gingen trostlos und verzagt,
Im fremden Lande viel geplagt,
Gefangen alle auf den Tod;
Da kömmst du zu uns in der Not,
Zu bringen uns
Heim zu des Vaters Haus und Herd . . .
Wir sind's nicht wert, wir sind's nicht wert.

Eine Stimme

Holdseliger, gebenedeiter Knabe!
Ich lieb und bete an.
Du weißt, daß ich nichts habe
Und Dir nichts geben kann.
– Ich lieb und bete an.

Zwo Stimmen

Ich zittre, Herr, und glaube,
Vor Deinem Angesicht!
Und danke Dir im Staube.
Verschmäh mich nicht!

Ein Chor Kinder

Wir wollen seine Krippe schmücken
Und bei ihm bleiben die ganze Nacht,
Die Hände ihm küssen und drücken;
Er hat so oft uns gebracht.

Ein Chor Väter und Mütter

Und wir mit euch ihn grüßen
Und mit euch Tag und Nacht
Die Hände und Füße ihm küssen;
Er hat uns selig gemacht!

Tutti

Du bist würdig, zu nehmen Lob und Preis
Und Dank und Kraft und Macht und Ehre
Und Herrlichkeit von Ewigkeit zu Ewigkeit.

Dem Menschen dünkt es wunderbar,
Und mag es nicht verstehn;
Doch ist's wahrhaftig wahr!
Und selig sind die Augen, die ihn sehn.

Das große Hallelujah

Erster Teil

Accompagnement

Vor allem das entstand
In der Ewigkeiten Stille
»War ein unendlicher Verstand«,
»War ein unendlicher Wille«,
Ein heilig Wesen, das sich selbst gebar
Und sein wird, was es ist und war;
Das lautre Gut, die Liebe, das Leben,
Mit Friede und Seligkeit umgeben;

Der Erst' und Letzte, wunderbar und groß;
Und alles alles alles tief in seinem Schoß;
Das Wesen aller Wesen, Wahrheit, Gott!
Sein Name heißt Jehovah Zebaoth.
– Er duldet nicht das Böse und den Tod –
Hallelujah! Er sprach: Es werde!
Da wurden Himmel und Erde.

Chöre

»Hallelujah, Hallelujah!«

Des hohen Himmels Heere,
Die schönen Sterne weit und breit
Verkünden seine Ehre
Und seine Herrlichkeit.
Er gängelt sie an einer Schnur
Und nennet sie alle mit Namen
Und weidet sie wie Lämmer auf der Flur,
Der große Hirte! Amen.

Chöre

»Hallelujah, Hallelujah!«

Und die Sonne – schaut dies Wunder an!
Wie ein Held läuft sie ihren Weg behende
Und frohlocket, daß sie ohne Ende
Wohltun und erfreuen kann;
Segnet alles Wesen durch ihr Licht,
Segnet und ermüdet nicht;
Sie ist ein Born, dem nie gebricht,
Ein unverbrennlich Öl und brennt zu Seinem Ruhm
Wie eine Lampe vor dem Heiligtum
Und treibt hinweg die Finsternis mit ihren Weh und Schmerzen.
An ihr wird sonderlich der Herr erkannt.
Der Himmel um und um ist Sein Gewand
Und sie der Stern auf seinem Vaterherzen!

Chöre

»Hallelujah, Hallelujah!«

Der Mond am Himmel in der Nacht
Ist auch ein freundlich Zeichen Seiner Macht.
Wenn etwa wir die Stimme der Sterne
Nicht hörten in der großen Ferne,
Hat er, damit es uns nicht fehle,
In seiner sanften stillen Pracht
Sich nah an uns herangemacht;
Daß er uns traulich in der Nacht
Ins Ohr von ihm erzähle.

Chöre

»Hallelujah, Hallelujah!«

Und in der Mitte dieser Herrlichkeiten,
Die keine Grenze grenzt, kein Maß und Ziel beengt,
Wo Tag und Nacht von allen Seiten
Sein Segen sich herunter drängt:
Hat er die Erde aufgehängt:
Den Menschen eine Wohnung zu bereiten.

Wechsel-Gesang

1.

»Da hängt sie, hold und wundervoll
In ihrem Blumenkleide!
Wie eine Braut geschmücket wohl
Und voll gedrückt, gerüttelt voll
Von Speise und von Freude.«

2.

»Und auf dem Himmelstuhl sitzt er,
Der Geber aller Gaben!
Hat seinen Fuß auf Land und Meer

Und siehet väterlich umher:
Ob wir auch Mangel haben.«

Choral

Sollt' ich meinem Gott nicht singen?
Sollt' ich ihm nicht dankbar sein?
Denn ich seh' in allen Dingen
Wie so gut er's mit mir mein'.
Ist doch nichts als lauter Lieben,
Was sein treues Herze regt,
Das ohn' Ende hebt und trägt,
Die in seinem Dienst sich üben!
Alles Ding währt seine Zeit;
Gottes Lieb' in Ewigkeit!

Grave

Er ist sehr freundlich.

Chor

»Jauchzet dem Herrn alle Welt, singet, rühmet, lobet!

(einzelne Stimmen im Chor)	*(vollstimmig)*
Himmel und Erde,	Lobet den Herrn!
Du, Sonne und Mond,	Lobet den Herrn!
Ihr Sterne am Himmel,	Lobet den Herrn!
Ihr Täler und blumichten Hügel,	Lobet den Herrn!
Du Schreckhorn und du Wetterhorn,	Lobet den Herrn!
Erde und die darauf wohnen,	Lobet den Herrn!
Meer und was darinnen ist,	Lobet den Herrn!

(alle Stimmen und Chöre)

Alles, was Odem hat, lobe den Herrn,
Hallelujah!«

Choral (tritt ein)

Herr Gott, Dich loben wir!
Herr Gott, wir danken Dir!
Amen.

Die philosophischen Systeme, die von ihren Verfassern für andre erfunden und als Feigenblätter oder des Zanks und der Schau wegen aufgestellt werden, gehen vernünftige Leute eigentlich gar nicht an. Die Philosophen aber, die nach Licht und Wahrheit forschten für eignes Bedürfnis und um sich den Stein der Unwahrheit, der sie drückte, vom Herzen zu schaffen, gehen andre Menschen eigentlich und sehr nahe an. Auch wo sie irrten und verunglückten, irrten und verunglückten sie auf dem Bett der Ehren. Denn wenn Du den Trieb zu Wahrheit und dem Guten im Menschen nicht ehren willst; was hat er denn noch, das Du ehren mögest? Nur, es ist gewöhnlich über den Fund solcher Philosophen nicht leicht zu entscheiden. Da sie ihr System nicht in der Eile zusammenschlagen, sondern mühsam und langsam mehr ausbrüten als machen.

Es geht mir ebenso, Andres, wenn ich in der Bibel von einem alten und neuen Bunde, von einer Konnexion und einem Verkehr zwischen dem höchsten Wesen und unserm Geschlecht lese; ich mache auch oft das Buch zu und falte die Hände: daß die Menschen vor Gott so hoch geachtet und wert sind!

Es drückt einen das freilich nieder in den Staub; aber man kriegt zu gleicher Zeit Respekt für sich selbst und wittert Morgenluft – und man kann und kann den Mittler zwischen beiden nicht genug ansehen und lieben und möchte ihn für andre mit lieben, die es nicht besser wissen.

Wer nicht an Christus glauben will, der muß sehen, wie er ohne ihn raten kann. Ich und Du können das nicht. Wir brauchen jemand, der uns hebe und halte, weil wir leben, und uns die Hand unter den Kopf lege, wenn wir sterben sollen; und das kann er überschwänglich, nach dem, was von ihm geschrieben steht, und wir wissen keinen, von dem wir's lieber hätten.

Keiner hat je so geliebt, und so etwas in sich Gutes und in sich Großes, als die Bibel von ihm saget und setzet, ist nie in eines Menschen Herz gekommen und über all sein Verdienst und Würdigkeit. Es ist eine heilige Gestalt, die dem armen Pilger wie ein Stern in der Nacht aufgehet und sein innerstes Bedürfnis, sein geheimstes Ahnden und Wünschen erfüllt.

Wer menschliche Weisheit sein läßt, was sie ist, sich aber bescheidet, daß es eine größere gebe und Gott Mittel und Wege haben könne, davon der Mensch nicht weiß, und daß eine Offenbarung über unsre Einsichten sein müsse, und das Unbegreifliche an ihr kein Flecken, sondern, wenn sie sonst das Gepräge göttlicher Liebe trägt, grade ihr Wahrzeichen und ihre Schöne sei, der ist besser daran und kann allen den Zänkereien unbekümmert zusehen und indes in seine Scheuern sammeln.

Gut ist ein andrer Ding als edel; und Freisein ein andrer Ding als an seiner Kette reißen und rütteln. Edle Menschen gibt es von Natur, aber gut ist niemand als der einige Gott, und wen der gut gemacht hat.

Offenbar muß man von Erde und Himmel und von allem, was sichtbar ist, die Augen wegwenden, wenn man das Unsichtbare finden will. Nicht, daß Himmel und Erde nicht schön und des Ansehens nicht wert wären. Sie sind wohl schön und sind da, um angesehen zu werden. Sie sollen unsre Kräfte in Bewegung setzen, durch ihre Schöne an einen, der noch schöner ist, erinnern und uns das Herz nach ihm verwunden. Aber wenn sie das getan haben, denn haben sie das Ihrige getan, und weiter können sie uns nicht helfen.

Der Mensch ist reicher als sie und hat, was sie nicht geben können. Alles, was er um sich her Leben haben sieht, stirbt; und er weiß von Unsterblichkeit. Er sieht in der sichtbaren Natur nichts als Zeitliches und Örtliches; und er weiß von einem Ewigen und Unendlichen. Er sieht nur Mannigfaltigkeit, lauter Zerstreutes und Zerstückeltes; und doch will er immer Einen, unter Eins fassen, aus Einem herleiten.

Und darum ist es eben so groß und erfreulich, daß er einmal auf Erden gewesen ist und Menschen das Glück haben konnten, ihm zu begegnen.

Aber auch die Toten, die nicht in den Gräbern sind, werden die Stimme des Sohnes Gottes hören und herfürgehen.

Sein Reich war nicht von dieser Welt. Ob er gleich Herr und Meister der sichtbaren Natur war und seine Lehre über alles wohltätig auch für

dies Leben ist, und er selbst im Leiblichen immer und bei aller Gelegenheit half und diente; so war doch dies eigentlich sein Feld und Gebiet nicht. Er war gesetzt über das Unsichtbare und ein Pfleger der heiligen Güter. Und alle seine sichtbaren Werke und Wunder waren nur seine kleineren und Nebenwerke, die er verrichtete und tat, um die Menschen über die größeren zu belehren und ihnen durch das, was sie sahen, die Augen zu öffnen über das, was sie nicht sahen.

So auch hier. Die Auferweckung eines Toten ist freilich ein großes Werk; aber es gibt noch ein größeres. Wie Geist und Willkür größer und edler ist als Leib und Mechanismus; so ist auch die Auferweckung des geistlichen Jünglings zu Nain oder die Herstellung unsers Geistes in seine ursprüngliche Herrlichkeit ein ander Werk. Aber dies hohe und eigentliche Werk Christi ist unsichtbar. Damit wir aber wüßten, daß er der von der Welt her erwartete und von allen guten Menschen begehrte Held und Helfer sei und Macht habe, den erstorbenen Geist des Menschen zu wecken, so weckte er leiblich Tote. Und die das hörten und um die Wahrheit bekümmert waren, die wußten, weil niemand die Werke tun kann, daß er sei ein Lehrer von Gott kommen; und gingen zu ihm, um bei ihm Rat und Trost für ihre Seele zu finden.

Menschen können keinen geben, was sie auch sagen und versprechen. Sie können von der Leiche wohlreden, können sie kleiden und mit Blumen schmücken, ihr den Kopf und die Hände zurecht legen etc.; aber tot ist tot, und sie bleibt still und stumm im Sarge liegen. Wenn aber Christus den Sarg anrühret, so richtet der Tote sich auf und fängt an zu reden. Durch Worte und Floskeln wird aus dürrem Winterholz kein grünes; wohl aber durch ein gleichartiges Leben.

Es ist immer so, Andres, die Hauptpunkte einer Religion sind verhüllt und zugedeckt; und so ist das Heilige Abendmahl allerdings ein Geheimnis. Dafür haben es die Anhänger Christi von Anfang an genommen, und dafür nimmt es auch Luther. Auch pflegten die ersten Christen es gerne geheim zu halten, und noch in den Zeiten des öffentlichen christlichen Gottesdienstes mußte die übrige Versammlung abtreten.

Wie es nun überhaupt mit Geheimnissen ist; wer sie nicht weiß, der erklärt sie, und wer sie erklärt, der weiß sie nicht. Erzwingen und mit

Gewalt nehmen lassen sie sich nicht; wer sie aber zu verdienen sucht und sich den Besitzer zum Freunde zu machen weiß, der erfährt sie bisweilen. Darum wollen wir ehrerbietig und demütig vor der Tür dieses hochheiligen Geheimnisses stehen bleiben und die Außenseite ansehen, schlecht und recht und wie die Bibel sie gibt. Sie liegt jedermann offen; und ist, so wie der ganze letzte Abend und Abschied, – als in dieser Welt nichts anders; wie denn auch ein solcher Abend und Abschied in dieser Welt nur einmal gewesen ist.

Entweder oder! Wir müssen die Bibel zerreißen oder festhalten an dem Bekenntnis: »Für euch gegeben und vergossen zur Vergebung der Sünden«; wie es auch bisher beim Genuß gesagt und geglaubt wird.

Daß die ganze Sache über unsre Einsicht ist und wir sie nicht verstehen, ist nicht wider sie. Denn sie soll nicht Menschenwitz und -werk sein; und wird in unserer und in den Traditionen aller Völker, wo davon dunkler oder heller geredet wird, als höheren Gehalts und Ursprungs gegeben. Und wenn in dieser Sache ein Wille erscheint, der mit unbegreiflicher Erbarmung will, so kann es nicht befremden, wenn kein Verstand ihm gewachsen ist.

Verlag von Georg Wigand in Leipzig.

Wie wird Dir, Andres, wenn Du ihn Fuß waschen und mit dem Schurz und dem Becken in der Hand von einem Jünger zum andern gehen siehst?

Und wenn man denn an die und jene denkt, die sich nach seinem Namen nennen!

Aber sie sind auch nicht sein und können sich nennen nach wem sie wollen.

Keiner, und hätte er aller Sternen Lauf erfunden und trüge Kron und Zepter und wär' ein Herr der ganzen Welt, wenn er nicht das alles und sein eigen Leben für ihn vergessen kann, der ist sein nicht wert.

Seine Lehre war nicht für diese Welt, und ihre Hauptseiten sind darüber hinaus und unsichtbar. Weil sie aber doch in dieser Welt sein sollte, so mußte sie eine sichtbare haben und die Welt wissen, wes sie sich ihr zu versehen habe. Und der Stifter gab dies Beispiel der Demut und Entäußerung und setzte die Liebe als das Kenn- und Wahrzeichen seiner Jünger.

Sollte es jemandem einfallen zu fragen: wie ich zu der asiatischen Weisheit, die lange Zeit verborgen und unbekannt gewesen ist, komme, da ich von der europäischen, die je und je offenbar und bekannt war, nicht ein Wort weiß; dem weiß ich nichts anders zu antworten, als daß die Wissen-

schaften nicht aus Europa nach Asien, sondern aus Asien nach Europa gekommen sind, und ich am rechten Ende anfange und dem Strom folge. Übrigens kann der Leser unbesorgt sein, ich weiß von der asiatischen Weisheit so wenig als von der europäischen, ich will aber auch nicht selbst reden, sondern nur andere Leute, die mehr davon wissen, reden lassen.

Die wahre Religion und das Geschlecht der Menschen ist in Asien entstanden; die Quelle ihrer Urkenntnisse sprudelte in Asien zuerst, und man sieht hier rundum an den Büschen und Steinen noch die dicken Tropfen hängen.

Die Bibel gibt uns Nachricht von der Schöpfung der Welt, von dem Fall und der Verführung des Menschen durch das Principium des Bösen, von den ersten Menschengeschlechtern, von der Sündflut, von der Zerstreuung der Menschen und Völker u.s.w. Und alle diese große Begebenheiten, welche die christliche Religion zum Teil voraussetzt und zum Teil darauf sich gründet, hallen in den ältesten Schriften der asiatischen Nationen wieder.

Gott weiß, daß ich um einen neuen Beweis für die Wahrheit der Religion nicht weit gehe; aber ich kann es doch nicht gleichgültig anhören, wenn Parther und Meder und Elamiter, Kreter und Araber etc. die großen Taten Gottes reden; wenn die Söhne eines Vaters Dinge aus dem väterlichen Hause, die ihnen zum Teil nicht sehr zur Ehre gereichen, alle aus einem Munde erzählen. Und ich dächte, die Leute, die in dem Sattel ihrer Philosophie so fest und sicher sitzen, daß sie von allen diesen Dingen und von dem was sich darauf gründet, nichts wissen wollen, sollten die Zeit daran wagen und den Gurt und den Steigriemen doch lieber noch einmal nachsehen.

Es soll Leute geben, die den Vorzug und den Wert des Christentums in seiner Moral suchen und die Erhabenheit und Vortrefflichkeit der christlichen Moral, als die dem Christentum ausschließlich eigen sei, nicht genug loben und preisen können. Wenn es ihnen mit diesen Lobpreisungen ein Ernst ist und sie sich nicht etwa durch diese Generosität gegen das Christentum von dem Glauben an die eigentliche Sache desselben loskaufen wollen, so kann ich ihnen aus meinen Gewährsleuten vorlesen, daß sie über die Ausschließlichkeit nicht recht berichtet sind, und daß sie die hohe vortreffliche Moral, die das Christentum lehret, auch in chinesischen, arabischen, persischen und indischen Schriftstellern, und namentlich im Konfuzius, Chamacya, Sadi, Hafitz u.s.w. finden und bewundern können.

Gott kann nur aus Gott erkannt werden; nichts kann von ihm einen wahren Begriff geben als er selbst. Alle Eindrücke, Ideen und Begriffe, die seine sichtbaren und sinnlichen Werke auf uns machen, sind nur Begriffe von endlichen und unvollkommenen Dingen; die können keine Erkenntnis des Unendlichen, Vollkommenen geben, aber den Anfang dazu machen können sie, und ein Gärung veranlassen, wie die Vedante sagen, die damit endigt, daß die Seele sich ihres Ursprungs lebendig bewußt und alles andre Bewußtsein in ihr wie nichts wird.

Die meisten Verächter der Religion verachten sie unter andern darum, weil sie eine Verachtung und Geringschätzung für alle Wahrheiten haben, die ihren Leidenschaften und ihrem Interesse nicht schmeicheln.

Und wer gewohnt ist, Wahrheiten von einer geringen Art zu schätzen, weil sie Wahrheiten sind, der wird so viel mehr geneigt sein, göttliche Wahrheiten, die einer viel höhern und edlern Art und von unschätzbarem und ewigem Nutzen sind, zu schätzen. –

Bei der Einweihung unsrer neuen Kirche,

den 30. Nov. 1800

Herr unser Gott, wende Dich zu dem Gebet und Flehen
Deines Volks. Du wollest hören das Gebet,
Das Dein Volk heute vor Dir an dieser Stätte tut,
Und wollest hören das Gebet,
Das sie tun werden vor Dir an dieser Stätte,
Im Himmel; und wenn Du es hörest, gnädig sein.

Wenn jemand in sich schlägt und suchet Dich
Und sich zu Dir bekehren will
Von ganzem Herzen und von ganzer Seele,
Und er vor Dir in diesem Hause fleht;
So wollest Du hören im Himmel
Und seiner Seele gnädig sein!

Wenn jemand zaget in der letzten Not
Und ringet, und sein Freund für ihn
Zu Dir in diesem Hause fleht;
So wollest Du hören im Himmel
Und seiner Bitte gnädig sein!

Wenn jemand Unrecht leidet und Gewalt
Und keinen Retter hat,
Und er es Dir in diesem Hause klagt;
So wollest Du hören im Himmel
Und Recht verschaffen Deinem Knecht!

Wenn teure Zeit ist, oder Pestilenz,
Oder Dürre, oder Krieg, oder irgendeine Plage,
Wer denn vor Dir in diesem Hause fleht:
So wollest Du hören im Himmel
Und Deinem Volke gnädig sein!

Die Gemeine

Es woll' uns Gott genädig sein
Und, wenn wir beten, hören!
Der Mensch ist ohne Gott allein
Und kann ihn nicht entbehren.
Noch keiner Trost gefunden hat
Auf seinen eignen Wegen;
Er wandelt ohne Licht und Rat,
Ist hilflos und verlegen
Im Leben und im Tode.

Herr, Du bist Gott, und ist kein andrer;
Laß uns Dich fürchten!

Laß uns Dich lieben!
Und an Deinem Bekenntnis halten.

»Das ist das ewige Leben, daß sie Dich,
daß Du allein wahrer Gott bist, erkennen
und den Du gesandt hast, Jesum Christum.«
Bleibe bei uns, denn es will Abend werden.

Die Gemeine

Wir glauben all an einen Gott,
Schöpfer Himmels und der Erden,
Der sich zum Vater geben hat,
Daß wir seine Kinder werden.

Er will uns allezeit ernähren,
Leib und Seel' auch wohl bewahren;
Allem Unfall will er wehren,
Kein Leid soll uns widerfahren,
Er sorget für uns, hüt't und wacht,
Es steht alles in seiner Macht.

Wir glauben auch an Jesum Christ,
Seinen Sohn und unsern Herren,
Der ewig bei dem Vater ist,
Gott von gleicher Macht und Ehren;
Von Maria der Jungfrauen
Ist er wahrer Mensch geboren
Durch den heil'gen Geist im Glauben,
Für uns, die wir waren verloren,
Am Kreuz gestorben und vom Tod
Wieder auferstanden durch Gott.

Wir glauben an den heiligen Geist,
Gott mit Vater und dem Sohne,
Der aller Blöden Tröster heißt,
Uns mit Gaben zieret schöne;
Die ganze Christenheit auf Erden
Hält in Einem Sinn gar eben;
Hier all Sünd vergeben werden.
Das Fleisch soll uns wieder leben;
Nach diesem Elend ist bereit
Ein Leben uns in Ewigkeit.

Aber er wohnet nicht in Häusern mit Händen gemacht;
Der Himmel ist sein Stuhl und die Erde
Seiner Füße Schemel, und
Aller Himmel Himmel mögen ihn nicht halten.

Doch eines reinen Herzens
Kann er sich nicht erwehren;
Will er sich nicht erwehren!
Da will er Wohnung machen
Und seine Wunder wirken!

Alle

Komm, heiliger Geist, Herre Gott,
Erfüll mit Deiner Gnaden Gut
Deiner Gläubigen Herz, Mut und Sinn
Dein brünstig Lieb' entzünd in ihn'n.
O Herr behüt für fremder Lehr',
Daß wir nicht Meister suchen mehr
Denn Jesum Christ mit rechtem Glauben
Und ihm aus ganzer Macht vertrauen.

Hallelujah!
Hallelujah!

Freilich müssen die Menschen wohl eine Disposition haben, von Religion und religiösen Handlungen gerührt zu werden, die Tiere werden nicht davon gerührt; sie mögen wohl gar in sich, ohne daß sie es selbst recht verstehen oder wissen, die Notwendigkeit und Möglichkeit von beiden fühlen. Aber von Aberglauben dürfen wir hier noch nicht reden. Denn liefe das Wasser ja schon; und wir fragen: wie es zum Laufen gekommen sei.

Es soll also ein Mensch, bloß aus sich selbst, auf die Idee des Opferns verfallen, und zwar wollen wir ihn auf eine ganz billige und honette Art darauf verfallen lassen. Wir nehmen an, daß ein Mann mit einem warmen und dankbaren Herzen zwischen den Rippen, der nie eine Wohltat annehmen und genießen konnte und nicht annahm und genoß, ohne vorher den Wohltäter aufgesucht und ihm die Hand gedrückt zu haben – daß der unter dem Sternenhimmel oder in seinem Blumengarten, neben seiner Wiege oder zwischen seinen Saaten, kurz bei dem Anblick der unzähligen Wohltaten Himmels und der Erden sich nach dem Wohltäter umgesehen, und als er keinen finden konnte und die Wohltaten immer neu zuströmten, einmal übergossen sei und mit seinem Herzen nicht zu bleiben gewußt habe; wir nehmen an, daß er, um sich in dieser Verlegenheit zu helfen und seines Dankes los zu werden, einen sonderlichen Einfall gehabt, dem unbekannten Wohltäter, der doch am Ende irgendwo sein mußte, einen Altar gebaut und ihm, sehe er's oder sehe er's nicht, sein bestes Lamm darauf gelegt oder darauf verbrannt habe. Was wird nun daraus werden? – Nicht viel.

Ein Seliger an die Seinen in der Welt

Hier ist alles heilig, alles hehr!
Und die kleinen Erdenfreuden
Und die kleinen Erdenleiden
Kümmern uns nicht mehr.
Doch wir denken hier an die da drüben,
Denken hier an sie, und lieben.

Kron' und Zepter
1792

Die sind keine Menschenhabe,
Wie die Rede geht,
Sind ursprünglich Himmelsgabe,
Heiliges Gerät,

Damit Gott den König zieren
Und fein sanft und still
Durch ihn seine Welt berühren
Und sie segnen will.

Jeder König sei des hehren
Großen Rufes wert! –
Doch denn muß er nichts begehren,
Was ein Mensch begehrt;

Muß nicht seine Wege wandeln,
Alles Eignen rein

Nur vor Gott und mit Gott handeln,
Sonst ist er nicht Sein;

Muß, wie Gott, zu allen Zeiten
Nur barmherzig sein
Und nur Licht und Recht ausbreiten;
Sonst ist er nicht Sein;

Und durch jede seiner Taten,
Wo er das vergißt,
Hat er Gott den Herrn verraten,
Dessen Bild er ist;

Und der königliche Segen,
Licht und Kraft und Glück,
Kehrt zu dem, von dessentwegen
Er Sein war, zurück;

Kehrt zurück – der Geist entflieget,
Weil ihm Leid geschah,
Und die große Leiche lieget
Zur Verwesung da.

Menschenwill' und -werk vergehet,
Wie die Wahrheit spricht;
Was, mit Gott geeinigt, stehet,
Das vergehet nicht;

Kann nicht überwunden werden
Und muß ewig stehn
Wie im Himmel so auf Erden;
Und die Welt wird sehn:

Daß nicht Dünkel glücklich mache,
Gottesfurcht und Scheu
Ewiglich die große Sache
Aller Menschen sei.

Alles Verzweifeln aber ist Gott eine Schmach. Ja, Glauben ist an sich, die Sache genau angesehen, etwas Würdigeres als Wissen. Denn im Wissen leidet der menschliche Verstand von dem sinnlichen Eindruck, der von den körperlichen Dingen herrührt; im Glauben aber leidet die Seele von der Seele, die ein würdiger Agens ist. Anders verhält die Sache sich in dem Stande der Herrlichkeit: dann wird der Glaube aufhören, und wir werden erkennen, wie wir erkannt sind.

Wir setzen also zum Grunde: daß die heilige Theologie nicht aus der Vernunft, sondern aus dem Wort und den Aussprüchen Gottes geschöpft werden müsse. Denn es steht wohl geschrieben: die Himmel verkündigen die Ehre Gottes; aber man findet nirgends geschrieben: die Himmel verkündigen den Willen Gottes. Von diesem heißt es: nach dem Gesetz und den Zeugnissen; wenn sie nicht tun nach jenem Wort etc. Und dies, was von dem Ursprung der Theologie gesagt worden, gilt nicht allein bei jenen großen Geheimnissen von der Gottheit, der Schöpfung, der Erlösung;

sondern es bezieht sich auch auf die vollkommnere Auslegung des moralischen Gesetzes: Liebet eure Feinde; tut wohl denen, die euch hassen etc., damit ihr Kinder seid eures Vaters im Himmel, der da regnen läßt über Gerechte und Ungerechte; von welchen Worten mit Recht gesagt werden kann: die Stimme war keines Menschen Stimme. Denn sie sind eine Stimme, die über das Licht der Natur ist. Wenn indes gesagt wird, daß die Menschen auch aus dem Licht und Gesetz der Natur einige Begriffe von Tugend, Laster, Gerechtigkeit, Unrecht, Gut, Böse etc. hätten; so ist das allerdings wahr. Doch muß man merken, daß Licht der Natur in einer zwiefachen Bedeutung genommen werde. Erstlich, insoweit es aus den Sinnen, der Induktion, aus Vernunft und Schlüssen entsteht, nach den Gesetzen des Himmels und der Erde. Zweitens, inwieweit es dem menschlichen Gemüt durch eine innerliche Ahndung leuchtet, nach dem Gesetz des Gewissens, das noch ein Funke und gleichsam ein Überbleibsel der alten und ursprünglichen Reinigkeit ist. In dieser letzten Bedeutung hauptsächlich ist die Seele einiges Lichts teilhaftig, die Vollkommenheit des moralischen Gesetzes einzusehen und zu schätzen; indes ist dies Licht nicht völlig klar, sondern von der Art, daß es mehr Laster und Vergehungen zeiht als über die Pflichten vollständig unterrichtet. Die Religion hängt also sowohl in Hinsicht der Moral als der Geheimnisse von der göttlichen Offenbarung ab.

Bei dem allen aber findet doch der Gebrauch der menschlichen Vernunft in geistlichen Dingen auf mehr als eine Art statt und hat ein weites Feld. Denn es ist nicht ohne Ursache, daß die Apostel die Religion einen vernünftigen Gottesdienst nennen. Man denke nur an die Zeremonien und Bilder des alten Testaments. Die waren vernünftig und bedeutend und sehr verschieden von den Zeremonien der Abgötter und Zauberer, die gleichsam taub und stumm waren, meistenteils nichts lehrten, nicht einmal auf etwas hindeuteten. Sonderlich aber ragt der christliche Glaube, wie in allem, so auch eben darin hervor, daß er im Gebrauch der Vernunft und des Disputierens (das eine Tochter der Vernunft ist) zwischen den Gesetzen der Heiden und des Mahomeds, die zu beiden Seiten fehlen und abweichen, die goldene Mittelstraße hält. Die Religion der Heiden hat nämlich gar nichts Festes in Glauben und Bekenntnis; in der Religion des Mahomeds ist hingegen alles Disputieren verboten, so daß die eine wie ein vager buntscheckichter Irrtum und die andere wie ein arglistiger und schlauer Betrug aussieht, da indes der heilige christliche Glaube den Gebrauch der Vernunft und die Disputation (aber nach gehörigen Schranken) sowohl erlaubt als verwirft.

Der Gebrauch der menschlichen Vernunft in Sachen die Religion betreffend ist gedoppelt; einer in Erklärung des Geheimnisses und der andre in den Folgerungen, die daraus hergeleitet werden. Was die Erklärung der Geheimnisse anlangt, so sehen wir, daß Gott so gnädig ist, sich zu der Schwachheit unsrer Fassungskraft herabzulassen; indem er nämlich seine Geheimnisse so auslegt, daß sie füglich von uns gefaßt werden können, indem er seine Offenbarungen gleichsam in die Konzepte und Begriffe unsrer Vernunft einimpft und seine Inspirations so zur Eröffnung unsres Verstandes einrichtet, wie die Figur des Schlüssels nach der Figur des Schlosses eingerichtet wird. Nur müssen wir es in diesem Stück an uns selbst nicht fehlen lassen. Denn da Gott sich selbst des Dienstes unsrer Vernunft in seinen Erleuchtungen bedient; so müssen wir sie auch, auf alle Weise und nach allen Seiten hin, um sich sehen und sich umtun lassen, damit wir dadurch den Geheimnissen desto bessere Aufnahme und Eingang bereiten. Nur muß dabei das Gemüt so viel wie möglich nach der Größe der Geheimnisse erweitert und das Geheimnis nicht nach der Kleinheit des Gemüts eingeengt werden.

Die Sternseherin Lise

Ich sehe oft um Mitternacht,
Wenn ich mein Werk getan
Und niemand mehr im Hause wacht,
Die Stern' am Himmel an.

Sie gehn da, hin und her zerstreut
Als Lämmer auf der Flur;
In Rudeln auch und aufgereiht
Wie Perlen an der Schnur;

Und funkeln alle weit und breit,
Und funkeln rein und schön;
Ich seh' die große Herrlichkeit
Und kann mich satt nicht sehn . . .

Dann saget unterm Himmelszelt
Mein Herz mir in der Brust:
»Es gibt 'was Bessers in der Welt
Als all ihr Schmerz und Lust.«

Ich werf' mich auf mein Lager hin
Und liege lange wach
Und suche es in meinem Sinn;
Und sehne mich danach.

Wir armen Sünder können nichts anderes als vertrauen und sollen auch nichts anderes als vertrauen, je lebendiger, desto besser, denn an der Lebendigkeit hängt's, wo die ist, wird Erhörung, und Skrupel und Zweifel darüber, wenn sie nicht ist.

An die Tochter Caroline, 4. August 1807

Die Betrachtung der Geschichte Christi, wie er sich in seinem Leben und bei seinem Sterben betragen hat, kann ohne Segen nicht abgehen. Es kann kein Mensch bedenken das Werk, das Christus auf Erden vollenden wollte, die Knechtsgestalt, in der er einherging, die Gnade und Wahrheit in seinem Sein und Tun und seine Kraft und Huld und Milde im Leiden und bei dem Undank der Menschen, ohne sich in den Staub zu beugen und sich von seinem Geist zu wünschen. Und das ist der Anfang zu vielem Guten.

Auch bedarf der Mensch, der gewöhnlich sein Leben in Zerstreuung und Leichtsinn vor sich hin lebt und immer voraneilt, ohne zu wissen, was ihn eigentlich treibt und was er eigentlich will, in seinem Laufe von Zeit zu Zeit angehalten und zu sich selbst zurückgeführt zu werden; er bedarf eines Steins am Wege, auf den er sich hinsetze und in sein vergangenes Leben zurücksehe.

Adam, vor dem Fall, war mit Gott und Gott mit ihm in dem Garten Eden, den er bauen und bewahren sollte; er war frei und herrschte, mit und durch Gott, über die sinnliche Natur, über Fische im Meer und über Vögel unter dem Himmel.

Sein unsterblicher Geist war lebendig.

Als er aber von Gott abfiel und sich zu dem, was nicht Gott war, wandte; wurde ihm sein Wesen – nicht vernichtet: denn das kann nicht vernichtet werden; aber ihm wurde, weil er seine Freiheit mißbrauchte, eine Hemmkette angetan und er der sinnlichen Natur unterworfen.

Sein unsterblicher Geist verlor sein Leben.

Er ward, sagt die Heilige Schrift, aus dem Garten Eden, wo er die Stimme Gottes gehört hatte und er mit Gott und Gott mit ihm gewesen war, ausgetrieben und die Tür hinter ihm zugeschlossen.

Wir können an der Wahrheit dieser Geschichte nicht zweifeln, da wir sie in uns selbst erfahren und ein Zeuge in der Tiefe unsers Herzens so laut und unwidersprechlich davon zeuget.

Alle Religionen und Philosophien sind im Grunde nichts anders als Projekte, als Vorschläge und Weg dazu. Die bessern Menschen waren sich ihres unsterblichen Geistes bewußt, schämten sich seiner Ketten, verschmähten die Welt und was in der Welt ist, und rangen und kämpften nach Freiheit.

Sollte aber der Mensch recht frei werden: so mußte das Verlorne wieder gefunden, sein Geist mußte wieder zum Leben gebracht, wiederbelebt werden. –

Der Geist der Wahrheit, den Christus den Jüngern versprach und der in alle Wahrheit leiten sollte, wird die Jünger und Christen auch hier geleitet und Einsicht in dies Geheimnis gelehrt haben.

Aber wo der nicht leitet und lehrt, hört die Einsicht auf, und wo die Einsicht aufhört, fängt gewöhnlich der Zank und die Erklärungssucht an, wie das auch die Händel und die Erklärungen der mittlern und neueren Zeit und der Sakramentenstreit zur Zeit der Reformation beweisen.

Es läßt sich wohl nichts Größeres und zugleich Tröstlicheres denken, als was die Heilige Schrift von einem Leibe sagt, wo der ganze Leib sich hält an dem Haupt und von ihm durch alle Gelenke und Fugen Handreichung empfängt, und wo ein jedes Glied an dem andern hanget und eins dem andern nach seiner Maße Hilfe tut und machet, daß der Leib wächst zu seiner Besserung, bis daß wir alle hinankommen zu einerlei Glauben und Erkenntnis des Sohnes Gottes.

Daran wird jedermann erkennen, daß ihr meine Jünger seid, so ihr Liebe untereinander habet . . . Die Liebe ist langmütig und freundlich, sie stellet sich nicht ungebärdig, sie suchet nicht das Ihre, sie verträget alles, sie duldet alles; die Liebe lässet sich nicht erbittern, sie trachtet nicht nach Schaden. – Aber sie läßt sich doch die Augen nicht verschließen und trachtet nach Wahrheit und sieht um sich, wo und woran es fehle.

Wenn ich einen bittern Geschmack auf der Zunge habe, so schmeckt mir bitter, was mir zu einer andern Zeit nicht bitter schmeckt; habe ich einen sauern, so schmeckt mir sauer, was mir zu einer andern Zeit nicht sauer schmeckt usw. Man kann aber einen Zustand der Zunge annehmen, darin die Dinge zu aller Zeit einen und ihren eigentlichen Geschmack haben. Welcherlei dieser Zustand auch sei, so ist er der einzige, darin die Zunge über den Geschmack der Dinge recht urteilt; denn in einem jeden andern schmeckt sie nicht die Dinge, sondern sich selbst.

Geburt und Wiedergeburt

»Was vom Fleisch geboren wird, das ist Fleisch;
und was vom Geist geboren wird, das ist Geist.«
Joh. 3,6.

Unter den verschiedenen Systemen, die in der dunklen Lehre der Elemente oder Grundprinzipien der körperlichen Dinge von den Naturphilosophen aufgestellt worden sind, ist wohl das vor andern wahrscheinlich, das zwei strittige Prinzipien, die durch ein drittes vereinigt werden, annimmt und aus der Art der Vereinigung und dem mehr oder weniger der

Prinzipien die Verschiedenheit der körperlichen Dinge erklärt; übrigens aber ein Unreines anerkennt, das in dieser Unterwelt dem Reinen anhängt und seine Kräfte und Tätigkeit hemmt und hindert.

Es ist dies System nicht allein in sich selbst das einfachste, sondern es wird auch durch die ältesten Kosmogonien, wo von zwei solchen Prinzipien, einem tätigen und einem leidenden, bei den Chinesen das Vollkommene und das Unvollkommene, bei den Indiern das Männliche und das Weibliche etc.; und von einem Ur-Unreinen, bei den Parsen die Finsternis des Ahrimans etc., immer und überall die Rede ist, bestätigt.

Moses lehrt auch: der Acker sei um des Menschen willen verflucht worden; doch sagt er: vorher, als Gott die Tiere der Erde und des Wassers und allerlei gefiedertes Gevögel der Luft, ein jegliches nach seiner Art, und Gras und Kraut, das sich besame, und Bäume, die ihren eignen Samen bei ihnen selbst haben, etc. gemacht hatte, sei alles sehr gut gewesen.

Nun ist zwar die Hervorbringung jener ersten Exemplare der körperlichen Dinge etwas anders als ihre Fortpflanzung seitdem; doch ist das Prozedere der Natur in beiden Fällen nicht verschieden und kein anderes. Sie vereinigte nämlich bei jener Hervorbringung die zwei Prinzipien, wie sie damals sein mochten, und vereiniget sie bei der Fortpflanzung, wie sie nun sind, das ist mit dem ihnen anklebenden Unreinen.

Dies nun geschieht bei allen körperlichen Dingen, in allen Klassen, Gattungen und Arten. Und das ist gebären oder Geburt in der physischen Natur; Wiedergeburt würde sein, wenn die Natur die zwei in einem Körper vereinigten Prinzipien trennte und, von dem ihnen anklebenden Unreinen befreit, wieder vereinigte.

Dies aber kann sie, wie die Erfahrung lehrt, sich selbst gelassen, nicht. Indes wehrt sie sich ihrer Haut und arbeitet unaufhörlich, was ihr im Wege ist und ihren Gang hindert, von sich und auf die Seite zu schaffen. Und ihr bei dieser Arbeit, in den Krankheiten des menschlichen Körpers, zu Hilfe zu kommen, ist die ganze Kunst und das ganze Geschäft der Arzeneigelehrten. –

Eine gleiche oder ähnliche Bewandtnis wie mit der physischen Natur hat es mit der moralischen im Menschen vom Weibe geboren. Er besteht auch aus zwei Naturen, einer verständigen und einer sinnlichen, die strittig und wider einander sind. »Das Fleisch gelüstet wider den Geist, und den Geist wider das Fleisch; dieselbigen sind wider einander.«

Und natürlich sind sie wider einander; denn die eine denkt, die andere lähmt das Denken; die eine will, die andere lähmt den Willen; die eine sucht das Vollkommene und eint das Stückwerk und Zerteilte, die andere weiß von dem Vollkommenen nichts und hängt und hält nur an dem Stückwerk; die eine will sich mitteilen und geben, die andere zu sich reißen und haben usw.

Die Verbindung von zwei in sich selbst so ungleichen und einander so entgegengesetzten Naturen in Einem Wesen ist ein Knoten, an dessen Auflösung die menschliche Vernunft von jeher ihre Kräfte versucht hat, und sie hat nicht recht ins Reine bringen können, wie es mit dieser Verbindung zusammenhänge.

Unsere Religion gibt zu verstehen, daß sie der erste Mensch durch Mißbrauch der Freiheit, mit der er aus Gottes Hand hervorgegangen war, verdient und über sich gebracht habe; und die ältesten Urkunden und Traditionen aller Völker stimmen damit überein.

Bei den Indiern wird der erste Mensch aus »dem, was ohne Anfang und Ende ist und was für die Sinne nichts ist,« gemacht, und er läßt sich Ruthren verderben; bei den Parsen ist der »Vater des menschlichen Geschlechts lichtglänzend, rein, mit himmelan schauenden Augen«, und er läßt sich durch Ahriman, das Prinzip des Bösen, die Augen blenden usw.

Die Sage von einem eisernen, bleiernen etc. Weltalter, denen ein goldenes vorangegangen war, scheint mit auf einen ursprünglich glorreichen Zustand des Menschen und einen Verfall desselben zu deuten und bringt auf Vermutungen. Wenn aber die griechische Mythologie von Mänaden und Thyiaden erzählt, die durch das Geräusch ihrer Pfeifen und Zimbeln die Stimme des Gottes, den sie begleiten, verdunkeln und überschreien; von thrazischen Weibern, die den Orpheus zerrissen haben; von einem Ixion, der sich mit der Nephele einließ und mit dieser Wolke, die er die Juno glaubte, die Kentauren, Halbmenschen und Halbtiere erzeugte; so ist der Sinn fast nicht zu verkennen.

Doch dem sei, wie ihm wolle, der Mensch erfährt an und in sich, daß die zwei Naturen in ihm uneins und wider einander sind; daß die verständige, die ihrer Würdigkeit nach tätig sein sollte, in ihm leidend, und die sinnliche, die leidend sein sollte, tätig ist, und daß die eine nur auf Unkosten der andern zu Kräften kommen und die Oberhand gewinnen kann.

Von dem Verhältnis dieser zwei Naturen in einem Menschen und dem Einfluß, den die eine und die andere in sein Tun und Lassen hat, hängt sein Wohl und Wehe, sein Wert und Unwert ab, und darum ist alles, was sie angeht, was darauf Bezug hat und davon gewußt werden kann, für ihn über alles merkwürdig und wichtig.

Die sinnliche Natur im Menschen wird in ihm von ihresgleichen unmittelbar berührt; sie liegt gleichsam nach außen und umschließt das

Verständige in ihm wie die Hülse den Kern, wie das Weiße im Ei den Dotter. Was um uns her sichtbar und sinnlich ist, sehen wir, wahrnehmen und empfinden wir in und an sich selbst und genießen es ungehindert und ohne Mühe.

Nicht so das Verständige; das wird in uns von seinesgleichen nicht unmittelbar berührt. Wir nehmen es nur wahr in und an seinen Wirkungen; und zwischen dieser Wahrnehmung und der unmittelbaren Berührung ist eine große Kluft, die erst überstiegen werden muß.

So wissen alle Menschen, daß ein Gott ist. Aber, ob sie gleich, wie Paulus sagt, in ihm leben, weben und sind; so nehmen sie ihn nur an den Werken, nämlich an der Schöpfung der Welt wahr, und das ist dem Apostel noch nicht alles. Daß Gott ist, das ist, sagt er, den Menschen offenbar; und »doch sollen sie den Herrn suchen, ob sie doch ihn fühlen und finden möchten«.

Christus spricht Matth. 5, 8 von dieser Sache, und gibt zugleich einen Fingerzeig über den Weg dazu:

»Selig sind, die reinen Herzens sind, denn sie werden Gott sehen.«

Wer denn Gott sehen will, muß reinen Herzens sein, das Eitle nicht lieb haben, das ungöttliche Wesen verleugnen und die weltlichen Lüste etc. – Er muß also einen gegenwärtigen Genuß, den er sieht und hat, für einen künftigen, den er hofft und nicht sieht, aufgeben.

Wie aber kann der Mensch das tun? – Nicht anders, er habe denn eine gewisse Zuversicht des, das er hofft, und zweifle nicht an dem, das er nicht sieht; das ist: er habe denn Glauben. Wie auch die Heilige Schrift sagt: »Wer zu Gott kommen will, der muß glauben, daß er sei und denen, die ihn suchen, ein Vergelter sein werde.«

So ging Abraham aus seinem Vaterland und aus seiner Freundschaft »in ein Land, das er ererben sollte, und wußte nicht, wo er hinkäme«.

So wollte Moses »nicht mehr ein Sohn heißen der Tochter Pharao und erwählte viel lieber, mit dem Volke Gottes Ungemach zu leiden denn die zeitliche Ergötzung der Sünde zu haben, und achtete die Schmach Christi für größern Reichtum denn die Schätze Egypti. Denn er sahe an die Belohnung – und hielt sich an dem, den er nicht sahe, als sähe er ihn.« etc.

Sie glaubten, diese Helden, und hatten den Kampf gekämpft, der uns verordnet ist. – Und es ist kein anderer Weg, sich dem Verständigen zu nahen und zu seinem Genuß zu kommen. »Ohne Glauben ist es unmöglich, Gott zu gefallen«, sagt die Heilige Schrift.

Man sieht denn, was der Glaube für ein erhaben, edel Ding ist, und wie töricht und schwach es sei, so hin übel von ihm zu sprechen.

Wenn der Mensch nicht an Gott und göttliche Dinge glauben und sich dadurch den Kopf oben halten könnte; so würde er seiner sinnlichen Natur anheimfallen und verkommen. »Dieweil sie wußten, daß ein Gott ist, und nicht geachtet haben, daß sie ihn erkenneten – hat sie auch Gott dahin gegeben in ihrer Herzen Gelüste – in die schändlichen Lüste – in verkehrten Sinn zu tun, was nicht taugt«, und was kaum ein Vieh tut.

Durch den Glauben also kann der Mensch, wie die physische Natur, eine Krisis zu Wege bringen und an seiner Reinigung und Herstellung arbeiten. Aber sie vollenden und den Schaden bessern – das kann er, sich selbst gelassen, nicht.

»Es sei denn, daß jemand von neuem geboren werde, kann er das Reich Gottes nicht sehen.«

»Wie aber das Korn aller natürlichen Weisheit verwesen, in Unwissenheit vergehen muß, und wie aus diesem Tode, aus diesem Nichts, das Leben und Wesen einer höhern Erkenntnis hervorkomme und neu geschaffen werde, so weit reicht die Nase des Sophisten nicht.«

Die Wiedergeburt ist ein Geheimnis und muß wie alle Geheimnisse, die von sicherer Hand kommen, aufs Wort und ohne weiteres geglaubt und angenommen werden.

Doch als der wiß- und lehrbegierige Nikodemus nicht begreifen konnte, wie ein Mensch geboren werden könne, wenn er alt ist, und bescheiden fragte: wie solches zugehen möge; ließ sich Christus einigermaßen mit ihm ein und äußerte, daß die Meister in Israel dies Geheimnis ehedem gewußt hätten und noch wissen sollten.

Wenn wir es nicht wissen; so kann uns das trösten, daß man eine Sache haben kann, ohne sie zu begreifen, oder: daß man, wie Christus spricht, »das Sausen des Windes hören kann, ohne zu wissen, von wannen er kommt und wohin er fähret«.

Doch dürfen wir bescheiden und lehrbegierig wie Nikodemus fragen und der Heiligen Schrift, die von dieser großen Sache so oft und vielfältig und auf so mancherlei Weise redet, nach den Augen sehen.

Nach dem, was sie von der inwendigen Gestalt eines Wiedergebornen äußert und zu verstehen gibt, ist in einem solchen Menschen Hilfe und Kern etc. ein Neues geworden; die geringere Natur in ihm ist der bessern geopfert, und die zwei Naturen sind nicht mehr wider einander, sondern einig und eins; oder: der partielle, eigene Wille, aller Unordnung und Not Ursache und Anfang, ist in ihm in den großen allgemeinen Willen wieder eingegangen.

Aber niemand begreift diesen Zustand als wer jene Heldenbahn betreten, den Fersenstich des Kampfs und den Frieden des Sieges oft erfahren und geschmeckt hat. Nur der Mann kann von fern ins Gelobte Land hineinsehen und einigermaßen begreifen: wenn durch den Vorhang, der ihn von Gott scheidet, solch ein süßer Friede, der immer doch nur beschränkt ist und wieder gestört und unterbrochen wird, über ihn kommen kann; was es denn sein werde, wenn der Vorhang zerrissen wäre und dieser Friede voll und ungehemmt, aus der lautern, lebendigen Quelle über ihn käme und nicht wieder von ihm genommen würde.

Und diese Vorempfindung ist die Morgenröte von dem »im Acker verborgenen Schatz, welchen ein Mensch fand, und hielt ihn geheim, und ging hin für Freude über denselbigen, und verkaufte alles was er hatte und kaufte den Acker«.

Der Preis ist nicht gering; doch ist der Schatz für keinen andern feil, und die ihn für diesen Preis gekauft haben, preisen sich alle selig in dem Genuß der guten Folgen, die sie erwartet hatten; und einigen unter ihnen sind noch andre neben aufgegangen.

Die physische Natur ist an feste Gesetze gebunden und kann davon nicht abweichen, weder zur Rechten noch zur Linken. Wenn es also in ihr eine Wiedergeburt gäbe; so wäre, wenn einer die Gesetze wüßte, der Erfolg gewiß und notwendig. Aber der Mensch ist ein freies Wesen und wird als ein solches behandelt. Gott erwartet seinen Willen, nämlich den Willen seiner verständigen Natur, denn die sinnliche hat keinen Willen, sondern nur Neigungen und Triebe. »Der Herr ist nahe bei denen, die zerbrochenen Herzens sind, und hilft denen, die ein zerschlagen Gemüt haben.«

Wie also die Wiedergeburt ohne Gott nicht geschehen kann, so kann sie auch ohne den Menschen nicht geschehen; und wem geholfen werden soll, der muß geholfen sein wollen und an eine Hilfe glauben. Und zwar muß dies Wollen und Glauben nicht etwa ein Gedanke, eine Betrachtung im Herzen, sondern eine Fassung, ein Zustand des Herzens sein. Denn es ist umsonst und hilft nicht, daß ein Herz von Glauben und Zerbrechen und Zerschlagen zu handeln und zu sagen weiß oder zerschlagen sein möchte; es muß wirklich zerbrochen und zerschlagen sein. Dann nur ist, nach der Heiligen Schrift, der Herr nahe.

»Es sei denn, daß jemand geboren werde aus dem Wasser und Geist, so kann er nicht in das Reich Gottes kommen.«

»Apollos, ein beredter Mann und mächtig in der Schrift, redete zu Ephesus mit brünstigem Geist und lehrte mit Fleiß von dem Herrn, und wußte allein von der Taufe Johannis; aber Aquila und Priscilla nahmen ihn zu sich und legten ihm den Weg Gottes noch fleißiger aus.«

»Die Jünger, die Paulus zu Ephesus fand, hatten auch nie gehört, ob ein heiliger Geist sei, und waren nur auf Johannis Taufe getauft. Paulus aber sprach: Johannes hat getauft mit der Buße und sagte dem Volk, daß sie sollten glauben an den, der nach ihm kommen sollte, das ist an Jesum, daß er der Christus sei.«

Wenn also Christus von Wasser und Geist spricht, so muß man wohl nicht an die Wassertaufe Johannis denken, sondern an das lebendige Wasser, das er gibt, und an den heiligen Geist, mit dem er tauft.

Der allein ist der Anfänger und Vollender in dem Herzen, das Leid getragen und die Zeit der Reinigung treu vollbracht hat. Der tröstet, erleuchtet und heiligt und wird vom Vater gegeben denen, die ihn bitten.

Und wie das Weizenkorn in der Erde erweicht und aufgelöset wird und nach und nach, ohne daß wir es verstehen und begreifen, ein Leben seiner Art annimmt, Keime treibt und im stillen fortwächst, bis der Halm über der Erde zum Vorschein kommt; so geht es, nach der Heiligen Schrift, auch in einem solchen Herzen. Es verliert nach und nach seine eigne Gestalt und die vorigen Neigungen und Ansichten, spürt in sich etwas Lebendiges und Kräftiges, das den Geist mehr und mehr löst und über diese Welt erhebt, bis der Tag anbricht und der Morgenstern aufgeht und das Geheimnis: »Christus in uns« in ihm vollendet wird.

Klage

(Aus dem Jahr 1793)

Sie dünkten sich die Herren aller Herr'n,
Zertraten alle Ordnung, Sitt' und Weise
Und gingen übermütig neue Gleise,
Von aller wahren Weisheit fern,
Und trieben ohne Glück und Stern
Im Dunkeln hin, nach ihres Herzens Gelüste,
Und machten elend nah' und fern.
Sie mordeten den König, ihren Herrn,
Sie morden sich einander, morden gern,
Und tanzen um das Blutgerüste.

Der Chor

Erbarm dich ihrer!
Sie wollten ohne Gott sein, ohn' ihn leben
In ihrem tollen Sinn;
Und sind nun auch dahingegeben,
Zu leben ohne ihn.
Der Keim des Lichtes und der Liebe,
Den Gott in unsre Brust gelegt,
Der seines Wesens Stempel trägt
Und sich in allen Menschen regt,
Und der, wenn man ihn hegt und pflegt,
Zu unserm Glücke freier schlägt,
Als ob er aus dem Grabe sich erhübe –

Der Keim des Lichtes und der Liebe
Der ist in ihnen stumm und tot;
Sie haben alles Große, alles Gute Spott.
Sie beten Unsinn an und tun dem Teufel Ehre
Und stellen Greuel auf Altäre.

Der Chor

Erbarm dich ihrer!

Religion ist, die sie ist. Sie ist eine lebendige Kraft; und die kann nicht zergliedert und zusammengesetzt werden, und ist also der Philosophie und ihrer Kunst nicht unterworfen.

Wo sie nicht erfahren wird, da ist und bleibt sie unbekannt.

So weißt Du, zum Exempel, die Geschichte von Abraham und von seinem Auszug. Ein jedweder Mensch ist ein Abraham und hat ein Gelobtes Land, das ihm verheißen ist. Wenn er aber daran nicht glaubt; so bleibt er bei seiner Freundschaft, wo es ihm wohl ist, und kriegt das Gelobte Land mit keinem Auge zu sehen. Oder willst Du dies lieber so haben: Dein Geschäft als Theologe ist, die Menschen in den Himmel zu bringen. Wer aber nicht an den Himmel glaubt, der tut keine Mühe und kommt also nicht hinein, und Du predigest vergebens und in den Wind usw.

Ist denn der Glaube nicht etwas Gutes?

Du glaubst doch, daß in den Bäumen, Tieren und allen körperlichen Wesen ein innerliches Prinzip sei, ein Lebendiges, ein Geist, der eigentlich kein Geist ist, den wir aber, um kürzer sprechen zu können, Geist nennen wollen.

Nun stehen die Geister von Löwen, Bären, Rosenstöcken, Schafen, Zedern, Tannen, Tigern, Eichen, Rhinoceros, Mücken, Elefanten, Schlangen, Kolibris, Dromedaren usw. um die Fabrike Deiner Welt-Ebbe und Flut und warten auf ihren Körper, und wie die Körper in der Fabrike fertig geworden sind, werden sie den Geistern ausgeteilt.

Aber in einer solchen blinden kopflosen Wirtschaft konnte doch leicht ein Mißgriff bei der Austeilung geschehen. Und wenn nun der geschehen wäre, und zum Exempel dem Geist eines Schafs der Körper eines Wolfs, dem Geist einer Mücke der Körper eines Elefanten, dem Geist einer Schlange der Körper einer Eiche usw. zuteil geworden wäre; wie hätten sich diese Geister in diesen Körpern zurechtfinden und sich darin benehmen wollen?

Ja, so wäre der Geist des Schafs ein Wolfsgeist, der Geist der Mücke ein Elefantengeist, der Geist der Schlange ein Eichbaumsgeist geworden usw.

Wir sehen, daß alles Wesen in seinen Ursprung zurückkehrt, ein jedes nach seiner Art. Die Bäche und Ströme laufen und rennen, bis sie wieder in dem Ozean sind, aus dem sie entstehen. Die Geister der Pflanzen und Tiere etc., die einen *cursum* durch die körperliche Natur zu machen haben, sind in beständiger Arbeit und Bewegung, bis sie des Jochs wieder los und wieder in ihren Ozean eingegangen sind. Und der Mensch, der aus Gott entsprungen ist, sehnt und ängstigt sich immerdar und findet und hat keine Ruhe als in Gott.

Seit der Mensch aus dem väterlichen Hause in dies fremde Land verbannt worden, ist er in eine sinnliche Natur gehüllt, dadurch ihm der Anblick des Vaters und des väterlichen Hauses genommen ist. Er fühlt sich freilich, und in seiner Brust wohnet eine Ahnung seines Ursprungs. Aber weil er hier sinnlichen Eindrücken preisgegeben ist und seine Heimat für ihn im Dunkeln liegt, so erstickt »die Sorge der Welt und der betrügliche Reichtum etc., die Ahndung in seiner Brust, und er vergißt des Vaters.

Nun »verkündigen die Himmel Gottes Ehre, ein Tag sagt's dem andern, und eine Nacht tut's kund der andern. Es ist keine Sprache noch Rede, darin man nicht ihre Stimme höre.«

Der Mensch, in seinem itzigen Zustande, kann Gottes Wesen in der ganzen ungeteilten Vollkommenheit nicht fassen. Er kann nur Stückwerk fassen, nur zerstreute einzelne Züge.

Ein jedes Geschöpf hat eine Spur von Gott an sich, dies diese, jenes eine andre. Und Du kannst die Geister aller der verschiedenen Geschöpfe, die um uns her sind, als so viele Boten ansehen, die in die Zeit gesandt worden, daß sie uns nicht allein an den Vater erinnern, sondern auch, ein jedes durch seine Natur, Art und Eigenschaft, etwas von ihm sagen und kund tun sollten. Und weil diese Boten, ob sie gleich, wie gesagt, nicht eigentlich Geister sind, doch von uns nicht gesehen werden konnten und also für uns vergeblich gesandt wären; so mußte ein jeder ein sichtbares Kleid anziehen, darauf seine Natur, Art und Eigenschaft mit leserlicher Schrift geschrieben sind, daß wir sie lesen und uns daraus unterrichten möchten.

»Wenn ich irgendein Gras, eine Blume, einen Stein in die Hand nehme; so werde ich gleich fragen, welches ist hier der Zug, womit sich mein Schöpfer charakterisiert?«

Denn im Menschen ist ein unsterblicher Same und Keim, in dem die Schätze der Wahrheit und Erkenntnis Gottes verborgen liegen; und aus ihm entwickelt werden können. Aber wie die Keime in der physischen Natur sich nicht selbst entwickeln können, so auch dieser nicht. Er bedarf, wie jene, einer Reaktion von außen. Je angemessener und homogener diese ist, desto schneller und vollkommener wächst die Frucht hervor. Die Reaktion täte und schaffte nichts, wenn der Keim nicht da wäre; aber der Keim bleibt ohne sie, was er ist, und kommt nicht von der Stelle. Und so kränkelt auch ohne Reaktion der Keim im Menschen und hat nur dunkle unvollständige Ahnungen von Gott.

Das Leben von Matthias Claudius im Überblick

1740 am 15. August wird Matthias Claudius im holsteinischen Reinfeld als Sohn des lutherischen Pastors Matthias Claudius und seiner zweiten Frau, Maria Lorck, geboren und zwei Tage später getauft.

1751 sterben innerhalb eines Jahres drei Geschwister, die Brüder Friedrich Carl (achtjährig) und Lorenz (sechsjährig) und die dreijährige Schwester Lucia Magdalena.

1754 am 26. Oktober kommt in Barmbeck Rebecca Behn, die Tochter des Zimmermanns Joachim Friedrich Behn und seiner Frau Ilsabe, geborene Martens, zur Welt.

1755 ab Ostern bis zum Osterfest 1759 besucht Claudius die Lateinschule in Plön.

1759 am 21. April schreibt er sich, zusammen mit seinem Bruder Josias, an der Theologischen Fakultät der Universität Jena ein. Er wird Mitglied der 1728 gegründeten »Teutschen Gesellschaft«.

1760 am 19. November stirbt Josias an den Blattern. Claudius wechselt zum Studium der Kameralwissenschaft (Verwaltungslehre).

1762 am 5. November heiratet Claudius' einzige Schwester Dorothea Christine den Pastor Christian August Müller. Claudius kehrt, ohne sein Studium abgeschlossen zu haben, nach Reinfeld zurück und lebt dort kränklich und berufslos bei den Eltern.

1763 erscheinen die ersten Dichtungen, »Tändeleyen und Erzählungen«, in Jena. Claudius schließt Freundschaft mit Gottlob Friedrich Ernst Schönborn, der später dänischer Diplomat wird.

1764 am 17. März bricht Claudius nach Kopenhagen auf, um dort als Sekretär in die Dienste des Grafen Holstein zu treten. Er schließt Bekanntschaft und Freundschaft mit Friedrich Gottlieb Klopstock, Heinrich Wilhelm von Gerstenberg, den Brüdern Friedrich Leopold und Christian zu Stolberg und verkehrt im Kreise des dänischen Staatsministers Johann Hartwig Ernst Graf von Bernstorff.

1765 im August kehrt er in sein Elternhaus zurück.

1766 stirbt die Schwester Dorothea Christine.

1768 im Juni übersiedelt Claudius nach Hamburg und wird Redakteur der »Adreß-Comptoir-Nachrichten«. Er lernt Gotthold Ephraim Lessing, Carl Philipp Emanuel Bach und Johann Joachim Christoph Bode kennen.

1770 im März erste persönliche Begegnung mit Johann Gottfried Herder in Hamburg, mit dem er schon längere Zeit Briefe gewechselt hatte. Claudius verläßt die Redaktion der »Adreß-Comptoir-Nachrichten« und übersiedelt zu Weihnachten nach Wandsbeck.

1771 am 1. Januar wird er Redakteur des von Bode verlegten »Wandsbecker Boten« und plant die Herausgabe seiner gesammelten Werke. Im September wirbt er um die Hand von Rebecca Behn.

1772 am 15. März heiratet er Rebecca; Klopstock, Schönborn und Bode sind unter den Hochzeitsgästen. Am 30. September kommt der erste Sohn, *Matthias,* zur Welt, stirbt aber wenige Stunden später.

1773 am 4. Dezember stirbt Claudius' Vater.

1774 am 7. Februar wird die Tochter Marie *Caroline* Elisabeth geboren. Claudius lernt Johann Heinrich Voß persönlich kennen. Im September reist er nach Göttingen und besucht dort Klopstock. Am 9. November zeigt er in Nummer 179 des »Wandsbecker Boten« seine »Sämmtlichen Werke« an und nennt sich als Autor »Asmus«: »Asmus omnia sua secum portans«.

1775 im Frühjahr erscheinen die beiden ersten Teile der »Sämmtlichen Werke« im Selbstverlag, datiert auf das Jahr 1774. Am 27. April besucht Voß Wandsbeck. Am 22. Juli wird Claudius als Redakteur des »Boten«, der jetzt »Deutscher Bote« heißt, entlassen; die Zeitung geht am 28. Oktober ein. Im Spätherbst reist Claudius gemeinsam mit den Grafen Stolberg nach Berlin, lernt dort Christoph Friedrich Nicolai kennen und tritt der Freimaurerei bei. Am Am 6. November bittet er Johann Wilhelm Ludwig Gleim um Hilfe, er lebt unter kärglichen Bedingungen in Wandsbeck. Am 12. November Geburt der Tochter *Christiane* Marie Auguste. Herder empfiehlt Claudius an den hessen-darmstädtischen Staatspräsidenten Karl Friedrich von Moser, Anfang November wird seine Anstellung in Darmstadt als Oberlandeskommissarius mit 800 Gulden Jahresgehalt beschlossen.

1776 im März Fahrt der Familie Claudius im eigenen Wagen über Hannover nach Darmstadt; unterwegs siebentägiger Aufenthalt bei Herder in Bückeburg; am 16. April Ankunft in Darmstadt. Umgang mit Johann Heinrich Merck, dem Schwager Herders, J.L. von Heß und Johann Georg Schlosser, dem Schwager Goethes.

1777 am ersten Januar wird Claudius Redakteur der »Hessen-Darmstädtischen privilegierten Landzeitung«. Am 28. Februar kündigt ihm Moser. Anfang März wird er lebensgefährlich krank. Friedrich

Heinrich Jacobi und die Herzogin Luise von Sachsen-Weimar unterstützen ihn finanziell. Ende April reist die Familie von Darmstadt über Kassel, Göttingen, Hannover, Wolfenbüttel (Claudius begegnet dort Lessing) nach Wandsbeck zurück und ist am 4. Mai wieder zu Hause. Am 4. Juni wird die Tochter *Anna* Friederike Petrine geboren. Im Sommer zieht Voß mit seiner Frau nach Wandsbeck. Zusammen mit dem Maler Friedrich Overbeck und Gerstenberg träumen sie von einem Dichterhain auf Tahiti.

1779 an Ostern kommen die beiden ältesten Söhne Friedrich Heinrich Jacobis als Zöglinge in Claudius' Haus. Im Oktober verläßt Voß Wandsbeck, Schönborn kommt zu Besuch, der dritte Teil von Claudius' »Sämmtlichen Werken« erscheint; er schließt Freundschaft mit Katharina Gräfin Stolberg.

1780 kommt am 2. September die Tochter *Auguste* Ernestine Wilhelmine zur Welt. Im Sommer holt Jacobi seine Söhne in Wandsbeck ab, Claudius reist mit ihnen gemeinsam durch Holstein. Am 21. September stirbt die Mutter.

1781 wird am 8. Mai die Tochter Johanna Katharina Henriette, genannt *Trinette,* geboren; Taufpatin ist die Gräfin Stolberg.

1783 am 8. Mai Geburt des Sohnes *Johannes.* Im Mai kommt Herder zu Besuch; es erscheint der vierte Teil der »Werke«.

1784 besucht Claudius in Schlesien den Grafen Haugwitz, auf der Rückreise macht er Aufenthalt in Weimar und begegnet Goethe; zwischen beiden herrschen tiefe Mißverständnisse. Am 15. Dezember wird die Tochter Caroline *Rebecca* geboren.

1785 setzt der dänische Kronprinz Friedrich Claudius eine Jahrespension aus.

1786 am 6. Dezember Geburt des Sohnes *Matthias* Heinrich.

1787 im Sommer besucht der Kronprinz Friedrich von Dänemark, seit 1784 Mitregent für den geistesschwachen König Christian VII., Wandsbeck. Am 19. Oktober wendet sich Claudius mit der Bitte um eine Anstellung an Friedrich.

1788 wird Claudius Erster Revisor in der Schleswig-Holsteinischen Bank und bekommt 800 Reichstaler Gehalt im Jahr. Am 4. Juli stirbt der Sohn *Matthias* Heinrich.

1789 am 17. Mai wird der Sohn Friedrich Matthias Jacobus, genannt *Fritz,* geboren. Im Spätsommer besucht Jacobi Claudius, gemeinsam reisen sie durch Holstein und lernen einflußreiche holsteinische Edelleute kennen. Die Wirrnisse der Französischen Revolution erschrecken Claudius heftig.

1790 erscheint der fünfte Teil der »Sämmtlichen Werke«.

1791 besucht er mit dem späteren preußischen Staatsrat Georg Heinrich Nicolovius Gut Emkendorf.

1792 am 19. Juli wird der Sohn Augustinus *Ernst* Carl geboren.

1794 am 30. Dezember kommt der Sohn Carl Peter Franziskus, genannt *Franz,* auf die Welt. Jacobi lebt ein Jahr lang als Nachbar der Familie Claudius.

1796 am 2. Juli stirbt die Tochter Christiane. Claudius lernt den späteren Schwiegersohn Friedrich Christoph Perthes kennen, Wilhelm Humboldt besucht Wandsbeck.

1797 am 15. März feiern Claudius und Rebecca ihre Silberhochzeit, (unter den vielen Gästen ist Klopstock). Am 2. August heiratet die Tochter Caroline Friedrich Perthes.

1798 erscheint der sechste Teil der »Werke«; am 16. Mai heiratet die Lieblingstochter Anna Jacobis Sohn Max, sie zieht mit ihm nach Vaels bei Aachen, später nach Eutin und München. Am 28. Mai kommt die erste Enkelin, Agnes Perthes, zur Welt.

1799 beginnt der Sohn Johannes seine Lehre in einer Hamburger Großhandlung, 1801 gibt er sie wieder auf und besucht die Gelehrtenschule in Schulpforta, um Theologe zu werden.

1802 lebt Schönborn einige Zeit bei den Perthes in Hamburg, Claudius nimmt den Verkehr mit dem Jugendfreund wieder auf.

1803 am 14. März kommt Klopstock zu Besuch. Am 18. Dezember stirbt Herder. Der siebente Teil der »Werke« erscheint.

1807 besuchen die Brüder Stolberg zum letzten Mal Wandsbeck.

1810 am 7. Dezember stirbt der Maler Philipp Otto Runge, ein enger Freund der Perthes' und seit 1804 auch ein Freund Claudius'. Claudius tritt in Verbindung mit den Romantikern Friedrich Wilhelm von Schelling, Overbeck und Friedrich Schlegel. Hamburg wird von den Franzosen besetzt.

1812 wird er Mitarbeiter an Schlegels »Deutschem Museum«, Teil acht der »Werke« erscheint.

1813 verbündet sich Dänemark mit Napoleon, Kriegswirren vertreiben Claudius aus Wandsbeck, er geht nach Holstein, nach Kiel und Lübeck. Der Bruder Christian Claudius, Arzt in Lütjenburg, nimmt die Familie auf, Freunde in Altona unterstützen sie.

1814 am 8. März Rückkehr nach Wandsbeck, Claudius beginnt im Sommer und im Herbst zu kränkeln. An seinem Geburtstag sind zum letzten Mal alle vier Söhne zu Besuch, der Pastor Johannes, der Prokurator Fritz, Ernst und Franz als Studenten. Im Dezember verschlimmert sich der Gesundheitszustand, er siedelt schließlich ins Haus seines Schwiegersohnes Perthes über.

1815 am 21. Januar stirbt Matthias Claudius in Hamburg. Er wird am 25. Januar neben seiner Tochter Christiane auf dem Friedhof in Wandsbeck beerdigt.

1832 am 26. Juli stirbt in Wandsbeck Rebecca Claudius.

Diese Lebensdaten nehmen sich nicht übermäßig interessant aus, verglichen mit mancher anderen Dichterbiographie. Den Norden Europas hat Matthias Claudius nie verlassen; seine Freunde, Herder und Klopstock, Lavater, Voß und Jacobi, waren nicht eben Poeten der allerersten Kategorie. Aus Weimar, wo Goethe, Schiller, Wieland, später auch Herder lebten und wirkten, sah man herablassend, gelegentlich bösartig auf den Boten von Wandsbeck. Goethe nannte ihn zwar einmal eine »einzigartige Persönlichkeit«, die ihn »sehr interessiert« – das war allerdings vor ihrem mißglückten persönlichen Treffen von Weimar. Schiller schrieb im Oktober 1796 an Goethe, der Freund Humboldt finde, Claudius sei »eine völlige Null«, über die es »durchaus nichts« zu sagen gäbe.

Claudius' Brotberufe brachten ihm nie genügend Geld ein. Immer wieder mußte er sich an einflußreiche Gönner wenden, Protektion erbitten, und seine Ämter erledigte er, den »Wandsbecker Boten« eingeschlossen, eher unwillig.

Von seinen Dichtungen ist vieles für den heutigen Leser schwer aufschließbar, auch mag man sich darüber wundern, daß einem Mann, der das berühmte Abendlied »Der Mond ist aufgegangen« dichten konnte oder die verzweifelte Klage über den Krieg:

»'s ist Krieg! 's ist Krieg! O Gottes Engel wehre
Und rede Du darein!
's ist leider Krieg – und ich begehre
Nicht schuld daran zu sein!«

auch folgendes Unsägliche zu reimen imstande war, und zwar ebenfalls als Anti-Kriegs-Aufruf:

»Nicht zu Felde gehn und kriegen!
Menschenblut
Ist doch viel zu gut.«

Nicht unbedingt heiliger Eifer für seinen Beruf als Dichter oder gar als Journalist gab Claudius die Kraft, alle Miseren seines Lebens zu bestehen – er wurzelte ganz und ausschließlich in der Familie. Claudius war in die Ehe verliebt, seine Rebecca vergötterte er als alte Frau noch, als sei sie das junge Mädchen mit den blauen Augen und dem Gesicht »weiß und rot, und alle wir Knaben buhlten um sie«, wie er schrieb. In Briefen an sie findet er Worte, die man eher in der späten Romantik suchen würde. »Mein trautes, herrliches Weib«, »Du meine liebe Seele, gold Rebecca, ich bleibe Dir, was ich von Anfang an war, als ich Kundschaft von Dir erhielt«, schreibt er an Rebecca; Herder gegenüber schwärmt er von seinem »ungekünstelten, rohen Bauermädchen im wörtlichen Verstande« und fügt, unfreiwillig-komisch, hinzu: »Mir glühen oft die Fußsohlen für Liebe.« Noch 1798 unterzeichnet er einen Brief an sie: ». . . Dein alter Liebhaber.«

Die große Kinderschar des Ehepaares Claudius war ganz sicher gewollt. Der Kummer über die beiden Frühverstorbenen, Matthias und Christiane, hat den Vater bis ans Lebensende verfolgt und auch seine Einstellung zu Tod und Ewigkeit mitgeprägt. Er war fest davon überzeugt und bekräftigte dies auch immer als Trost, wenn in seinem Umkreis jemand starb, daß man die Toten im besseren Jenseits wiedersehen würde. Mit dem Tod stand er in einem seltsam guten Einvernehmen. Claudius schreibt, er habe »in der Zeit keinen besseren Freund kennenlernen als den Freund Hain«, und hat nach der Genesung von fast tödlicher Krankheit den fast kameradschaftlichen Gruß:

»Und wenn Du wiederkömmst, später oder früher,
So lächle wieder, Hain!«

Für Claudius' große und herzliche Familienliebe sprechen besonders die Briefe an die Kinder und Enkel. Selten hat ein Dichter des ausgehenden 18. Jahrhunderts seine Kinder und all die mit ihnen verbundenen kleinen Alltagsnöte und -freuden so beobachtet, sich so bis ins kleinste mit ihnen beschäftigt und seiner Mitwelt in aller Ausführlichkeit Bericht von seiner Häuslichkeit und aus der Kinderstube gegeben. Wenn neuer Nachwuchs unterwegs war, verbreitete der künftige Vater die Nachricht mit größtem Vergnügen. »Es ist so recht eine Lust, sie schwanger zu sehen«, jubelt er; oder ein anderes Mal ganz unverblümt: »Mein liebes gutes Bauermädchen hat wieder einen runden Leib. Zwei Mädchen gehen schon auf Gottes Erdboden herum und ein Knabe liegt darin, und dabei bleibt's noch nicht, wenn man dem Bauermädchen so nahe ist.« Gewiß war in der Ehe Claudius' *auch* der Wunsch nach dem Sohn der Vater vieler Töchter – jedesmal wenn ein neues Kind erwartet wurde, verkündete Claudius aller Welt, es würde diesmal bestimmt ein Junge. Im Gedicht an »Anselmuccio« malt er ihn sich aus:

»Ist gar ein holder Knabe, er,
Als ob er's Bild der Liebe wär'.«

Und schließt, halb resigniert, halb belustigt:

»Nur eines fehlt dir, lieber Knabe!
Eins nur: daß ich dich noch nicht habe.«

War es wieder eine Tochter, dann tröstete er sich rasch: ». . . man muß vorlieb nehmen, sonst ist's aber eine herrliche Art Mädchen, die meine Frau gebiert.«

Bei allem Enthusiasmus für seine Kinder geschah es gelegentlich schon einmal, daß er sie verwechselte, die Älteste nicht von der Jüngeren unterscheiden konnte.

Über der Familienidylle darf man aber nicht vergessen, daß Claudius besonders im Alter unter seinen meist ärmlichen Lebensumständen litt. Er war häufig krank, sah auch mit steter Sorge die immer wiederkehrenden Krankheiten seiner Rebecca (die ihn dann allerdings um 17 Jahre überlebte) und nahm Anteil, wenn die Enkelkinder erkrankten oder starben – hohe Kindersterblichkeit war zu seiner Zeit nichts Ungewöhnliches. »Claudius war auch so heiter, als er nicht oft ist, und sein Weib auch«, vermerkt Voß 1780 in einem Brief.

In seinem allerletzten Lebensjahr wird der Ton der Briefe an die Seinen manchmal schroff. Die Tochter Caroline Perthes, die ihm zur Freude ein Hähnchen gesandt hatte, verweist er: »Ich habe Dich freundlich und ernstlich gebeten, nichts mehr zu schicken und muß diesmal, freilich auch freundlich, ein für allemal ernstlich bitten, nichts mehr zu schicken. Ich kann sie nicht mehr annehmen.«

Im letzten Brief vom 14. Dezember 1814 an Tochter Trinette kündigt sich Freund Hain sehr unfreundschaftlich an:

»Mit meinem Hals ist es nicht besser, und mir vergeht fast der Mut und die Kraft, da ich so ganz ohne Eßlust bin und natürlich mager werde.«

Den Geburtstag von Frau Rebecca am 26. Oktober 1814 (dieser Tag war immer ein Jubeltag für die ganze Familie Claudius), der noch einmal turbulent und aufwendig gefeiert wurde, beschreibt Claudius ausführlich – die Geschenke, das Essen, das auf dem Tische stand, die Gratulanten, die kamen. Er schenkte seiner Frau einen Pelz, an den Rebecca nach dem Tod ihres Mannes wehmütig ein Zettelchen heftete mit dem handschriftlichen Vermerk: »... der letzte 26. Oktober«.

Am 21. Dezember 1814 schrieb Claudius in die Bibel der Tochter Auguste: »Es ist kein anderes Heil, ist auch kein andrer Name gegeben, darin wir sollen selig werden, als in dem Namen Jesu Christi. – Halte Du fest an ihm in Freude und Leid, und es kann Dir nicht fehlen. Ich gehe natürlich voran und erwarte Dich, liebe Augusta, wenn Deine Stunde gekommen ist, und will, wenn ich kann, Dir entgegenkommen. Dein treuer Vater.«

Er starb am 21. Januar 1815 und wurde am 25. in Wandsbeck neben der Tochter Christiane begraben. Rebecca lebte bis zum 26. Juli 1832.

Editionsnotiz

Die Texte innerhalb der einzelnen Kapitel sind chronologisch angeordnet und nur gelegentlich, aus technischen Gründen, zeitlich verstellt.

Die Vignetten und Schmuckgraphiken stammen aus zeitgenössischen Büchern.

Für Mitarbeit und großzügige Hilfe bei der Text- und Bildbeschaffung danke ich Jutta Briese, Andreas Hopf, der Bayerischen Staatsbibliothek und dem Zentralinstitut für Kunstgeschichte, München, sowie Marielise Göpel, Archiv für Kunst und Geschichte, Berlin.

Äußerungen anderer über Matthias Claudius

Auf Asmus' Tod

Komme im Schleier, Morgenröte,
Asmus ist erblaßt!
Siehe, dort hängt seine Flöte
Am Cypressenast.

Morgenstern, Du stehst ihm nimmer
Neujahrs linker Hand.
Ihn deckt selbst nun Sonnenschimmer
Und ein Sterngewand.

Ruhig und mit Christenseele
Schlummerte er ein:
Lächelnd auf die Grabeshöhle
Und auf Dich, Freund Hain.

Schlummre, lieber, sanfter Bote,
Dein sei Doricks Ruh;
O wie selig ist der Tote,
Lebte er wie Du.

Irrtümlicher Nachruf von Gottlob Wilhelm Burmann auf Claudius' Tod in den »Berlinischen Nachrichten«, 7. 12. 1775

»Seine herzliche und populäre Schreibart schien die Erwerbung eines solchen Mannes bei einer Anstalt schätzbar zu machen, wo so wenig auf Befehl und so viel auf Überzeugung ankommt. Er war aber zu faul, mochte nichts tun als Vögel singen hören, klavierspielen und spazierengehen, konnte die hiesige Luft durchaus nicht vertragen, fiel in eine tödliche Krankheit und ging von selbst zu seinen Seekrebsen wieder zurück.

Friedrich Karl von Moser, 1777

Eine edle Gesellschaft, zwar nicht lauter Dichter. Aber – die Gesellschaft gefällt mir so wohl zusammen, daß ich sie nicht trennen möchte; . . . nicht Eine gemeine Seele. Darf ich's nicht sagen, ohne gestäupet zu werden? Meilenweit ging ich durch Wind und Wetter, um eine Stunde des Menschengenusses in dieser Dichter- und Menschengesellschaft . . .

Asmus. Omnia sua secum portans. Weder Schwachkopf noch Scharfkopf. Gesunder, schlichtguter, aber durchaus nicht fortdringender, reihender, gliedernder Verstand. Hell und richtig und rein wird er sehen und richten, was vor ihn kommt; dem Reichen als dem Armen, dem Armen als dem Reichen, niemandem zulieb noch zuleid. Kurz, schlecht und recht, einfältig und gerade; Genie des Wahrheitssinnes, Genie des Herzens – Armut und Zufriedenheit, Demut und unverkäufliche Ruhe und Festigkeit des Sinnes – und in der Form und den Zügen des Profils die Abgeschliffenheit, Unangespanntheit eines freien Naturempfindens.

Johann Caspar Lavater, Physiognomische Fragmente, 1777

Wir haben nun Claudius; ein trefflicher sehr selbständiger Mensch – sagen Sie Goethe – so ohngefähr wie Klopstock im Äußern, nur mehr poetische Laune und Leichtigkeit. Er ist derb, kalt, und schlägt allen Leuten in die Augen . . . weiß übrigens nichts was Geld und Gut ist, und ist überhaupt sehr brav –. Nichts von der weisen garstigen Almanachie, und dem Totengewimmer, sondern ist sehr lustig – hält die KönigsSau in einem großen Respekt, geht ohne Stock und Degen und Puder mit dem bloßen Cadogan zum Präsidenten, und der kann's doch nicht übelnehmen, spielt ein herrliches Klavier u.s.w.

Johann Heinrich Merck, an Wieland, Anfang Mai 1776

Mit den Genannten [Claudius, Lavater, Jacobi] war unser Verhältnis nur ein gutmütiger Waffenstillstand von beiden Seiten, ich habe das wohl gewußt, nur was werden kann, kann werden. Es wird immer weitere Entfernung und endlich, wenn's recht gut geht, leise, lose Trennung werden. Der eine [Claudius] ist ein Narr, der voller Einfaltsprätensionen steckt.

»Meine Mutter hat Gänse« singt sich mit bequemerer Naivität als ein: »Allein Gott in der Höh' sei Ehr.«

Johann Wolfgang von Goethe, Italienische Reise (an Herder), 5. Oktober 1787

Das Ende dieses Mannes ist wahrhaft merkwürdig – die volle Kraft des Geistes behielt er auch bis zum letzten Augenblick! Das, was er hoffte, eine besondere Hülfe von Oben, ein heller Blick ins Übersinnliche, wurde ihm nicht zuteil, aber er beharrte im Glauben darin felsenfest. Sein Glaube war auf die Überzeugung des tiefsten Geistesgrundes gebaut.

Friedrich Perthes an Friedrich Heinrich Jacobi, 1825

Humboldt hofft in acht Tagen hier sein zu können ... Stolberg, schreibt er, habe er in Eutin nicht gefunden, weil er gerade in Kopenhagen gewesen sei und von Claudius wisse er durchaus nichts zu sagen, er sei eine völlige Null.

Wilhelm von Humboldt, Schiller an Goethe, 28. Oktober 1796

Claudius gehört zu den wenigen in der deutschen Gelehrtenrepublik namhaften Sterblichen, wo Mensch und Schriftsteller die nämliche Person ausmachen und wo man den einen ebenso liebgewinnen kann als den andern.

Friedrich von Matthisson, Erinnerungen, 1810

Weit entfernt von dieser Unruhe, von diesem Schwanken zwischen Angst und maßlosem Vertrauen, ist Matthias Claudius, der wackere Wandsbecker Bote, der zwischen Diesseits und Jenseits unermüdlich auf- und abgeht und von allem, was er dort erfahren, mit schlichten und treuen

Worten fröhliche Botschaft bringt. Er gehört allerdings zu den Pietisten jener Zeit, insofern auch bei ihm ein starkgläubiges Gefühl den Kampf gegen Unglauben und toten Buchstabenglauben aufgenommen; aber er ist durchaus heiter, und erscheint unter ihnen wie einer, der gefunden hat, was jene so rastlos suchen. Wie der Abendglockenklang in einer stillen Sommerlandschaft, wenn die Ährenfelder sich leise vor dem Unsichtbaren neigen, weckt er überall ein wunderbares Heimweh, weiß aber mit seinen klaren Hindeutungen dieses Sehnen, wie schön oder vornehm es in Natur oder Kunst sich auch kundgeben mag, von dem Ersehnten gar wohl zu unterscheiden.

Joseph von Eichendorff, Geschichte der poetischen Literatur Deutschlands, 1857

Ein ander Mal kam Wolfskehl mit einem Gedicht, das er als eines der besten zwischen Goethe und Hölderlin pries. Er las es: Der säemann säet den samen . . . George, manchmal skeptisch gegen Wolfskehls Überschwang, stimmte in sein Lob ein und fragte nach dem Verfasser, Matthias Claudius. »Claudius, quelle adresse!« – Das Gedicht wurde aufgenommen, der Name nicht . . . Kein einziger der vielen »sachverständigen« Rezensenten hat's bemerkt, obwohl der Trick – und nicht dieser allein – typographisch sichtbar gemacht ist.

Stefan George, Edgar Salin: Um Stefan George, 1954

Von einem der allergrößten deutschen Dichter, Matthias Claudius . . . hier einiges, zur Mahnung, in welcher Zeit wir leben. (Sollte ein Volk, dem ein solcher Dichter verschollen ist, das ihn im Lesebuch begraben hat und so von ihm weglebt, nicht reif für Zwangsarbeit sein?)

Karl Kraus, Die Fackel, Januar 1917

Ob es lauter große Schriftsteller sind, die wir ausgewählt haben? Der gute Matthias Claudius und Uli Bräker aus Toggenburg möchten dagegen eingewandt werden, aber ganz gering sind auch sie nicht: wie vermöchten sie sonst, sich nach hundertundfünfzig Jahren in der Gesellschaft der Großen zu behaupten?

Hugo von Hofmannsthal, Deutsches Lesebuch. Vorrede, 1922

Das Gebot Gottes erlaubt dem Menschen als Mensch vor Gott zu leben. Als Mensch, nicht als Subjekt ethischer Entscheidungen, als Student der Ethik. Was das umschließt, sagen wir am besten mit den Versen, die Matthias Claudius unter der Überschrift »Der Mensch« (»Empfangen und genähret / Vom Weibe wunderbar . . .«) geschrieben hat . . . Die Zeitlichkeit, die Fülle und die Hinfälligkeit des menschlichen Lebens hat hier einen unvergleichlichen Ausdruck gefunden.

Dietrich Bonhoeffer, Das »Ethische« und das »Christliche« als Thema, 1942/43

Aber zuweilen hat viel Schlichteres, Weicheres (als ein Gasel Platens) den Vorrang – wobei vor allem Matthias Claudius nicht zu vergessen ist mit seinem »Diese Leiche hüte Gott«, seinem »Der Mond ist aufgegangen« . . . Darüber geht im Grunde nichts.

Thomas Mann, Das Lieblingsgedicht, 1948

Im November 1816 kam Schubert eine Gedichtsammlung des Matthias Claudius zu Gesicht, und er wählte daraus eine ganze Reihe von Texten zu Vertonungen . . . Die Einfachheit seiner Dichtungen setzte sich bewußt von gelehrtem Bildungsdünkel und Unnatürlichkeit ab. . . Die Frische und Anschaulichkeit seiner Gedichte regte viele Komponisten seiner Zeit zu Vertonungen an, so auch Beethoven mit dem Scherzgedicht »Urians Reise um die Welt«.

Dietrich Fischer-Dieskau, Auf den Spuren der Schubert-Lieder, 1971

Als ein Bote des Glaubens hat Claudius den Kreis seines Lebens vollendet: einer von jenen Seltenen, die mit ihrem ganzen Werk und Wesen erinnern an die Bestimmung des Menschen. Seine Schriften kann man unterbringen in zwei nicht allzu starken Bänden; aber es gibt kaum eine flaue oder leere Stelle darin. Mit unverwelkter Frische sprechen sie heute wie damals jeden an, der guten Willens und empfänglichen Herzens ist. Über alle Bezauberung durch Kraft und Dichte des Wortes hinaus wecken sie das Entscheidende: die Offenheit für den Anspruch des Seins und den Geist der vertrauenden Liebe. Dieser Mann hatte wahrlich das Recht zu dem Wort, das er einmal einem Freunde zurief und das als Leitwort über seinem gesamten Schaffen stehen darf: »Leben Sie wohl und wißt, daß alles Quark ist, außer einem fröhlichen Herzen, das seiner bei aller Gelegenheit mächtig ist.«

Johannes Pfeiffer, Die Großen Deutschen, 1978

Claudius, dieser wahre deutsche Volksschriftsteller – der einzige große neben Johann Peter Hebel – schrieb nicht eigentlich fürs Volk. Zwar bediente er sich der Volkssprache und des Volkstons, mitunter selbst dann, wenn er philosophische und religiöse Fragen abhandelte; aber das gehörte zu seinen Listen. Treuherzig, offen, redlich, zuweilen burschikos oder auch gefühlvoll – so gab er sich und so war er. Er redete und schrieb, wie ihm ums Herz war, und was andere lieber verschweigen zu müssen dachten, das äußerte er »in aller Unschuld«. Das war aber gleichzeitig Maske und Vorwand. Auch die Schlichtheit seiner Sprache war bei all ihrer Echtheit ein sehr bewußtes Kunstmittel. In der Einfalt dieses mit der hohen Bildung seiner Zeit vertrauten Mannes steckte ein ironisches Element. Indem er sich unwissend stellte, gewann er das Recht, freimütig zu sein, und die ironische Haltung, die er auch sich selbst gegenüber einzunehmen liebte, erlaubte ihm, unter dem Schein der Bescheidenheit die Grenzen der Konvention unbefangen zu übertreten.

Urban Roedl, 1965

Anmerkungen

9: Claudius wählt die weibliche Anredeform, denn im Lateinischen und in der erwähnten Sage von Endymion ist der Mond eine Frau.

20: »Der Gräfin Auguste Luise (Stolberg) gewidmet.« Claudius schrieb sein Gedicht auf Bitten der Gräfin spontan am 1. Mai 1774.

40: »Phidile« ist in den Oden des Horaz ein schönes junges Bauernmädchen; das Gedicht meint indirekt Frau Rebecca als Sechzehnjährige, Claudius nannte sie oft »mein Bauermädchen«.

42: Johann Gottfried Herder (1744 – 1803) und seine Frau Karoline waren eng mit der Familie Claudius befreundet. Johann Joachim Christoph Bode (1744 – 1806) war Redakteur der Hamburger Monatsschrift »Unterhaltungen« und später Herausgeber des »Göttinger Musenalmanachs«. Francis Bacons (1561 – 1626) »Advancement of learning« ist hier lateinisch zitiert. Heinrich Wilhelm von Gerstenberg (1737 – 1823), zu seiner Zeit ein bekannter Rokokodichter, war Vorbild und ein guter Freund von Claudius.

48: »Er schuf sie . . .« schrieb Claudius wenige Tage nach seiner Hochzeit mit Rebecca.

49: Das Hochzeitscarmen dichtete Claudius zur Vermählung des Lübeckers J.G. Staack mit der Hamburgerin Johanna Reimers, mit denen er befreundet war.

53: Johann Heinrich Voß (1751 – 1826), Herausgeber des »Göttinger Musenalmanachs«, seit 1822 Privatgelehrter in Jena, berühmter Homer-Übersetzer, lebte 1777 mit seiner Frau Ernestine in Wandsbeck und war mit Claudius befreundet.

55: Claudius bezieht sich auf eine Verstimmung, hervorgerufen durch eine Kritik über Herders »Älteste Urkunde des Menschengeschlechts« und »Abhandlung über den Ursprung der Sprache«. Gleichzeitig hatte er Johann Georg Hamanns (1730 – 1788) »Neue Apologie des Buchstabens H« rezensiert. Johann Martin Miller (1750 – 1814) war Prediger und Professor in Ulm, ein volkstümlicher Lyriker, mit Claudius und Klopstock befreundet.

56: Herder war offenbar gekränkt darüber, daß Claudius erwogen hatte, eine Lehrerstelle in der Erziehungsanstalt des Abtes Friedrich Resewitz anzunehmen.

58: Claudius reiste im Sommer 1776 an die Bergstraße und schwärmte in einem Brief an Gleim über den Blick in das »ganze schöne Rheintal von Speyer bis über Mainz hinaus, und ich habe noch keine bessre Aussicht gesehen«. Zum Dank für das Gedicht erhielt er von den rheinischen Winzern jedes Jahr eine Kiste Wein.

60: Gottlob Friedrich Ernst Schönborn (1737 – 1817), Gelehrter, Freund von Claudius. Das Trinklied gehört zu Claudius' Freimaurerliedern (sh. auch S. 502). Claudius war mit Lessing, Voß und den Brüdern Stolberg seit 1774 Mitglied der Loge »Zu den drei Rosen«.

63: »Als C. mit dem L. . . .« bezieht sich auf die Eheschließung des Sturm- und Drang-Genies Christoph Kaufmann mit Anna Elisabeth Ziegler; mit »Freund –« ist Johann Caspar Lavater gemeint, der die beiden traute.

64: Friedrich Heinrich Jacobi (1743 – 1819), Philosoph, Freund der Familie Claudius. Es handelt sich bei dem erwähnten Buch um Band I. der »Vermischten Schriften« Jacobis.

71: Johann Wilhelm Ludwig Gleim (1719 – 1803), Rokokodichter. Claudius hatte Gleim mit Schreiben vom 30. März 1794 seinen »Beitrag über die neue Politik« geschickt und versprochen, den gemeinsamen Freund, den Dichter Friedrich von Matthisson zu grüßen: »Sollte er auf dem Rückwege kommen, so will ich Ihr Gewerbe bestellen.« Gleim erwiderte erbost: »Was denn, lieber Asmus, bedeutet das Wort ›Gewerbe‹ in Ihrem Schreiben? Soll's mir sagen, ich treibe Gewerbe mit meiner Freundschaft? Das wäre sehr arg! Also, lieber Asmus, denn ich muß den Argwohn von meinem Herzen los sein, erklären Sie sich, was es bedeutet, hier an dieser Stelle.« Trotz Claudius' begütigender Antwort vom 25. April 1794 ging die Beziehung zwischen ihm und Gleim zu Bruch.

72: »Hochzeitlied« für eine Tochter des Grafen Friedrich Leopold zu Stolberg.

77: »Großmutter Müller . . .«, Claudius' Schwester Dorothea Christine (1744 – 1766) war mit dem Pastor Christian August Müller verheiratet.

79: Matthias Claudius, der Vater des Dichters (1703 – 1773).

85: »Andres«, der »Vetter«, ist Claudius = Asmus selbst und gleichzeitig der Leser und »Ansprechpartner« des Boten.

89: Gemeint ist bei beiden Gedichten ein Kind von Johann Joachim Bode.

93: Muthen: Kosename für Mädchen, Töchter.

97: Die Geburtstage im August sind die von Hamann (27. August

1730), Herder (25. August 1744), »Onkel Toby« Johann Mumsen (13. August 1737), Christoph Kaufmann (14. August 1753) und von Claudius selbst (15. August 1740).

102: Buko von Halberstadt, legendärer Heiliger, Kinderfreund, der gern und freizügig Geschenke unter sie verteilte.

104: Maria Claudius (gest. 1780), die Mutter des Dichters.

114: Freund Fritz = Jacobi.

122: Heinrich Schenck, Privatsekretär Jacobis. Johann Friedrich Kleuker, Theologe in Münster. Christiane Claudius, geb. 1775, starb 1796.

125: Friedrich Perthes (1772 – 1843), Verleger und Buchhändler in Hamburg, heiratete 1797 die älteste Tochter Caroline.

132: Petersens waren Nachbarn der Familie Claudius; Heises eine angesehene Kaufmannsfamilie in Hamburg, Herr Heise war der Prinzipal von Johannes Claudius.

133: Max Jacobi (1776 – 1825), Arzt und Sohn Friedrich Heinrich Jacobis, heiratete 1798 Claudius' Lieblingstochter Anna. Der erwartete Enkelsohn »Leo« wurde die Enkelin Julie Jacobi.

135: Agnese: Agnes Perthes, Claudius' Enkelin.

136: Johannes Claudius brach seine Kaufmannslehre bei Heise in Hamburg ab, um Theologie zu studieren.

141: Eduard Jacobi und Lotte Müller, geb. Alberti. »Gräfin Sophie«, vermutlich die Tante Sophie Claudius, die Frau von Claudius' Bruder Christian. Georg Heinrich Ludwig Ernst Nicolovius, Theologe in Königsberg, dann Professor und Staatsrat in Berlin; er und seine Frau gehörten zu Claudius' Freundeskreis. »Langer Papa« nannten die Familienmitglieder scherzhaft Fritz Jacobi d.Ä.

145: Karoline Rudolphi war Inhaberin eines Pädagogikums in Wandsbeck. Steike ist eine befreundete Familie in Wandsbeck.

148: Matthias Claudius, das neunte Kind, starb 1788 im Alter von zwei Jahren. Christiane, sh. Anm. zu Seite 122.

149: Das Bild zeigt ein Weihnachtsfest im Wandsbecker Schloß; von links nach rechts: Perthes, Jacobi, Caroline, Rebecca und Matthias Claudius, Graf Christian zu Stolberg und sein Bruder Friedrich, Klopstock (sitzend).

150: Friedrich, ab 1808 König Friedrich VI. von Dänemark, ein Gönner und Förderer Claudius', der ihm seit 1785 eine Jahrespension zahlte und durch dessen Fürsprache er 1788 Revisor der Altonaer Species-Bank wurde.

151: Der »Einfältige Hausvaterbericht« entstand auf Bitten der Tochter Anna hin, als sie nach ihrer Heirat mit Perthes nach Vaels bei Aachen übersiedelte.

158: Martin Luther (1483 – 1546), Bibelübersetzer und Reformator.

175: Tante Lotte ist Lotte Jacobi, geb. Alberti.

176: Gräfin Catharine ist die Gräfin Stolberg (1753 – 1835), eine Schwester der Grafen Stolberg; sie war eng mit dem Hause Claudius befreundet und eine Duzschwester von Frau Rebecca.

177: Der Fürst ist Friedrich August, Herzog von Oldenburg, Fürstbischof von Lübeck.

183: Jan Kutmann und seine Familie waren mit Claudius befreundet.

185: Piter = nicht zu ermitteln. Lukas Cranach (1472 – 1553), Maler und Graphiker der Lutherzeit. Musikdirektor Schwenke aus Hamburg und seine Familie waren mit Claudius befreundet.

187: Gabes, Steikes und Werners, Familien aus Wandsbeck und mit dem Hause Claudius befreundet.

194: Jacob Arnold Schröder, Pastor in Wandsbeck, heiratete 1813 Claudius' Tochter Rebecca.

196: Graf Blücher war Oberpräsident in Altona, der Bruder des Feldmarschalls (sh. Anm. Seite 343), Johannes Claudius Hauslehrer seiner Kinder. Bokelmann, Licentiat in Hamburg.

197: Friedrich Leopold Graf zu Stolberg (1750 – 1819), Schriftsteller, Lyriker und Übersetzer. Sein Übertritt zum katholischen Glauben im Jahr 1800 wurde heftig angefeindet. Johann Hartwig Graf von Bernstorff (1712 – 1772), Minister König Friedrichs V. von Dänemark.

207: Johann Christian Blasch, Rektor an der Stadtschule und Theologieprofessor in Jena, hatte Claudius' »Tändeleyen und Erzählungen« (1763) als Nachahmung der Gedichte Gerstenbergs streng getadelt.

208: Diogenes von Sinope (um 412 – 323 v. Chr.), griechischer Philosoph, der so genügsam war, daß er in einer Tonne lebte.

213: Ossian, sagenhafter gälischer Sänger. Seine Sagen und Gedichte wurden 1760 – 1763 von dem schottischen Dichter Macpherson herausgegeben, stellten sich aber bald als Fälschung heraus.

214: Baron = Bode.

216: Virgil (70 v. Chr. – 19 n. Chr.), römischer Dichter.

220: Sokrates (470 – 399 v. Chr.), griechischer Philosoph. Numa Pompilius (715 – 672 v. Chr.) war der Sage nach zweiter König von Rom. Johann Huß (Jan Hus), (um 1370 – 1415), tschechischer Reformator.

222: Braga, Sohn des Odin, Beschützer der Dichtkunst.

228: Tycho de Brahe (1546 – 1601), schwedischer Astronom, der sich als Vertriebener beim Grafen Rantzau in Wandsbeck aufhielt und im Turm des Schlosses wohnte.

229: Ludwig Hölty (1748 – 1776), Lyriker, mit Voß und Claudius befreundet.

230: Johann Georg von Zimmermann, königlicher Leibarzt und Gönner von Claudius.

232: Christoph Martin Wieland (1733 – 1813), Dichter.

235: Friedrich Carl Freiherr von Moser (1723 – 1798), Minister von Hessen-Darmstadt und politischer Dichter.

236: Ludwig IX. (1753 – 1830), Landgraf von Hessen-Darmstadt.

237: Johann Karl Bohn, Verleger in Hamburg, der Voß' »Musenalmanach« übernahm.

238: Johann Caspar Lavater (1741 – 1801), Dichter; Verfasser der »Physiognomischen Fragmente«, mit Claudius befreundet.

240: Johann Friedrich Reichardt (1752 – 1814) war preußischer Kapellmeister und Komponist.

248: Charlotte Gräfin von Schimmelmann war eine Gönnerin der Familie Claudius und in Wandsbeck als Wohltäterin der Armen hochgeachtet. Sh. auch Seite 324 ff.

249: Heinrich Ernst Graf Schimmelmann (1747 – 1831), dänischer Staatsmann, seit 1764 Finanzminister. Schimmelmann besaß Gut und Dorf Wandsbeck. Die Gründung des »Wandsbecker Boten« geht auf seine Anregung zurück. Er war ein Gönner von Claudius und Pate des Sohnes Ernst.

257: Gotthold Ephraim Lessing (1729 – 1781), Dichter und Dramatiker. Carl Philipp Emanuel Bach (1714 – 1788), Musikdirektor der Hamburger Hauptkirche. Silbermann, berühmte, aus dem Erzgebirge stammende Orgel- und Klavierbauerfamilie. Friedrich Gottlieb Klopstock (1724 – 1803), Dichter und mit Claudius befreundet. Johann Andreas Cramer (1723 – 1788), evangelischer Theologe und Schriftsteller. Giovanni Battista Pergolesi (1710 – 1736), italienischer Komponist.

260: Voltaire (1694 – 1778), französischer Philosoph. »Lied«: Es ist ein Gegenstück zu Klopstocks Gedicht »Ich bin ein deutsches Mädchen«, das am 19. April 1771 im »Hamburger Korrespondenten« erschien. Claudius veröffentlichte sein Gedicht vier Tage später im »Boten«.

264: Johann Wolfgang von Goethe (1749 – 1832) hielt nicht viel von

Claudius und äußerte sich oft abfällig über den »Boten«, und Claudius gab ihm die bösen Worte gelegentlich zurück.

268: Graf von Grunn, Archäologe. Herodot (um 484 – 425 v. Chr.), ältester griechischer Geschichtsschreiber. Pausanias (2. Hälfte 2. Jh.), griechischer Schriftsteller.

274: Zum Brief an Herder sh. Anm. zu Seite 56.
Johann Heinrich Merck (1741 – 1791), Schriftsteller und Kritiker. Er war 1767 Sekretär bei der Geheimkanzlei in Darmstadt und gehörte in Weimar zum Freundeskreis um Goethe.

275: Görgeliana. In seiner Zeit in Darmstadt vertritt der alte Invalide Görgel den »Asmus« des »Wandsbecker Boten« für die »Hessen-Darmstädtische privilegierte Landzeitung«.

282: Christian Friedrich Daniel Schubart (1739 – 1791) wurde seiner sozial-politischen kritischen Schriften wegen aus Württemberg ausgewiesen, dann aus Ulm wieder zurückgelockt, verhaftet und zehn Jahre auf der Festung Hohenasperg gefangengehalten.

284: Maria Theresia (1717 – 1780), deutsche Kaiserin, Königin von Ungarn und Böhmen, Erzherzogin von Österreich, und Friedrich II. (1712 – 1786), der Große, König von Preußen, waren Gegner im Bayerischen Erbfolgekrieg.

290: Am 13. März 1779 beendete der Frieden von Teschen den Bayerischen Erbfolgekrieg zwischen Österreich und Preußen.

291: Claudius meint seine fiktive »Audienz beim Kaiser von Japan«, einen satirischen Dialog zwischen Asmus und dem japanischen Hof, abgedruckt im dritten Teil des »Wandsbecker Boten«, 1778.

295: Moses Mendelssohn (1729 – 1786), Philosoph und Publizist der Berliner Aufklärung.

296: Immanuel Kant (1724 – 1804), deutscher Aufklärungsphilosoph.

297: Die älteste Tochter des Kronprinzen Friedrich von Dänemark starb 1793 im ersten Lebensjahr.

310: Robert Boyle (1627 – 1691), englischer Physiker und Chemiker.

317: Hülsenbecks waren eine angesehene Hamburger Familie; Friedrich August Hülsenbeck war mit Runge assoziiert und mit Perthes befreundet.

318: Graf = Schimmelmann

318/319: Horatio Viscount of Nelson (1758 – 1805), englischer Admiral, und Emma Lady Hamilton (um 1765 – 1815) waren ein skandalumwittertes Liebespaar.

321: Hamburg wurde vom März bis Mai 1801 durch die Dänen unter Feldmarschall Carl, Landgraf von Hessen, besetzt.

322: Joseph Haydn (1732 – 1809), Komponist der Wiener Klassik.

323: Margarethe, geb. Moller, Klopstocks erste Frau, starb 1758. Andreas Romberg (1757 – 1821), Komponist.

326: Friedrich Wilhelm III. (1770 – 1840), seit 1797 König von Preußen. Friedrich Wilhelm, Herzog von Braunschweig-Lüneburg-Oels war Feldherr und ein erbitterter Gegner Napoleons.

334: Philipp Otto Runge (1777 – 1810), einer der bedeutendsten Maler der deutschen Romantik, war eng mit Claudius' Schwiegersohn Perthes befreundet und so auch mit dem Hause Claudius.

335: Daniel Runge (1767 – 1856), der Sohn des Künstlers, Philipp Otto, war das vierte Kind der Familie. Pauline Runge, geb. Bassenge, (1785 – 1881). Dr. Lappenberg, Arzt in Hamburg.

336: Johannes von Müller (1752 – 1809), Schweizer Historiker und Freund Herders.

341: Der Schriftsteller J.L. von Heß gehörte, wie auch Friedrich Perthes, zu den Spitzen der Bürgergarde, die sich bei der Besetzung Hamburgs durch die Russen, von März bis Mai 1813, formiert hatte.

343: Karl Philipp Fürst zu Schwarzenberg (1771 – 1820), österreichischer Feldmarschall und Oberbefehlshaber der Böhmischen Armee. Gebhard Leberecht Fürst Blücher von Wahlstatt (1742 – 1819), preußischer Generalfeldmarschall, Oberbefehlshaber der Schlesischen Armee. Napoleon I. Bonaparte (1769 – 1821), Kaiser der Franzosen.

344: Alexander I. (1727 – 1825), Zar von Rußland.

354f.: Lessings Lustspiel »Minna von Barnhelm« wurde 1767 in Hamburg uraufgeführt.

386: Aristoteles (384 – 322 v. Chr.), griechischer Philosoph und Alexander der Große (356 – 323 v. Chr.), König von Makedonien, Feldherr.

388: Pythagoras (um 585 – um 500 v. Chr.) griechischer Philosoph und Mathematiker.

392ff.: Titus Livius (59 v. Chr. – 17 n. Chr.), römischer Geschichtsschreiber. Horaz (65 – 27 v. Chr.), römischer Lyriker. »Einige andere Kleinigkeiten«: Claudius reagiert damit auf ein Distichon in Goethes und Schillers »Xenien«: Erreurs et Verité: »Irrtum wolltest Du bringen und Wahrheit, o Bote von Wandsbeck;/Wahrheit, sie war Dir zu schwer; Irrtum, den brachtest Du fort.« »Der Wilhelm« meint Goethes »Wilhelm Meister«, »Nickel« den Berliner Buchhändler und Schriftsteller Friedrich Nicolai (1733 – 1811).

410: Konradin, Herzog von Schwaben (1252 – 1268). Konrad IV. (1228 – 1254), dt. König.

429: »Noah« war das letzte Gedicht, das Claudius für den »Wandsbekker Boten« schrieb.

460: Johann Baptist von Ruösch war Präsident des Fürsten von Oettingen-Spielberg.

476: Xerxes I. (um 519 – 465 v. Chr.), persischer König.

482: Renatus Cartesius, latinisierte Form von René Descartes (1596 – 1650), französischer Philosoph, Physiker und Mathematiker.

483: Friedrich Christian Hoffmann, ein Freund Jacobis, war Kaufmann in Düsseldorf.

489: Josias Claudius (1739 – 1760), der ältere Bruder und Studiengefährte Claudius', starb während der gemeinsamen Studienzeit in Jena an den Blattern.

490: »An – als ihm die – starb« ist ein Gedicht auf Claudius' einzige Schwester, Dorothea Christine, die am 26. Mai 1766 mit 22 Jahren starb, und an ihren Ehemann, Pastor Christian August Müller.

494: »An S. bei – Begräbnis« schrieb Claudius für den Jugendfreund Friedrich Ernst Schönborn zum Tode des dänischen Ministers Bernstorff. Schönborn war Erzieher der Söhne Bernstorffs und seiner Frau, geb. Gräfin Stolberg. »Bei dem Grabe Anselmos« richtet sich an Claudius' erstgeborenen Sohn, der 1772 am Tage seiner Geburt starb.

496: Zu »Bei dem Grabe meines Vaters« siehe Anmerkung zu Seite 79.

499: Parentation: Die Leichenrede richtet sich vermutlich an den Schwiegervater Joachim Friedrich Behn. Er starb 1778.

500: »Nach der Krankheit 1777«. Im März dieses Jahres erkrankte Claudius in Darmstadt lebensgefährlich an einer Brustfellentzündung.

502: »An die Frau B . . .r«, die Person, an die es gerichtet ist, läßt sich nicht identifizieren.

507: »Die Mutter am Grabe . . .« und »Der Vater«, beide Gedichte beziehen sich auf den Tod des Sohnes Matthias.

510: »Bei ihrem Grabe« meint die Tochter Christiane.

514: Charlotte Gräfin Dernath und Emilie Gräfin Rantzau gehörten zu Claudius' Freundeskreis.

516: Zu Otto Runge siehe Anmerkung zu Seite 334.

517: »P. und C. . . .« schrieb Claudius auf den Tod des vierjährigen Johannes, den Sohn von Caroline und Friedrich Perthes, der im Jahr 1809 starb.

518f.: Auguste Claudius blieb unverheiratet und lebte im Hause ihrer Schwester in Hamburg. Bernard, ein Sohn der Perthes', starb zwölfjährig.

Bildnachweis

5: Titelseite zu den »Idyllen« Salomon Geßners, Radierung von Clément-Pierre Marillier, o.D.

8: »Le Berger empressé«, Radierung von Jacques-Gabriel Huquier nach Jean-Antoine Watteau, 1721 – 1734

10: »Le Dénicheur de Moineaux«, Radierung von François Boucher nach Jean-Antoine Watteau, 1721 – 1734

13: Radierung zu Jean-Jacques Rousseaus Roman »Emile ou De l'éducation« von Jean-Michel Moreau Le Jeune, 1774 – 1783

15: Radierung zu Jean-Jacques Rousseaus Roman »Julie, ou la Nouvelle Héloise« von Antoine-Cosme Giraud nach Nicolas-André Monsiau, 1793 – 1800

19: »Jeune Fille«, Stich nach Jean-Baptiste Greuze, 1766

21: Radierung zu François Bouchers »Les Mois« von Jean-Michel Moreau Le Jeune, 1779

23: »Le Bal«, Stich zur »Histoire des Modes et du Costume« von Jean-Michel Moreau Le Jeune, 1775 – 1783

27: »Der Winter«, Holzschnitt zu »Für's Haus« von Ludwig Richter, 1858 – 1861

29: Radierung zu Benjamin de La Bordes' Gedichten »Choix de Chansons« von Joseph-Barthelemy Le Bouteux, 1773

33: III. Titelblatt zu Billardon de Sauvignys »Parnasse des Dames«, Radierung von Clément-Pierre Marillier, o.D.

35: Radierung zu Benjamin de La Bordes' Gedichtsammlung »Choix de Chansons« von Louis-Joseph Mosquelier nach Jean-Jacques Le Barbier, 1773

37: Radierung zu Benjamin de La Bordes' Gedichtsammlung »Choix de Chansons« von Jean-Michel Moreau Le Jeune, 1773

39: »Adieu«, Stich zu Ovids »Metamorphosen« von Jean-François Rousseau nach Hubert-François Gravelot, 1767 – 1771

41: Stich zu Torquato Tassos »La Gerusalemme liberata« von Charles-Nicolas Cochin, 1784 – 1786

43: Radierung zu Jean de La Fontaines' »Contes et Nouvelles« von Honoré Fragonard, 1795

Personenregister

Seitenzahlen mit * verweisen auf eine Abbildung der betreffenden Person. Ist die genannte Person Empfänger eines Briefes, oder wird an sie ein Gedicht gerichtet, so stehen die entsprechenden Seitenzahlen kursiv.

Register der leiblichen bzw. angeheirateten Verwandten von Matthias Claudius

Inhalt

O Natur, habe dank!

In der großen Gotteswelt ist alles Mann und Weib

Freundschaft und Liebe

. . . und drücke ich fröhlich euch an mein Herz

Familie und Kinder

Ich bin ein Bote und nichts mehr

Claudius über sich selbst

Von politischen Begebenheiten
Zeitgenossen – Zeitgeschichte

... *einige andere Kleinigkeiten*
Fabeln und Spaß

Was die Zeit mich gelehrt hat
Lebensweisheiten

Alle Zitate, die nicht besonders ausgewiesen sind, stammen, chronologisch angeordnet, aus dem Boten und den Werken.

Es ist so dunkel in des Todes Kammer

Wie ist die Welt so stille
Religion und Philosophie

Anhang